金剛經講記

九一年

林安梧敬題

甲午之夏

金剛般若與生命療癒

——《金剛經》華山九一講記

林安梧著

目次

自序

梭巡既久，參詳思索，還當訂定，這部《金剛經講記》，終定名爲《金剛般若與生命療癒——《金剛經》華山九一講記》，爲的是紀其實也。

講的是《金剛經》，時在一九九一年，地在華山書院。此經之智慧，堅利若金剛鑽，能破一切執著，渡脫眾生到彼岸，如此大智慧可讓這有限生命，了其無生，暢其生生，有一大療癒也。以是之故，得爲此名。

「金剛」是堅固的，是銳利的；其堅固也，無所能摧；其銳利也，無所不摧。
「般若」是空智，是觀空之智，我法二空、境識俱泯，了然無礙，自在如如。
「波羅蜜」是到彼岸，是淨土，純然無雜、潔白無疵，當下一覺，妙有眞空。
「生命」，「生」是根源創造，「命」是具體限制，根源的創造自有具體的限制，在具體的限制中展開根源的創造。
「療癒」，「療」是心開悟解，「癒」是和合生長，心開悟解所以能和合生長也，和合生長更可以心開悟解也。

一九九一年，歲在辛未，華山書院開講了，林錡敏先生提供了場地，龔鵬程兄、王樾兄共主其事，約了幾位學界師友來講習儒道佛三教經典，由曾昭旭先生講《論語》、王邦雄先生講《老子》，我忝居其末，講習《金剛經》。前此，我曾有兩次講習《金剛經》的因緣，一爲林姓佛教居士家教，當時只是粗講，用閩南古音句讀漢文，卻也滋長了許多認識。一在松山慈惠堂爲大眾宣講，應聽者要求，以國臺語雙聲通講，調性較慢，確有逐漸浸入之感。前兩次講習，約在八〇年代末期，第三次講習，則在九一年，從七月啓講，到九二年上半年完成。大體依姚秦三藏法師鳩摩羅什奉詔所譯的本子，依梁昭明太子所做三十二分來講。當時，也參照了江味農居士所編成的《金剛般若波羅蜜經講義》，因緣所致，當時就在善書堆中得到《金剛經六祖口訣》一書，讀之頗有助益。還有印順法師在《妙雲集》中也有《金剛經講記》，我也參考了。凡此因緣，皆爲殊勝，我大體依文解譯，從傳統佛教義學的理解，進到我人的生活世界，循著自家生命存在的覺知，用現代生活的語言，並關連轉譯成現代的哲學語言，做了一講習上的新詮釋。

這部講錄，是依當時講座的錄音整理成的，最先的整理者有許霖園、張文成兩位居士所作，後來經由游李興、賴錫三等修潤編排。九〇年代末即置放在我的電腦中，二〇〇一年我從清華轉回到臺灣師大任教，又交給了陳啓文及班上同學做了一番修潤。二〇〇八年，東來花蓮，慈濟任教，並建立了元亨書院，與諸同道，往來兩岸，多方講習，雖不以佛教爲重心，但佛學仍有生長。去歲，我再交給了元亨書院諸同道修潤整編，由廖崇斐、張榮焜主持其事，下了標題，調整了些篇章文字，終而完成了這部三十多萬字的講記。這部講記眞可謂多歷年所，迭經滄桑，終而完成。

這部講記是我年青時代的作品，或有未成熟處，但未成熟卻有爲成熟的好，在青澀中可看到生命的素樸與動力，那是成熟時所看不到的。再說，就像煎藥草一樣，煎煮久了、爛了，藥性沒了，便療不得疾了。所以，不可輕視此年青時之講記，反宜重視之。再說，講習《金剛經》，是講而習之、習而講之，並不是單方由我去講，講來讓大眾聽；而是我與大眾一起去聽聞佛陀所說之金剛經，在這因緣殊勝的聽聞中啓講，是因爲此「聽」才開啓了「講」。總之，是我們一起聽聞佛陀所說法，再入於不可說處、入於無言處，再由此無言而入於有言，就這樣開啓了「講」。不是「講而聽」，而是「聽而講」。這便是「如是我聞」，也是「我聞如是」。

我講習《金剛經》漸有啓悟，順此因緣，於一九九四年寫作《邁向佛家型般若治療學的建立——以《金剛般若波羅密經》爲核心的展開》（原發表於當年十二月香港法住文化書院暨中文大學所舉辦之「佛教的現代化挑戰國際學術研討會」，後刊於北京出版的《原道》第三集（一九九六年一月）。本文起先經由美國神學家保羅．田立克（Paul Tillich）與日本禪學家久松眞一的對話，引出佛教所體現的是「緣起性空」與西方所體現的「實有創生」有其根本之異同，進而經由佛教《金剛般若波羅蜜經》的解讀與詮釋，豁顯一「佛教型般若治療學」之可能。者以爲《金剛般若波羅蜜經》的義理所重在「存在的空無」、「意識的透明」、「信仰的確定」、「實踐的如是」，「般若治療」強調的是將一切執著擺下，而讓生命回到原點，如其自如的開啓其自己。

「般若治療」是可以隨處運用的，只要經由般若空智的照見，一切存在歸本於空無，意識回到透明無礙的境地，使得一切事物能如其事物回到事物自身，此即是所謂的「治療」。我們之所以將佛教的治療特別名之曰「般若治療」就是因爲經由般若空智的照見，讓我們體會到一切緣起性空，而當下在剎那生滅中就回到事物本身，起了一治療的作用。換言之，般若治療或在挑柴擔水間、或在倫常日用間、或在行住坐臥中，無處不在，它亦可以不拘於任何固定的方法，只要讓般若之智開顯，一切空無、意識透明、歸返自身即是。再者，筆者指出相對於儒家型的意義治療學之所重在於「我，就在這裡」，傅朗克的意義治療法所重在於「我，向前開啓」，道家型的存有治療法則重在於「我，就在天地間」，佛教型的般若治療法之所重則在於「我，當下空無」。

諸方因緣，逐漸圓足，儒道佛三教經典，經過了十餘年的講習，終而匯聚，將所寫有關身心治療，聚而成書，《中國宗教與意義治療》在一九九六年出版。距乎今日，又一十八年矣，光陰何其速也。今逢甲午，二〇一四年，意義殊特，念斯前兩甲午，感慨繫之，年前，敬虔以占，幸得一聯，聯曰：「甲第潛乾惟牛隱，午雨滂沱任馬行」。世事多憂擾，午雨正滂沱，潛乾惟牛隱，心焚奈何，唯飲冰爾！

俯首默想，撫此《金剛經華山九一講記》，有一說不出的情懷，有一說不出的感恩。一九九一年，廿三年前，時當三十四歲，何其年青也耶。佛賜此法緣，成此講記，佛恩浩蕩！吾當寶之，惜之愛之；念斯同道友人，參與於此，法恩常在，不敢或忘。今將此講錄，公之於世，以爲紀念，或可爲對比，或可爲參照，願諸賢哲，幸得教我。願得佛力，護我臺灣、怙我中華、祐我蒼生，祈其太平也。

甲午年（2014）四月廿八日序於臺北福德街元亨居

《金剛經》全文

法會因由分第一

如是我聞：一時，佛在舍衛國祇樹給孤獨園，與大比丘衆千二百五十人俱。爾時，世尊食時，著衣持缽，入舍衛大城乞食。於其城中，次第乞已，還至本處。飯食訖，收衣缽。洗足已，敷座而坐。

善現啓請分第二

時長老須菩提在大衆中，即從座起，偏袒右肩，右膝著地，合掌恭敬而白佛言：「希有世尊！如來善護念諸菩薩，善付囑諸菩薩。世尊，善男子、善女人，發阿耨多羅三藐三菩提心，云何應住？云何降伏其心？」佛言：「善哉！善哉！須菩提，如汝所説，如來善護念諸菩薩，善付囑諸菩薩。汝今諦聽，當爲汝説。善男子、善女人發阿耨多羅三藐三菩提心，應如是住！如是降伏其心。」「唯然，世尊！願樂欲聞。」

大乘正宗分第三

佛告須菩提：「諸菩薩摩訶薩，應如是降伏其心。所有一切衆生之類：若卵生、若胎生、若濕生、若化生、若有色、若無色、若有想、若無想、若非有想非無想，我皆令入無餘涅槃而滅度之。如是滅度無量無數無邊眾生，實無眾生得滅度者。何以故？須菩提，若菩薩有我相、人相、眾生相、壽者相，即非菩薩。」

妙行無住分第四

「復次，須菩提，菩薩於法應無所住，行於布施。所謂不住色布施，不住聲、香、味、觸、法布施。須菩提，菩薩應如是布施，不住於相。何以故？若菩薩不住相布施，其福德不可思量。須菩提，於意云何？東方虛空可思量不？」「不也，世尊！」「須菩提，南西北方、四維上下，虛空可思量不？」「不也，世尊！」「須菩提！菩薩無住相布施，福德亦復如是不可思量。須菩提，菩薩但應如所教住。」

如理實見分第五

「須菩提，於意云何？可以身相見如來不？」「不也，世尊！不可以身相得見如來。何以故？如來所說身相，即非身相。」佛告須菩提：「凡所有相，皆是虛妄。若見諸相非相，即見如來。」

正信希有分第六

須菩提白佛言：「世尊！頗有眾生，得聞如是言說章句，生實信不？」佛告須菩提：「莫作是說。如來滅後，後五百歲，有持戒修福者，於此章句，能生信心，以此爲實。當知是人，不於一佛、二佛、三、四、五佛而種善根，已於無量千萬佛所，種諸善根。聞是章句，乃至一念生淨信者。須菩提，如來悉知悉見。是諸眾生，得如是無量福德。何以故？是諸眾生，無復我相、人相、眾生相、壽者相、無法相，亦無非法相。何以故？是諸眾生，若心取相，即爲著我、人、眾生、壽者；若取法相，即著我、人、眾生、壽者。何以故？若取非法相，即著我、人、眾生、壽者。是故不應取法，不應取非法。以是義故，如來常說：『汝等比丘！知我說法，如筏喻者。法尚應捨，何況非法？』」

無得無說分第七

「須菩提！於意云何？如來得阿耨多羅三藐三菩提耶？如來有所說法耶？」須菩提言：「如我解佛所說義，無有定法，名阿耨多羅三藐三菩提。亦無有定法，如來可說。何以故？如來所說法，皆不可取、不可說，非法、非非法。所以者何？一切賢聖，皆以無爲法而有差別。」

依法出生分第八

「須菩提，於意云何？若人滿三千大千世界七寶，以用布施。是人所得福德，寧爲多不？須菩提言：「甚多！世尊！何以故？是福德，即非福德性。是故，如來說福德多。」「若復有人，於此經中受持，乃至四句偈等，爲他人說，其福勝彼。何以故？須菩提，一切諸佛，及諸佛阿耨多羅三藐三菩提法，皆從此經出。須菩提，所謂佛法者，即非佛法。」

一相無相分第九

「須菩提，於意云何？須陀洹，能作是念：『我得須陀洹果』不？」須菩提言：「不也，世尊。何以故？須陀洹，名爲入流，而無所入。不入色、聲、香、味、觸、法，是名須陀洹。」「須菩提，於意云何？斯陀含，能作是念：『我得斯陀含果』不？」須菩提言：「不也，世尊。何以故？斯陀含，名一往來，而實無往來，是名斯陀含。」「須菩提，於意云何？阿那含，能作是念：『我得阿那含果』不？」須菩提言：「不也，世尊。何以故？阿那含，名爲不來，而實無不來，是故名阿那含。」「須菩提，於意云何？阿羅漢，能作是念：『我得阿羅漢道』不？」須菩提言：「不也，世尊。何以故？實無有法，名阿羅漢。世尊，若阿羅漢作是念：『我得阿羅漢道』，即爲著我、人、眾生、壽者。世尊，佛說我得無諍三昧，人中最爲第一，是第一離欲阿羅漢。世尊！我不作是念：『我是離欲阿羅漢。』世尊，我若作是念：『我得阿羅漢道』，世尊則不說須菩提是樂阿蘭那行者。以須菩提實無所行，而名須菩提是樂阿蘭那行。」

莊嚴淨土分第十

佛告須菩提：「於意云何？如來昔在然燈佛所，於法有所得不？」「不也，世尊。如來在燃燈佛所，於法實無所得。」「須菩提，於意云何？菩薩莊嚴佛土不？」

「不也，世尊。何以故？莊嚴佛土者，即非莊嚴，是名莊嚴。」「是故，須菩提，諸菩薩摩訶薩，應如是生清淨心：不應住色生心，不應住聲、香、味、觸、法生心，應無所住而生其心。須菩提，譬如有人，身如須彌山王，於意云何？是身爲大不？」須菩提言：「甚大，世尊。何以故？佛說非身，是名大身。」

無為福勝分第十一

「須菩提，如恆河中所有沙數，如是沙等恆河。於意云何？是諸恆河沙，寧爲多不？」須菩提言：「甚多，世尊。但諸恆河尚多無數，何況其沙？」「須菩提，我今實言告汝：若有善男子、善女人，以七寶滿爾所恆河沙數三千大千世界，以用布施，得福多不？」須菩提言：「甚多！世尊。」佛告須菩提：「若善男子、善女人，於此經中，乃至受持四句偈等，爲他人說，而此福德，勝前福德。」

尊重正教分第十二

「復次，須菩提，隨說是經，乃至四句偈等。當知此處，一切世間天、人、阿修羅，皆應供養，如佛塔廟。何況有人，盡能受持讀誦？須菩提，當知是人，成就最上、第一、希有之法。若是經所在之處，即爲有佛，若尊重弟子。」

如法受持分第十三

爾時，須菩提白佛言：「世尊！當何名此經？我等云何奉持？」佛告須菩提：「是經名爲《金剛般若波羅蜜》，以是名字，汝當奉持。所以者何？須菩提，佛說般若波羅蜜，即非般若波羅蜜，是名般若波羅蜜。須菩提，於意云何？如來有所說法不？」須菩提白佛言：「世尊！如來無所說。」「須菩提，於意云何？三千大千世界所有微塵，是爲多不？」須菩提言：「甚多！世尊。」「須菩提，諸微塵，如來說非微塵，是名微塵。如來說世界，非世界，是名世界。須菩提，於意云何？可以三十二相見如來不？」「不也，世尊。不可以三十二相得見如來。何以故？如來說三十二相，即是非相，是名三十二相。」「須菩提，若有善男子、善女人，以恆河沙等身命布施，若復有人於此經中，乃至受持四句偈等，爲他人說，其福甚多。」

離相寂滅分第十四

爾時，須菩提聞說是經，深解義趣，涕淚悲泣，而白佛言：「希有世尊！佛說如是甚深經典，我從昔來，所得慧眼，未曾得聞如是之經。世尊！若復有人，得聞是經，信心清淨，即生實相，當知是人，成就第一希有功德。世尊！是實相者，則是非相，是故如來說名實相。世尊！我今得聞如是經典，信解受持，不足爲難。若當來世，後五百歲，其有眾生得聞是經，信解受持，是人則爲第一希有。何以故？此人無我相、人相、眾生相、壽者相。所以者何？我相，即是非相；人相、眾生相、壽者相，即是非相。何以故？離一切諸相，則名諸佛。」佛告須菩提：「如是！如是！若復有人，得聞是經，不驚、不怖、不畏，當知是人，甚爲希有。何以故？須菩提，如來說第一波羅蜜，即非第一波羅蜜，是名第一波羅蜜。須菩提，忍辱波羅蜜，如來說非忍辱波羅蜜，是名忍辱波羅蜜。何以故？須菩提，如我昔爲歌利王割截身體，我於爾時，無我相、無人相、無眾生相、無壽者相。何以故？我於往昔節節支解時，若有我相、人相、眾生相、壽者相，應生瞋恨。須菩提，又念過去於五百世，作忍辱仙人，於爾所世，無我相、無人相、無眾生相、無壽者相。是故，須菩提！菩薩應離一切相，發阿耨多羅三藐三菩提心，不應住色生心，不應住聲、香、味、觸、法生心，應生無所住心。若心有住，即爲非住。是故，佛說菩薩心，不應住色布施。須菩提，菩薩爲利益一切眾生故，應如是布施。如來說一切諸相，即是非相；又說一切眾生，即非眾生。須菩提，如來是眞語者、實語者、如語者、不誑語者、不異語者。須菩提，如來所得此法，此法無實無虛。須菩提，若菩薩心，住於法而行布施，如人入闇（暗），則無所見；若菩薩心，不住法而行布施，如人有目，日光明照，見種種色。須菩提，當來之世，若有善男子、善女人，能於此經受持讀誦，則爲如來。以佛智慧，悉知是人，悉見是人，皆得成就無量無邊功德。」

持經功德分第十五

「須菩提，若有善男子、善女人初日分，以恆河沙等身布施；中日分，復以恆河沙等身布施；後日分，亦以恆河沙等身布施；如是無量百千萬億劫，以身布施。若復有人，聞此經典，信心不逆，其福勝彼，何況書寫、受持、讀誦、爲人解說？須菩提，以要言之，是經有不可思議、不可稱量無邊功德，如來爲發大乘者說，爲發最上乘者說，若有人能受持、讀誦、廣爲人說，如來悉知是人、悉見是人，皆得成就不可量、不可稱、無有邊、不可思議功德。如是人等，即爲荷擔如來阿耨多羅三藐三菩提。何以故？須菩提，若樂小法者，著我見、人見、眾生見、壽者見，則於此經不能聽受、讀誦、爲人解說。須菩提，在在處處，若有此經，一切世間天、人、阿修羅所應供養，當知此處則爲是塔，皆應恭敬，作禮圍遶，以諸華（花）香而散其處。」

能淨業障分第十六

「復次，須菩提，善男子、善女人受持、讀誦此經，若爲人輕賤，是人先世罪業應墮惡道，以今世人輕賤故，先世罪業則爲消滅，當得阿耨多羅三藐三菩提。須菩提，我念過去無量阿僧祇劫，於燃燈佛前，得值八百四千萬億那由他諸佛，悉皆供養承事，無空過者。若復有人，於後末世能受持、讀誦此經，所得功德，於我所供養諸佛功德，百分不及一，千萬億分，乃至算數、譬喻所不能及。須菩提，若善男子、善女人，於後末世有受持、讀誦此經，所得功德，我若具說者，或有人聞，心則狂亂，狐疑不信。須菩提，當知是經義不可思議，果報亦不可思議。」

究竟無我分第十七

爾時，須菩提白佛言：「世尊，善男子、善女人，發阿耨多羅三藐三菩提心，云何應住？云何降伏其心？」佛告須菩提：「善男子、善女人，發阿耨多羅三藐三菩提心者，當生如是心：『我應滅度一切眾生；滅度一切眾生已，而無有一眾生實滅度者。』何以故？須菩提，若菩薩有我相、人相、眾生相、壽者相，則非菩薩。所以者何？須菩提，實無有法，發阿耨多羅三藐三菩提心者。須菩提，於意云何？如來於燃燈佛所，有法得阿耨多羅三藐三菩提不？」「不也，世尊。如我解佛所說義，佛於燃燈佛所，無有法得阿耨多羅三藐三菩提。」佛言：「如是！如是！須菩提，實無有法，如來得阿耨多羅三藐三菩提。須菩提，若有法，如來得阿耨多羅三藐三菩提者，燃燈佛即不與我授記：『汝於來世，當得作佛，號釋迦牟尼。』以實無有法，得阿耨多羅三藐三菩提，是故，燃燈佛與我授記，作是言：『汝於來世，當得作佛，號釋迦牟尼。』何以故？如來者，即諸法如義。若有人言：如來得阿耨多羅三藐三菩提，須菩提，實無有法，佛得阿耨多羅三藐三菩提。須菩提，如來所得阿耨多羅三藐三菩提，於是中無實無虛，是故，如來說一切法，皆是佛法。須菩提，所言一切法者，即非一切法，是故名一切法。須菩提，譬如人身長大。」須菩提言：「世尊，如來說人身長大，則爲非大身，是名大身。」「須菩提，菩薩亦如是。若作是言：『我當滅度無量眾生』，則不名菩薩。何以故？須菩提，實無有法，名爲菩薩。是故佛說：『一切法，無我、無人、無眾生、無壽者。』須菩提，若菩薩作是言：『我當莊嚴佛土』，是不名菩薩。何以故？如來說莊嚴佛土者，即非莊嚴，是名莊嚴。須菩提，若菩薩通達無我法者，如來說名眞是菩薩。」

一體同觀分第十八

「須菩提，於意云何？如來有肉眼不？」「如是，世尊。如來有肉眼。」「須菩提，於意云何？如來有天眼不？」「如是，世尊。如來有天眼。」「須菩提，於意云何？如來有慧眼不？」「如是，世尊。如來有慧眼。」「須菩提，於意云何？如來有法眼不？」「如是，世尊。如來有法眼。」「須菩提，於意云何？如來有佛眼不？」「如是，世尊。如來有佛眼。」「須菩提，於意云何？如恆河中所有沙，佛說是沙不？」「如是，世尊。如來說是沙。」「須菩提，於意云何？如一恆河中所有沙，有如是沙等恆河，是諸恆河所有沙數佛世界，如是寧爲多不？」「甚多！世尊。」佛告須菩提：「爾所國土中所有眾生若干種心，如來悉知。何以故？如來說諸心，皆爲非心，是名爲心。所以者何？須菩提，過去心不可得，現在心不可得，未來心不可得。」

法界通化分第十九

「須菩提，於意云何？若有人滿三千大千世界七寶，以用布施，是人以是因緣，得福多不？」「如是，世尊。此人以是因緣，得福甚多。」「須菩提，若福德有實，如來不說得福德多；以福德無故，如來說得福德多。」

離色離相分第二十

「須菩提，於意云何？佛可以具足色身見不？」「不也，世尊。如來不應以具足色身見。何以故？如來說具足色身，即非具足色身，是名具足色身。」「須菩提，於意云何？如來可以具足諸相見不？」「不也，世尊。如來不應以具足諸相見。何以故？如來說諸相具足，即非諸相具足，是名諸相具足。」

非說所說分第二十一

「須菩提，汝勿謂如來作是念：『我當有所說法』，莫作是念！何以故？若人言：『如來有所說法』，即爲謗佛，不能解我所說故。須菩提，說法者，無法可說，是名說法。」爾時，慧命須菩提白佛言：「世尊，頗有眾生，於未來世，聞說是法，生信心不？」佛言：「須菩提，彼非眾生，非不眾生。何以故？須菩提，眾生眾生者，如來說非眾生，是名眾生。」

無法可得分第二十二

須菩提白佛言：「世尊！佛得阿耨多羅三藐三菩提，爲無所得耶？」佛言：「如是！如是！須菩提，我於阿耨多羅三藐三菩提，乃至無有少法可得，是名阿耨多羅三藐三菩提。」

淨心行善分第二十三

「復次，須菩提，是法平等，無有高下，是名阿耨多羅三藐三菩提。以無我、無人、無眾生、無壽者，修一切善法，則得阿耨多羅三藐三菩提。須菩提，所言善法者，如來說即非善法，是名善法。」

福智無比分第二十四

「須菩提，若三千大千世界中，所有諸須彌山王，如是等七寶聚，有人持用布施。若人以此《般若波羅蜜經》，乃至四句偈等，受持、讀誦、爲他人說，於前福德，百分不及一，百千萬億分，乃至算數、譬喻所不能及。」

化無所化分第二十五

「須菩提，於意云何？汝等勿謂如來作是念：『我當度眾生。』須菩提，莫作是念！何以故？實無有眾生，如來度者。若有眾生，如來度者，如來即有我、人、眾生、壽者。須菩提，如來說有我者，則非有我；而凡夫之人，以爲有我。須菩提，凡夫者，如來說則非凡夫，是名凡夫。」

法身非相分第二十六

「須菩提，於意云何？可以三十二相觀如來不？」須菩提言：「如是！如是！以三十二相觀如來。」佛言：「須菩提，若以三十二相觀如來者，轉輪聖王，即是如來。」須菩提白佛言：「世尊，如我解佛所說義，不應以三十二相觀如來。」爾時，世尊而說偈言：「若以色見我，以音聲求我，是人行邪道，不能見如來。」

無斷無滅分第二十七

「須菩提，汝若作是念：『如來不以具足相故，得阿耨多羅三藐三菩提』。須菩提，莫作是念：『如來不以具足相故，得阿耨多羅三藐三菩提』。須菩提，汝若作是念：『發阿耨多羅三藐三菩提心者，說諸法斷滅』，莫作是念！何以故？發阿耨多羅三藐三菩提心者，於法不說斷滅相。」

不受不貪分第二十八

「須菩提，若菩薩以滿恆河沙等世界七寶，持用布施。若復有人，知一切法無我，得成於忍，此菩薩勝前菩薩所得功德。何以故？須菩提，以諸菩薩不受福德故。」須菩提白佛言：「世尊，云何菩薩不受福德？」「須菩提，菩薩所作福德，不應貪著，是故說不受福德。」

威儀寂靜分第二十九

「須菩提，若有人言：『如來若來若去，若坐、若臥』，是人不解我所說義。何以故？如來者，無所從來，亦無所去，故名如來。」

一合理相分第三十

「須菩提，若善男子、善女人，以三千大千世界碎爲微塵，於意云何？是微塵眾，寧爲多不？」須菩提言：「甚多！世尊。何以故？若是微塵眾實有者，佛則不說是微塵眾。所以者何？佛說微塵眾，即非微塵眾，是名微塵眾。世尊，如來所說三千大千世界，則非世界，是名世界。何以故？若世界實有者，即是一合相。如來說一合相，則非一合相，是名一合相。」「須菩提，一合相者，則是不可說，但凡夫之人，貪著其事。」

知見不生分第三十一

「須菩提，若人言：『佛說我見、人見、眾生見、壽者見』，須菩提，於意云何？是人解我所說義不？」「不也，世尊。是人不解如來所說義。何以故？世尊說我見、人見、眾生見、壽者見，即非我見、人見、眾生見、壽者見，是名我見、人見、眾生見、壽者見。」「須菩提，發阿耨多羅三藐三菩提心者，於一切法應如是知，如是見，如是信解，不生法相。須菩提，所言法相者，如來說即非法相，是名法相。」

應化非真分第三十二

「須菩提，若有人以滿無量阿僧祇世界七寶，持用布施若有善男子、善女人發菩提心者，持於此經，乃至四句偈等，受持、讀誦、爲人演說，其福勝彼。云何爲人演說？不取於相，如如不動。何以故？一切有爲法，如夢幻泡影，如露亦如電，應作如是觀。」佛說是經已。長老須菩提，及諸比丘、比丘尼、優婆塞、優婆夷、一切世間天、人、阿修羅，聞佛所說，皆大歡喜，信受奉行。

《金剛經講記》導論

一　經典通過人的參與而顯現其自己

各位女士，各位先生，今天非常高興，這是我第一次到華山講堂來，這個講堂各方面的佈置可以說是古色古香，往後至少有三個月的時間，大家會在這裡相處。

我實在不敢說能夠來這裡跟大家講《金剛經》，應該說是跟大家一起來參研《金剛般若波羅蜜經》。因爲，這樣的一部經典不是用講的。經典不是通過講、通過認知，經典是通過參與。認知跟參與不一樣：認知是有一個對象是什麼，我去認識它去把握它，它叫做什麼，這是認知；而參與不是，參與是生命的浸潤，這一點是一個非常根本的不同。所以，我們共同參與研讀《金剛經》的過程，其實不是我講了什麼，而在座各位先進你們認識到了什麼，而是由於你們聽的參與，所以才開啓了我的講。這個意思就是說，我來講你來聽，其實是因爲你的聽，而促使了我的講，所以論功德的話，在座各位的功德，絕對勝於我。因爲你參與了聽，因爲你的聽，所以開啓了講，如果在座各位沒有從老遠的跑到這兒，那麼這個講就不可能開啓，而這個講不是我講了些什麼，如果有一點講經經驗的人都知道，不是你講了經，其實是你參與了經，而那個經在那個階段裡頭藉著你的口而宣說出來了、宣示出來了，或用另外一個話來講，是經典顯現出來了。

經典顯現它自己，自己呈現它自己，不是說你去說。這一點觀念是很重要的，所以一定要先提出來。今天我們進到這個地方，而這個地方的整個場地、整個情境，大家所有生命的參與，才使得《金剛般若波羅蜜經》自己顯現它自己的意義。這一點，我想我們從今天起每個禮拜要藉著這個時間來談《金剛般若波羅蜜經》，是從這兒來了解的，是從這兒作爲一個起點。這個起點說明經典本身就是一個生活世界，而所謂的生活世界，是我們的生命參與了它，或者說澆灌了它，而構成了一個如源泉活水般的一個世界。所以說，經典之爲經典，跟報紙上的記載不一樣，跟我們去講解某一個人的思想不一樣。佛經是佛陀說法的記錄，但是並不只將它視爲釋迦牟尼佛的思想，這跟我們說某一個哲學家的思想是不一樣的，這一點我覺得很有必要給予做一個釐清，不只佛經如此，儒家的經典也是如此，道家的經典也是如此。

二　經典不能當作一家一派的思想

但是現在有一些所謂比較具有現代感的年輕人，甚至有些學者，包括像胡適之先生，他們大概就是把經典視爲某人的思想、某個學派的思想。就某一意義來講，這樣好像就比較具備現代的心靈。所謂「現代的心靈」認爲：反正這些經典也沒有什麼神聖性，經典也是很平凡的。我想經典之所以爲經典，是因爲它有神聖性。因爲這樣的觀點，我常跟一些所謂具有現代感的知識分子發生爭執。他們總覺得我的腦子太傳統、太古板了。我爲什麼要強調經典的神聖性呢？經典之所以爲經典，是在整個歷史過程中，經過了幾千年鍛鍊、沖刷、淘汰而仍繼續留存下來，才能稱做經典，這一點跟一般的某家、某派的思想不大一樣。當然，我們在研究中國學術思想的發展，可以把它們就當作一家一派的思想，那是作研究。那樣看《道德經》、《莊子》就是道家學派的思想。《金剛經》、《華嚴經》、《妙法蓮華經》是佛教構成的很重要的一部分，佛教的經典非常多，你把它視爲某家、某派的思想去看，這是一個層次；經典的講習，則是另一個層次，這兩個層次不一樣，我們要加以分別。講的活動並不是以一個人爲主，其餘爲客，講的活動，其實是主客交融的。所謂主客交融：主是客，客也是主，不是我作爲一個主動者我在這裡講，而在座各位先生各位女士作爲一個被動者在那裡聽。聽不是一個被動的活動而已，聽本身也是個主動的活動。因爲，諸位的聽也是一種生命的參與。由於大家生命的參與，使我的講恰當的講出來，所以這樣的一個講習活動，跟我們一般去做一個演講不太一樣，跟我去教某家、某派的思想不太一樣。所以講習經典有它殊勝的地方，有它很特別的地方，這一點是我特別要提出來的。

講不只是講，講一定關聯著聽，是一個主客交融的活動，是講習。習是一個實踐的活動，講的活動可以說是一個聞跟思的活動，而習的活動則是一個修的活動，講習活動本身就是一個聞、思、修的過程。往後我們大約有三個月的時間，可以藉著這麼好的一個處所，大家共同來參與、共同來經營，讓《金剛般若波羅蜜經》自己顯現它自己的思想，自己顯現它自己的意義，這是我的期待。經典的講習不同於對某家、某派、某人思想的把握跟理解，所以《金剛般若波羅蜜經》文字雖然不多，《道德經》、《莊子》、《論語》、

《孟子》、《大學》、《中庸》的字數都不算多，很快就可以讀完了。《道德經》五千言，一個鐘頭就可以從頭到尾讀完，你要抄的話一天就可以抄完，但是，你十幾歲的時候讀不一樣，二十幾歲讀跟十幾歲讀不一樣，三十幾歲跟二十幾歲又不一樣，每一年每一刻你再去讀它都會不一樣，這跟你看報當然是兩個完全不同的過程。我們大概不會看了今天的報紙，明天又回過頭來看，然後說，好像又有不同的感受。經典必須經由你生命的參與跟澆灌，進入到它的生活世界的時候，它自己本身就像一個源頭活水一樣，源泉滾滾，沛然莫之能禦的顯現它自己。把經典矮化或窄化成某家、某派、某人的思想作爲你研究的對象，這跟作爲你參與的一個世界，那是兩個完全不同的方式。現在學術界常常有很多學者只把經典當成是研究的對象，強調要「客觀的認知」。這是個層次，而這個層次事實上必須建立在以經典作爲生活世界的層次上的，也就是說，必須要有很多人去做經典講習的活動，讓經典的活動世界由於大家的參與跟澆灌而自己顯現它自己的意義，這樣子你那個學問才是眞正有根的，要不然學問全只變成是一堆知識。這麼多年來，整個中國的學問，不管儒家也好道家也好，在學術的殿堂裡面常常就是變成一個認知的對象，經典被窄化成某人某派的思想，所以這個經典本身就沒有辦法經由你生命的參與跟澆灌而釋放出它自己的意義來、顯現出它自己的意義來。換言之，中國古代那麼多經典，在我們現代這個生活世界裡頭，在人們的腦海裡面，我們都不太懂得它們，它們沒有進到我們這個生活世界裡面來，因爲你沒有進到它們的生活世界，它當然也就進不來。經典的意義不顯，大眾思考問題就變得很簡單、很平面，思考問題的時候很功利化、很實用性，而沒有一個長遠的眼光，沒有一個深厚的文化土壤，沒有一個眞正來自生命裡頭溫潤的潤澤，人與人之間的關係變得非常的淡漠，人與物的關係只有控制，人與天的關係變得非常模糊。在這種情形之下，整個社會的風氣日衰一日，所以經典的講習活動是很重要的，非常非常重要。對於大家的共同參與，我個人實在是抱著一個很大的希望，期望這是一個非常好的開始，我們希望大家能夠在這裡慢慢的讓自己的生命進到經典的世界裡面，而經典釋放出它自己的意義，跟我們的生命產生一個互動跟融合，自己的生命就慢慢開始擁有這些資源。

三 經典的意義具有開放的可能性

我們剛剛大致對於「經典」是什麼，而一般所謂思想是什麼，某家、某派某人的思想跟所謂的經典有些什麼不同，作了一個區分。接下去，我們強調經典之爲經典，是因爲我們生命的參與而讓那個經典自己顯現它自己，自己釋放出它自己的意義，這是經典它最可貴的地方。所以，經典的生命是恆久的，經典永遠具有開放出其意義的可能性的，它與所謂的某家、某派的思想不同的地方在這兒。在談的過程裡面，無形中我們發現一點很重要的地方——人的生命的參與。我們用到的幾個詞，像：生命、參與、生活、世界、意義、實踐這些詞，這是我們思考問題展開的方式，再逐步去了解它、去把握它、參與它。就我個人來講，非常不習慣於用一個：第一條是什麼，接著第一目是什麼，接著又是什麼，這樣條列式的展開課程。我認爲像這樣的方式是已經把成品製好了，這是思想的成品，請大家選用。我寧可把這兒視爲一個開放的生活世界，在這個開放的生活世界裡頭，我們大家來參與，參與以後，那個整個的思考歷程是什麼，之後我再點出我們剛剛講的是什麼。

接著我想談談經典的意義是什麼？經典不同於思想、不同於知識在哪裡呢？人跟經典的關係是怎麼樣的一個關係？人跟經典的關係是一個參與的關係，如果沒有人生命的參與，那經典的意義就封鎖而不顯現，它暫時隱閉起來，就好像《易傳》裡提到的「天地閉，賢人隱」（《易．坤．文言》）的狀態它不是消失了，它是隱退了，沒有彰顯，我們現在要把那遮蔽撥除了，讓它顯現。整個中國文化傳統裡頭，我們作爲一個中國人，用生命來參與中國的經典，最重要的是三教的經典，這三教的經典在我們生命的參與裡頭，它各自扮演了什麼樣的角色？也就是說我們作爲一個中國人，參與到整個歷史文化中，參與到經典裡面，像儒家、道家、佛教，它扮演了什麼樣的角色？我們這裡必須要有一個恰當的理解，往後我們再去讀三教的經典時，才不會失之於籠統，不然一談到儒、釋、道就好像渾然一體一樣。渾然一體也沒有錯，但是你所理解的渾然一體是什麼意義？不要是混淆不清。因此，接下來我要對儒、釋、道三教的經典做一個對比的分述。

儒家「生生之仁」，道家「無爲自然」，而佛教「眞空妙有」。你的生命參與儒家的經典的時候，儒家的經典向你顯現的是生生之仁；如果你的生命去參與道家的經典，《道德經》、《莊子》顯現其無爲自然；如果我們的生命去參與佛教的經典，則顯現其眞空妙有。用一個字來說，儒家強調的是「生」；道家強調「無」；佛教強調「空」。中國在佛教還沒傳入前，是儒、道兩家爲主，生跟無，生其實講有，道家強調無，這好像一陰一陽一樣，儒、道相互爲用。佛教傳入以後，同樣地進入到整個中國人的生命裡而與儒、道兩家渾而爲一。爲什麼呢？儒家強調生生之仁，《易經》有生生之謂易，整個儒家精神強調的在於創造性，而這個創造起於人與人、人與物、人與天的存在的眞實感。這個存在的眞實感，是從人與人之間發現的，然後擴而大之到物，推而上之天。這個存在的眞實感，就人與人之間來說，叫存在的道德眞實感。而在中國歷史上發現了這個存在的道德眞實感，眞正把它提出來強調它重要性的，就是我們孔老夫子。他用了一個字——仁，字形从二从人，人與人之間的存在的道德眞實感，點燃了我們生命眞正的亮光，讓我們的生命彼此相互的照應、彼此相互的輝耀、相互的關懷。這個仁其實就是人與人之間的覺、照、關懷。它就像生命的亮光一樣，由於你有這個亮光，你可以照耀別人，同時也照耀了自己，而別人也照耀了他自己，也照耀了你。在中國的歷史上，這是經過了長遠的發展。周公制禮作樂，到了孔子才發現了禮樂背後的人與人之間的存在的道德眞實感，那叫仁。所以「禮云禮云，玉帛云乎哉！樂云樂云，鐘鼓云乎哉！」（《論語．陽貨》）、「人而不仁如禮何，人而不仁如樂何？」（《論語．八佾》）仁的重要性點出來，這是孔老夫子偉大的地方，眞正開啓了每一個人生命中的太陽，換言之，人與人之間的禮跟樂，並不是由哪一些具有權力的人，哪一個絕對高於社會所有階層的人制訂的，不是的。而是來自於我們生命之中的一種關懷，一種存在的眞實的關懷，這一點在整個中國來講是非常非常重要的。就這一點我們可以了解到，爲什麼「天不生仲尼，萬古如長夜。」（《朱子語類》卷第九十三）也就是說，孔子是整個中國歷史文化中的太陽。如果天不生孔子的話，整個中國萬古如長夜，因爲你的生命沒有被照亮，所以子貢說孔子如「日月也。」（《論語．子張》）「猶天之不可階而升也。」（《論語．子張》）如上天一樣，不是你可以用階梯一步一步爬得上的。「固天縱之將聖」也（《論語．子罕》）。孟子說他「聖之時者也」（《孟子．萬章下》），一般的了解是「可以仕則仕，可以隱則隱。」他是依時而變，順時勢而有一個新的開展，而更爲切要的一個理解是，孔子眞正的體悟到生命的道理，洞察了時間背後的一個根源，時間背後的根源是來自我們存在的道德眞實感那種亮光，由這種亮光的照明才使得它有一個新的開啓，眞正新的開始。這是非常了不起的，也因爲這樣我們才能夠了解到所謂的生生之仁。所以儒家不能只把它視爲先秦諸子的一家，儒家是整個中國歷史長遠以來從黃帝、堯、舜、禹、湯、文、武、周公，而孔子集其大成。集大成是就這兒去了解的，這一點沒辦法了解，就會把它窄化成先秦諸子的一家一派。《史記‧孔子世家》說：「自有先民以來，未有如孔子者也。」這是很了不起的見識，孔老夫子在整個中國歷史上代表了，人開啓了一個人的世界，而這個人的世界是從人與人之間、人與物之間、人與天之間的存在的道德眞實感而開啓的。儒家所強調的生生之仁：生生是就整個宇宙的創造性說；仁是就人與人之間存在的道德眞實感說。並且推而擴充之講人與物，推而上之講人與天。

四　儒者重視人倫教養；道家強調返歸自然

提到道家一定講《莊子》跟《道德經》，提到《道德經》一定想到自然，提到《莊子》一定想到逍遙，這是作爲一個中國人應該有的很基本的印象。這些印象沒有錯，就是這個樣子。第一印象很重要，第一印象是perception，我們的感知，我們的整個感受。你想到老子的話，你的腦海裡一定出現一些圖像，那個提倡自然，倒騎青牛出函谷關（另說，大散關），出關前留下一生的智慧之言的老者；想到《莊子》就想到大鵬鳥從北冥飛到南池的過程，那是一個生命的從小而大、由大而化的過程，而到最後逍遙無待。道家強調的不是人進到這個世界裡頭開啓了怎麼的一個人的世界，人文的世界。而是人進到這個世界之後，其實人是爲整個自然世界所包孕著，而自然不斷地開顯著，而人跟那個自然是不二的，是渾而爲一的。簡單的說，道家跟儒家最大不同的地方在於：儒家強調的是人文；道家強調的是自然。這裡要注意一下我所用的「強調」兩個字，並不是說儒家就不注重自然，道家就不注重人文，而是各有所重。中國的思想一定是連綿一氣、通而爲一，它不通過一種決定的方式說這個就是什麼，一定不是什麼，它只是有所偏重，有所提挈罷了。把最重要的提出來，提綱挈領。道家談自然，但是它不廢人文。有人說道家是反人文，它不是反人文，它是超人文而不廢人文，它所反的是不自然的人文，強調由人文而返歸自然。道家就像一個無所不包容的母親，道家強調的是母德、坤德；儒家強調的是乾道、父道。儒家強調的是「復」，一元復始，萬象更新；道家也強調「復」，「夫物芸芸，各復歸其根」（《道德經．第十六章》）。

在先秦，道家跟儒家這兩個傳統是很久遠的。遠古以來就有道家的傳統，所以道家最後推極於黃老。有些學者在這裡弄得很窄，學術考據不是不重要，不過它是相關性的重要，不是決定性的重要。決定性的重要是它能夠決定什麼，相關性的重要是我應該根據更多來判斷，這個判斷在你。大家都有這個經驗吧。譬如說，你有寫日記或記札記的習慣，最近突然有兩個禮拜沒寫日記或札記了，是不是代表你這兩個禮拜非常墮落，沒做思考活動，也沒有參與任何社會的實踐活動？不見得吧！可能剛好相反。你的思考活動豐富，你參與的社會實踐活動可能也很多，總而言之，是因爲你很忙碌所以你沒寫。沒有寫並不代表沒有。同樣的，有很多老莊以前的道家文獻沒有出土，這並不代表上古以前就沒有道家，在孔、孟以前，在甚至周公以前，並不代表就沒有儒家的思想。那你說如何證明呢？這個時候考古人類學、文化人類學的知識就很重要了。從以前整個文化史的材料，你就可以判定儒家跟道家不同於其他先秦諸子，在於它們代表了整個中國人在先秦以前最重要的兩個心靈面向，而這兩個面向是渾而為一的。一個代表人文，一個代表自然，而它足以成就一整套系統。其他都不足為「道」。墨家、法家都不行，名家、陰陽家、縱橫家也不行。縱橫家根本不能稱一家，它不足以成就一套安排宇宙人生的學問。縱橫家是縱橫之「術」。就好像你說這個人是個談判專家，談判是不能夠成就學問的，談判它是一套「術」而已，談判不足以安排宇宙人生。現代的很多學問是不足以構成安排整個宇宙人生。並不是說這個學問本身就沒有價值，而是說這個學問我們應該給它擺定在什麼樣的一個階層，什麼樣的一個角度。嚴格來說，這些學問就不應該被列為所謂PhD，用中文講就不應該把它列到哲學博士，他們拿的學位都不該稱為哲學博士，因為那樣的學問，再怎麼樣也不可能涉及到整個宇宙人生的原理原則，所以現在開始有的叫教育博士，有的叫法科博士、工科博士。

你看周、孔、孟，黃、老、莊，你說那還有荀哪！可以再加一個。想一想道家還有誰？我想楊朱可以列在道家之末。楊朱也可以列為道家，而且儒、道人物剛好很恰當的相配成對。周孔孟荀/黃老莊楊。楊朱極端的強調自我；荀子非常強調社會性。孟子強調大其心，自己生命盡心知性以知天，由性善而開顯；而莊子一樣的強調自己生命由小而大，由大而化。只是莊子強調的，在自然無為之道，而儒家強調的，在人與人之間存在的道德眞實感。黃老這個黃其實是個象徵意義，黃帝這個詞是個象徵而已，我們藉著公孫軒轅這個歷史傳說的人物剛好來象徵他。我們常常說我們都是黃帝的子孫，這句話是對的，這句話是任何考證都沒有辦法推翻的。黃帝的意思就是黃種人的祖先，中國人是黃種人，依照陰陽五行，黃是居中，住在中原的那一群人的祖先叫做黃帝，也就是說住在中原的那一群人的祖先，是住在中原的那一群人的祖先。這句話是同語反覆，所以這句話一定是對的，在邏輯上叫做套套邏輯。所以這句話沒有什麼好爭的。拿公孫軒轅來作爲一個象徵人物，拿他來當作「黃帝」，並不是說我們都是公孫軒轅生的，這是一個學問家很基本的頭腦的訓練，爭了半天，然後開始去做考證，上窮碧落下黃泉，努力找資料，然後證明了什麼，不管證明得對或者錯，這些學問都只能說它難能而不可貴。我們是黃帝的子孫這句話不必考證的，一定是對的。就好像你是你爸爸的兒子這一定是對的，中國人的祖先是中國人的祖先這句話也一定是對的。這句話很間單的嘛！把它想得很複雜，然後在那裡找資料，眞是浪費精神。道家是無爲自然，無爲是去人文，或者說超越人文，超越人文的枷鎖，去除人文的僵化。當然這個活動它一定不是只有一面而已，它的另一面是歸返，所以叫「歸根復命」、「復命曰常，知常曰明，不知常，妄作凶。」（《道德經．第十六章》）回到整個生命的根源，生命的根源就是自然。根據文字學的解釋，「自」就是鼻子，後來用它來指自己，歸到自身。「然」是樣子。歸返「自然」就是回到它本來的面目。本來面目是什麼呢？整個天地就是陰陽二氣和合的生化過程，不假人爲，不會由於人的執著而造成毛病，不必通過你的眼耳鼻舌身的執著而造成毛病。「五色令人目盲，五音令人耳聾，馳騁田獵令人心發狂。」（《道德經．第十二章》）去除這些不正常的執著，歸返自然。

道家是藉著這樣去除而超越的活動，這樣的作用，而讓道體顯現。這麼一說好像道家強調用，儒家強調體？可以這麼說。或者說：道家是即用顯體，儒家是承體起用，儒道一樣是體用不二。所以你可以發現到，孔老夫子也隱含了道家的一面：「天何言哉！四時行焉，百物生焉，天何言哉！」（《論語・陽貨》）整個天不是通過言說來造就這個世界，四時行、百物生而無言，它是以氣運化，人居其中而參贊天地之化育，所以儒家是隱含了道家自然的一面。道家所想整個世界就是一氣之運化，人就是在這兒渾而為一的，不用人為造作的。而春秋戰國時的道家則針對儒家，或針對整個時代的禮壞樂崩而提出歸返古代的自然。但是中國最早的時候是一個淳樸的世代，那個淳樸的世代根本無所謂人文，它原本就是自然，回到所謂的小國寡民，所謂的雞犬之聲相聞，老死不相往來。這個話聽起來好像人與人之間有隔閡，其實不相往來並不是說就不往來，是以不往來為往來，是魚相忘乎江湖，人相忘乎道術而無需往來，這個叫自然。大家想一想，如果那個池塘裡一直都是源泉滾滾的，一直都有源頭活水來，魚在那裡很快樂，相忘於江湖，即使在一個小池塘都會相忘，何況是江湖之水？人在有道術、有文化教養、有眞正的整個跟自然渾而為一的文化土壤，人當然彼此相忘。魚離了江湖，用莊子的意象就是——相濡以沫，魚沒有水了，所以這條魚吐一口水讓另外一條魚感受到一點生命的溫潤，那一條魚又吐一點水讓這條魚感受一點生命的溫潤，但是水仍然越來越少，到最後兩條魚都死了。老子、莊子這裡的意象裡表達了一個人性的本來的母土，「小國寡民」、「雞犬之聲相聞。」（《道德經・第八十章》）雞犬之聲表示什麼？雞犬之聲不是通過言語。言語是人籟，雞犬之聲是天籟。不知道大家是不是曾經感受過那雞犬之聲相聞的的感覺？我家就在象山下，記得有一次傍晚去爬山比較晚下來，到了一個地方，真的是雞犬之聲相聞，有人養雞有人養狗，其中有一家的狗叫了，其他的狗也跟著叫了，滿山都是狗吠聲，那個狗其實並不是對你不懷好意，牠其實是表達一下意思，表示說牠也是存在的。這是天籟！「民至老死不相往來」（《道德經·第八十章》），其實不必相往來。我們人何必那麼麻煩？一天到晚要東奔西跑，一天到晚要「溝通」。在道家的想法裡沒有所謂溝通。不必溝通了！溝通是已經落入言語。現在西方人最盛行溝通理論，爲什麼呢？因爲人與人之間常常不通，所以這個理論應運而生，叫做communication。道家的自然本是渾融爲一，它不是溝通，它是communion，本來就是和合在一起的。所以雞犬之聲相聞，民死不相往來，那是個自然和諧的境界，它是通過那個境界說，老子想的是要實在的回到那個世界，在莊子的時代發覺已經回不去了，所以通過心靈境界回去了，連心靈都沒辦法回歸，只好把自己封鎖起來，就轉成楊朱。孔老夫子的理想是一個人文的世界，人文世界慢慢僵化了，所以要重新點燃我們生命的亮光，刪詩書，訂禮樂，讓禮樂能重新顯現人與人之間存在的道德眞實感。孟子再往前追溯，要從每一個人生命的本源說「性善」，社會結構不斷地轉變，荀子認爲這個時候還是要有一個統合的力量，因爲人的善性不一定能夠開發出來，要有統合的力量，這個力量就是教化。那麼教化從哪裡來呢？從古聖先賢來，古聖傳之今聖，所以要法後王。要使統合的力量加強並落實，轉一步才變成了法家，注重統合的力量走到極端就轉成法家。莊子強調的整個人渾到自然裡去，心境沒有辦法打開，就緊縮成楊朱的自我主義。思想的掌握跟了解需要這樣慢慢的去分析，我們先介紹了儒家跟道家，我們待會兒再繼續吧！

五　經典講習與文化土壤至為相關

《金剛經》的註本，據一般的了解，到目前爲止大概有八百多家。我想沒有人能把八百多家的註一家一家的比對看。註解其實是註解的人的生命參與到這部經典裡面，然後把他所理解到的寫出來。我之所以選定《金剛經六祖口訣》這個註本，是因爲六祖惠能本身深受《金剛般若波羅蜜經》的影響，而且他曾經聽人誦讀《金剛經》到「應無所住而生其心」而言下大悟。大體來講，我覺得《金剛經六祖口訣》相當值得參考。

這是我第三次講《金剛經》，前兩次都是用閩南語講，這一次改用國語，剛開始還是覺得有一點轉不過來。我大概七歲以前都是講閩南話，不過現在我國語的程度大概比閩南話標準一點。從這裡我們可以發現，其實語言是個習慣，語言本身也是個生活世界。剛剛談了儒家跟道家，有人說，那中國如果沒有佛教進來的話好像也夠嘛！夠不夠就很難說，眞的是很難說。我還記得好幾年前去過一個朋友家裡，這朋友家裡有一副對聯寫得很有意思，對聯寫的是：「採鮮花，摘美果，消受清閒福；誦經書，學仙道，全無信佛心。」他家在埔里。一個學弟家裡。很有意思！典型的代表中國人原來認爲的佛教不需要的，認爲人就是要渾然於整個天地之間的那種精神，所以「採鮮花，摘美果，消受清閒福；誦經書，學仙道，全無信佛心」。這個「誦經書」，單指的是儒、道的經典。這一次去看，稍微變動了。上聯還是一樣：「採鮮花，摘美果，消受清閒福。」下聯變成「誦佛經，學仙道，全無信服心。」我就問他說這副對聯最早是誰作的？他說不知道，可能是建築師自己寫的。那棟房子不過是鄉下的三合院，我猜那個建築師大概是到哪裡抄來的。多半是這樣，這都是抄來抄去的。我們很多廟裡面一些典雅的句子，看到過哪裡有一句就把它湊過來，譬如說我看到過一座福德正神的廟裡寫著：「福德福由德；正神正是神。」讓我們很驚訝，這麼小的小廟，怎麼能寫出這麼好的對子！其實鄉野裡有不少妙事。鄉下一些年紀很大的阿公還有會人做樂器的，我的外祖父連一個字都不識得，卻會自己做南胡來拉，而且也能拉出個曲調來，他從來也沒學過作曲，也沒學過演奏，爲什麼呢？中國以前有句古話說：「熟讀唐詩三百首，不會作詩也會吟。」如果這個社會它散發出一種風氣來，不必熟讀《唐詩三百首》，不會作詩也會吟！你相信嗎？鄉下有一些人，他出口可以成章。我自己的父親，他讀的書不多，是個農人。以前他們當國民兵四個月，退役以後常常會被徵調，一直要到四十五歲。有一次他被徵調去苗栗的通宵管海防，做哨長一個月，他在那兒作了一首七字調（閩南話叫「七字仔」），敘述整個被徵調服務的過程，整個在海防的情境和心境，全部有韻，非常美，如同《古詩十九首》一般。可能我父親有一點才分，而我知道有的人不一定有什麼才分，不過他們就是有辦法寫得出來，那是一個文化土壤自然長出的花朵。以前他們從哪裡學會的呢？七字調在歌仔戲裡面就有，就在南管戲裡面也有，以前電視很少、廣播也很少，而文化的傳承就在這些地方的戲曲裡面。現在廣播電視很發達，結果呢？現在一個大學國文系的畢業生，大概都寫不出剛剛說的我父親作的那種打油詩。（那也算是一種打油詩，因爲它是一種不嚴格依照押韻的、平仄規矩的七言的古詩。）即使寫出來可能也很糟。整個現代的文化土壤被破壞，這個嚴重得很！大家可以回想一下，以前鄉下老阿公老阿媽講的話。你會覺得那些話怎麼那麼符合中國古聖先賢，儒家的道理、佛教的道理、道家的道理。他們有的連一天書都沒有念過，講出來的道理怎麼那麼準！而且講得那麼恰當！爲什麼？一樣的。文化土壤。現在我們自然生態上的土壤也很糟糕，一塌糊塗。以前我們臺中鄉下的水有甘味，去年回到家鄉去才知道現在家家戶戶要買水喝，原來的地下水已經不能用了，不要說河水，連地下水都不能用，自然土壤文化土壤都壞了。非常奇怪，自然土壤跟文化土壤常常有令人意想不到的相連。當然並不是說誰會決定誰，兩者俱起。去過大陸的人就可以了解，文化大革命、大躍進的時候，砍伐樹木砍得一塌糊塗，整個自然土壤壞了，文化土壤也跟著敗壞了。海峽兩岸的中國一樣的不幸。爲什麼會這個樣子？其實我最擔心的事情是下一代的人唾罵我們這一代：你們那一代的中國人到底在幹什麼？每個人每一天最關心的事情是自己的勢和利。是我這個團體的勢利怎麼樣。國民黨是個勢利呀！共產黨是個勢利！民進黨的勢力怎麼樣？其他小黨的勢利又怎麼樣？國民黨裡面又有眾多的派系。一切泛政治化，包括大部分具有批判性的知識分子一樣泛政治化。令人很難過的，他們也是泛政治化的思考方式，雖然在批判整個政治的種種情形，但是他們腦子裡的思考方式還是政治化的。所以他的想法就是：你如果沒有跟他一起去上街頭的時候，你就不夠進步。其實更重要的是社會需要更多人來做扎根的工作，那個工作是不見名、不見功、不見利的，而且是慢慢的沒有速成績效的。我常說：「自有中國以來，未曾有如是者也。」中國幾千年來，這近一百年是最糟糕的。有人說：「那魏晉南北朝三百多年呢？」我說：雖然五胡亂華，中國文化經典無一日輟講。五胡雖亂華，然北方的胡人漢化了，當然也有漢人胡化，但整個來講大體來說，中國的經典沒有一天停止了而不再釋放出它的意義來。也就是經典的講習活動，一樣在民間非常旺盛。教育沒有毀壞，文化土壤沒有毀壞，何以證明呢？接下去隋朝而唐朝，出現貞觀之治。隋朝有個非常有名的人物，他是中國中古歷史發展的一個象徵——王通，文中子。這位人物在中國歷史上是相當重要的，但是卻被我們忽略了。根據正史上的記載，王通十二歲開悟，十五歲講學，魏徵、房玄齡、杜如晦皆出於他的門下。你說這豈不成爲唐朝宰相訓練班？這不是說王通這個人有什麼特別了不起，他是在幾百年來，那個文化土壤未衰，潛隱其中。天地閉，賢人隱，不是賢人亡嘛！而這時候一樣顯現，而以他作爲這個顯現的重要象徵人物。

我們應該有所警覺，只要有一代不講學經典，這個經典就毀壞一半以上，只要兩代不講習經典，這個經典就幾乎消亡殆盡。經典是因爲我們希望聽，才開啓了講，所以它的意義才釋放出來，這是我的第一節課一定要講明的。從清朝末年，民國以來，尤其五四之後，大家都不聽經典了，沒有人想聽，大家都以爲他已經懂了，聽到的都是它不好的一面，於是跟著就猛批猛鬥中國經典，經典當然不能釋放出它的意義來，就好像一個小孩子一直在數落著自己的父母，第一個後果，可能到最後他連改過的可能性也沒有了，第二，他有好的那一面也沒有辦法釋放出來。整個中國近一百年來，大概就處在這種狀況中。我一向非常難以諒解人任性地汙辱自己的傳統。我想大家都知道，在目前的社會上要做一個大家所認定的開明的知識分子很簡單，就只要臭罵一下自己的傳統就好了。「中國人就是這樣子……」請問你自己是不是中國人？所以當你要輕率的說出「中國人都是怎麼樣」的時候，應該想著：「很可能是這個時代的某一群中國人是這個樣子，而中國人恐怕不是這個樣子的。」你要這麼想，不要把責任推給前人。中國的衰頹不振只是近百年來的事情，再多一點不會超過兩百年，不要什麼都推給老祖宗，一說就「孔老夫子實在沒有民主思想……」，西方到中世紀的時候有民主思想嗎？教皇統治一切的時候有嗎？爲什麼不這樣問？會這麼想的大概都不在這裡，所以在這裡跟各位女士各位先生發牢騷實在是沒什麼道理，因爲諸位來這裡參與自與一般俗流不同。

六 儒家是飯；道家是空氣；佛家是藥

就以儒家來講，強調文化土壤，強調人的生命的參與；道家認爲如果一直過分的強調人的參與反而會出問題，所以認爲自然爲上；那麼佛教在整個中國思想史上定位如何？我說儒家是飯；道家是空氣；佛教對整個中國來講的話是藥。這個講法對佛教來講好像不大公平，用比喻大體來說是這樣，所以一個非常暢旺的中國文化生命大概有飯有水有空氣，這裡我們也可以把佛教比爲水，佛教有藥的一面，但是它不只這一面。我以前把佛教看得比較窄，認爲佛教是對治人生的生老病死等等病痛而起，這是比較站在中國傳統儒家跟道家的觀點來看，所以就把它想成是藥，其實佛教不是這個樣子，佛教跟儒家道家最大的不同在「空」這個觀念，道家「無」的觀念跟佛教的「空」有一點接近，而事實上兩家還是不同的。道家的無是就無爲，更上一層說，就我們生命存在的場域，而說其爲無爲說其爲自然。就好像我手上的這個杯子，老子說：「有之以爲利，無之以爲用。」（《道德經．第十一章》）杯子之爲杯子是因爲有杯壁，更重要的是杯子的裡面是空心的，杯子裡面是無的，杯子裡面有一個處所有一個場能夠裝得下東西，所以「鑿戶牖以爲室，當其無有居室之用，三十輻共一轂，當其無，有車之用。」車輻三十個輻共這個車轂，中間是空的，所以有車之用。它從這兒發現而通過作用去顯現自然的可貴，顯現無爲的可貴，而這個作用是在一個實踐的歷程說的，所以「爲學日益，爲道日損，以至於無，無爲而無不爲。」道家這點已經相當了不起了，但是它沒有眞正發現了眞正的所謂「空」。「空」所代表的最簡單的說——一個座標系的原點，在儒家跟道家強調的是這個座標系作爲一個起點展開，它也是發現原點，但是這個原點是作爲起點，所以強調的是創造性，道家強調的是一個整體之爲整體，它最先是沒有座標系的，這個座標系原來是在一個處所裡面開展的，佛教的空在於發現了起點之爲起點，是歸回了原點，譬如《金剛經》裡常見的語句，「般若非般若，是之謂般若」，這個在整個佛教的中觀系統的經論裡面，一再的出現這樣的表達方式，A非A，是謂A。當我們說它爲一個東西的時候，你能夠把這個說去除掉，回到原點，這個時候你才能夠說你方才所說的是爲那個東西。在座標上的一個點（4, 5）代表的意思，你如其能恰當的了解這個點，則當你去除掉它的時候是回到了（0, 0）座標的原點，所以般若非般若，是之謂般若。A非A是A。這個A去除之後是歸返至原點，這個時候你才能夠說那個A是A。「我是院長，而我不是院長，這樣是之謂院長。」當我說我是院長的時候，我是把自己擺在座標的某一點上，而當我不是院長，我是回到一個人作爲原點。這時候你這個院長才成其爲院長，佛教這個地方的智慧很深，非常了不起。換句話說，它眞正洞察了任何事物本身的空無，這叫「眞空」。因爲如此，才成就了事物之爲「妙有」。這個有跟一般的有不一樣，一般的有是執著的有，去除了執著歸返於空無，而使得那個有成爲不執著的有，那叫妙有。佛教中觀系統的經論在這個時代裡面，有它非常重要的現代意義，値得去開發。

在整個人類的數學史上，第一個發現0的民族是印度人，不是中國人，也不是其他民族，這是一個很偉大的發現。人類生活在世界上一向是往外看往外數，從一個兩個三個四個開始一直往外數，而它折回自身，印度人發現回到自身不是回到1應該是「0」，而中國人的思想是回到1。這裡你可以看周濂溪的〈太極圖說〉之所以和《周易》不同是因爲他談到了無極，這是佛教經由道家傳入中國而激發了儒家學者的思考，然後眞正的去處理了太極和無極的問題，太極指的是起點創造性，無極是回到眞的原點。1也可以作爲原點，但是1是作爲起點要數出去的開始的一個點，有個intentionality，無極是歸本於圓，寂滅，寂滅是從這一點去理解的。佛教最重要的地方在這裡，印度人了不起的地方在這裡，印度人爲什麼會發現這個呢，印度人當初的發現不是如佛教所說的那麼的精純。印度從古吠陀（Veda），一直發展到後來的婆羅門教（Brahman）的思想，再發展爲佛教，這是一個非常長遠的發展，整個佛教就是反婆羅門教傳統，但是我們要了解這個反的意義是什麼，在一個傳統，裡面如果這個傳統發展出一個思想，這個思想是從這個傳統發展出來的而反這個傳統的思想，第一個，它一定在這個傳統裡面，而這樣的一個反傳統是拓深了傳統，而且是去除了這個傳統原來的弊病，而開啓了另一個新的可能性。這麼說我是不是贊同中國當代的反傳統運動，我很不贊同，整個中國當代的反傳統運動它不是由中國傳統裡頭生出來的反傳統思想，換言之，它不是中國傳統自己產生的一個自力性的解構，不是來自於自己傳統本身、自己瓦解自己、然後回溯到以前，它根本是出主入奴的一種他力性的瓦解，所以這種反傳統是很糟糕的，這一點是必須要釐清的。

七 佛教的可貴在於提出了「緣起性空」

佛教可貴的地方，就是它破除了原來婆羅門教從吠陀思想以來，一直到婆羅門教思想強調的——「我」（Atman），大我梵我，整個佛教是在反這個、瓦解這個而開啓一個無我思想。梵天大我的思想認爲整個宇宙是從梵天流出的。（我希望能夠把一些基本的，包括宗教的分判、宗教的類型、思維的不同方式等基本觀念，先跟大家提一下。）整個宇宙是由一個大我流出的，佛教不是如此，佛教以緣起說——「無明緣行，行緣識，識緣名色，名色緣六入，六入緣觸，觸緣受，受緣愛，愛緣取，取緣有，有緣生，生緣老死」，十二緣起，色受想行識，宇宙、自我、我之煩惱皆緣起而性空。婆羅門教強調從梵天大我流出，佛教強調緣起性空，南轅北轍，完全不同。但其背後的文化土壤都是從婆羅門教來，所以你才能了解佛教的原始思想會強調一些什麼。空宗首先興起，空宗因爲有走入斷滅空的危險故有宗興起，唯識興起，之後再有眞常一系的發展。佛教在中國來講好像也是這個過程，般若系統先傳入，再來古唯識學、唯識今學，再來是眞常心系出現，華嚴天臺禪宗出現，跟在印度的發展若合符節，它有一個歷史的邏輯。

在印度整個哲學史來講，從婆羅門教而佛教，空宗有宗，後來的發展印順法師稱「梵化的佛教」，批評它是回到了婆羅門教的佛教。佛教傳入中國，佛教可以說是標準的閩南話講的「興外邦無興本鄉」，不興本土只興外邦，所以佛教北傳入中國直傳到整個東北亞，韓國日本，南傳到錫蘭，泰國緬甸，但是佛教在印度已經微乎其微了，又回到婆羅門教，回到印度教。釋迦牟尼佛可貴的地方在於以他個人生命的歷練，突破了婆羅門教這個傳統的限制，而開啓了一個新的可能性，而這個新的可能性，成爲全世界最重要的人類智慧的資產，但是很可惜的，印度人卻無福消受。爲什麼呢？因爲印度原來的業太重了，這個講法好像很有趣，其實是眞的，沒有錯。所以印度人到現在沒有福氣消受佛教，回到了婆羅門教的信仰，梵天大我的業太重。印度人本來就是不適合施行民主政治的，人類施行民主政治不一定是最好的，印度的民主選舉就一定會出問題，他們還是比較習慣從梵天大我來思考的。我在此說的只能稍稍點到，各位女士先生可以模擬而得之，我們可以看到印度從二次世界大戰結束建國成爲民主國家以後，幾乎無一日安寧。那麼中國呢？大家一定會有這個疑惑，對於中國的政治我自己也有一些自己的見解，當然我不是贊成專制政體，但這並不意味著我就同意西方化的民主政治。詳細我們以後再談。

佛教可貴的地方是提出了緣起性空，通過緣起法見到了一切的存在的空無性。其實並不是說這個東西（杯）爲空，而是說這個東西成爲一個沒有執著性的存在。一個沒有執著性的存在是空無的，所以「空無」嚴格的說是就意識的空無而說，由意識的空無而說存在爲空無，因爲意識跟存在是不二的，用原來佛教的用詞叫「境識不二」。存在講境，意識講識，境識不二，識心不執，識心無執，識心本空無，所以境識亦爲空無，這是它的論點。這樣的一個論點它之所以可貴的是，眞正的讓我們擺脫了我們所以爲的任何羅網，而歸返到我們生命的自身，而生命的自身原來是透明而空無的，佛教在這一點上非常非常的可貴，我們以後在參研《金剛經》的時候，我們會深深的體會到這個精神，而《金剛經》一般被稱爲佛教眾經之母，眾經之源，它遮撥一切而歸返自身，而自身即是空無，通過緣起法而見其性，而其性之爲空也。在整個中國人的生命裡頭，由於有了佛教進到中國人的生命之中，使得中國人單獨面對自己的時候，仍然是有所安慰的，不是通過人與人、人與物、人與天的存在的道德眞實感，不是在整個自然的包孕之下而歸根復命，而是直接面對自己的生命，見到自己生命的透明空無不執著，而這種透明而空無，它本身就是無待。所以佛教傳到中國正是在中國最艱困的時候，讓這個道理眞正進到中國人的生命裡頭來，從漢經魏晉到唐而整個中國佛教生根，整體的建立起來。

時間過得非常的快，我們今天對於儒、釋、道作一個很簡單的這樣的理解和分判，也是就這麼多年來自己生命追尋的一些剖白跟了解，然後提出一些看法來，就教於各位女士、各位先生，今後非常希望、非常歡迎各位女士、先生提問，我能盡我所能的來回答，那麼我們今天就到這兒，非常謝謝大家的參加，謝謝！

《金剛般若波羅蜜經》釋名

一 解釋是把意義從僵固的結構中釋放出來

我們今天要進入《金剛般若波羅蜜經》的本身來了解。一般講經是先就經題講，經題一般來講相當不容易，要費很多勁。我們這裡並不採取就一般佛教就經題上大加發揮，只就經題上作一個簡要的陳述，然後慢慢的就整個經典的原文文獻的參與慢慢去了解它。爲什麼我們採取這個方式呢？主要的原因我的想法是這樣的，我們如果就集中在經題去發揮的話，據我以前聽經的經驗，一個經題如果好好發揮的話，大概可以講一個月。現在我們不執著在那個經題上，「金剛般若波羅蜜經」這些字眼我們怎麼去了解它？很明顯的我們可以知道，「金剛」原來是漢字原來的意思，「般若」不是漢字的意思，般若是梵文prajñā的音譯，「波羅蜜」pramita一樣的是音譯，不過它久了以後好像大家都很熟悉了，甚至有人就直接就「波羅蜜」可以大作文章，現在好像連廣告都拿這個。換言之，這些字眼雖然原來是梵文的音譯，但是這個音譯已經讓大家很習慣了，它已經成爲我們生活的一部分。語言其實就是這樣的，慢慢的就會習慣。譬如說我們說「幽默」，這個「幽默」其實也是音譯，從英文的humor這個字翻譯過來的；又像「浪漫」也是音譯，romantic（羅曼蒂克），簡化的說成了「浪漫」，現在我們看到這樣的字眼已經可以直接感覺出它的情境了，所以文字語言其實是熟悉與否而已。

有人曾經問過我，那些的老阿婆們，她們連字都不識得，但是她們會背《金剛般若波羅蜜經》。當然她們可能用臺語，也可能是國語，或許用客家話唸。於是他們問，釋迦牟尼佛他懂得臺語嗎？聽得懂國語嗎？他其實不是聽懂聽不懂那個語言是什麼，語言是要傳達語言背後一個超乎語言的東西。這樣的一部經書我們去參與它的時候我們可以留意一下，不必太執著說，喔！這個就是怎麼解釋，不必在字句上太執著。但你也不可以說我就可以隨便解釋。解釋之爲解釋，是要讓那意義釋放出來，從一個僵固了的結構中解開，意義釋放出來，此之謂解釋，「解釋」原來的意思是這樣的。我們任何一個語言，它其實是一個一個僵固的單位，通過那個語言的瓦解，意義才會釋放出來。同樣的，這個《金剛般若波羅蜜經》，如果我們一直執著著裡面的那一個字是什麼的話，它的意義就沒有辦法眞正釋放出來。

但是這也不意謂著你怎麼讀都可以，隨便亂讀一通。任何一個語言文字意義的釋放都有一個「論域」，跟另外一組語言文字的意義慢慢形成一個家族的關係，一個family的關係。而這個家族它慢慢的擴充，譬如現在我們說《金剛般若波羅蜜經》，但是佛所說的經典不只有這麼多，佛光講《大涅槃經》就非常非常多，佛說法四十年，你怎麼樣把這些論域一個一個的扣起來，把我們整個人浸入。如我們上個禮拜所說的，經典本身的這個生活世界。這個觀念的了解在我們學習的過程裡面非常非常重要。

二 去除心靈的執著，讓存在開顯其自己

我們今天大家是不是都有這個書？這是《金剛經六祖口訣》，封面不同那無所謂，語言不同就如同這封面不同一樣。這個《金剛般若波羅蜜經》的六祖口訣是相當難的一部經書，六祖惠能是聽聞別人誦讀《金剛經》到「應無所住而生其心」而言下大悟。無所住而生其心，我們應該無所住而生其心，我們一般講俗心或凡心皆有所住，也必然有所住。什麼叫做「住」？「住」就是指向一個對象而停在那兒，這是我們心靈意識活動的一般的現象，意識活動的一般現象一定是有所住而生其心，我們的心必掛搭在境上。或者用另外一個語詞，我們的心靈意識必掛搭在一個境象上說，而這個掛搭就是我們的心靈產生了一個執著象，執相，這個叫做有所住而生其心。但是現在佛法是要「無所住」，「無所住」就是要去除我們一般的心靈意識的狀態，這是佛法裡面很重要的一部分，也就是我們上個禮拜所提到的「空無」。「空」不在於說一個存在事物其本身之爲無，而是在於心靈意識的一個狀態，那個執著的去除。空無其實是去執的一個活動，所以講「應無所住而生其心」的「心」就不是俗心，那它是什麼心呢，它就是所謂的「佛」（覺），佛心。也就是眞心，眞心在這裡說，就是「般若」，「般若」用我們漢文的意義來講，也就是智慧，智慧是以智爲體，以慧爲用。

所以你看《六祖大師惠能解義》的序裡面一開始就是：《金剛經》是「無相爲宗、無住爲體、妙有爲用」，其實這三句已經把《金剛經》最重要的要點說了。「無相」，相之

爲相，是因爲心起了執著，心起執而有相，心不起執則無相，無相是要去心之執。「宗」指的是宗旨，整部經典的宗旨，最重要的一個終極的歸趨，就是無相，就是空無。「以無住爲體」，「體」指的是這部經的主題，或者說它的主體，主要的部分。無住爲體，以不執著爲體（住就是執著、停住，住者停留於此，而居於此也），無住就是你去除了「停」，去除「住」。其實這三句話講來講去就是一句，一樣都是要「去除執著」，去除了執著而一切的有就不再是執有，不再是一種執著著僵化了的「有」，而是一種「妙有」。所以前面兩句講眞空，這裡講妙有，妙有爲用，眞空妙有，空有不二。整個來講《金剛經》就在講這個。這三句最重要的是要告訴我們什麼呢？就是說，你去除了心靈的執著，讓一切存在事物如其爲存在事物的開顯它自己。這個話講起來好像很哲學，簡單的講就是「恢復本來面目」。

古人講這個本來面目講得很好，本來面目用一句話來講就叫「自然」。因爲「自然」這個詞道家用得很多，幾乎成了它專用的名詞，所以佛教就不用它了。自然這個名詞就是本來的面目本來的樣子，自就是本來。「自」原來造字上的意思就是鼻子的意思，所以「自」用來指自己；「然」是樣子，合起來就是自己本來的樣子，見所謂的本來面目。譬如禪宗要你參父母未生前是何面目，這個意思是什麼呢？我們了解這些字眼的時候可以對比的來看，相對於未生之前就是已生之後嘛。針對有生之後而說，有生之後是心——起執之後；未生之前是心——未起執。未生之前是何面目？你在問這個問題的時候是不是心又落於執著，你說它是何面目也就不是何面目，到最後一定會出現這樣的句法：你說它A也對，你說它非A也對。因爲它不是用A或者非A能夠去說它的，你一旦是落入言說就已經是有生之後了，所以它現在問你未生之前是何面目，並不是要你依著有生之後，然後去想未生之前，而是要你去除掉這個。

三 《金剛經》開顯的方式——辯證的遮撥說

在禪宗的公案裡，常常問法是縱線的思考，但是那個回答常常是跳開來的。它一定要跳開，你不跳開一定沒有辦法了解。禪宗公案裡的表達方式跟《金剛般若波羅蜜經》裡的表達方式有某種類似性，但不大一樣，它大體是採取一個跳開的方式說，《金剛般若波羅蜜經》採取辯證的遮撥的說。我們順著這個時機先把它的表達方式講清楚，我們從它的表達方式可以大概了解到它的背後是一套怎麼樣的心靈思考方式，而大概能夠把握它。跳開的方式就是：當你問他什麼，他並不直接回答是什麼。禪宗公案裡面很多是這樣的對話，他問的是「東西」，回答的連「南北」都不是，它根本不在你語言所造作的那個論域裡面去回答問題，當下就跳開來。爲什麼它可以跳開？因爲公案的表達基本上是通過一個具體的事象、事件來說，整個對話的過程最後要離開這單一的事件而跳出去。但是在《金剛般若波羅蜜經》裡面多就理上論，論理是就文字上怎麼轉，轉出去的時候，它一定經過一個辯證的遮撥的說：A，然後非A（-A），是名A。什麼是辯證呢，當我們說其爲正的時候，又馬上說其爲負，來掃除你剛剛說A時所造成的限制，等於說你撥除了你原來所遮蔽的東西，顯現它的本身，這個叫辯證的遮撥的方式。在《金剛般若波羅蜜經》裡面，一再的出現這個方式，我們讀的時候到處可以看到。

四 無堅不摧的智慧

這部經，《金剛般若波羅蜜經》，「金剛」兩個字之所以擺在最前面，一般來講是以「金剛」形容「般若」，什麼樣的般若呢？「波羅蜜」這樣的般若。這意思是說：這個像金剛一樣的智慧是一種到彼岸的智慧。般若的智慧如金剛一般。金剛是一種礦物，或叫金剛鑽，這種礦物非常堅硬。般若的這個智慧是非常堅固的，它是恆常不變的，「堅而常，明而淨，快而利」，具有這三種特性。講堅是講它不可能被破壞，講常是講不變；講明是透明，講淨講的是純淨；利而無所不摧，利用甚強謂之快，無所不摧謂之利。金剛的本性是這樣。這個般若智的智慧如金剛一般，恆久不變的，永不被破壞的，而它本身是透明純淨，無堅不摧。簡單用兩個字來講就是「堅」跟「利」，堅者無可摧也，利者無所不摧也。那個金剛之體是堅固不移的，它的用是無所不摧的。但是講那個體是就其象即其用而言之體，並不是有一個金剛體堅固的擺在那裡，因爲其用無所不摧，而這時候我們說其體。我之所以一再強調這個是因爲在佛教在說到智慧的時候，它只是暫時的說以智爲體，以慧爲用。東方的哲學凡是分言體用並不是說有一個超絕而孤立於用之外的體，體是即用而言之爲體。整個佛教非常重要的一個精神就是一個「用」的精神，而不是要證得一個孤立而超絕於整個生活世界之外的體。不是的，這一點非常非常重要。

就某一個意義下，佛教之成爲一個宗教，從西方的宗教學的角度來看，至少就原始的佛教來講，佛教不能視爲一個宗教。因爲，第一個：他沒有一個至上神作爲依託的最後的根據，那你說釋迦牟尼佛呢？釋迦牟尼佛不是，他只是一個象徵而已，他並不是一個至上神，釋迦牟尼佛是一個「人」，他不是一個神聖者。他是個人，他是人經由修行以後然後他開悟，他只是一個開悟的覺者，他並不是上帝指派來人間世的救世主，因爲他認爲每一個人都具有佛性。這個是不大一樣的，而整個西方的宗教所採取的一神論的角度，他們宗教的腦袋裡頭想著一定要有一個最高的至上神。在佛教裡面，它採取的是另外一個想法。一神論是控制的宗教，佛教是弱控制的宗教。

五　談宇宙的創生

我們順便在這兒提一下，談到宇宙的創生一定有幾個方式，「流出說」是一個方式，像「梵天大我流出說」；另一個是「上帝創造說」，這是一個方式；而佛教採取的是「因緣生起說」。因緣生起說並不是要積極的要去說明這個宇宙是怎麼樣生起的，這個宇宙是怎麼樣造出來的。它其實是要破解這個，宇宙它的本性是空的，所謂緣起性空，通過緣起法而證得萬物本性爲空。那麼中國呢？中國是講「氣之運化」，「氣之運化」跟流出說有點接近。這個很有意思，跟地理環境有關。你可以想一想，整個人類文明的重心，其實整個是在亞洲。

我們攤開地圖來看，單一神論出現在中東，往東一點有印度的流出說，東亞的中國人講氣的運化說，我們可以看出來，對於宇宙看法其實跟人的生長環境有一點關係。從這裡看釋迦牟尼佛的整套哲學思想是非常特出的，他其實是反對梵天的流出說，他基本上對於哲學上所謂的宇宙論存有論本體論沒有興趣。他整個興趣其實就是落在「人」、「人生」上頭。而通過人生的解悟，他發覺到，其實很多問題你如果沒有關聯著人生的問題來談的話，而去談宇宙到底是怎麼興起的，這個地方都會落入所謂的戲論，他覺得沒有意義。所以整個佛教其實是關聯著整個人生，而開啓了一套極端注重人的生命經驗的哲學，所以他不是一個觀念論者，他其實是一個經驗論者。這是佛教很特殊的一個性格，你說佛教談了那麼一大套，它不一定是很經驗論的。這裡就原始的佛教來講，十二因緣緣起基本上不是一套觀念論者的「觀念」，不過它的經驗跟歐洲近代哲學界所說的經驗論的那個經驗也不太一樣，它的經驗是特別著重於人的生命體驗這樣的經驗。它很徹底的不願意在我們整個生命所觸及之外之上去安立一個不可知的神明，就佛教而言這個性格很強。

就某一個意義下，某一個向度來講，佛教是無神論的，這是很奇特的，但是它的無神論又不是西方意義下的無神論（atheism）。爲什麼我們這麼說，因爲西方人講的有神跟無神的時候，你一定要留意你是什麼意義下的有神，然後想對的意義下說無神。而現在原來印度的意義下這樣子而說的有神，所以它的無神是針對著這樣的「神」而說的。但是佛教再繼續往前發展的時候，又受到原來的梵我思想的影響。後來的佛教有很多種的方式，傳到中國跟中國舊有的巫的傳統，道教的傳統又結合在一塊兒，也跟儒家的傳統結合在一塊兒，發展出中國的佛教。那你說沒有啊，佛教一再的要撇清啊，沒有錯，在撇清的過程裡頭這些東西統統進去了，只不過它保持了它的規模。它受到了影響最明顯的就是西藏的佛教，西藏的佛教跟原始的佛教差得非常遠，爲什麼差得那麼遠，因爲西藏原來的那個巫教的傳統，整個佛教密宗的傳統是受到巫教的影響。那你說釋迦牟尼佛講經的時候也會順著那個因緣，也講了一些相當於密法的東西，但是它之所以會興起密宗來，跟地方的因緣更有關係。就釋迦牟尼佛本身來講的話，基本上我同意印順法師所說的，他就是一個經驗論者。根據我對於整個印度哲學史的了解裡頭，也認爲他是一個經驗論者。後來整個印度人的思想還是歸到梵我思想，所以佛教在印度並不盛行，印度現在盛行的仍然是婆羅門教的延續，也就是現在的印度教。

六　聖覺與凡夫之別

而金剛般若，在整個佛教最強調的就是般若，般若就其用，而證其果的時候我們稱之爲菩提。菩提也是智慧的意思，而我們說它證得的果的最高位，一個人格圓滿的典型，就是佛陀Buddha，閩南話叫「佛」，又有叫「浮屠」。浮屠就是佛陀，一樣的，就是Buddha。Buddha就是什麼？覺者。一個覺悟的人而已。這個都跟智慧有關係，所以開悟了就是聖（借用中國人講的「聖」），也就是一個覺者；如果沒開悟的就是凡、凡夫。聖覺與凡夫是在開悟與否，那麼開悟不開悟在於你用智慧用般若，所以佛教最重要的最重視的是智慧。

臺灣這些年來其實佛教也相當有所提升。對整個佛教的發展來講，「智慧」還是最應該注重與留意的。在這方面最堅持的大概就是印順法師，他一直堅持著一定要通過「學」，光「信」是不夠的，而眞正學是要邁向「覺」。印順法師是比較屬於空宗這個系統，般若空宗的系統。淨土宗的系統又是另外一個系統，淨土宗的系統在臺中滿盛行的。

臺中蓮社李炳南先生的影響力很大，有的人說他帶有一點迷信色彩，其實迷信不迷信很難講，這是個人的關係，不能說李炳南老居士提倡了淨土宗而說他就帶有迷信的色彩。是人的問題，不是這個宗派的問題。佛教大概是臺灣社會非常重要的一個民間力量之一。而其他像現在很多新興的宗教，就我所知的包括了天帝教，早一點的有一貫道，一貫道我想是一個非常重要的穩定的力量，還有另外的慈惠堂。慈惠堂基本上不是以講經說道爲重，但是它又好像比一般拜媽祖的高一層次。但並非拜媽祖就比較低，它是很寬鬆，每個人都可以拜，每個人都是。

中國人對於宗教的執著來講是很寬鬆的，所以一個中國人很可能他今天去拜了媽祖，明天去慈惠堂，後天到了天帝教那兒。然後說不定當天就到一貫道的某一個堂，哪一個壇，就是這樣子，過沒多久又到天主教或基督教去上教堂，統統可以，他統統包了。他腦子裡想的統統都可以，中國人這一點在整個世界上來講是很特殊的，基本上在中國歷史上很少發生像西方一樣的宗教戰爭。而宗教的迫害，不是沒有，很少，佛教有三武之禍，基本上不至於像西方那麼嚴重，爲什麼？中國人對於宗教來講，不太能夠把它看得那麼嚴重，最主要的原因是中國人強調的是人倫教化，凡不悖於人倫教化者，統統可以！因爲他們的腦子裡，道是體，教是用，所以任何教，他都擺在「用」的層次。「用」怎麼用，凡是可以融進人倫教化的統統可以用，他的想法很簡單，就是這樣；道是體，什麼是道，還是人倫教化是道。而落實下來，人與人之間的一種誠懇而已，實在而已。我個人認爲，這是一個非常難得的，平易而偉大的胸懷，這個大概全人類只有中國人具有這種福分，只不過很可惜的是我們這一代的中國人慢慢的把它糟蹋掉了。很多學者在這方面沒有恰當了解的情況之下，反而回過頭來要貶低我們自己，用他那簡單的頭腦說，你看宗教也不成其爲宗教，我們的宗教也沒有高度的發展，什麼都不行。其實是我們不行，不是我們祖先不行。這個觀念要導正一下，一談到中國很多知識分子就是在挑我們老祖宗的毛病。其實不是，中國的衰頽肇因於這兩三百年來的弊病，更近的來講是這一百年來造成的，而最嚴重的是近幾十年，明白講是我們這一代的中國人自己不爭氣。關於這些有機會的話，可以再跟大家談一談。

七 「到彼岸」是一種開悟覺醒

金剛般若波羅蜜，那個「波羅蜜」是「到彼岸」的意思。古代翻譯佛經的時候爲什麼不把它翻成「到彼岸」呢？因爲在中國人的腦袋裡不太有「到彼岸」的這個觀念。那你說中國人有天堂地獄的觀念哪，這些觀念在什麼時候形成的很難說，分人的世界有上界下界，這是很基本的很自然的，人活在這個世界上就會這麼分。爲什麼呢？因爲人處在這個土地上的時候，他就會想上是什麼，下是什麼，在上爲天，在下爲地。人死了以後，中國人的習俗就是土葬，埋在地下，所以會想九泉之下是什麼樣子的。但是那整個十八層地獄圖像的形成是後起的，不是最早就已經有的。而整個天堂和玉皇大帝也一定是後起的，從什麼時候開始，最快也要到西漢末年，甚至是到了東漢三國之後。爲什麼呢？這跟整個中國人的社會結構有密切的關係，你看人間有皇帝，天上有玉皇，整個人間帝皇專制的官僚結構反映上去，就形成了整個天上的官僚結構。那你說我們現在是不要開始改變一下天上的官僚結構，是慢慢開始了，我們現在聽說誰是玉皇大帝，聽說經過選舉是選了我們的恩主公，關公關老爺當了玉皇大帝。這一套東西其實滿需要很多人來了解它，多重的作研究，到目前爲止好像很少人在做這樣的研究。我們現在先不往那邊講。

到彼岸，這跟印度人的思想是有密切關係的。印度人的思想基本上是非常強調回到一個原始的渾沌裡頭去。你看原來吠陀Veda的經典也好，後來的整個到了奧義書（Upanisad）還是這個樣子，要回到一個所謂的梵天大我來。佛教在這個地方，它其實是一個很重要的進步，這個進步在哪裡？它不再是回到那個梵天大我。對整個世俗界，它通過因緣法、緣起法，證其本性爲空，它是個徹底的幻象，這樣才能夠進到彼岸。而「進到彼岸」，這個彼岸就不再是原來的梵天大我，而是你的整個一個內在的覺醒，一個覺悟，這個覺悟就是你整個心、整個心靈朗現出來，去除了煩惱，而讓你原來那個菩提智慧顯現出來，這樣的一個「到彼岸」。這個「彼岸」講的就是一個開悟覺醒，而不再是說我要回到梵天大我。所以你唸過印度哲學史的時候，你可以發現到佛陀在這個地方有一個很了不起的突破，這個進步你可以把它視爲某種「理性化」的表現。它不再是停留在原來的梵天大我，他現在把它拉回來回到人的心靈上來處理，然後通過一個工夫，覺與不覺才是關鍵，而到最後去說你是不是眞正能夠成就所謂菩提智慧。

這麼說來，「金剛般若波羅蜜經」這幾個字，我們現在簡單說來就是：那個強調能夠到達彼岸的恆久不變不被破壞的智慧，它透明純潔，對於一切煩惱無所不摧，而能夠證得菩提的這樣的一種經典，叫做「金剛般若波羅蜜經」。

八 《金剛經》強調去執顯空

那麼這一部經典大概就一直在強調你如何「去執」，般若最重要的就是在「去執」，去執顯空，而且最後連那個空也要去，去空而爲如。所以我們一般講空的時候，一定連著「如」來講而說「空如」；講有一定連著妙來講，叫「妙有」。這個空不是耽於這個空，而眞正的空，不是停留在一個空的象裡面，所以是「眞空」。基本上整部經典都在講這個，而他整個講經的方式，你可以發現到，經之所以爲經，跟其他的論不一樣。我們講佛教三藏是經、律、論，經是佛所說，因之而有戒律，依經而有戒律，依經而起論。經談的是什麼？不同的研究進路有不同的論點。一般來講，經容易讀，也容易懂，但是不容易透。爲什麼它很容易？因爲它本身就很平易，它所採取的大概都是敘述體，它不是論說體。論當然就是論說體，經是個敘述體裁，「如是我聞……」，一定是這樣的。我們待會兒就慢慢的再來談這個問題，我們這一節先到這裡。

根據十幾年前的統計，《金剛般若波羅蜜經》的註解大概有八百多家，現在大概不只此數。不過我們去看《金剛般若波羅蜜經》，我們是以經文爲主，註解爲輔。那什麼是「經」？經是途徑，恆定的路徑。我們上個禮拜也提過了，經典跟一般的論著不太一樣，經之爲經，用中國以前的那個講法，經天緯地，經是經常，它是你進到整個佛陀智慧的一個途徑。而這樣的一個途徑，它是個經常的途徑。而整個進入到佛教最重要的一部經，我個人認爲——《金剛般若波羅蜜經》。通過如金剛一般的堅利的般若智慧，破除一切煩惱執著，而能夠顯現出所謂的佛性，這是一個經常之道。

整個《金剛般若波羅蜜經》它最重要的希望我們能夠通過這樣的指向，回到我們自己本身，這個指向是歸返我們自身，那個般若講到最高的時候講實相般若，歸返自身。自身之爲自身，不離其自己，當我們常常在說我們自己的時候，或在想這個世界的時候，常常是沒有辦法回到我們自己，如果我們能夠回到我們自己的話，這叫「實相般若」，這就是體。而我們要去觀看這個世界，要去洞察這個世界的虛相假相，而能夠看到這個世界的眞實，我們一般說的「觀照般若」，這是用。就我們所知的對實相的描述，或那整個觀照之用的方法是什麼，用文字把它記載下來叫「文字般若」，這也是用。通過文字般若，經由觀照般若，進而問般若是什麼？什麼叫般若？這個般若它到底分不分「能所」。佛教裡面常常講「能」跟「所」，「能」跟「所」用我們現在的哲學語詞來說就是分主體跟對象。它分不分呢？當然是不分，不分能和所。

這個意思就是說，般若並不是作爲我們把握的一種對象，而且也不是作爲我們要去把握一切對象的動源。那你說般若是什麼東西？我們一般在談一個東西的時候，我們腦子裡一定會認爲，我們要不就作爲一個起點去把捉一個東西，不然就作爲一個被把捉的東西，它這裡就是要破除這種能所對立的思考方式。

九　語言文字的使用隱含趨向與限制

其實我們講任何一個文字任何一個語言，一旦用寫或者用說表達出來的時候，它都有所限制。任何一個意義的表達，它都一定有所趨向。這在佛經的翻譯用到的「義趣」兩個字就已經發現到了，這兩個字實在是用得非常好，我一向對這兩個字非常的讚嘆，我們中國以前在翻譯佛經的時候竟然能夠用到這兩個字。我們講一個字的意義是什麼說「觀其義趣」，就是我們對它的meaning有所understand，怎麼樣能夠了解到它的意義。「義趣」這個詞非常符合於現代有關於語言哲學的理論。「趣」這字在中文裡面有兩方面的含意，一個是interest，興趣、利益；另外一個就是趨向，intentionality。現代西方溝通理論大師Harbermas提到，有一本著作Knowledge and Interests，這個書名很難翻譯出來，你說它是興趣也錯，說它是利益也不對。翻成《知識與興趣》或《知識與利益》都有那個意思，又不完全是，應該包括兩者，所以那本書最恰當的可以翻譯成《知與趣》。

義趣這個詞的創造者，很明顯了解到我們任何一個字的意義和使用，都有一個趨向，而且這個趨向裡頭就隱含了種種力量在裡面。「你喜歡不喜歡哪？」這個「喜不喜歡」就包含了種種power的問題在裡面，種種力量種種利害都在裡面。而且它一定是對象化的，整個語言的表達其實都是對象化，它是這樣縱線的指出去，一定要指向某個對象，不會回來，所以我們的語言是相當有限制的。

十　歸返生命的安宅

在這裡，佛教本身對於語言深深的了解到這個限制，所以它就是要歸返自身。講文字般若的時候，他一定知道不能執著在這裡，進到觀照般若就是你通過你的行，而眞正進到實相般若的時候回到本身。回到般若本身，回到智慧本身——覺，「覺」簡單的來講就是通透，通體透明、一無所染。廣欽老和尚在圓寂以前，他的弟子去看他，請師父開示，他說：「嘸來嘸去，嘸什麼代誌。」這句話如果從我們世俗的觀點去聽，這句話很低嘛，也不說很低，很平易，沒有什麼。有人就把它看成人就是這樣跑來跑去忙東忙西，東家長西家短。那麼這個理解好像也沒有什麼錯，但是更進一步去看的時候，這個嘸來嘸去講的是八不中道：「不一不異，不來不去」，這是很深的一個道理。講無事的無，其實是實相的無，實相之無。事而無事，無事而事；無來而來，來而無來；去而無去，無去而去。它整個來講，講的是眞俗不二，就俗諦說其爲事，就眞諦說其爲無。而就眞諦講其爲無事的時候，並不就是要把那個俗諦的事去除掉，而是要讓那個俗諦的事仍然還其爲事。所以廣欽老和尚講出這句話並不容易，通過那樣的一個情境把他的智慧顯現出來，沒有任何執著的，沒有硬是要求自己講出一個偉大的道理來。沒有！那個道理是很平易的，沒有什麼偉大不偉大的。

今天大家一起來參讀這個《金剛般若波羅蜜經》，人、經典、生活如是來看平易跟殊勝不二。佛教裡面講因緣殊勝。在整個中國人腦袋裡面，就我所知的，先秦以前的中國人，你去看看儒家跟道家，就沒有那麼多的「偉大」。也就是說「偉大」並不是一種掛在口頭上的，這個地方沒有什麼壓力。這個般若是能所不二，去除執著，了生脫死，然後把一切人間世各種所形所至完全能夠回到那個實相，回到那個本來面目。本來面目簡單的說，做什麼事就是什麼事，這個就是「如」。

不能「如」的時候就會「累」，做這件事想別的事就會累；什麼叫做「疲倦」，做這件事想別的事，想得心裡實在是負擔不了。「累」跟「疲倦」是這樣子的：心離其自己。也就是「不如」，如的話就心在其自己。心離其自己，用現代的心理學術語來講就叫「疏離」，用社會學的語言來講就叫「異化」，英文是同一個字alienation，簡單的說就是「亡其宅」的意思，not at home，不在自己的家。我們在探索任何一門學問都在要求回到自己的家。「仁，人之安宅也。義，人之正路也。曠安宅而弗居，捨正路而不由，哀哉。」（《孟子．離婁上》）人之安宅，「仁」乃是我們人內在裡頭最爲平安的、最爲平易、最爲安靜的居所。孟子接著就講大丈夫，大丈夫是「居天下之廣居，立天下之正位，行天下之達道」（《孟子．滕文公下》），其實講的還是「仁」、「禮」、「義」。居天下之廣居，仁也，立天下之正位，禮也，行天下之達道，義也。大丈夫求其安宅，任何學問從古至今，眞正要安頓人的，都要這麼講。現在心理學一樣的，講了半天還是這個。不過我們現在中國的心理學家就很少有人有孟子學的資源，儒學的資源、道家的資源、佛教的資源，即使有可能也不是頂深的。尤其很多所謂很出色的，大概都還不足，這是一個我覺得相當可惜的事情。講到安宅，佛教的講法是要回到你內在。所以這裡講《金剛般若波羅蜜經》到彼岸，其實到彼岸就是回到你生命的「安宅」，那才是眞正能夠讓你整個心境、整個人，非常寧靜而透明的、眞正的追索。在這方面，我覺得《阿彌陀經》是很能夠通過一種意象的表達，而表達出西方極樂世界是什麼樣子，因此他成爲淨土宗所宗的一部經典。而《金剛般若波羅蜜經》則是著重在那整個方法的描述。

十一 人我山、覺火烹與佛性寶

在進到經文之前我們應先看一下《金剛經六祖口訣》序文的第三頁，它有一個比喻非常好，我們看一下第三頁：

金在山中，山不知是寶，寶亦不知是山。何以故？為無性故。人則有性，取用其寶，則遇金師，鏨鑿山破，取礦烹鍊，遂成精金，隨意使用，得免貧苦。四大身中，佛性亦爾，身喻世界，人我喻山，煩惱喻礦，佛性喻金，智慧喻工匠，精進勇猛喻鏨鑿。身世界中有人我山，人我山中有煩惱礦，煩惱礦中有佛性寶，佛性寶中有智慧工匠。用智慧工匠，鑿破人我山，見煩惱礦，以覺悟火烹鍊，見自金剛佛性，了然明悟。

這幾段話非常非常的好，它簡單的比喻說我們整個這樣的一個存在，所謂人我山。我們一直有個煩惱，其實這個煩惱就是一個很好的礦，現在你拿這個煩惱礦，這個煩惱礦裡頭又有佛性寶，這個佛性寶又隱含了智慧的工匠，就能夠鑿破你這個人我的限制，然後把那個煩惱礦拉出來，通過覺悟火的烹鍊，這個金剛佛性就整個顯露出來。你看它這個比喻非常非常的恰當，我們剛剛說的好像用很多學術性的語詞去說它，其實你通過這段話它所說的，可以把我們剛剛說的全部納進去。

這樣的一個人，活生生的活在這個世界裡面，他已經是有所執，在人我山中，人我山中有煩惱礦。這裡頭一定有煩惱，因爲你執著一定有煩惱。但是這個煩惱裡面有佛性寶，而這個佛性寶本身就隱含了一種動力，這個動力的比喻叫智慧工匠，這個智慧工匠就會鑿破人我山。鑿破是破執，第一重破了，取這個煩惱礦用覺悟火烹鍊它，這是第二重，然後這個烹鍊才會如這裡所說的——見佛性。第一破人我，這，這個是「戒」的工夫，以覺悟火烹鍊是「定」的工夫，到最後，如這裡所說的金剛佛性，是由戒生定，由定生慧。戒是破俗，定是煉眞，而所謂的慧，到最後是眞俗不二，這樣一步一步來。

十二 實用主義的心靈錮蔽

佛教在這，並不是我們一般所想的就衹是一個出離的宗教，認爲人間世不值得投入，所以整個就是要離開。不是的，它是離而不離，當然它的著重點在離，這個離是作爲人整個生命之所以顯現其爲生命的意義的方式、方法、用；儒家一定不講離而不離，儒家講入，入世，直接入世，入到人倫教化之中，不是直接的以政治去成就社會，而是通過人倫教化去成就社會，而以這樣人倫之美的社會，而使社會達到所謂恭己正南面的境界，「爲政以德，譬如北辰，居其所而眾星拱之」（《論語．爲政》）。所以儒家強調孝悌過於忠君，強調忠君是很後期的儒家，最快也是秦以後，甚至漢以後。

這裡我順便把這些問題帶進來，講課跟寫書不一樣，講課會把一些相關的做說明，寫書的話如果這個題材跟《金剛般若波羅蜜經》沒有那麼直接的關係，大概就會把它略過去。儒家這個地方很明顯的是以孝為主，孝悌為主。由孝悌進一步講仁義，對政治採取一個不太在意的看法，某一角度來看的話是這樣的。一方面他不太在意，另一方面是他不太能夠在意。因為很難成功嘛，你如果要成功的話你必須用他們的方式，用他們的方式你就喪失你自己，所以他就不太能在意，到後來就不太在意。孔子最先是不太能在意，後來就只好不太在意，只好「刪詩書，訂禮樂，贊周易，修春秋」。在《論語》裡面不是有這樣的話嗎？有人問孔老夫子說，「子奚不為政？」孔子不是回答嗎：「《書》云：『孝乎，惟孝友于兄弟。』施於有政，是亦為政，奚其為為政。」（《論語．為政》）孝悌之道高過於整個政治的統治，強調孝悌人倫之道。孟子再把孝悌提到更高的層次來講仁講義，然後講禮智，然後講性善，再講四端。基本上一樣是主張政治統治是低於人倫教化的。而孟子的時候曾經發表一篇好像宣言一般，孟子喜歡辯論，也喜歡發表宣言，孟子說：「君子有三樂，而王天下不與焉。」（《孟子．盡心上》）擁有天下不在君子三樂裡面。君子的三樂是哪三樂呢？「父母俱在，兄弟無故，一樂也。」孝悌是一樂；「仰不愧於天俯不怍於人。」對得起天理良心，二樂也；「得天下英才而教之，三樂也。」文化教養是三樂。講完了之後又宣告一遍，「君子有三樂而王天下不與焉」。這跟孔子講「《書》云『孝乎，惟孝友於兄弟。』施於有政，是亦為政，奚其為為政？」同樣有一個價值的分判。所以有人說孔老夫子他那一套在那個時代是行不通的，事實上是他做的決定不要用一般人行得通的方式來行得通。所以有人就認為那一套行不通不符合時代，就瞧不起孔孟，很多人是這個想法的，法家最有用，那個時代只有法家行。孔子就是堅持他的方式，這種堅持這種理想是很偉大的，沒有辦法了解這種偉大，這種的心靈通常是屬於比較現實的一類型的，非常實用性的非常實用主義式的心靈。這很沒有辦法，如果以這樣的心靈來讀這個佛經的話，大概覺得這個佛經根本亂七八糟一點用處都沒有。

你要通過一種智慧去除一切執著，才能夠到達彼岸。而所謂的彼岸不是眞正有個彼岸，那個彼岸就在你的心裡頭，這個就是你自己的覺悟，道理就這樣子而已，講法也就是這樣反反覆覆一直講。爲什麼呢？「經」就是一個日常生活，它講的就跟我們的日常生活一樣反反覆覆，我們每天的生活不就是反反覆覆的，每天的生活裡頭反反覆覆，然而它就形成了一個生活的脈絡，而一切的意義就在裡面。接下來，我們開始進到「法會因由分」。

《金剛經》全文初述意旨

【法會因由分第一】 此中可見，乞食，是全副放下；還至本處，是回到自身「飯食訖，收衣缽，洗足已，敷座而坐」，此是整頓精神，令法開顯；這是說生命的回歸自己，再經由「對談的方式而顯現眞理」也。

【善現啓請分第二】 此中揭示，問題的焦點在於那無上正等正覺的心（簡稱菩提心），如何住？而我們又如何降伏一般具有業習之心？答案無他，就在於「應如是住，如是降伏其心」，這「如是」二字正是關鍵所在；筆者即以此爲「實踐的如是性」。

【大乘正宗分第三】 經文言：「應如是降伏其心」，此「如是」如何行之當以「我皆令入無餘涅槃而滅度之」；因爲一切眾生之爲眾生本然清淨，無有污染，故可以令入無餘涅槃而滅度之；「無餘涅槃」者，無習氣煩惱，圓滿清淨也當滅盡一切習氣，令永不生，方契此無餘涅槃也；此「令入」非由外而入，而是自入也，是喚醒自家生命原具的清淨本性，既有此清淨本性，便得滅度之，而此滅度是自滅度，非由他滅度也，是眾生清淨相之顯現，非有一大力者如何促使之滅度也；此是「即其清淨本性而滅度」也。

【妙行無住分第四】此是說「布施」之可貴，布施是將生命中原所擁有的捨之而貢獻於人，此是一去執的活動，是一為道日損的活動，故布施本當含有一「不住於相」之作用，此「不住於相正是般若法門」，是空智的具體實現；正因如此，所以「菩薩不住相布施，其福德不可思量」；空智的具體實現，是一回到事物自身的活動，而非有所增益也，非有所假借也；故其福德之不可思量也，非計較義，非分別義也。

【如理實見分第五】「凡所有相，皆是虛妄，若見諸相非相，即見如來」般若空智既起，故所有相只是空無，此是存在的空無性，以其為空無，所以相是虛、是妄，諸相非相，因而如來佛性即顯現也；此可見「一切存在現象的虛幻性」。

【正信希有分第六】般若之法是「不應取法，不應取非法」，是「法尚應捨，何況非法」，能夠將此全然捨去，此才是正信之路；信仰的確定，不是取執著，而是讓眞理如其自己的顯現它自己；這裡點出了一「銷歸於空的信仰方式」，此不同於「執著於有的信仰方式」。

【無得無說分第七】般若空智蕩相遣執，因此「無有定法名阿耨多羅三藐三菩提。亦無有定法如來可說」而「如來所說法。皆不可取。不可說。非法。非非法」，為何如此呢？因為「一切賢聖皆以無為法而有差別」；法是無為法但卻有差別，此無為法是方法上涵具一切眾法，而差別仍如其為差別，並不是硬去生出個差別出來，此差別是本來如是，非由此無爲法存有論的生出其差別也；這裡啓導我們般若智慧之所重在於融通淘汰，非在於去說如何的生起眾法也[1]；此可見「般若法是銷歸於空，而承載諸多差別之有」。

【依法出生分第八】受持此經，及四句偈，此是眞正之福德；「受」是承之而不違，「持」是守之不怠，能承之不違、守之不怠，能知「若以色見我以音聲求我，是人行邪道，不能見如來」此四句偈，即能無所執著，能無所執，即能放開而之佛法本只是個啓悟之功而已，原無定法，亦可說原無佛法以其無佛法，而特顯般若空智，如是而可說「一切諸佛，及諸佛阿耨多羅三藐三菩提法皆從此經出」；這裡的從此經出，是一虛含而說的「出」，非果眞實攝於其中，出於其中也；此可見「般若空智是虛含而非實攝」。

【一相無相分第九】就證得之果上說，可有四類，就相上言，則本無二殊，一相一切相，皆還歸於無相，無相無行，只是個「如」字而已；因此，「實無有法名阿羅漢」，要是「阿羅漢作是念，我得阿羅漢道，即爲著我人眾生壽者」，亦唯「不作是念」，方得爲「離欲阿羅漢」；也因「實無所行」，所以說其爲「樂阿蘭那行」（即樂無諍行）；能無

1 牟先生以爲般若只有在不捨不著之方式下具足一切法，方成其爲實相般若；……由具足亦可說般若成就一切法，不捨不著，不壞假名而說諸法實相，此即是成就一切法；而此不過是在般若活智之作用中具足而成就一切法此是水平的具足，而不是豎生的具足；「是法住法位，世間相常住」，一切法是本來現成的，不過以實相般若穿透之，因此而說具足一切法，成就其空如之實相而不必破壞之。見牟宗三：《佛性與般若》上冊（臺北市：臺灣學生書局印行，民國六十六年六月），頁77、78。

念、無所行即歸止於本處，此即是無相，是一相，是實相；此可見「無念、無所行乃是般若之眞法門」也。

【莊嚴淨土分第十】此先說「如來在然燈佛所，於法實無所得」，蓋法本具於內，非由外而來也；故於法實無所得，而自得之也；雖自得之，又無所得也，因法本無所得也，以無得得之也；順此，而說佛土之莊嚴則是「莊嚴佛土者，即非莊嚴，是名莊嚴」；能疏決一切之滯礙，流通暢達，即是莊嚴，非有一莊嚴相也；疏決滯礙，流通暢達，此乃「如是」之道，以此「如是」便生清淨心，而此清淨心之爲清淨，乃「應無所住而生其心」也；此點明「應無所住而生其心」之「心」乃是一透明無礙之心靈意識，吾人或可稱此爲「回歸意識的透明性」。

【無為福勝分第十一】恆河沙數，七寶布施，此只是有形之布施，不如無爲法之勝；此不以有爲之累積而說福德，而是以無爲之銷去而說福德，此是一「銷歸於空的福德」。

【尊重正教分第十二】，正教之爲正，只是此金剛般若波羅蜜經，只是四句偈，只是經典所在處即爲有佛；這如前所說萬有一切，眾生有情，皆虛含於此般若智慧之中，故尊重在此，正教即此空智般若爲正教也；此可說「般若空智是一切智、事、物之虛含處、歸依處」。

【如法受持分第十三】《金剛般若波羅蜜經》，是既堅且利渡到彼岸的智慧經典；這樣的一部經典，是當奉持的，奉是遵之而不疑，持是行之而不輟；但更値得注意的是，這不是就將佛之所說當成一恆定不變的眞理，而是「如來無所說」，是「佛說般若波羅蜜，即非波羅蜜」，是「如來說諸微塵非微塵，是名微塵，如來說世界非世界，是名世界」，是「如來說三十二相，即是非相，是名三十二相」；總的來說，如法受持，原是如其空無，而歸本於般若空智，蓋法本非法也；換言之，「渡脫到彼岸的智慧原只是無礙的般若空智」而已。

【離相寂滅分第十四】點明「是實相者，即是非相，是故如來說名實相」，說明般若實相乃是對於一切相的遺除，而回歸到事物本身；同理，「離一切諸相，即名諸佛」，這裡所謂「離一切諸相」亦可理解爲「應生無所住心」而「無所住心」亦非只是虛，而是虛以含實，實以返虛，故說其爲「無實無虛」；離相非出離割裂之謂也，而是離而不離，以其離而歸返於寂滅，然即寂即照也，即滅即生也；「般若空智所以示現離一切相而歸本於實也」。

【持經功德分第十五】依此般若空智而持守勿失，行功立德，其所立之德乃一無得之德，非可思議、可分別之功德也；換言之，此功德亦是喚起生命內在原具之菩提心而已；持守經典所重者在此，書寫之、讀頌之，爲人解說之，都是此般若空智的顯現而已；此般若空智之顯現仍是虛含而非實攝之顯現，故在在處處當有此經，既有此經當應供養，而且此處當視爲塔，當恭敬作禮圍繞；然此作禮仍只是虛含的作禮，而非實攝的作禮，其作禮亦當顯其虛含之智也；「持守此虛含之智所以開啓一虛含之智也」。

【能淨業障分第十六】 佛說「受持讀誦此經，若爲人輕賤，是人先世罪業應墮惡道，以今世人輕賤故，先世罪，即爲消滅，當得阿耨多羅三藐三菩提」；顯然地，這是將人的存在擺置在一過去、現在、未來的連續譜中，而不只是切個片段來看待也；能將此「業」之「因果」連著看，而刻意的擺落自己「讓自己的生命回歸到原始，此即可淨其業障」。

【究竟無我分第十七】 此說菩薩之無我相、人相、眾生相、壽者相；而又如何發菩提心，原只是「當生如是心，應滅度一切眾生」，然此滅度一切眾生又無一眾生實滅度者；因眾生自度，非由他度也；再者，言「授記」之事以其無所得法，故得法，而此法亦實無有法，以事言之，授記亦無所授也，無所授而記，則此記是自記也，自記無記也；或可說以無記授記也；正因一切讓開，所以「如來說一切法皆是佛法」；「一切法皆是佛法」非說一切法都由此佛法而生也，亦非說一切法皆等同於佛法也，而是說「一切法皆虛含於佛法之中」，蓋以其爲虛含，故眞實所以顯現也，虛含所以通達無我法也，無我法所以無實而又無虛也。

【一體同觀分第十八】 如來之有肉眼、天眼、法眼、佛眼，此非如來有何神通廣大處，而只是因由般若空智之自照而照他，洞達無礙；如來之能悉知眾生若干種心，亦只是

「如來說諸心，皆為非心，是名為心」，非一般所謂之能掌握別人之心也；落在時間之過、現、未，仍是了不可得，以其了不可得，故吾人眞能了知心靈意識原是透明的，正因「心靈意識是透明的」，所以「一體同觀」，可以「以一含多」，當然此含是虛的含，而非實攝也。

【法界通化分第十九】「有人滿三千大千世界七寶，以用布施」，所得之福不可說不為多也，但此只是七寶之福，不能得證佛果菩提也，故不說其有福德，能自了此非福德，則疏決自了，法界周遍，一化普通，毫無凸起，只是平坦，通達無礙；這是說「自我銷融所含的化解能力」，是無與倫比的。

【離色離相分第二十】此說色相之離而不離，不離而離，故用詭譎之辯證而說明之也；此是佛法開顯之秘鑰所在；所謂「如來說具足色身，即非具足色身，是名具足色身」，「如來說諸相具足，即非具足，是名具足」；這裡的「如來說……，即非……，是名……」，說是有所指向，但又馬上非之，此是銷融於空無的作法，以其銷融於空無，所以自顯自現也，因之而言是名什麼；蓋離色離相所以顯色之與相也；或者說「銷融於空無，正是實有開顯的起點」。

【非說所說分第二十一】若有人言，如來有所說法，即為謗佛，此是不解佛之所說為何如；蓋說法者，無法可說，此方是眞說法也；佛亦知，凡一切教難免有教相可言，但教相非教也，教言只是言也，不可眞執定而不化也；疏決淘汰，無有定執，當下隨說隨掃，佛法、非佛法，眞佛法也；眾生、非眾生眞眾生也；此是「去除說之對象性，回歸表達之自身，方顯般若智慧也」。

【無法可得分第二十二】 佛之說「我於阿耨多羅三藐三菩提，乃至無有少法可得，是名阿耨多羅三藐三菩提」，原來所謂之「無上正等正覺」亦非有一特殊外於吾人之法也，而只是當下具足，稱理之法而已；此法只是無法，故說其無法可得；此是說「般若空智只是空智，是一透明而無礙的智慧而已」。

【淨心行善分第二十三】 依般若空智所照見，法本平等，無有高下；平是無凸起相，等是無拘礙相，無凸起、無拘礙，只是如如開顯，只是回到本身，因此「所言善法，如來說即非善法，是名善法」；這是說「一切的善原只是回到事物自身而已」，不是立一個善之準則以爲批判也。

【福智無比分第二十四】 眞福德是能知福德之空無性才是眞福德，故能以此般若波羅蜜經，乃至四句偈等，受持讀誦，爲他人說，其功德遠勝一般之布施功德也；蓋布施是去我執，而般若波羅蜜經乃是去我執之最上義，能以此而含一去我執，其去最爲勝義也；此是說「般若空智之福是爲智福」。

【化無所化分第二十五】因念而起執，故莫作是念，不當以爲自己能如何渡濟眾生，而當任眾生之爲眾生，而自渡渡他；這是一種放開、灑落的精神，是一無我的精神，以其爲無我，所以有我；能如此，才能知凡夫即非凡夫，是名凡夫也；化無所化，還歸於虛，還歸於無，正因如此，所以無所化而化也此是說「眞正的渡化只是還到般若空智而已」。

【法身非相分第二十六】著名的《金剛經》四句偈「若以色見我，以音聲求我是人行邪道，不能見如來」，此是說法身非相，若執於相則非法身，蕩相遣執，方見如來；如此之見，非執著性之見，而是如其自身的顯現也；此是由「般若空智之即寂即照也」。

【無斷無念分第二十七】心之所發爲意，意之執於物爲念，一作是念，便有常、有斷，唯去此念才能去此常斷，歸返事物自身，此蓋般若智照之功也。般若智照是即寂即照，故不說其爲斷滅相，執其斷滅相，一以爲常，則違失般若空智之本義矣！此是說「般若空智於法不說斷滅相」。

【不受不貪分第二十八】「知一切法無我，得成於忍」，如此就比布施所成之功德要勝，其所勝者何?只因不受福德，不貪福德是也；法爲無我，唯人心有執，執而成病，故去執而治病，此是除病，非除法也；忍是持守義、是不間斷義，是實踐義，是成就義；法無我，當以無我行之，方可顯此無我也；此說「般若空智必須經由實踐的努力而開啓」。

【威儀寂靜分第二十九】如來依字面解之，當是若來若去、若坐若臥，但執於此則不解如來所說義，蓋如來所說義原無所說，如來者亦無所從來，亦無所去；去來坐臥，無不如如；威儀寂靜，是以寂靜爲威儀，當此威儀即還歸於寂靜也；如來之爲一圓滿之修行人格，實只是歸本於般若空智之即寂即照而已此是說「般若空智即寂即照即是如來」。

【一合理相分第三十】一是整體，而此整體固然涵具萬有一切，但其涵具萬有一切的方式只是虛含，而非實攝。如何爲虛含，此必須先了解一切皆無自性可言，須知三千大千世界之爲三千大千世界，以其非世界，此非世界乃般若空智蕩相遣執之所顯，以其非世界所以名爲世界也。如此說來，一合相原是不可說，不可說者，越出言說之外，邁出言說之上，在言說之前，亦在言說之中，以其言說亦非言說也。般若空智所照，當下空無，虛以含實，是爲一合相也。此是說：「般若空智，蕩滌萬有一切，而成就一空無之整體。」

【知見不生分第三十一】知見不生，還歸「如是」，此「還歸」之所以可能乃因般若空智所照故也。於般若空智所照，則一切法只是如是知，如是見，如是解，如是信解，此如是乃歸本於空無透明，是不生法相，蓋所言法相即非法相，是名法相。此是說「依般若空智而啓導一實踐的如是性」。

【應化非真分第三十二】即應而化，非有定相也，以此言非眞。以般若智觀照之，故能不取於相，如如不動。因般若智觀照之，則「一切有爲法，如夢幻泡影，如露亦如電，應作如是觀」。此是說一切存在是空無的，是刹那生滅的；意識是透明的，是無有罣礙的；境識俱泯，還歸於空，通透圓明，此自顯現一定向，即此定向而說有一信仰之確定性，順此信仰之確定性，而開啓一實踐的如是性。「由般若空智而開啓一如是觀的哲學」。

法會因由分第一

如是我聞：一時，佛在舍衛國，祇樹給孤獨園，與大比丘眾千二百五十人俱。爾時世尊，食時，著衣，持缽，入舍衛大城乞食。於其城中，次第乞已，還至本處。飯食訖，收衣缽，洗足已，敷座而坐。

此中可見，乞食，是全副放下；還至本處，是回到自身「飯食訖，收衣缽，洗足已，敷座而坐」，此是整頓精神，令法開顯；這是說生命的回歸自己，再經由「對談的方式而顯現真理」也。

你說這個能夠看出什麼？沒有嘛，法會因由很簡單，第一個交代一下佛當時所在之處。他在舍衛國，在祇樹給孤獨園這個地方，跟大比丘眾一千兩百五十人在這兒，而那個時候世尊是剛好在要吃飯的時候，就穿了衣服拿了缽進了舍衛大城，在城裡面乞食，乞食回來以後回到住的地方，吃完飯了，衣缽收好了以後，大家把腳洗一洗，坐下來就開始聽講。翻成白話就是這樣而已。但是我們現在想一想，這裡面有沒有什麼道理？道理本身有平易，有淺，有深，它有上有下，有低有高，所以我們現在去理解它的時候，你看不出它的道理。沒有關係，《金剛經》第一分已經讀完了，第二分開始，慢慢慢慢，你讀完了整部三十二分，再回過頭來看第一分的時候，你會覺得整個不太一樣了。「如是我聞：一時，佛在舍衛國祇樹給孤獨園」這個如是我聞，光「如是」這兩個字就可以講很久了，而你可以去理解「如是我聞」是什麼，這一部經書，是因當時的因緣，應弟子須菩提之問而說的。而所有的經書開頭一定寫「如是我聞」，我們可以體會一下，那個「如是我聞」、「法會因由」的意味。

一 釋法會因由

你把它整個讀過了，你就會發現經典到底在記錄什麼呢？它在記錄佛在那兒開始講些什麼，然後有弟子問；因爲弟子問，佛答；有時候佛陀問，弟子答。就在一個對答的過程裡面，來彰顯整個思想，它其實是不離生活的，我們再強調一下——生活脈絡，它就在這個生活脈絡裡面，所以講：如是我聞。這個「如是」是不離生活脈絡的，而所謂的「悟」是不離生活脈絡的悟，不是理上的悟而已，是一個整個心、整個境不二的悟。眞正的眞悟，是一種具體的存在的體悟，不是一種理論的、觀想的或者分解的，那種解悟。

就我們現在所拿到的《六祖口訣》裡面寫的，張無盡居士說：「非法無以談空，非慧無以說法，萬法森然曰因。一心感應曰由，故首以法會因由分。」解這個法會因由。「非法無以談空」，中國人的解經之妙，他們怎麼可能把這法會因由四個字拆開來，而且解得那麼恰到好處！在這裡就牽涉到中國人的解經傳統。我常說中國長久以來有一個註疏型的傳統，這個註疏型的傳統，從春秋以後就很盛行，其實更早已經開始了，而後有所謂經、傳、註、疏、解，但是有不同的傳有不同的疏、有不同的解。在西方來講，是個論辯型的傳統，這是很大的不一樣。中國的文字跟西方文字的表達方式也不一樣，中國文字有一個特別的地方，一個字好像一個東西，一擺就擺在那個地方，一眼望過去是一目了然，那個字本身就是一個image，就是一個意象，那個意象是有生命的，跟你整個生命呼應著。我們的文字是因形而有義，音是由語來配的，西方的文字是因音而有義，這是非常不同的，他們文字根本形不重要的。當然西方人會講，你們中國的文字還保留著咒術的性格。這個文字本身就好像有一個力量在裡面，在那個形體裡面，你有沒有發現到中國字的寫法很不一樣！

所以有的人會告訴你抄寫《金剛般若波羅蜜經》，就會有什麼大功德，其實你在抄寫的過程裡頭，經典的意味融入了你的生活。抄寫比你讀誦還有功德，爲什麼？你抄寫根本沒有傳播，爲什麼會有功德？那個功德就在你看著它，你在抄寫的過程裡一個字一個字進去了，因爲整個中國文字是因形而見義，也就是說，那個文字本身它像一根樹苗一樣在生長，所以你可以發現到中國文字的意義非常奇特。「法會因由」，它可以四個字拆開來解得那麼恰當，因爲他不是執著著所謂「法會因由」是什麼，他看到這些字的時候都好像一個一個的生命向上呼應，他這時候再去解釋什麼叫做「法」、什麼叫做「會」、什麼叫做「因」、什麼叫做「由」，並不是說它本來的意思就是什麼，而是你現在怎麼向我召喚，而我怎麼呼應，那個召喚跟呼應的過程裡面，根據那個呼應而註疏，就是這樣子。中國人一直是用這個方式來投入經典、參與於生活，整個中國一直是一個氣息相感的方式，所以他不停留在法會這些字眼上去說，講非法無以談空，接著這個非法無以談空又可以談很多。

那麼你就可以了解到，爲什麼漢代解經曾有「堯曰」二字，然後解釋了一千字。曾經出過一個笑話，中國八股取士以後，常取《四書》的句子當作文的標題，當時的私塾老師就跟我們現在的補習班一樣，忽然發覺到可出的題目都出完了，後來想到只有一個題目沒有出，他就畫了一個圈，因爲古書《四書》每一章開頭先畫一個圈表示開頭。就有人大做文章：是夫子未說前之氣象。然後寫了一大篇。所以你可以發覺到，中國人這個註疏的傳統，它代表一個非常活潑的心靈，但是這個現象可以作徹底相反的解釋，註疏型的傳統代表了中國人很崇拜權威嘛！有人這麼說。中國人崇拜權威，所以依據著權威來說話？不是的！這是個非常活潑的心靈，這樣的心靈往往要突破文字的限制。這個地方是很複雜的，一件事情有這一面也有那一面，而常常被說成只有其中的一面呢。這個問題我們以後可以再提出來說一說。那麼我們今天就到這兒，謝謝大家！

二 場的思考與如其本然的呈現

很高興又跟大家見面，今天我們繼續《金剛般若波羅蜜經》的法會因由分第一。就我們前兩個禮拜所談到的，我非常強調經典的詮釋乃是生命的參與，生命的參與是滿需要有一個因緣，需要一個場，而所謂場，其實是時間跟空間，值得注意的是，有人才能成其爲一個場。譬如說現在這樣的一個場地，我們現在的時間七點半，空間有這麼樣的一個空間，但人沒有參與，這個地方就不成其爲一個場，不成其爲一個場，就沒有所謂的理解跟詮釋的活動。場的重要性，佛教跟很多思想家都有類似的說法。我有時候喜歡讀一些雜書，所謂雜書就是它不一定是成系統的著作，而它往往有一些重要的話頭，這些書擺在書架上，每個禮拜偶爾大約每次花個半個鐘頭，巡一下，哪一本書你覺得滿有趣的，就把它拉出來看，隨意的翻翻，有時候會翻到很好的句子。

有一次我翻到維根斯坦（Ludwig Josef Johann Wittgenstein）的一篇作品，裡頭提到的剛好可以拿來說明我們要說的：「我發現我不是用我的腦子在思考，我是用我的鋼筆和我的紙在思考。」當他寫作的時候，紙鋪好了，鋼筆拿起來，於是就在那個場裡面，有紙有筆在一個時間裡，整個人參與進去了，思想自然而然的由筆端流出。當筆觸到紙的時候，思考就開顯出來，這是一個場的思考。在當代，維根斯坦是一個非常有名的哲學家，尤其他晚期的哲學非常強調場的思考，非常強調我們存在的生活世界，所以所謂思考並不是說我現在要去思考一個什麼樣的對象，而是就在那個場裡頭開顯所謂思考，眞正的智慧的開啓都是如此。《金剛般若波羅蜜經》裡，佛陀並沒有斤斤計較的說我要怎麼說，要說些什麼，不是的，他其實是在一個場裡面，一個恰當的機緣，恰當的地點，由於他和他的門人一起的參與而顯現了這樣的思想。

我們特別強調這一點是要區分一下，佛經裡頭，作爲眾經之王的《金剛經》不是一種主體性的思考，而是一種場的思考。我們點出這兩個標目，然後來作對比，用以說明《金剛般若波羅蜜經》已經躍出了主體性的思考，而以「場的思考」來顯現所謂的眞理。換言之，眞理之爲眞理乃是顯現其自身，顯現它自己。「如是我聞，一時佛在舍衛國」的「如是」兩個字，就是顯現它自己，如其自己的顯現其自己，用另外一個話來講就是──本來面目。

禪宗所說的「十年前看山是山，看水是水；十年後看山不是山，看水不是水；再十年後又是看山是山，看水是水。」[2]那麼第一次所說的看山是山，看水是水，那是依世俗之見所見的表象，第二次所說的看山非山，看水非水，那是遣除這個表象，而第三次再說的看山是山，看水是水，是歸返事物本身，像這些層次到最後仍然歸到所謂的如是：山就是山，山之爲山是山自身顯現其自己；水之爲水，是水自身顯現其自己。

三 生命如其自如的開顯

如是我聞：一時，佛在舍衛國祇樹給孤獨園，與大比丘眾千二百五十人俱。爾時世尊，食時，著衣，持鉢，入舍衛大城乞食。於其城中，次第乞已，還至本處。飯食訖，收衣鉢，洗足已，敷座而坐。

在這裡我們將「如是我聞」和「我說」兩個方式對比的看一下，兩個方式差得很遠，或者一開頭如果它是「佛陀說」，這樣的開頭就差很遠，道是因爲你的聽聞而顯現，所以是聞道聽道而不是去把握去執著去認識道，這裡用「如是我聞」是很值得注意的一個地方。每一部佛經的開頭都是「如是我聞」，這就已經表明了這個宗教的性格，基督教的聖經開頭是「上帝說」，這是不一樣的兩個宗教性格，〈創世紀首章〉：「上帝說：有光就有了光。」這是兩個截然不同的宗教性格，一個是「說的宗教」，一個是「聽的宗教」。「說」是我要說出一個東西來，「這是一枝粉筆」，這是藉著「說」來決定這是一枝粉筆，所以「說的宗教」必然關聯著命令，必然關聯著戒律，這裡頭所隱含的有一種語言的強制性在裡面。語言的強制性再深一層的講就是一種對象化的活動，我要說它是什麼。而

2 《五燈會元》卷十七：「青原惟信禪師：老僧三十年前未參禪時，見山是山，見水是水；及至後來，親見知識，有箇入處，見山不是山，見水不是水；而今得箇休歇處，依然見山祇是山，見水祇是水。」宋・普濟著、蘇淵雷點校《五燈會元》（北京市：中華書局出版，1997年10月），頁1135。

「聽的宗教」不是，聽的宗教所著重的是在於開示、顯現，它所著重的不是一種語言的強制性，而是一種生命的如其自如的開顯，而這樣的活動就不是一種所謂對象化的活動，所謂對象化的活動是通過我們這個對象化的主體去說什麼，合在一起可以說「主體的對象化活動」，而聽的宗教著重的是整個生命之場的顯現。了解道理必須要提綱挈領，往根源處探索，就綱領處把握，所以你看佛經一開頭就是「如是我聞」，這是什麼意思，它不會講「佛陀說」，這個差別非常大。孔老夫子也說：「朝『聞』道，夕死可矣！」（《論語．里仁》）對於「說」，整個東方的系統，儒家道家佛教，基本上都深深的體驗到這個說本身所隱含的強制性，以及因此所帶來的限制，所以道德經開頭也說：「道可道，非常道；名可名，非常名。」（《老子．第一章》）《論語》裡面也有：「天何言哉！四時行焉，百物生焉，天何言哉！」（《論語．陽貨》）子欲無言，整個天地的造化，其實是在一個場的思考，默默的推移著。

我們在講經的時候，其實也藉著回答了一些大家可能會覺得疑惑的道理，佛教傳到中國，就它的人生觀，跟儒家、道家差得很遠，但是它們爲什麼能夠合在一塊兒，因爲它們基本上都是一個聽的宗教，而基督宗教傳到中國來那麼久了，但它一直好像跟整個中國文化沒辦法擺進去，因爲它是個說的宗教，這個地方是有不同的。但是你說信徒在禱告的時候也一樣要聽上帝對他啓示的聲音，那是你一個人單獨去聽上帝對你之所說，還是著重在說的，這是個滿有意思而且值得再繼續檢討的問題，「如是我聞」的背景我們先做這樣的了解。

一時，佛在舍衛國、祇樹給孤園。

看看這些步驟，這些步驟顯現其自己，就是他整個生活世界的顯現。「一時」，整個經的顯現是要在一個具體的時空之場顯現。所以這裡頭特別標出了「一時」。前面講如是我聞的「如是」是就其總持的說，總持而無分別的說，「一時」，是就具體而存在的當下。「佛在」，佛是「覺者」的意思，其實所謂「覺」就是眞理在當下顯現。一時佛在舍衛國，這個很有意思，你可以聯想到海德格的《存有與時間》，佛／在／一時，眞理顯現的時候，必須有所覺，但「覺」是落實在一個時間和存在中，如是顯現其自己。所以《金剛般若波羅蜜經》如果作深度的詮釋時，它可以很深。其實對於語言，跟對於道理的理解很相似，每一次懂的程度不一樣，淺者見其淺，深者見其深，但是淺深之間它關聯在一塊兒的。一時佛在「舍衛國」，舍衛國是一個具體的地方，波斯匿王的國都所在，祇樹是祇陀太子布施的在那裡種植的一片樹林。給孤獨又名須達長者，是波斯匿王的大臣，樂善好施，常常在這個地方賑濟貧人，於是大家就稱他叫孤獨長者，因爲這個地方是關聯著前面的祇陀太子講，合起來說祇樹給孤獨園。

與大比丘眾，千二百五十人俱。

「與大比丘」，大比丘就是有德行的比丘，比丘就是梵文bhiksu出家，出家謂之比丘，出家的女眾謂之bhiksuni（比丘尼）。時間、地點、人的參與，一千二百五十人在一塊兒。覺之能覺，一個場的思考，必須參與人時空這些東西，所以覺之爲覺一定要必須具體而存在的，「覺」不能是掛空的，修行其實就是要把這個覺顯現出來，修行的過程也是具體而存在的，都是你實際在生活世界裡面所面臨到的事和具體的存在事物。所以修行並不是你把自己關起來封閉起來，名之曰閉關。不論是澄心默坐，體認天理，或是「作為道日損」的工夫也好，以及做其他任何工夫，那基本上只是抽象的，所謂抽象是說其只是就「理」上說的，沒有眞正落實在事上，事上的磨練是當下的。所以理的落實要有一群人共同參與，譬如說我們現在這個華山講堂之所以成為一個講堂，它不只是這個講堂創辦者的一個發心，那個發心你可以把它叫做覺，很重要的是大家的參與，這個覺才眞正落實，不然的話這個覺是空的，抽象的，停留在理上的，空洞的（麥克風有振動聲），一個螺絲沒栓緊就會這個樣子，在理上來講機械的原理很簡單，這個東西接那個東西，接起來就是了。像很多道理都是這個樣子，道理有一個地方沒接緊的時候就會出問題，所以那個眞正的工夫在綿綿密密，那一個接著一個的接榫上照料好。譬如說念佛，其實也是綿綿密密，像淨土宗念佛號佛經是要算次數的，我看有的人唸得好緊張，人忙的時候，一天又要唸幾千次，唸得非常的快，愈唸愈快，本來念佛最重要的是要降伏其心，他本來的心境是降伏的，念佛愈唸愈快，心整個都浮上來，這個就是你急的緣故，急就不從容，不從容的話就出了問題，所以這個地方是只要綿綿密密，工夫能夠綿綿密密就是淨土。

四　放下：回到生命最原初的根源

爾時，世尊，食時，著衣，持缽，入舍衛大城，乞食於其城中。

世尊是佛的尊稱，因為普天之下最為尊崇，是稱世尊。「食時，著衣，持鉢，入舍衛大城。」入舍衛大城，他先著衣持鉢，這是依照當時的禮節。著衣是顯莊嚴相，持鉢是接受意，接受即放下，心放下了沒有了你自己，你才能接受才能乞食，乞食化緣有這一層重要的意義。我想大家都有這個經驗，你跟很要好的朋友，或者丈夫（妻子）吵架，他說你哪一點不好，而你實在是知道自己有那麼一點錯，但硬是不承認，為什麼不願意承認呢，心想著：「改過就好了，不用承認了。」這都是問題，佛教這個地方就告訴我們一種承認跟放下。譬如我現在口頭上承認，我就實際上把它做好就好了，這樣跟口頭上也心悅誠服的承認然後又把它做好，那個感覺不一樣。這是一個放下的能力。

一個人自己放下的能力好不好，可以自己測量一下，在你很煩惱的狀況之下，你能不能睡得著，睡得著要能放下。睡覺原本是一件最簡單的事情，但是卻很多人，連這個最簡單的事他都不會做，為什麼？因為他不會放下，睡覺應該是最簡單的，因為它不學而能，原來我們在娘胎裡面就是睡眠狀態，所以它是不學而能的。但是人活在人間世竟然連睡覺的能力都不會了。現在每年安眠藥的銷售量有增無減，有的人眞的是要靠安眠藥跟鎮定劑過活，這就是說他連那個放下的能力都沒了，所以大家不要輕易看這個放下的能力，提起容易，放下難。

本來放下應該很容易而提起比較難，為什麼我們會變成提起容易，放下難，基本上是我們喪失了一個來自於我們生命最原初的能力，這個非常重要的。所以有時候我們自己測量自己一下，你生命最原初的能力是什麼呢，睡覺就是其一，早晨醒來也是最原初的能力，所以每天睡覺跟醒來的時候，那是很重要反省自己的時候。睡是不是很容易入睡，睡得很好，如《莊子》所說的「至人無夢」[3]，醒來的時候那個醒來的感覺是不是好像頗有如孟子所說的平旦之氣（《孟子．告子上》）。你看這個「平旦之氣」說得多好，什麼叫做「旦」，太陽從地平線昇起謂之「旦」，平旦之氣就是早晨太陽剛剛從地平線昇起的那一剎那整個天地澄寧的感覺，這個感覺可以用兩句話來形容它，一個是「群龍無首，吉」（《易．乾．爻辭》）。在平旦中天地萬物都顯現其自己，這個叫群龍無首，群龍無首原來的意義並不像我們一般世俗所理解的，那個應該叫「群魔亂舞」，群龍無首的本意在表現一種不必經由法令的規定，不必有一個首領來控制的平和狀態，所以群龍無首，吉。清晨剛開始那個平旦之氣就是如此的。不知道大家有沒有那個經驗，不過大家都睡得太晚，我偶爾有個經驗，不是因爲起得早，而是因爲還沒睡，那樣的經驗很不錯，我大概有兩次那個經驗，高一的時候，那一次通宵達旦讀《論語》，那時候對《論語》很迷，那次記得要期末考，讀中國文化基本教材讀得很愉快就一直讀下去，因爲我很晚才讀那一科，大概一點多開始，不知不覺就讀到天亮。整個就是有那平旦之氣的感覺，很愉快。另外是去年有過一次這樣的經驗，也相當好。那個平旦之氣的感覺是在太陽將昇而未出的一種太和氣象。其次「平旦之氣」的景象就像《易傳》裡面講的「首出庶物，萬國咸寧。」（《易．乾．彖》）這個太平的景象可不是說有一個君王征服了一切，其他都被平定了擺平了。它就像太陽剛剛從地平線昇起的時候整個生命的乾元的光輝，普照了天地萬物，整個天地萬物一切都非常寧靜，那眞的是很美。這兩個境界，前者是在未發之際，後者是發而中節，如果借用中庸來講，此謂之「中和」。「喜怒哀樂之未發，謂之中；發而皆中節，謂之和。」（《中庸．第一章》）。這些好像只是一種境界，沒有錯，中國不管儒家道家佛教，對於人生活所在這個世界都呈現了一個非常美的情境。用一個比較哲學性的語言來說，中國所謂的道德修養是不離美的，充滿了美學的情懷。「美」所強調的是一個最爲原初的自然性的根源，來自於自然的一種根源性的創造力，儒家道家都是如此，而佛教傳進來之後又融了進去，而更能夠疏濬了這個創造力的根源，使得那個根源不只是由一個起點的指向，而是回到一個原點的空無，這是很可貴的。

所以讀經千萬不能只是用看的，我建議您最好的方式能夠抄寫，《金剛經》才幾千個字，不必速讀一個鐘頭就讀完了，《老子道德經》才五千言，一個鐘頭也就讀完了，《論語》、《孟子》多一點但也是很快就能讀一遍。通過抄寫，整個肢體的活動就是一種場的活動，這個場的活動基本上會使得你整個生命參與進去。所以你看這《金剛經》裡面的道理，就其道理本身而言很少，但是在你慢慢的慢慢的進去之後你才會知道它的工夫。所以「食時，著衣，持鉢，入舍衛大城，乞食於其城中」這個乞食你要了解是放下，你就把它想成一個放下的經驗。譬如過地下道過天橋看到乞丐在那裡，你到底給不給呢？從社會福利的社會體制的角度來講，可能社會福利的工作人員會告訴你不要給，這裡頭可能有假的有眞的，我的經驗是當下就是眞，這個地方不必太多計較，因爲那個計較本身來講對整個人性是會損壞的。所以當下就「放下」，這是一個基本的心意。但是是不是給了之後還可以想其他問題，還是可以想，譬如說在我們臺灣的這個社會成長到這個地步，是不是應該

3 《莊子．大宗師》：「古之眞人，其寢不夢，其覺無憂，其食不甘，其息深深。」郭慶藩：《莊子集釋》〈逍遙遊〉（臺北市：萬卷樓圖書有限公司，1993年3月），頁228。

還有這些乞丐，那麼你是不是可建議可以不要有，當然那裡頭有一些是假的。這是一個很難很複雜的問題，但基本上我認爲我們的布施本身並沒有錯。

五 回到本然，既是完成又是開始

次第乞已，還至本處。飯食訖，收衣鉢，洗足已，敷座而坐。

這個次第是不擇貧富的，依照當時的慣例是乞食七家，所以這個「次第」的意思是不分貧賤平等的意思。什麼叫平等？無偏是謂平，普遍謂之等，普遍者都是這個樣子，佛法最強調平等，眾生皆平等，怎麼能平等，大家都回到原點而空無，大家只是這個天地之場顯現其自己的顯現在那個時間、在那個地點的顯現罷了。而那個顯現它一定會有限制，而這個限制背後最根本的是個空無，所以就其空無來講是空無的，人生不帶來，死不帶去這一點是平等的，其他的不平等的地方都有其平等的所在。生不帶來，死不帶去，人生只不過三、四萬天，這三、四萬天你如何做成你這個人，這一點是平等的。是你自己「做成」你這個人，你可能是屬於社會上比較低的階層，但是你卻可能成爲一個非常高貴的人，你在社會上的階層非常高，但是你也可能成爲大家所鄙視的對象，或者你自己心裡就不安，基本上在於整個道是普遍而無偏的，這就平等。因爲基本點就其原點上是空無的，而那個起點的指向則在於你的選擇，這個地方是一個滿有意思，滿值得我們去想的問題。

接著講「還至本處」，化了緣，「因其緣而化」謂之化緣，你去乞食，對方來施捨，因爲那個緣使得對方能夠施，能夠施也是另一種放下，放下他所擁有的，所以因此對方有所化，此之謂化緣。就表面上看這個「還至本處」很簡單，吃飯吃完了，把衣缽收好，「洗足已，敷座而坐」，但是這個道理其實是很深入的，歸回到本處，回到本處，爲什麼回到本處呢，何以回到本處才能夠顯現，才能夠開示那個道理呢？道理之爲道理是就其場之自身而顯現它，回想我們剛剛講的「平旦之氣」，就在地平線上，太陽每天慢慢的昇起，而太陽昇起之時，所有的萬物顯現了，道理的顯現也是如此。

很多道理是相通的，如果你熟悉老子一定會想到「萬物並作，吾以觀其復」（《道德經．第十六章》），這個天地萬物皆作，「作」是站起來的意思，閩南話這個字是入聲，像魚在水裡躍出來的聲音。復者始也，一元復始，易經復卦，復是歸回到本身，既是完成又是開始，「還至本處」就是這個意思。「飯食訖」把乞來的食物吃下，這裡隱含了別人所施捨給我們的智慧，你不分其高低統統消化。「洗足已」，就表象上來說，因爲你走了一段路，所以你把腳洗一洗，就其內涵講等於這時候清理一切完畢，從上至下的清理過。「敷座而坐」，歸還本處的整個活動的完成，而完成就是「復」，就是「始」，這個完成就是一個道理顯現的開始。而法會因由就是因爲這樣而顯現，這段鋪陳如同電影的鏡頭從遠至近，我把這段經文念一遍，你們來想它是怎麼用鏡的：如是我聞……。

眞的將心氣整個放下來，仔細的把它這樣朗誦過來的時候，那整個感覺是不一樣的，如果你還不能感覺，不妨把它抄一遍，那個感覺慢慢會出來，我一直強調讀書要讀入字裡行間，讀書不是在字上，而是在字裡行間，字裡行間者觀其氣也，那個字本身所散發出來的生命氣息，爲什麼以前古人讀古書的時候要所謂朗誦吟哦，基本上是因爲這個道理。

所以我們不要輕看古人「童蒙養正」的教學方法，開始的時候又不講經，就要你背，一遍又一遍的在那裡朗誦，你不要以爲那個朗誦沒有用，其實是很有用的，那是一個啓發式教學法的另一種類型，它仍然是啓發式的教學法，這不是灌輸填鴨，它其實是經由這樣朗誦的過程到達一個地步以後才有所謂開講。整個土壤都已經翻鬆了，整個土壤培育得差不多了，這個時候才播下種子，它開始發芽滋長。

以前聽到有人談中國以前的教育方式，常常就是鄙視的說背書根本沒有用，其實大家可以慢慢感受其實背書很有用，非常有用，它有用到你走路的時候都會出現。「學而時習之，不亦說乎；有朋自遠方來，不亦樂乎；人不知而不慍，不亦君子乎」那個感覺很好，「道可道，非常道。名可名，非常名。無名天地之始，有名萬物之母。……兩者同出而異名，同謂之玄，玄之又玄，眾妙之門。」（《道德經‧第一章》），不只背經典也可以背一些文章詩詞。欣賞陶淵明文章的美，如果沒有眞正背過涵泳於其韻味之中；沒有經由一個場的思考，你就不可能眞正進入。譬如〈桃花源記〉：「晉武陵人，捕魚爲業。（一日）緣溪行，忘路之遠近，忽逢桃花林。……」因爲有一點執著，就背不起來，「中無雜樹……落英繽紛…林盡水源，便得一山，中有小口，彷彿若有光，便捨船從口入。」我之所以要背出來，因爲這一段是見道之言，如果你不是背過，不是整個在你的心靈裡面反覆，你不能仔細的去想。全篇幾乎每一個字都隱含了另一個象徵性的意義。我現在把它點出來，大家就可以自己回去讀一讀體會一下，陶淵明眞的是很了不起。涵泳於其中，道理才會慢慢出現。背書多麼重要，我最近滿驚訝於一些中文系及哲學系的學生，我發覺到他們對於中國古典的了解越來越稀薄，最根本的原因就是涵泳不足，知見太多，造成處處葛藤。他一讀這個也不通，那個也不通，統統不通，古人都不通。不只學生如此，大學教授這樣的情況也很多，他說怎麼可能「天行健，君子以自強不息。」（《易・乾・象》），你怎麼看得到天行健，既然看不到，君子怎麼樣自強不息，即使看得到，天行健，跟君子以自強不息，也沒什麼關係，一一去檢討，揮「智慧」以斬葛藤，斬了之後，怎麼葛滕又生了，最後只好把根也砍了，終於天地太平，中國文化中國哲學於焉死亡。有時候想一想都會很心痛。大家可不要輕看目前來講民間的一些講堂，民間講堂著重在涵泳，不在知見，它其實可以發揮很大的功能。

善現起請分第二

時長老須菩提在大眾中，即從座起，偏袒右肩，右膝著地。合掌恭敬，而白佛言：「希有世尊！如來善護念諸菩薩，善付囑諸菩薩。世尊！善男子善女人，發阿耨多羅三藐三菩提心，云何應住？云何降伏其心？」佛言：「善哉！善哉！須菩提！如汝所說，如來善護念諸菩薩，善付囑諸菩薩。汝今諦聽！當為汝說：善男子、善女人發阿耨多羅三藐三菩提心，應如是住！如是降伏其心！」「唯然，世尊！願樂欲聞！」

此中揭示，問題的焦點在於那無上正等正覺的心（簡稱菩提心），如何住？而我們又如何降伏一般具有業習之心？答案無他，就在於「應如是住，如是降伏其心」，這「如是」二字正是關鍵所在；筆者即以此為「實踐的如是性」。

看來好像還在轉，還沒有進入正題，其實你可以發現整部《金剛般若波羅蜜經》一直都在轉，轉到最後它就告訴你，就是這個樣子了。是的！就是那樣子而已。你以爲它有什麼特別高超的？沒有，平平常常。你以爲讀了《金剛經》就會得了什麼樣的功德？也沒有。那福報呢？那也沒有，統統沒有，它只是告訴你：眞的沒有！把你的一切期待，把你的一切認爲的什麼，統統停止。經典無機巧，智慧無機巧，凡是機巧一定不成經典，不成智慧。

善現起請，前面法會因由是就其場就其時空講，道理的顯現正如同「萬物並作吾以觀其復」（《道德經・第十六章》），整個平旦之氣顯現的時候，那個覺要有落實，一定要有一個人開啓那個言說。言說是要人去開啓的，言說就是所謂道。人，一個獨特的人，這個獨特的人就是須菩提，善現就是指須菩提。有個關於他的神話故事：須菩提原來生在一個非常有錢的人家裡，出生時，整個家裡庫藏的物品整個都不見了，家裡所有東西統統不見了。大家覺得很奇怪，後來就給這孩子起名叫「空生」，他一生什麼都空了。後來發現，所有的東西統統都還在，所以又統統顯現。這裡「現」上面特別加個「善」字，善者，妙也，妙現。妙相對的來講——不妙，不妙就是這個東西會壞，有成住壞空，妙就是它應該有成住壞空的，但是它無所謂成住壞空，它本來應該是空的、沒有的，但是它現在仍然是有，就其原點來講是眞空的，就其顯現而爲妙有，所以叫「眞空妙有」。妙有的顯現是爲「善現」，所以講空生、善現都是同一個人，這個人就是須菩提。須菩提起請釋迦牟尼佛來開示，起是從空而起，一切剝落，由於一切剝落而復顯一切，借用《易經》的一個卦名來講就是「剝極而復」。

時長老須菩提。

德尊年高，稱之爲長老。須菩提是釋迦牟尼佛弟子中解空第一，對於空的領悟最高，所以《金剛般若波羅蜜經》是由他起請佛陀開示。大眾聚集，在座的推派一位來請示佛陀，佛陀就顯現這個道理。經典在東方的系統裡面，一定是通過交談跟對話的方式而顯現，即使有的平鋪直敘的直接寫出來，但它背後仍然預取了一個交談對話的整個敘事的情境，這是在東方的經典裡面非常強調的。

一　「禮敬」才能參與經典和生命

在大眾中，即從座起，偏袒右肩，右膝著地。合掌恭敬，而白佛言：

「在大眾中，即從座起，偏袒右肩，右膝著地。合掌恭敬。」這是很基本的禮節，而每個禮節有它的基本的一些道理。「偏袒有肩，右膝著地。」基本上是爲了表示下一句

「合掌恭敬」，「敬」是一切道理開顯的起點，是一切智慧顯現的起點，儘管東西方的眞理觀不大相同，但就其「敬」而言，這樣的一個心靈的活動，是很接近的。所以你讀經典的時候心裡就先有疑，那我看就不用讀了，但是我們求學不是有懷疑的方法嗎？是沒錯。但懷疑不是讀經的態度，懷疑是一種求知的態度，而禮敬才是一種參與經典和生命的態度，這是兩個不同的態度，就經典來講，你一定要先禮敬，你要把它當成一個學問來研究的時候才有所謂的懷疑。其實懷疑這個態度，你一定要先預許了、參與了之後再來懷疑，不然怎麼能夠懷疑呢？你事事懷疑怎麼能夠進得去？所以，讀書開頭的時候我都勸學生們不妨被大師牽著鼻子走，這沒有什麼不好的，慢慢走，他停下來的時候就是要你吃草的時候，那就吃一吃，慢慢的，有一天你終於了解到應該是什麼。所以這個地方禮敬很重要，佛教如此，儒家如此，道家也一樣，包括基督教也是。《聖經》中有一句名言叫：「敬畏耶和華，是智慧的開端」，一樣就是這個道理。「合掌恭敬，而白佛言。」白是稟白，我一直覺得，這個佛經的翻譯可以說是字字推敲，大概表示禮貌禮都用白，下對上的稟白，「白佛言」，向佛陀稟白說：

希有世尊。

這裡讚嘆佛是普世之尊也，而說希有。而另一個解釋，所謂的希有指的是「時希有，地希有，人希有」，時空以及人的聚合都是很難得的機緣。有的更引申：佛陀之德希有。大家聚在一塊兒講《金剛般若波羅蜜經》，這件事情是希有的，其實你再引申多少都可以，這個希有之爲希有，言其難得。佛法難聞，人身難得，中土難生，時間、地點、人都是難，都不容易，所以是因緣殊勝。

二　發無上正等正覺心

如來善護念諸菩薩，善付囑諸菩薩。

菩薩梵文作Bodhisatta，是菩提薩陀的簡稱，「菩提」指智慧，「薩陀」指福業，菩提薩陀合說，修其智慧，修其福業，是福慧雙修。世尊現在以般若波羅密法護念諸菩薩，護念這一群人，因爲欲修其福慧，所以提到菩薩的地位。不管男子或女子，在佛教受戒之後，完成後都要接受眾人恭喜，是爲菩薩。這個菩薩的意思不是現在你已經成爲菩薩了，而是你現在心向菩薩道。佛就其覺而說，世尊就其無上說，如來就其正等而說，也就是無上正等正覺，阿耨多羅三藐三菩提，佛是正覺，所以發佛心，發世尊心，發如來心，都是一個無上正等正覺。阿=無，耨多羅=上，三=正，藐=等，三=正，菩提=覺，阿耨多羅三藐三菩提梵文作anuttara-samyak-sambodhi是梵語的音譯，意譯爲無上正等正覺。佛是正等。什麼叫正等？等者，普遍謂之等。如其所來，這是一視同仁，如其所來，一視同仁的護念諸菩薩付囑諸菩薩，這個言說，基本上是要進到這整個言說場域的每一個人身上。

善男子、善女人，發阿耨多羅三藐三菩提心，云何應住？云何降伏其心？

善男子、善女人，特別加上一個善字，無所執著謂之善，沒有罣礙、沒有執著、沒有擔心，整個心境平平放下的這樣的男子跟女人。道的開顯是在一個非常從容的情境之下，才「從容中道」，從容的時候，道就顯現其自己，發阿耨多羅三藐三菩提心。云何應住？云何降伏其心？

男子跟女人，能夠整個心氣放平跟放下，而發無上正等正覺的心。無上說其純粹，不受俗塵干擾，純粹而絕對的意思。而所謂絕對，就是超出相對，已經躍出了凡塵世俗；正，不偏不倚；等，普遍無所不在；覺，顯現其自身。這種心，不是沾染在某一個凡俗的、具體的事物之上，而是如其本身的顯現其自己，感受到那種一塵不染。不知道大家有沒有感受過那種整個一塵不染的心境？天地澄明，一塵不染，我想以前在淡水看日出就有這種感受。「云何應住？云何降伏其心？」住是住阿耨多羅三藐三菩提心，每一個人都有這個無上正等正覺的心，簡單講就是佛心。菩薩心腸每個人都有，但是如何住？是佛心住在你身上？還是你住在佛心裡面？應該是你住在佛心裡面，不是佛心住進來，這個叫「遍體皆覺」。用描述王維的一句話來講就是「山河大地皆詩佛」。[4]「云何應住？」如何能夠住？其實他已經點出來了：云何降伏其心？你如果能夠降伏其心，就能夠住。降就是放下。「伏」呢？懇請。整個全幅的放下而懇請阿耨多羅三藐三菩提心，懇請無上正等正覺的心顯現其自己。

在佛教裡面常常提到三個字眼：「心」、「意」、「識」。總持的說謂之心；就其指向而說意；就其了別的說爲識。籠統的說，包括意跟識的說就用「心」這個字；「意」特別指出心靈的意向性（intentionality）；了別的說識，特別指的是understanding，理解分別，三者不太一樣。此處所說的「云何降伏其心」是總持的說而包括了「意」和「識」，你怎麼樣降伏你心靈的一個指向？歸到原點就降伏了，要把了別泯除掉，迴向那指向的根源，泯除那了別的作用，這個叫「降伏其心」。

佛言：「善哉！善哉！須菩提！如汝所說，如來善護念諸菩薩，善付囑諸菩薩。

其實好的問題就已經答了一半了，這個時候由須菩提起請開示，不會是目鍵連，目鍵連是神通第一，是不？它要恰當，問要恰當的問，問題就已經回答一半了，所以佛說（佛言，不是佛白）「善哉！善哉！」「須菩提如汝所說。」注意這個「如」。

三　應如是住、如是降伏其心

汝今諦聽，當為汝說。善男子、善女人發阿耨多羅三藐三菩提心，應如是住。如是降伏其心。

釋迦牟尼佛還真是繞口，說了半天只把問題重複了一遍。他很誠懇的——如汝所說嘛：如來善護念諸菩薩，善付囑諸菩薩。不過加了一句「汝今諦聽，當為汝說。」原來須菩提問「云何應住？云何降伏其心」，佛就「應如是住，如是降伏其心。」好像一個學生

4 原語出自李正治：〈山河大地在詩佛——王維詩的特色與成就〉收入《鵝湖月刊》1975年12月第1卷第6期。

在問老師說：「怎麼樣用功讀書，怎麼樣用功讀書？」老師就回答：「就如你所說的，就用功讀書罷！就用功讀書罷！」如是嘛，就那個樣子用功啊。如果有人喪失了睡覺的能力來請教你，怎麼辦？睡覺其實不需要什麼能力是不是！睡覺就睡覺嘛。其實這是一個很恰當的辦法，不恰當的辦法才會告訴他你去數羊，眞正恰當的方法是「就是那樣」，其實《金剛般若波羅蜜經》也是很平常的。我還記得高三的時候，有位老師講了一個故事：「有一位老師，因爲他的學生們都很緊張考大專聯考怎麼辦，讀書要怎麼讀呢，大家都很頭痛。老師宣稱：『明天告訴你們一個秘訣。』每個同學都很高興，都等著第二天，大家都洗耳恭聽：『老師要講秘訣了』，老師就說：『我告訴你們，準備聯考的秘訣有兩個字。』大家一聽，太好了，只有兩個字。老師：『用功！』」其實這是很眞實的話，我們那位老師講完了，大家哄堂大笑，之後我們慢慢覺得這位老師講得很有道理。

他還講過另外一個故事，雖然這個故事聽起來道理沒有這麼深，但是也滿有意思的。也是有關於聯考：「有一個小孩，肚子很餓了，家裡沒什麼東西吃，就只剩下兩個饅頭，他還不太想吃，媽媽就催他把饅頭吃了，『餓得都有氣沒力了，還是把饅頭吃了吧！』於是小孩就心不甘情不願地把那兩個饅頭吃了，然後走到他叔父家裡，他叔叔給他一塊很小的餅乾，他吃了那塊小餅乾，很高興的回家來跟他媽媽說：『媽媽，我吃了叔叔給我那塊餅乾吃飽了。』」故事講完。是吃了餅乾吃飽了，而不是吃了饅頭吃飽了。小孩忽略了饅頭而只強調餅乾。我們那位老師其實在反諷當時有所謂的「解題妙招」，補習班不是常會如此嗎？這些話就很平常、很實在，實在謂之平常，所以釋迦牟尼佛講了半天，到這裡他就說了：「應如是住，如是降伏其心。」如是就是如是，怎麼住呢？就是那樣住嘛！怎麼樣降伏其心呢？就是那樣降伏其心。你如何，他如是，這個對答很有意思，他問怎麼辦，他回答就是這麼辦。眾生皆有佛性，佛原不異眾生，端在覺而已，一念覺．眾生即是佛；一念不覺，佛即是眾生，所以講——如是。整個佛教的智慧，最重要的就是這個「如是」的智慧。「如是」其實就是讓他由他，眞正見到意識的空無，而讓那存有自如其如的開顯。

我一直覺得，這樣的方法可以用在我們日常生活很多的事情，尤其應用在讀書會很有用，對於讀文科格外有用。有的人說讀文科都要背，我的經驗裡面，有些東西如經典方面是要背，其他很多東西不用背的。那如果記不起來不是很苦惱嗎？我說應該要忘嘛。爲什麼急著記？根本不用記嘛！你說我怎麼剛剛才讀過怎麼又忘了？能忘才能記嘛。忘了沒關係，你讓它整個慢慢進來，那就是一個「如是」的感覺。我讀到這一章，我就如其這一章的了解這個東西，它就像沁透肌膚一般，慢慢的進到你整個生命裡頭去。這時候你整個心是放下的，這個意識的空無並不是你無意識，而是你整個意識是不執著的。存有，是自如其如的開顯其自己，自然而然的進到你的生命裡。不要起緊張狀態，專注不是緊張，不一樣，專注是一種融合周浹，我想在座很多人都跟我一樣都滿專注的，因爲我們現在都滿融進於這個情境之中。緊張的話，那個存有就沒有辦法如其自己的顯現，事物沒有辦法如其自身如其事物的本身顯現，這是如是的智慧。

我體會這個如是的智慧也很難，因爲我生性是比較緊張的人，稍微體會到是在冬天游泳的時候，我看很多每天游泳的人都依然每天要做操，不然他就不能下水，一定要把身體弄熱了，這個境界就很低。我的經驗是不用的，何必做操呢？你不必抵抗寒冷嘛，誰叫你抵抗寒冷，那水的寒冷你要抵抗是很辛苦的，你讓那寒冷如來如去，就讓那涼意沁透你的肌膚，它就好像那樣過去了，那整個的感覺眞的很好，我們以前有個話叫「冰清玉潔」，就是這樣的感覺。這句成語本來形容人格的高潔，我們在這裡借用它來說那寒來冷去的滋味，那整個沁透的的感覺實在是美妙，我只能這麼說。我喜歡游泳到一個地步之後，我就從來不再在岸上先做運動，你已經要到水裡去運動了，奇怪！何必又先做陸上的運動？我後來的理解是根本不需要岸上的運動，又沒有人要你一下水就衝刺，中國人以前講會游泳叫識水性，「你水性怎麼樣？」中國的古典小說裡常常有這個話，它不是說你游泳的技術怎麼樣，你進到那個水裡面，你懂不懂那個水的性質，你能不能跟它所謂的融合周浹，能不能「如是」。

在水裡游泳還比較容易，在臺北的車陣裡要如是就很難。這眞的是非學習不可。記得有一次跟人家約七點要去演講，大塞車，怎麼辦呢？那時候可就「如是」不了，只好心裡想著：「知其不可奈何而安之若命。」（《莊子．人間世》）很多智慧不太一樣，「知其不可奈何而安之若命」跟「如是」不一樣，又有「天將降大任於是人也，必先苦其心智，勞其筋骨，餓其體膚，空乏其身，行拂亂其所爲，所以動心忍性，增益其所不能。」（《孟子．告子下》）這又是另外一個方式，這幾個方式我的想法是它們是不同的方式，但是不必分高下，暫且不要分高下，因緣而用，你看什麼機緣用什麼，用錯因緣再高也沒有用，我想大可不必在車陣裡面動心忍性，增益其所不能。不需要。那個時候我想就「知其無可奈何而安之若命」就可以了。

所以這裡講「應如是住，如是降伏其心」就是如此而已。前面特別指出來「汝今諦聽，當爲汝說。」這個好像是一個比較強勢的態度，爲什麼要多加這個呢？如果沒有這八個字呢，把它念一遍好像中間少了什麼。這是精神收拾，收心、收拾精神，陸九淵常講一個話叫「收拾精神，自做主宰」（《象山全集》卷三十五）現在我們借用這個話來說，佛陀這句話旨在「收拾精神令自做主宰」。這裡的自做主宰跟「無我」是不是矛盾，這裡要點示弟子，要讓他們注意聽，所以有一點加強語氣「汝今諦聽，當爲汝說。」這個「汝」提了兩次，然後又提「聽」、「說」，道理的顯現是在平旦之氣中，但是它要顯現的時候總是要成爲一個火球——太陽顯現出來，這時就如同精神收在這兒，元氣在此。所以一個眞正恰當的教育，是在一個場的思考裡頭而令其場的思考眞能顯現，必須要有這個過程，不然的話就不顯現。同樣的，在教育裡面，不論是所謂啓發式的教學法、自由而開放教育，一個旋律總是有一些地方是重音，一些地方重複，有些地方一定是強調的，那個強調基本上是非常重要的。由於它的強調而整個顯現，不然這裡所說的「應如是住。如是降伏其心。」就不顯現。眞正的「如是」就不能顯現。因爲，「如是」作爲一個形容詞、作爲一個修飾語來說，是指本來那個樣子，那就沒什麼話說。這裡頭特別加上「汝今諦聽，當爲汝說」的時候，在於加上一個動態的指向，歸返本來面目，這是多麼重要。就好像你說：「我是一個非常強調自由跟民主的人」，在家裡都實施自由跟民主的教育，用開放的胸襟讓子女都能自己成長其自己，這是很好的，從來沒有責罵、沒有管教，孩子卻變得很糟糕。當然會糟糕，因爲你只是平平攤開，平平攤開還要有所立起，這一層很重要的，如果我們每天去看日出，看到的只是一條地平線，太陽不出來，那個天地會美嗎，不美的。

所以在這裡說如是如是的時候，不是我們所以爲的「哎呀！不要太計較嘛！人間世嘛……」有的人所理解的佛教就是這個樣子啊！不要說佛教，連道家也理解成這個樣子：「一切都是一樣的，算了，算了，算了。」這個叫擺平了。其實這個擺平是錯的，應該是放平，放平而立起。就好像一個跳高選手在起跳的一剎那，前一剎那是全部的放鬆，才有所謂的起跳，才有你的生命的一個顯現。以打拳作例子來講，一張一弛，文武之道，打拳一定要收回來呀，收回來是放鬆，放鬆再擊出去才能用力，它是互爲因果的。就像我們剛剛所說的，有一個起點的指向，也有一個原點的空無，而那原點的空無隱然的有一個起點的指向，所以這裡頭要點出來：「當爲汝說，汝當諦聽。」

唯然世尊，願樂欲聞。

這是須菩提回答釋迦牟尼佛。唯然，就如世尊所說的那個樣子。願、樂、欲三個字修飾「聞」的活動，聞就是聽，跟前面的汝當諦「聽」相對；願——我們講深心大願，願者終極關懷謂之願，超乎一切對象的一個絕對的關懷謂之終極關懷；樂——樂於道也。因終極關懷而從內心升起的一個愉悅之感謂之樂；欲——特別指因此而引發的一個意向，這個意向指向聞這個活動。

以上是善現起請分第二，講到如是——就是那個樣子。如何如是呢？那是第三大乘正宗分了。我們只好留到下個禮拜再說。今天這兩節課怎麼過得這麼快？當我們參與在那裡的時候，時間其實是停止的。因爲所謂時間停止，我們穿透了它，它停在那裡。我們所經過的兩個鐘頭，其實是空間而不是時間，空間是有刻度的，刻度是有執著的，我們現在回到世俗來，時間是用刻度計算的，七點半到九點半，是時鐘的短針走了兩個刻度，長針走了兩圈，這是用空間的執著性的刻度來衡量時間，這個叫世俗的時間，而眞正的時間其實是一種內在的「念」、心念。心念止，時間就止，所以我們說剛剛有一段時間是停止的，至少在八點半的時候它停了，所以我們就忘了八點半該下課。好吧，我們今天就到這兒，下個禮拜再繼續，謝謝大家！

大乘正宗分第三

佛告須菩提：「諸菩薩摩訶薩，應如是降伏其心。所有一切眾生之類：若卵生、若濕生、若化生、若有色、若無色、若有想、若無想、若非有想、若非無想，我皆令入無餘涅槃而滅度之。如是滅度無量無數無邊眾生，實無眾生得滅度者。何以故？須菩提，若菩薩有我相、人相、眾生相、壽者相，即非菩薩。」

經文言：「應如是降伏其心」，此「如是」如何行之當以「我皆令入無餘涅槃而滅度之」；因為一切衆生之為衆生本然清淨，無有污染，故可以令入無餘涅槃而滅度之；「無餘涅槃」者，無習氣煩惱，圓滿清淨也當滅盡一切習氣，令永不生，方契此無餘涅槃也；此「令入」非由外而入，而是自入也，是喚醒自家生命原具的清淨本性，既有此清淨本性，便得滅度之，而此滅度是自滅度，非由他滅度也，是衆生清淨相之顯現，非有一大力者如何促使之滅度也；此是「即其清淨本性而滅度」也。

一　釋大乘正宗

這一分大乘正宗。乘者，車乘。簡單的了解，就是大車坐的人多，小的車坐的人少。我覺得實在很難非有想、非無想。要不然就都沒有，要不然就恰當的有。人活在世界上就要求一種安定性，不要在有跟沒有之間，佛教在這方面就很穩定，因爲一切都是沒有，你如果眞能體會到沒有的話，大概就不會一直很在乎所謂的有跟沒有。

小乘和大乘基本上的一個分別，可以說：小乘但求自渡，而大乘是要渡盡一切眾生。這是最初步的一個理解。我們在理解一個事物的過程裡面，對於理解事物的意義，基本上是把握它的範圍，而不是把握界線。有很多人在理解問題的時候，由於強調對界線的把握，於是就成了瑣碎。譬如說，我們所在的地方是中和，隔鄰是永和，我想大家大概不會很清楚兩地的分界，只大致知道這裡是中和、那裡是永和。對於佛經的把握以及對於任何義理，該把握的是它的範圍，它的重點所在，不然光是大乘和小乘，你一直在想辦法切開分判兩者，了解得非常瑣碎，一瑣碎就沒有辦法了解深入。譬如說這一分裡面接下去的：「所有一切眾生之類：若卵生、若胎生、若濕生、若化生、若有色、若無色、若有想、若無想、若非有想、若非無想，我皆令入無餘涅槃而滅度之。」你先作初步的了解為一切存在的事物，然後再問古印度時代他們是怎麼了解的，理解的過程可以先作初步的掌握，再逐步分析。而對於《金剛般若波羅蜜經》最重要的，我們是要了解它的「應無所住而生其心」。什麼是「無所住」？其實就是無執、放下。《金剛般若波羅蜜經》最重要的部分就是：在工夫上講如是跟放下；在存有上或在本體上講空無；在認識上講無住。其實我們處理問題一定不出這三個層次，第一個就是我怎麼樣進到這個世界裡頭來，我看到這個世界是什麼，這是所謂的本體跟存有；第二，我去看這個世界的心靈是什麼；第三，然後我要怎麼辦。問這三個問題。所以我們環繞這三個問題來看《金剛般若波羅蜜經》的話，我們可以發現到它有非常特殊、非常精彩的地方。它可以說是整個佛教大乘經典最根本的一部經，有人說它是「萬經之源」或者「萬經之母」。萬經之源或萬經之母，你怎麼去了解呢？我們可以說它是「共法」。什麼叫共法？就用的層次，佛教的任何一個門派都要用到所謂的般若智，般若智在破解一切執著，洞察意識與存在的空無性，整個佛教最重要的精神是這個精神，而《金剛般若波羅蜜經》把這個般若的精神突現出來。

我們看到大乘正宗分第三的註解寫：「宗正絕邪，乘無大小，隨三根而化度，簡異說而獨尊，故受之以大乘正宗分。」三根是指聲聞、緣覺、菩薩，悟十二因緣生者為緣覺，而菩薩不只自了而欲化度眾生。「簡異說而獨尊」，簡是別的意思，簡別，把各個不同的說法加以論定，而獨尊大乘。現在進入經文本身。

二 發願、如是、降伏

佛告須菩提：「諸菩薩摩訶薩，應如是降伏其心。」

仍然講「如是」降伏其心，釋迦牟尼佛告訴須菩提說：諸位菩薩摩訶薩。摩訶薩是菩薩的修飾語，摩訶是廣大之意，也就是說，那偉大的菩薩。現在佛講諸菩薩摩訶薩，是對著他的學生們講。這是釋迦牟尼佛期望他的這些弟子都成爲大菩薩，等於是說釋迦牟尼佛爲他的弟子們發了一個願。這樣講「應如是」才有意義。眾生如果不是發願要成爲菩薩摩訶薩的話，那麼你說「如是」降伏其心，那個「如是」很可能正邪難分。所以前面六祖惠能特別指出：大乘正宗分是「宗正絕邪」，正怎麼顯呢？在「諸菩薩摩訶薩」上顯，發這個願是針對著須菩提跟諸菩薩摩訶薩，將他的弟子們提起而說「各位大大的菩薩」。菩薩是要清淨，是要渡眾生的。如這裡所說「前念清淨，後念清淨，名爲菩薩。念念不退，雖在塵勞。心常清淨，名摩訶薩。」簡單的說，菩薩，或說菩提薩陀，也就是那覺悟的人，這個覺悟的人，他現在要化度眾生。他有一個意願化度眾生，這個叫做菩薩。如是放下的時候，並不是說你沒有一個願力。

所以佛陀的教法裡面：就法上，它非常強調要如是要放下；就本體上，它認識到空無。但是，那個空無本身並不是一個斷滅的空無，而是一種智慧的開發。佛陀強調的如是跟放下，不是一般凡俗上認爲的一切都不要管。這跟心理學上所說，你該怎麼樣學習到放鬆也不太一樣，差別在於它背後整套的言說傳統。佛陀告訴我們放下，跟道家告訴我們放下也不同，因爲它們背後整個的詮釋系統不一樣，所以即使它們看起來很相似，但還是不一樣。

有人曾經問過我一個問題，他說：佛教淨土宗強調念阿彌陀佛，到底有效還是無效？爲什麼可能有效？在什麼樣的情況下是有效？在什麼樣的情況下是無效？而且那些念阿彌陀佛的信眾，有些對佛理也不甚了解，爲什麼會對他們修行產生效果？我說：這跟整個經典的詮釋系統是否健全極有相關。它就像我們整個自來水的網絡一樣，唸阿彌陀佛就像我們自來水的水龍頭，水龍頭一打開會有水，是因爲它背後的言說傳統背後的詮釋系統是好的。也就是說，因爲水管的管路是好的，背後的水源是乾淨的，整個自來水廠的處理也都是恰當的，所以只要轉開水龍頭就會有水。我們心靈的智慧之源也是如此，一個文化的經營，一個文化的進步，背後需要詮釋系統和言說系統的經營爲基礎。所以淨土宗的信眾念阿彌陀佛的時候怎麼樣是有效的？第一個，它背後的整個詮釋系統跟言說系統沒有壞。言說系統跟詮釋系統，其實跟我們的生命結合在一塊兒的，並不是說任何一人隨便唸阿彌陀佛就會有效。你的生命參與進去，這個言說系統跟詮釋系統才能跟你接在一塊兒，這就好像你那個水龍頭眞正接上了那個水源，所以你打開了水龍頭它就會有水。我想任何一個教門就代表了一個言說傳統一個詮釋系統，它接通的那個源頭是一樣的，我們姑且把它叫做「道」吧。不管你那個水龍頭是金的、銀的、鐵的，並沒有接上那個水源，轉開來還是沒有水。

我以前聽過一個笑話：大陸剛撤退時，內地人到了臺北市一看，不得了，臺灣眞是寶島，牆壁上的水龍頭怎麼一打開就有水。他就問這個東西哪裡買的，人家告訴他店裡面就有。他就到店裡面買了一個水龍頭，買回來就往家裡的牆壁上一裝，水龍頭一打開，怎麼沒有水呢，他很生氣，就跑到店裡面跟老闆吵架：你賣給別人的水龍頭釘上去都有水，我的釘上去怎麼都沒有水呢！我想這個笑話很可能是講的人編造的，不管這個故事的眞假，不過這個故事很能夠用來說明，我們信什麼的時候，跟我們眞正生命的源頭能不能接合在一塊兒？如果我們一直執著於教相而沒有接上那個源頭，是永遠沒有辦法得到那眞正生命之泉。

這裡講的「諸菩薩摩訶薩，應如是降伏其心。」是佛陀將眾弟子提升爲菩薩的一個願，由這個願力進一步講「如是」，這樣才能夠降伏其心。在這裡短短的一句話裡我們可以看到三個脈絡：一個是「發願」；一個是「如是」；一個是「降伏」。現在我們來想一想，如果不發願而只是如是的話會怎麼樣呢？那會流於流俗。就是我們一般所講的「濫」，流俗泛濫。既然如是而已，抽煙就抽煙了，喝酒就喝酒了，那還計較什麼，只要你不執著就是了嘛！所以我把那個酒看成了白開水它就是白開水！我想大家在參加一些酒席的時候會有類似的經驗，在計較葷素的時候，有人會說：「我說它是素的就是素的，我說它葷的就是葷的。」「如是」通過一種流俗的泛濫的說，這叫如是而不發願。

另外，假使不如是又不發願，而只要降伏，那會流於敵對。修行最怕的就是：只想降伏不想如是。願力不足，只想降伏，到最後落入打魔生魔。我們要對治的剎那間，不知有多少壞念頭、惡念頭在內心起現。其實這時候是該放開，你愈想降伏它而沒有通過如是的工夫，又沒有眞正發了願，這時候的降伏，打魔生魔，念頭愈打愈多，水漲船高，這個叫做道高一尺魔高一丈。

任何進入修行法門的，不管你是哪一個宗教，都會面臨這個問題，所以這個時候要有恰當的老師。眞正釜底抽薪的是，徹底的告訴你一些經典的道理，教你眞正的「如是」，而眞正的「如是」是要切合著發願，結合在一塊兒。這時候的工夫最好統統暫時停止，「如是」第一階段先停止，再求另一個階段，這個階段是不小心都會墮進去的。

所有一切眾生之類：若卵生、若胎生、若濕生、若化生、若有色、若無色、若有想、若無想、若非有想、若非無想，我皆令入無餘涅槃。

注意一下這個「令入無餘涅槃」，什麼叫「涅槃」？圓滿的寂靜之境界叫做涅槃。在佛教裡面有所謂有餘涅槃、無餘涅槃，有餘就是說這個人身尚在的，無餘涅槃就是人身不在了。另外有多方面的解釋，這裡的無餘涅槃，大概可以把它解釋成非常徹底的、圓滿的、寂靜的境界。所有一切眾生之類，我都發願渡他入無餘涅槃。佛教裡渡濟的觀念，是要自度度他，其實另外一個意思來講，是在度他的過程裡頭自度。修行不是說我先把自己都修好了然後再來怎麼樣，其實是在你度他的過程裡面自度。

三　願力乃恆久不衰

而滅度之。

讓一切眾生入無餘涅槃而滅度之。什麼叫滅度？滅其煩惱，度至極樂。一切眾生，滅其煩惱，度至極樂。如何讓它滅其煩惱，度至極樂呢？其實只是如是降伏。這又回到我們剛剛講過的，你的發願是指向度他的過程裡頭自度。而所謂的度他，也不是說我有一個「念頭」我要去度他。「願」跟「念」是不同的，念頭是時起時滅，偶然不定的，因其因緣而有對象的；願力不同，願力是恆久不衰，必然而肯定的，超乎一切相對而進至絕對。我現在有一個幫人家的念頭，跟我發願幫人家不太一樣。所以這裡說滅度眾生，強調的是發一個願。而如何滅其煩惱，度至極樂？如是降伏其心。降伏了念頭，才有可能眞正願力。換言之，你眞正發了願，才可能降伏念頭，願力跟念頭其實本體上本體同一，用相不同。如何擺脫相而成就體？這個地方是在於我們自己怎麼樣調整。整部《金剛般若波羅蜜經》其實也就在告訴我們，怎麼樣調整自己，而最簡單的調整方式就是如是，就是放下。這些道理好像反反覆覆，基本上就在告訴我們煩惱心、意識心、菩提心即是心，眞如心是心，生滅心也是心，貪瞋癡亦是這個心。由戒生定、生慧都是這個心在發願。這個心，出入無時，莫知其向，可能煩惱，也可能菩提，怎麼讓它歸到心的原點？整部《金剛般若波羅蜜經》就在談論這個道理。心出入無時，莫知其向，在這種動盪不安的情形之下，如何歸返到心的原點——眞正洞察心本身是空無的。在這個過程中，更須發願自度度人，才使我們洞察到心的空無是一種眞正的空無，而不會流入我們剛剛說的俗濫的空無。俗濫的空無是假的空無。

前面我們對於那些卵生、胎生、濕生不細加解釋了，一般而言我認爲這裡的解釋太繁複太多，就我們所理解到的當時的生物學的發展而說就可以了。後來的解經者可以把它解得非常的複雜，非常的玄，譬如這裡說「卵生者迷性也。胎生者習性也。濕生者隨邪性也。化生者見趣性也。」這是解經者將原來經典之時的生物學看法，關聯到我們的修行工夫，以乃我們的心意狀態來說。佛教在談這個的時候，是整個環繞著修行工夫去締造它，佛教去理解一切存在事物的時候，是關聯著心意狀態修行工夫而去理解。而在西方的哲學傳統來講，不是關聯著修行工夫跟心意狀態而去說一切存在事物。它認爲，一切存在事物是獨立於我們心靈之外。而在佛教傳統裡面認爲，一切的存在事物跟我們整個人的生命、心靈是合而爲一的，所以它在談這些問題的時候，它整個的方式不一樣。所以佛陀才會說這個世界存在的狀態會有：「有色、無色、有想、無想、非有想、非無想。」不同的心意狀態，不同的修行工夫，它所理解到的存在事物因之而有不同，所以講三界唯心，萬法唯識。但是三界唯心造並不是說我的心去造了這個三界，這個造的意思是理解跟詮釋的造，不是眞正我們說造了什麼東西的造。因爲不同的理解方式、不同的詮釋方式會產生不同的世界觀。佛教在這裡告訴我們，一切的理解跟詮釋都是由於我們心靈意識的作用，而在心靈意識最爲根本、最爲深微的理解它自身的話是空無的。所以佛教可以將世界和眾生分成非常多的層次，但這些層次的背後最重要的是個空無的精神。

四 自由：回到生命的原點

如是滅度無量無數無邊眾生，實無眾生得滅度者。

前面講要滅度眾生，現在講實無眾生得滅度者。這是《金剛般若波羅蜜經》的最根本的表達方式，一定說A，然後非A，最後告訴你，這就是所謂的A，「般若非般若，是之謂般若。」記得在我們第一次上課的時候就提過了，這個最根本的表達方式在說明，當我在說一個東西是什麼的時候，我去除了我剛剛所說的一切東西，一切歸返到了所謂的空無，這樣子才足以說我剛剛說了什麼。萬法本來空無，假使我們活在這個世界上那個眞正的原點不是空無的話，我們這個活將不成其爲活，這個空無是我們最大的自由。我們來到這個人間世是一無所有的，進到這個世界、開啓這個世界最先的原點是空無的。我們的心靈進到這個世界是一個開啓點。我們想一想，在這個世界上，有的人已經活了一萬多天了（三十幾歲），有人已經活了兩萬天，有人活到三萬多天，我看很難活到四萬天。我們能不能歸返到那個眞正的空無？很難！我們生命裡頭能不能眞正預想到我們回到眞正生命的原點？如果你能夠那樣的話，你才能夠眞正的放下，而眞正的放下，又讓你回到生命的原點，而這個時候才足以說明，現在的一個你是一個怎麼樣的你。

這一點對於當官的人特別難，當了小官以後就想著：應該再當大一點。再不然想多一點什麼，腦子裡面就不會想著回到一個自由身是什麼，那整個心靈已經不自由了。其實包括我自己，人的心靈多半是不自由的。我們如何才可能自由？藉著這些經典的提挈、省察，讓我們暫時掙脫了束縛，歸到了生命的原點。而那個時候我們就覺得很實在，整個生命好像覺得一種放下的舒服，這時候才是眞正面對了自己。

「如是滅度無數無邊眾生，實無眾生得滅度者。」發一個願要滅度眾生，就算你滅度了無量無數無邊的眾生，其實無有眾生得滅度者。這是很不容易的。有的人做了點善事驕態畢露：我做了善事，這個善事是「我」做的。你覺得你做了它，佛教現在要告訴你，眞正所謂的滅度，因爲它的本性是空無，所以不因爲你怎麼樣而有所謂的功德，所以說「實無功德」。因爲所謂的施捨，所謂的做功德，其實也只不過是讓我們整個的心意狀態回到它的原點罷了，而既然回到了原點，就是回到了空無回到了自己，就是這樣而已。這個地方它講得很徹底，它徹底的要破除世俗上一般利益交換的心態。用利益交換的方式，整個心都落在計較之中，「大家樂」正盛行的時候，其實就在這個計較之心契機之下，使得很多神壇也有一些靈驗。但是這個契機有時而來，有時而去，它過了之後這些神祇可就落難了。宗教信仰如果還停留在這兒，對人間世的益處不大，甚至可能造成另外的一種災害。所以《金剛般若波羅蜜經》這裡強調回到自在，回到自在是空無的。

何以故？須菩提，若菩薩有我相、人相、眾生相、壽者相，即非菩薩。

菩薩如果著相就不是菩薩。我相：我執著我。如果一個修行者一開口就是我、我、我，這個修行者其實還停留在分別中。人相就是很在乎人，人家會怎麼想、人家會怎麼講。眾生相就是，一講我是爲了眾生的。壽者相指的是長壽。這四個相的理解有很多種方式，我們且先作這樣的理解，因爲它的重點是在去執著。「若菩薩有我相、人相、眾生相、壽者相，即非菩薩。」換言之，菩薩之爲菩薩，其實歸返到所謂的自在，而自在即是空無。自在即是空無，這用我們現代的語彙來講是一種心理分析，佛陀的心理分析，佛之爲覺者，覺其爲空無也。

這裡我們可以談一個有趣的問題，在修插頭的時候，當你第一次失敗第二次準備要再試試看，心裡都一直有一個期待，好像一種信仰的虔誠，希望這一次再試是成功的，結果它還是失敗，而第三次還是失敗了。於是我在想，我們常常會把內心的期待轉成一種信念，希望著這種熱切的期待能夠改變些什麼。我們日常生活裡面都會這種經驗，譬如說像剛剛修這個麥克風的插頭，到底能不能修好不確定，但是我們會想著，如果我們用一種很虔敬的心情來接納它，它會不會因此就好了！中國人很容易這樣來思考問題，而且用這個腦子來接觸所謂機器。但是用這樣的腦子來面對機器是不必要的，因爲這「不如」機器本身的性質，因此你受到機器不恰當的對待時，你內心裡受到的挫折會加大。其實機器本身它就是死的，這個地方依據它的性能會怎麼樣就是會怎麼樣，應該如是看待之，你不能把它看成人。在中國文化的傳統裡面，很容易把一切都生命化了，什麼東西應該生命化的去看它，什麼應該如其本然的去看待它，我們常常有的時候分不清楚。我們現在繼續看第四分。

妙行無住分第四

「復次，須菩提，菩薩於法應無所住，行於布施。所謂不住色布施，不住聲、香、味、觸、法布施。須菩提，菩薩應如是布施，不住於相。何以故？若菩薩不住相布施，其福德不可思量。須菩提，於意云何？東方虛空可思量不？」「不也，世尊！」「須菩提，南西北方、四維上下虛空，可思量不？」「須菩提，菩薩無住相布施，福德亦復如是，不可思量。須菩提，菩薩但應如所教住。」

此是說「布施」之可貴，布施是將生命中原所擁有的捨之而貢獻於人，此是一去執的活動，是一為道日損的活動，故布施本當含有一「不住於相」之作用，此「不住於相正是般若法門」，是空智的具體實現；正因如此，所以「菩薩不住相布施，其福德不可思量」；空智的具體實現，是一回到事物自身的活動，而非有所增益也，非有所假借也；故其福德之不可思量也，非計較義，非分別義也。

一 釋真空妙有

根據《金剛經六祖口訣》上說的「得宗而行，不住於相，故受之以妙行無住分。」什麼叫「行」什麼叫「妙行」？可以先對比「有」、「妙有」來了解。這裡所講的行就是一般世俗之行，世俗之行就是著相之行、有相之行。而妙行是不著相，凡是著相的行必有時而窮，有時而盡，加個「妙」字它就是無窮無盡，妙行是無窮無盡的行。世俗所說的「有」是著相之有，著相之有，是有時有、有時沒有，這個有會成住壞空，而妙有沒有成住壞空。爲什麼它不成住壞空？因爲它本來就是空，而這個空不是在成住壞空的序列所說的空，而是眞正的空。眞空跳脫出了成住壞空的序列。一般的「有」是在成住壞空的序列中，是成有、住有、壞有，最後都成了空，這個「有」就不是妙有。所以妙行可以用「無住」兩字來解，無住之行謂之妙行。一般的行都有住，我今天行了什麼，爲某人行了功，爲自己立了德，這是有住於此有住於彼，分個彼此心就落入了分別相，一旦落入了分別相，心就已經不是本然之心了。

到目前爲止麥克風好像使用起來還很順當，所以講起話用氣的感覺就一直很順暢。爲什麼？因爲「氣」本身是沒有分別的，沒有分別相的，順著你心靈意識的思考跟氣本身是相符相融爲一的，你內在的感覺不是一個分裂的狀態，不是一個分別的狀態，所以它是通暢的。相對的我自己反省剛才上一節開始的時候，因爲麥克風突兀的震動，講課的時候就不能夠以一個肺腑之心的本然的從心裡面流出。我們在使用一個工具的時候實在很難達到所謂的不著相，不著相的使用工具，你就不會受到那個工具的影響。因爲它是個工具（你是通過它要達到什麼目的叫工具），而當這個工具沒有辦法達到目的的時候，也就是它不能以作爲工具的身分跟你配合，這時候你必然會著在那個相上，著在那個相上你本身就受它控制，受它影響。所以從這裡我們可以反省很多問題，其實只要我們仔細去思考，我們日常生活中很多細小的問題，就牽涉到很多偉大的思想家在面臨、在思考的核心，譬如說我們剛剛所反省的這個問題，就是我們上一節所提到的整個西方現代理性化、工具化所造成人類心靈意識的危機，它就在我們生活周遭，只是我們習焉而不察罷了。

我們對於經典講習閑熟的最主要的一個目的就是，讓我們在經典的熟悉裡面汲取到更多的智慧資源，眞正的觸動我們心靈，而去反省我們周遭的一切。今天唸《金剛般若波羅蜜經》的目的，不在於我今天唸了這個，就積了什麼功德，我的想法不是這樣，如果它有功德的話，我想也是我剛剛講的那種功德（行功立德）。也不是唸了《金剛般若波羅蜜經》就像有人說的就百邪不侵了，我看很難講，可能剛好相反，道高一尺，魔高一丈，有人看你唸了這個，他也要、她也要，眾生統統來要，那也很麻煩。其實你不要往那邊去詮釋，它最重要的是增長我們的智慧，而所謂的增長，事實上只是開發而已，所以我們在《金剛般若波羅蜜經》的講習過程裡面，跟一般佛學不太一樣，我還是比較強調，我們怎麼樣在這裡眞正開發了生命背後的那眞正的智慧之源，讓我們眞正能跟它接通而去觸及到我們生活世界中所面臨到的問題。經典就是一個智慧的源頭，而儒、釋、道的經典裡面，儒家《論語》、《孟子》，道家《老子》、《莊子》，佛教《金剛般若波羅蜜經》、《六祖壇經》，都可以提供我們許多資源。

妙行無住分講「行」，註裡講「得宗而行」，「宗」從造字的含義來講，一間房子裡有個神祇的牌子叫「宗」，它的基本的意義是你生命裡的一個終極的理想跟理念。得宗而行，關聯到我們上一節所說的，你發了一個願，這個願是朝向一個終極的理想理念而去說而不住於相。爲什麼強調不住於相？住於相不但沒有辦法眞正達到所謂的妙行，嚴重的話，你這個行根本會導致不能行。在佛說法之時，他一再的提示我們，任何對象化的存在都必須歸返到原點，而原點是空無的，這時候你才不會被那個對象化的存在控制，你這時候才能突破你現在擁有的那個對象化的存在，而再往前走。譬如你現在有一個非常大的企業，這個企業是你造出來的，你辛辛苦苦很不容易造就了這個對象化的存在，而你目前因爲這個企業勞累不堪而無暇拓展業務，這要如何突破？有人說企業發展都會有瓶頸。什麼叫瓶頸？依照我們的分析，你原來通過你所造的那個對象化的存在，形成了對你原來這個主體形成壓力，那個張力達到一個頂點，這時候你要對那對象化的存在，恰當的做一結構性的理解，更爲重要的在你整個心意狀態，必須歸返到空無，回到原點。這是一個很重要的道理，有很多人不管婚姻也好，不管學問也好、事業也好，凡是種種在人間世的活動，成長到一個階段以後就停了，停了之後發生危機，之後就垮掉了。好不容易又重新開始了，就一直這樣起起落落。家庭裡頭也會有這種情形，剛開始的時候兩個人滿努力的，克服了一些問題，一個時期後又有新的問題出現，總在起伏動盪。我們想一想，這難道就視爲自然的鐵律嗎？很多人會把這種情形視爲自然的鐵律，包括很多企業家都認爲這種瓶頸是必然的，人生哪有每日都好的，一定有高低起伏。我就一直在想，作爲一個企業家有沒有想過，有的人的企業似乎就不是如此，它好像不斷在增長之中，怎麼可能一直往上長？其實這是可能的。我覺得這個問題的處理可以做兩方面來說：一方面做結構性的處理，做一個客觀的理解；另一方面你整個心意狀態，讓這個東西安頓在那裡然後你回到空無，你馬上是以一個新的生命出現。而那對象化的存在，它有一個段落又能繼續往前走。人生裡面這個智慧是很需要的，其實整個中國歷史是一個很好很好的借鏡，中國歷史從秦漢以後，就陷溺在一種所謂分久必合合久必分，在自然氣運的起伏之下，朝代興衰成敗，整個進步很緩慢。爲什麼會這樣？從另外一個角度來講，是我們沒有眞正的正視兩個問題：問題之一就是我在這裡說的，對於那個對象化的存在，不能採取一個結構性的客觀理解；第二個，我們整個民族的心靈沒有回到生命的原點，回到那空無點，回到那人作爲一個人自由的存在，而這一點是很重要的。

我們現在也可以再想一想，我們平常有沒有辦法用這兩個方式來處理問題？在這方面，我認爲《金剛般若波羅蜜經》至少在「回到原點」的一面提拱我們很多很多的資源，而它也不排斥「結構性」的這一邊。用我的理解是：一邊是眞空，一邊是妙有。我們對經典的詮釋，可以用類似剛剛所說方法來結合整個現代的思考方式跟《金剛般若波羅蜜經》最重要的空無的精神。也就是說，當我們去理解所謂的妙有的時候，這個妙字必須有兩層意思：第一，是就眞空而說，這個有之爲有，它背後的體是空的，所以那個有是無著相的，這是一層；另外一層是，這個有之爲有，它已經是就其爲象這個結構本身也有它的「有」存在，這個時候，你必須客觀的去理解它。當然在佛教原來的意思裡，後者這一層比較少。這個眞空關聯著整個意識的空無跟透明，也就是我們整個心靈主體眞正的放下，整個心意工夫通過放下而如是，無的工夫而達到一個透明的狀態，使得我們整個人是以一種自由的方式展開一個新的創造，我覺得在整個儒、釋、道三教經典裡頭，佛教最能夠提供這個智慧，其次是道家。

二　布施：是自我的開啓

復次，須菩提，菩薩於法應無所住，行於布施。所謂不住色布施，不住聲、香、味、觸、法布施。

這裡提到色、聲、香、味、觸、法，關聯到六根、六塵、六識，這是佛教基本的對於意識的理解：

六根——眼、耳、鼻、舌、身、意。

六塵——色、聲、香、味、觸、法。

六識——眼識、耳識、鼻識、舌識、身識、意識。

到目前爲止，大概對於整個心靈意識的理解，不管任何一派的哲學或者宗教思想，其深刻的程度大概無出於佛教的。雖然我不是佛教信徒，但我們就其理應該如此說。對於整個心靈意識的分析，一直到目前，西方有所謂深度心理學，都會覺得佛教的確還有一些不是他們能解的，而且它們整個的分析方式跟整個西方心理學的分析方式不一樣，因爲它們整個文化的傳統詮釋的脈絡都不同，但是還是有一些値得借鏡的地方。佛教對於心靈意識最初步的、比較粗糙的分析，就是這裡所說的六根、六塵、六識。根指的是我們身體的官能，識是這些官能的認知作用，塵就是我們認知的對象。簡單的說，六根、六識，牽涉到我們認識的機能，而六塵，牽涉到的是我們認識的對象。而在佛教裡面，就是要我們去檢討這個存在的對象跟認識的機能是息息相關的，你通過認識機能的理解，其實也就是對於存在對象的理解，因爲並沒有一個獨立於認識機能之外的存在。在我手上的是個麥克風，我們說它是麥克風的時候其實已經是整個認識機能全部起現在作用，我眼睛看到它，手觸摸到它，耳朵聽到它傳出的聲音，我們整個認識的機能已經跟它合在一塊兒了，這時候我們才能夠做出對這個存在對象的理解。

復次須菩提，菩薩於法應無所住，行於布施。

這個「法」，在佛教裡面所謂的法就是一切存在的事物，存在事物謂之法，所以這個法當然不是我們一般說法律的那個法，菩薩對於一切存在應無所住，行於布施。菩薩對一切的存在應該要布施，而布施要無所進行於布施，分開的說就是：不住色的布施，不住聲、香、味、觸、法的布施，這個布施再進一步講就是「菩薩應如是布施，不住於相。」你的布施不應該著相，布施如其爲布施，因爲布施最重要的並不在於你讓那個對象得到了什麼，而是在於你自己本身開啓了什麼。布施它最重要的道理就在這兒，如果明白這個道理的話，不著相就比較容易點。我們常常會以爲布施是人家得了什麼，其實以我個人來講，我來到這兒我應該感謝各位來布施了你們的耳朵，因爲你們布施了你們的耳朵，所以讓我的嘴巴說出了話，所以《金剛般若波羅蜜經》不是我說你來聽，是你聽我來說。這是不一樣的，記得上個禮拜我們提到了說的宗教跟聽的宗教的不同，在整個東方儒家、道家、佛教，基本上是個聽的宗教，不是個說的宗教。《金剛經》和其他所有的佛經開頭一定講「如是我聞」，是因爲聽而開啓了說，不是說開啓了聽。同樣的，布施不是我們要人家得了什麼，布施其實是我們開啓了什麼，開啓了我們原來非常慳吝的心靈，我們原來貪、嗔、癡等等的執著，我們在布施的過程裡面慢慢的調整了我們的心意狀態，去除了貪、嗔、癡，去除掉了我們眼睛對於色的追求，耳朵對於聲的追求，鼻子對香的追求，舌頭對味的追求，身對觸的追求，意對於法、對於一切存在事物想像的追求，去除這些就叫做消業，布施要消業障就是這個意思。講了半天，那個最後的道理在這裡，並不是你現在業障很深了，要布施多少錢就可以消了。也有這一層意義，但你就做這樣淺的理解，你所消的業障就比較少了。有些人很糟糕想法以爲：「那座廟我已經布施了兩百萬了，師父爲什麼又要我布施，說我業障很深，到底我業障有多深呢？到底要多少錢才能贖回來？」有的人就會這樣算，用計較心去算，其實那個業障的消不是量的問題，凡是屬於障，到最後屬於心意狀態的，它基本上都不是量的問題，它是個質的問題。所以你不能通過量去擺脫這個質，你只能在質上求得澄清。所以那業障不是說我有多少「噸」的業，所以我這次捐了多少就去了多少，不能算計的。如果可以算計的就像中世紀有贖罪券的發行，你有多少罪，所以你買多少券可以贖回來，你現在很煩惱，所以要買快樂的債券，大家都很煩惱，所以大家都應該買大家樂，愈買愈糟糕。消業障的道理在這個地方，非常要緊，所以我們一直強調整個的詮釋是很重要的，當你了解到這個以後，你在布施的過程裡面才能夠「不住相布施」。布施必須經由你這樣的理解跟詮釋，然後你回過頭來懂得怎麼樣眞正開啓了自己生命的智慧之源，不然的話，又把布施落入一種算計，愈布施，結果業還是很重，不只如此，有時候業不減反增，因爲你一直執著要怎麼樣收效，這樣問題就會很嚴重了。這大概可以解釋有的人把所有家產都布施了，結果他的業障還是很嚴重，而到後整個都垮掉了。爲什麼會這樣？因爲他不了解這個布施的道理是爲什麼，布施並不是你以爲人家得了什麼，而是你開啓了自己，你若一直執著自己應該怎麼樣，反而業障重重。

三　妙行無住

何以故？若菩薩不住相布施，其福德不可思量。

這裡所說的其福德不可思量，就是我們剛剛所說的：這不是個量的問題，而是質的問題。我們平常很容易用量的方式來思考問題，生命的成長是個質的成長，不是個量的成長，我常常在跟一些比較年輕的朋友談到這個問題的時候說：學問的增進是個質的增進，不是量的擴大，量的擴大有時候是必要的，但光是量的擴大而沒有質的成長是沒有用的。譬如學富五車，哪五車呢？小學教科書五車，那用處不大。學富五車，你把所有的報紙都讀盡了，那也沒什麼用，因爲眞正的成長是個質的問題，而不是個量的問題。眞正的福德是個質的問題，不能夠是個量的問題，質的問題不是能夠著於相而去算計的問題，它只能在我們心靈有所感應的問題，不是通過我們的理智、思考去計量的問題。所以經文裡頭告訴我們「若菩薩不住相布施，其福德不可思量。」

因爲時間的關係，我們今天不能把這一分講完，我們就講到這兒，謝謝大家。

上一次我們談到了妙行無住分。我們曾提過《金剛般若波羅蜜經》在佛經裡面可以說是眾經之源，對於這樣的一部經典，我們可以用一些很基本的綱領來掌握它：「意識的透明性；存有的空無性；實踐的如是性。」這樣講法好像很學術性。我的想法是，雖然只是民間的經典講習，我總覺得我們還是可以把它提高到一個比較學術化的了解。也就是通過一些比較概念性的語言來掌握，而不再只是對它作一個非常日常性的講法，通過一個非常日常性的語言來了解來把握。這是一個方式，但是通過一個比較概念性的語言來把握又是一個方式。我總以爲，如果只通過日常性的語言來把握、了解經典，可能比較不具有再繼續往前生產或者創造的空間，它比較不是一種架構性的思辨，而是一種直覺性的感悟。直覺性的感悟是需要的，但是架構性的思辨也值得我們去開拓。我一直在想，我們如何從直覺性的感悟提升到架構性的思辨？而在閱讀經典的過程裡面，我們如何避免仍然陷溺在原來那些老舊的字眼裡面，隨順著那些老舊的字眼，頂多加上我們直覺性的感悟去說它。我們能不能再進一步從那執著性的感悟提到架構性的思辨，這是我對於民間講學的一個看法。

譬如說這裡提到的「妙行無住」，這個「妙行」如何去了解它之爲妙行？爲什麼「妙行」跟「無住」要結合在一塊兒？什麼叫妙？什麼叫不妙？一落在執著就不可能妙，所以「妙」它很重要的一個先行的條件就是——不落執著。再深入去分析——執著由何而起？執著當然是由心而起。心用另外一個語詞來講就是我們現在講的「意識」，心靈的活動等於意識的活動，意識之流的總集我們叫它做心。記得有一次我們提過心、意、識：就總體來講是心；就其方向來講是意；就其了別來講是識。這三者有其不同的層次層面。用我們現在的話來講的話，心是整個去說的，整個mind；意的話是個方向，一個intention；識是了別、了解、認識。

妙行是不落執著才叫妙行，不落執著是你的意識不執著，所以它接下去講妙行無住，不住於相的意識是透明的，事物經過你的心靈是如其來如其去的，它沒有停留在你的意識裡頭而不動（停留在那裡不動叫做「住」），所以這裡的「不住」進一步講就是「意識的透明」。什麼是意識的透明狀態？這好像在說意識有其不透明的時候。如果我們借用鏡子來做比喻，道家、佛教都喜歡用鏡子來比喻人心，人走到鏡子前就反映出他的像，鏡子的功能正是因爲它反射的作用能夠照見身相，我們可不用在鏡子上貼上我們的照片才能夠看到我們。用鏡子來比喻心，這樣是不是已經夠徹底了呢？「身是菩提樹，心如明鏡臺，時時勤拂拭，莫使惹塵埃。」但是六祖怎麼說呢？「菩提本無樹，明鏡亦非臺，本來無一物，何處惹塵埃。」（《六祖壇經．行由品》）「本來無一物」更進一步的指出了我們的意識不只是有一種照見的能力。如果仍然停留在所謂照見的能力，那麼那個意識還是落在有相的境地。拿鏡子來比喻我們的心靈是不錯，但是它有它的限制，要再進一步去說明我們心靈眞正的狀態。鏡子的反射作用可以照見我們的身相，但是鏡子能不能照見我們眞正的心靈狀態呢？很明顯的，鏡子是不可能照見我們的心靈狀態，鏡子雖然足以照見身相，但是鏡子並不是心靈意識的本然狀態，所以才要講「明鏡亦非臺，本來無一物，何處惹塵埃。」意識具有反映事物能力而不只於此，所以更深一層講，意識是透明的，這就是們說的意識的透明性，這是整個《金剛般若波羅蜜經》最重要的思想核心所在。因爲意識如果只是一個照見的能力，那麼它所照見的面對的應該是個有，而不是無。若意識是透明的，它所面對的才是無而不是有。這個地方是有所分別的，如果你有一些現在哲學的資源的話，你可以更進一步去想它。

佛教實在是很了不起的，在兩千多年前它已經眞正在思考這些問題，而兩千多年後的現在，大家仍然在思索這些問題，而這些問題都是非常深的，現在我們再循著經文來看看。

四　由戒生定、由定生慧

復次，須菩提，菩薩於法應無所住，行於布施。所謂不住色布施，不住聲、香、味、觸、法布施。

布施是「行」，這個行是要不住色、聲、香、味、觸、法，不住於六根、六塵、六識的布施。這很明顯的是要直接說出什麼叫「妙行」，妙行也者不住相的布施，所謂不住相的布施是要通過布施的這個活動來捨人我眾生壽者相。布施的活動在整個佛教系統裡面是一個非常非常重要的活動，而布施並不是拿了甲東西出去，去換得乙東西回來，它最重要的一個意義在去除心靈意識的執著。意識從何而起，我們的意識是從我們擁有什麼開始的。所以當你把你擁有的東西拿出來的時候，就是重新去調整你整個意識的狀態，布施的意義在這裡，不然的話，布施跟修行怎麼樣都扯不上關係。很多人想著布施就是利益的交換而已，你拿了甲來換了乙回去，或者拿了甲和乙來換了A和B，就算你拿了物質的東西來換了精神的東西回去，還是停留在換取。布施不只是換取，布施有它更為深刻而莊嚴的意義，這個地方很多人都忽略了，所以我們都應該試著去了解經典更爲深入的地方，如果只是通過一種直覺性的感悟，那是浮面的。一定要沉下去！沉下去深入來探索這個問題。

這牽涉到有多深的問題呢？首先要分析意識的構成，當我們談到一個意識主體的時候牽涉到「我」（self），「我」這個觀念，在我們的成長歷程裡頭什麼時候開始形成——我開始擁有東西的時候，我開始說「我」。把它拉開來想，在一個私有體制的社會的我的觀念，跟在一個沒有私有體制的社會的「我的觀念」一樣不一樣？不一樣。這個「我」構成我們的人格（personality）最重要的基礎點。我們還可以想，在臺灣這塊土地上的人，對於人對於人格的觀念，跟在大陸那塊土地上的人一樣不一樣？那個「人」的觀念一樣不一樣，這幾十年生活在不同的社會體制下，很明顯的是不一樣的。

所以當我們在理解佛經義理的時候，一定要把它拉開來然後沉下去了解，不要只是浮面的在看。意識的構成牽涉到「我」，「我」又牽涉到擁有，我開始擁有什麼的時候，我才通過那個擁有來說明我的身分，於是我意識的構成就開始累積很多東西，籠籠統統的說，這叫做「業」。落在識上來講，我們說是「業識」，但這不是根本的「我」。一個更爲根本的，意識的本然狀態是什麼？所有的修行，所有的經典一定環繞著這個問題。由我所擁有的東西而來說「我」是一個方式。從擁有東西的「我」更進一步的說，我把這些東西去除掉了而那樣的一個「無我的我」是什麼？一切修行核心點在這兒。「無我的我」是什麼？那個「本來無一物」的「我」是什麼？我們思考的起點從「有我之我」開始，但是它回溯於「無我之我」。那個無我的我是什麼？那個無我的我如何可能？這個「無我的我」就是我們所說的意識的本然狀態，意識的透明性。而如何可能呢？在佛教就是通過布施、持戒、正信這些修行來回返。布施是比較容易做的，持戒是進一步，持戒而後生信，能起信才能定，最後眞正的回到意識的本然狀態，讓那個意識呈現它自己，這叫由戒生定，由定生慧。

有一些只讀西洋哲學的人士說：中國各教的經典講得虛虛玄玄，一點都不清楚。錯了，它事實上是非常清楚的，每一個字、每一句話可以說都很仔細的商量過。像《金剛般若波羅蜜經》這些佛經，基本上都經過當時所謂譯場裡很多人一起討論之後才寫定的，它的背後每一個字眼都有分寸，下得很準確。所以我一直想，我們可不可以通過現代的哲學性語言將這些東西重新的構造起來，而不再只是一種直覺性的感悟。因爲直覺性的感悟是有時而窮的，它會飄忽而過。在這裡我一直在嘗試著，講起這個課來我會用一些術語，但我認定我們通過這個能夠把握一些東西。從意識的構成到進一步的要把那意識瓦解掉，而所謂「瓦解掉」並不是把它整個摧毀，而是要歸返意識的本身，而意識的本身是透明的，這就是從「有我的我」到「無我的我」。而修行上如何實踐？布施、持戒、正信。所以「菩薩於法應無所住，行於布施，所謂不住色布施，不住聲、香、味、觸、法布施。」

五　不住相布施

菩薩應如是布施，不住於相。

就是因爲不住於相，所以才能如是布施。什麼叫如是布施呢？也就是布施的時候不要存著一個利益交換之心，而是心存「施捨」，通過捨而讓自己能夠回到意識的本然狀態。所以捨得是通過捨而得，但這也不是我喪失了某一個我又要得到什麼，其實只是回到你更原來的、更本然的意識狀態而已。南朝梁武帝修建了很多的寺廟，達摩東來的時候，梁武帝就詢問他：「我建了這麼多的佛寺，功德是不是很大？」達摩祖師回答：「沒有什麼功德。」這個沒有什麼功德是什麼意思呢？意思說這個地方遣相，遣除那個相。或者說泯相，因爲泯相才能見性。如《莊子》中的「跡」和「冥」，這個地方可以互通。[5]如是布施才能不住相，這裡我們就可以發現到原來意識的透明性，才有存有的空無性，才有實踐的如是性，三者是合在一塊兒的。我們的心靈狀態，面對外在的整個存在的狀態以及我們實踐的方式，這三個一定結合在一起的。你的整個心靈是一個怎麼樣的心靈，你所處的世界是一個什麼樣的世界，你處在世界的方式是一個怎麼樣的方式，這三個是結合在一塊兒的。其實所有的道理一定環繞著這三個層次，內在的心靈層次，外在的世界是什麼，接下去就是你怎麼開啓你的實踐你的行動。這三層，第一是心靈，二是存有，第三是實踐，就這三個層次。所以我們可以通過這三個概念去把握它。

何以故？若菩薩不住相布施，其福德不可思量。

爲何菩薩不住相布施他的福德就不可思量，先就字面上了解：因爲凡可思量就是住於相，凡是住於相就是住相布施，所以不住相布施，福德就不可思量，這是一個逆反的命題。但是你光從邏輯上去了解它還不夠。什麼叫福德？在佛經裡面我們常見的相關字眼有「福德」、「功德」、「福」這幾個。福——就是我們一般所說的「幸福」，我們說祈福求福。福德——以德爲福，造福立德。這些觀念在世俗上的理解被倒轉了一百八十度，你要了解它的本意才能夠眞正端正住那個道理。福德並不是說我現在來做一些有德的事情，然後等著看看有些什麼福。佛教不是這樣，而是你去造福，通過造福來立德，而就那個德本身就是福了，這個叫福德。至於這個時候你又能獲得什麼，那是衍生出來的，那不是本來的，這是兩層問題。我們對於這些道理一定要把它拆解開來透徹的探討，什麼是本來的，什麼是衍生的。

譬如說你現在是個大企業家，以幫助貧困種種善行來造福，這是你布施了，讓你整個人的心靈狀態從「我」，處於一種執著性的我，開始回返一種無我的我，意識的本然狀態。而這時候你能夠回復意識的本然狀態，那就是一種「德」，這個德就是「得」。得什麼呢？得其本然也，回到生命的根源，使得生命根源的創造力源泉滾滾的發用，源泉滾滾沛然莫之能禦的一直湧現。而這時候什麼樣叫做可愛？什麼樣叫做美？——就是一個源泉滾滾的創造力一直湧出，那就是美、那就是快樂、那就是可愛，你滿喜歡的，而滿心喜悅。這個東西就是「德」，這個德本身也就是一種福，這種福不是一般人所以爲的那種福，這個叫做「本來的」。至於說因爲你的整個心靈意識由於非常具有創造力，所以你再去從事業，因此你整個人在處理問題的時候能力特別強，各方面無往而不利，那是「衍生的」。這個過程如果沒有搞清楚的話，老算計著已經布施多少了，所以老天爺就要保佑自己，而動不動就怨天尤人。不是的！它徹徹底底是屬於自力的，而所謂的自力並不是一種執著的奮鬥，而是眞正徹底的放下，讓自己生命裡頭那源泉滾滾的創造力不斷的出現，所以《金剛般若波羅蜜經》絕對不是我們一般所以爲讀這些東西就是會消極。有很多人就是認爲念佛的人，讀《老子》、《莊子》的人，人生觀就是消極的，我一點都不覺得，它怎麼會是消極的人生觀。社會上處理這些問題的時候，就會問你到底是悲觀的？還是樂觀的？你是積極的？還是消極的？其實你更進一步去看的時候，它都不是那麼簡單可以就這

5 郭象《莊子注》中提到：「夫堯實冥矣，其跡則堯也。自跡觀冥，內外異域，未足怪也。世徒見堯之爲堯，豈識其冥哉！故將求四子於海外而據堯於所見，因謂與物同波者，失其所以逍遙也。然未知至遠之〔跡〕〔所〕順者更近，而至高之所會者反下也。若乃厲然以獨高爲至而不夷乎俗累，斯山谷之士，非無待者也，奚足以語至極而遊無窮哉！」郭慶藩：《莊子集釋》，頁34。

樣劃分。我們更重要的是要了解什麼叫做根源性的東西？什麼叫做執著的？什麼叫做衍生的？怎麼樣叫做落在人間世俗的？這是一步一步來。像「福德」這個字眼，我想我有必要做這樣的澄清，「功德」兩個也應該做類似的理解。

功德——行功立德，以德爲功。並不是你現在立了多少的德，所以應該獲得多少的功。「其福德不可思量。」因爲不住相布施，所以福德不可思量。福德就是我們學習到不住相，學習到能夠捨。所謂「捨」，是整個意識心靈狀態的重新調整。怎麼調整呢？回復本然狀態。其實大家想一想，捨不捨是一個很重要的問題，爲什麼有人會煩惱得晚上睡不著？是你那麼喜愛煩惱，是你執著著那個煩惱！叫你把那個煩惱捨除，把那個煩惱布施給大眾，把煩惱布施給整個大宇長宙、整個天地，你卻不忍心布施，一直希望擔在自己身上，因爲你覺得那是你的。誰說那是「你的」！所有的煩惱其實它是空的，它就像空氣像水一樣流動的，而你用一個東西把它盛住，把它拉著放在你身上。如果你懂「捨」的道理，我想煩惱會少一點，你也會懂得怎麼樣把煩惱捨掉。你懂得捨的時候，你的整個心靈意識就不是執著著，不是一個執著的意識狀態。

執著的意識狀態是這樣的：它是「意」有所趨，「識」有所取，但最重要的是「心」先有所動。心有所動、意有所趨、勢有所取，那才會煩惱嘛。你的識有所取——什麼叫做「取」？就字形上來講，一隻手抓著物品的耳朵叫做取，你拿著杯子的耳，那是取；意有所趨，趨是個方向，所以有人上佛寺去問寺裡的師父，問心裡面最近老覺得煩惱不安寧，那師父就告訴你拿出一點錢來布施布施，就會好的。爲什麼？其實那個道理是要深入到講人的心靈意識才能講清楚，那你說沒關係呀，我懂不懂都一樣，你懂了跟不懂不太一樣，你不懂的時候容易又落入執著，認爲布施過了，煩惱應該很快好了，怎麼沒有好呢？還是煩惱。關鍵在於你是不是處在一個良好的言說氣氛、一個流暢的義理思緒裡面。正如同你家裡的電視不一定畫面是清晰的，因爲天線歪了，如果你的天線很正確又沒有電波干擾，那電視畫面當然是清晰的。當你懂這些道理的時候，等於是你自己有個能力，你在布施，你自己很清楚這個時候在這裡你是怎麼樣的，所以萬一整個社會的電波干擾了，使得你家的畫面還是不清楚的，但是因爲你自己已經養成了一個恰當的法力，你還是可以轉得過來。假使整個社會是一個非常好的社會，這些道理都在我們的心境之中，它就自然而然的充滿在我們整個心境以及整個生活周遭。道理原來是很平易的，之所以變得那麼艱難，就是因爲我們長久以來沒有好好的去耕耘它，於是就變得很艱難。我們現在去參研它、誦讀它，基本上就是要讓我們的心靈歸返到一個恰當、良好而平易的心靈磁場，以後我們面臨到什麼事，只要我們輕輕的一撥，它就清楚的顯現應該顯現的東西來。不然的話有人就問你：閱讀《金剛經》會有什麼用處呢？跟你做事業八竿子打不著，跟你從事整個人間世的活動也風馬牛不相及。在這裡我們了解其實它是有密切關係的。

「其福德不可思量」，不思量才有所謂福德，一思量就有計較分別，那就是停留在識有所取、意有所趨的執著中，那樣就無福德了。

六 通過「存有的空無」，點化「意識的透明」以及「實踐的如是」

須菩提，於意云何？東方虛空可思量不？不也，世尊。須菩提，南西北方、四維上下虛空，可思量不？不也，世尊。須菩提，菩薩無住相布施，福德亦復如是，不可思量。

這段話簡單的一句話來說，就是通過「存有的空無」，來點化我們「意識的透明」以及「實踐的如是」，毫無執著。你看，東方虛空、南方虛空、西方虛空、北方虛空，四維上下是虛是空，如果四維上下不是虛、不是空，就不可能有所謂的實跟有，因爲實有入虛空，虛空包實有，實有虛空不二。假使我們的心靈不是虛空，那麼我們將不可能有所謂智慧，因爲智慧就在這個虛空的包孕之下呈現它自己。東方、西方、南方、北方、四維上下虛空，既是虛空所以不可思量，可思量者一定是實有。佛教講眞空也講妙有，因爲虛空實有不二，我們在意識的狀態說的不可思量跟可思量，其實也是不二的。並不是說這個是不可思量的，那個是可思量的。這是無形的，那是有形的。你們有形的很低，我現在這無形的很高。什麼是無形呢？無形就是眼睛看不見，手摸不著。在哪裡呢？你們都看不見，只有我看得見。於是我有什麼法，我只要通過什麼樣的方式，你就能怎麼樣，這就不是正信了。這樣的法門（或許也是個法門）就是偏的法門，不是正信。所以當我們說那無形的意識，其實無形、有形是相即不二的，眞空、妙有相即不二，可思量、不可思量，相即不二，它基本上都是同一個心意識，只不過它以兩個不同的方式出現。

一個是分別——意有所趨，識有所別，有所取；另一個方式——心歸返到一個寧靜的狀態而意歸返到它自身，而識本身化除了分別相，回到了自己。這兩個不同的狀態都是同一個人，不然怎麼說煩惱即菩提。這個「即」的意思，並不是說煩惱跟菩提兩者很鄰近，中文「即」這個字眼很麻煩，它不是鄰近的意思，它本來的意思講起來就是渾在一塊兒。你講渾在一塊兒都還是方便的說，它其實就是不二，即者，不二。不二者，同一。但這個同一又不同於西洋哲學中，如亞里斯多德三一律中a＝a同一律的同一。中國人講的同一是「渾同為一」，這個同一不是在執著性的認知對象裡說同一個，基本上是去除其執著性，回到它本然狀態，那個本然狀態就是那樣，那叫同一。這個地方不是很容易區別的。

通過四維上下的虛空，進一步的說福德，「菩薩無住相布施，福德亦復如是，不可思量。」這個不可思量並不是你怎麼做，福德就可以不可思量的多，所以以後布施的時候一定不要寫自己的名字，一定要寫無名氏，於是我就可以擁有更多。就有人持這種理論，這種理論叫自欺欺人。因為你是意有所趨，識有所取，你是想通過這個而獲得更大的利益，在這裡你基本上並沒有去除了貪，又起了另外一個貪。經典的生活是行道，不是用術。我知道在目前的臺灣各個宗教裡面有很多人是以用術之心來處理事情。行道跟用術不一樣。可以借用郭象《莊子注》的「跡冥論」來講：「行道冥也，用術跡也；行道常也，用術權也。」這個地方要擺定在道之上，立定了腳跟，權變是其次。

須菩提，菩薩但應如所教住。

前面一直講「無住」，這邊卻講但應如所教「住」，但——唯（only），一定要怎麼樣，一定應該要怎麼樣；如——如釋迦牟尼佛所教，他所開示的是什麼，你就住在那裡。這個住並不是要你執著在某一個事物之上，而是說你應該依循著他的教法，他教導的方式。這隱含了「持戒」，所謂持戒是依循著意識的本然狀態所定的法則。所以持戒是很自由的，持戒的心靈是自由的，而且它是自然的。有的人持戒持得痛苦不堪，那麼他可能連持戒的道理都還不懂，你懂那個道理之後很多東西就轉過來了。這個道理很簡單，就如同手臂是不能向外彎的。爲什麼持戒是自由的？什麼是戒？戒是你意志的本然狀態下的決定，換言之是你自覺的決定。自覺的決定是你沒有被強迫，你是自由的。所以我要點出來，持戒就是依循著自由的意志這樣的方式所訂立的一個法則而去做，這是自由的也是自然的，「應如所教住」是這個意思。

對於自己講課的方式，我一直在想著如何從我們日常生活的語言慢慢的掌握住一些道理，再讓它從直覺的體悟裡面慢慢的沉澱，把握到整個思想的一個核心所在，接著讓它成爲一個架構性的思辨。如果能夠仔細的用這個方式來處理的話，大家誦讀一次參研一次，大概會勝過讀三、五次。我個人的一個感受是這樣，我們大家一起來相互共勉，現在剛好一個鐘頭，我們休息一會兒吧。

經典，任何一部經典，它的道理一定會是往復循環的，一圈一圈的繞。其實《金剛般若波羅蜜經》眞的滿深奧的，慢慢參研會滿喜歡它的，字數雖然不多，但眞的是滿値得參研的。我自己覺得可以通過《金剛經》來講當代西方的哲學，以《金剛經》作爲一個文本，來談意識與存在的問題，我覺得它絕對有勝於當代西方所謂現象學的思潮。這是很特殊的，滿値得我們去探討，所以印度人有它很了不起的地方。一位德國的當代哲學家說過：你不要輕看印度人，世界上任何艱深的理論，可能古代印度人都想過了。印度人的冥思、玄想（meditation）實在有它奇特而深奧之處。雖然這個民族到了二十世紀的目前還在受苦，每年還有很多人處於飢餓的邊緣，但就人類的智慧來講的話，他們是很有智慧的民族，這是不可諱言的。這個世界目前看起來好像是美國人在當家的，其實論智慧的話，美國人是比不上印度人，也比不上我們中國人，這個地方有個「運」在。其實這就好比你看到某一個人公司的老闆或者公家機關的官員，他們的腦袋未必是最好的，但是他就當家嘛，這是很自然的，這個地方其實也沒什麼好羨慕，也沒什麼好難過的。人間世本來就有升降起伏，這裡也不用太執著。我現在我們看如理實現分。

如理實見分第五

「須菩提，於意云何？可以身相見如來不？」「不也，世尊！不可以身相得見如來。何以故？如來所說身相，即非身相。」佛告須菩提：「凡所有相，皆是虛妄。若見諸相非相，即見如來。」

「凡所有相，皆是虛妄，若見諸相非相，即見如來」般若空智既起，故所有相只是空無，此是存在的空無性，以其為空無，所以相是虛、是妄，諸相非相，因而如來佛性即顯現也；此可見「一切存在現象的虛幻性」。

如理實見（現），怎麼樣才能「如理」？就字面看來就是我們一般所說的：按照一般的道理就好了。但「如理」有一個更深更高的層次：意識的本然狀態是空無的，能空才能如理，而如理的見是實見，讓事物自己呈現其自己，如實而顯現，不假修飾無有掛搭。因爲你的意識處在本然的狀態，所以你沒有把捉它，你沒有去把捉它，你就讓開那個事物本身呈現它自己。事物自己如實的顯現其自己，不假修飾沒有掛搭沒有牽扯，這是一種放下的智慧，因爲放下而得成全。

一　掃相見性、不執著於相

須菩提，於意云何？可以身相見如來不？不也，世尊！不可以身相得見如來。

須菩提你說說看吧，是否可以以身相見如來呢？不，不可以身相得見如來。因爲身相是有對象，而「實見」（如實而顯現）是無對象的，不通過一種對象的執著那樣的顯現，非經由執著對象這樣的方式去認知。我們一般認識事物的方式都是依照我們講過的「心有所動，意有所趨，識有所取」的方式去把捉對象。我手上的是一枝筆，這時我/筆相對，而我的心識去執取它、認識它，我們一般對於事物的認識都是如此。這種認知的方式不是實見，「實見」是如實而顯現，是它自己先顯現它自己，所以「不可以身相得見如來」，因爲如來是處在非對象化非執性這樣的狀態。對象化這個意義是就存在的事物說，執著性這個意義就意識的狀態說。「如來」並不是經由執著性去把握，不是經由對象化去讓它擺在那裡，不是我們一想就是有一個東西在這裡。我想了一個什麼東西來說如來是什麼，它現在告訴你，你這樣的話就不能見如來。如來不在主客對立、不在認識的主體跟認識的對象這樣的一種認識方式之下，去認識它。

那麼你要質問我：「什麼如來呀？我又看不到，我又摸不著，你又說我連想的都不是，那你講這個根本是騙人的。」不是的，無所謂騙，也無所謂不騙，說非心非佛，對，說即心即佛，也對。凡是話所說，你要說它對，它可以是對，但是這個「對」，它基本上仍然還是「錯」，因爲落入了言詮就非實理實見。兩個人吵完架，李四就跟張三說：「張三，你說我們還是不是好朋友，是嘛哦。是嘛，我們還是好朋友！」兩個人又一齊說：「我們是好朋友！」請問他們兩個是不是好朋友？可以說是也可以說不是。到底是還不是？這個地方它已經落入言詮的那種「是」，其實你都可以說它「不是」。

眞正一個孝悌慈的社會就不必一天到晚有所謂孝子，有所謂模範父親，有所謂模範母親，因爲已經落入言詮才會有這些東西，它才會搞出一個樣子來這個叫做什麼，那個叫做什麼。有模範生就表示有其他很多學生不如理想，是不是這樣子？有模範父親就表示有很多父親沒有做好，有模範母親表示其他母親沒做好。我們這個社會還不錯，因爲還沒有選模範丈夫，或是模範妻子。在兩千多年前的佛經裡面就已經有這樣的反省方式了。道家的《道德經》那是更直接的講出來：「六親不和有孝慈，國家昏亂有忠臣。」（《道德經・十八章》）有人標榜誰是忠臣的時候一定是亂世，不然的話這個忠臣不出現，忠臣也是平平常常看不出來。文天祥不得不爲「忠臣」，因爲宋朝亡，天下亂，所以他這個忠臣「相」出現了，這個「相」的出現背後是整個時代的不幸。「六親不和有孝慈」，講到這邊都會令人感嘆，就是這樣……。

所以不可以身相得見如來，如來不是你可以通過一個對象化的方式去把握它，不是通過一種執著性的認知說什麼叫「如來」，不是的，它就要掃相見性，它不執著在那相本身。就算你堅持著「掃相見性」這仍然是一種執著，所以它就一再的遮撥，一再的破除，所以講：「不可以身相得見如來。」

二　無跡之談

何以故？如來所說身相，即非身相。

如來所說的身相，非身相，這一句話本身來講有多重意思。如來所「說」跟一般的「說」一樣不一樣？這裡牽涉到一個很重要的問題：所說與所顯。如來所說即所顯，所顯是無執著的，所以如來之說是沒有執著的說。我們一般講話都執著地說，什麼叫執著地說？就是你話一定要說出個東西來，這都是執著。執著才有「跡」，而如來所說是無跡，所以釋迦牟尼佛講經四十多年，講的都是一大堆無「跡」（稽、機）之談，眞的就是無「稽」之談。我們每個禮拜都來這邊隨著釋迦牟尼佛一起來「無稽之談」。

其實這樣的無跡之談滿愉快的。我們大家想一想，我們年輕的時候偶爾都還會有「無跡之談」。就看一群人在那兒滿愉快的，講些什麼呢？其實是不知所云。沒有一個人端起架子來說我一定要講出什麼，我們現在商量什麼事，也沒有，鬧一鬧就過去了。看看我們自己的小孩，偶爾跟他的朋友也會有無跡之談，而這時候做父母的是不是就開始擔心起來了：怎麼可以這樣子呢，明天就要考試了還不讀書。其實他現在壓力很大，所以現在無跡之談一下，整個心思可以因爲這樣而放鬆放下。一般來講那個年齡在高中階段，從初二到高三，這五年中結識的朋友，大概是比較能夠一起無跡之談的。那種整個生命的放下眞的是很輕鬆的。以前高中有一票同學就是這樣的朋友。年輕的生命沒有一些什麼拘束，也就是沒有什麼執著。大家也不會去想那樣胡說會有什麼後果，不必的，就是沒有，那可以全部放下。以前跟高中的朋友開玩笑說：好久沒聚了，偶爾一年聚一次，那一次整個徹底的放下，一年累積的擔子都放下了。經由那麼一次，整個生命好像獲得一個新的生機。其實這個道理跟我們出外旅遊有異曲同工之妙，你脫離了這整個環境到另外一個地方整個徹底的放下，讓你的意識、讓你整個人回到那個本然狀態，整個生命好像活起來了。

所以千萬記得，離開了辦公室，同事聚在一塊兒，不要老是還談辦公室的事情，那是最大的忌諱。你在辦公室裡辦公事的時候，當然不可以無跡之談。這個無跡的東西只能作爲一個氣氛，作爲一個整個心靈的背景，而使得你在處理事情的時候會很順當。你在那個時候講一大堆無跡之談根本無濟於事，因爲「事」是對象性的東西。

談到這個無跡之談，我腦子裡就一直回到那以前無跡之談的境域裡面，整個人充滿了喜悅，可見它有多麼重要。人的生命裡頭如果連這種夢都喪失了，這種生命實在是可叫做「槁木死灰」。而什麼叫做「薪盡火傳」？就是你的生命一直還有夢。夢是很重要的，所謂至人無夢是以無夢夢，因爲至人用心若鏡，他是直接顯現的。凡人用夢，至人用鏡，凡人心有執著，還好我們會做夢，所以凡人可不要讀到了至人無夢、至人用心若鏡就用力的告訴自己：我不能做夢，因爲我希望達到至人的境界。連做夢這個基本的能力你都壓抑自己，這種修行太可怕了，這種修行我就認爲他是做倒了、做錯了。

修行不是壓抑，修行是自由，這個觀念很重要，它是自由的，是你的生命通過戒定慧、聞思修，達到自由之境。基本上佛教是不鼓勵苦行的，當然苦行並不是毫無意義，毫無道理，但苦行之爲「苦」行就是它是暫時性的，它是權、它是假，不能當眞的。它不是「經」、不是「常」、不是「眞」。釋迦牟尼佛本來是修苦行的，後來他就不用這個方式。因爲他發現修苦行並不能證道，後來通過緣起性空，通過十二因緣，觀十二因緣的方式了解到整個因緣所生法都是空無的。能夠見到存在的空無，基本上是因爲他意識的透明，這樣證悟之後實踐本身才能如是，如是無有罣礙。大家可以用心體會一下，釋迦牟尼佛在菩提樹下是如何證道的，那整個的故事就是在說，如何從存有的空無而說意識的透明，又如何通過意識的透明來說存有的空無，存有跟意識本身來講是合而爲一的。通過十二因緣法，到最後一切的存在之爲存在。無明緣行、行緣識、識緣名色、六入、觸、受、愛、取、有、生、老、死，這個無明背後所隱含的是什麼？是一個明，剝除了無明，明就顯現。

三　中國的宗教是「聽、聞」的宗教

如來所說身相，即非身相。

所說與所顯未必相同。其實這也是現代西方語言哲學常常在探索的問題，showing和saying的問題。記得前兩個禮拜我們提到過，中國的三教基本上是個「聽的宗教」，而不是個「說的宗教」，也就是「顯現的宗教」。所以他們腦子裡面所想都不是這個東西「叫做」什麼。這個區分非常非常的重要，這個地方如果沒有把握住的話，有很多東西會搞錯的，根源錯了澈徹底底就錯了，所以「如是我『聞』」是很重要的，光就一個字眼你可以了解東西方的不同。上帝「說」有光就有了光，那個「說」，不一樣的。爲什麼整個西方的知識論那麼發達，整個學問有個傳統，而在中國一定談的是道統，中國人所著重的是個道，而不是個學。在西方人談宗教的時候有所謂「神學」。在中國來說的話，雖然有個「道學」，但基本上那個學是就「覺」而說的，根本不拘泥一個所謂學問系統，不是用一個系統的方式去說。這是整個對世界的理解方式跟整個人的存在方式，跟整個人的意識狀況有它典型的不同，這個分別大家要能清楚地區分開來。

如來所說即所顯，所以才是如來，你如果不是所說即所顯，就不如來了。如果所說不是所顯，那就還要講整個宇宙的創造，就還要談世界是怎麼成立的。這樣的「說的宗教」：第一，它一定是一神論的，而且它一定強調一個至高無上的人格神，而這個至高無上的人格神跟我們整個人的生活世界（life world）一定是隔離開來的，一定是斷裂開來的。人的生活所在叫做經驗界，另有一個超絕於經驗之上的超越界，超越界才有創造，通過說而創造。這是一個宗教學上徹底的區分。對於宗教能作如此清楚區分者不多，這個地方沒有區分清楚，很多東西就搞錯了。用西方的方法來涵蓋中國的，那麼一切都不用說了嘛。這就好像只拿了一個尺寸的西裝要中國人穿，又要求一定要合身，這沒有道理。希伯來的單一神論的方式，以及中國、東方的多神論的（其實這個神的意義，跟西方的神的意義也是不同的）整個在宗教上是不一樣的，這個地方如果沒有眞正的把它區分開來，我們就沒有辦法了解到東方的宗教的價值。區分開來以後，我們可以進一步了解爲什麼有那麼大的不同。

因爲我自己在作這個研究，趁這個機會順便說一說，從宗教到社會，它是一個整個系統。西方的現代化（modernization）如何形成，整個西方的現代化究竟受了些什麼限制，它又有些什麼特點，跟宗教都有關係。東方有另外一套，中國可以說代表東方一個重要的典型，而印度是另外一個典型。像這些問題一定要區分開來，如果不區分清楚，而以含糊籠統的唯一一個標準是從的話，那樣的學問太可怕……。

我講到這裡就會比較激動一點，因爲我實在是發現到，我們的學術界裡頭很多人的標準就只有一個，而且是出主入奴的標準。因爲他不了解，完全忘記了自己可能是些什麼，他認爲好像只有這個才是。所以所有的宗教類型，好像就只有這個類型的信徒才叫做高級的宗教信徒，至於其他的就變成比較低的。這是我們長久以來都有這個印象，這個印象是很不好的。這個印象一大半是由於我們宗教的學術不夠發達，所以大家不清楚。這個不清楚由來已久，問題很嚴重，我們常常會聽到：「人家西方人可以怎麼樣，我們中國人怎麼就不行呢？」對於我來講，我聽到這個話是不太舒服的，好像去教堂裡面作祈禱是理性的，到廟裡面拿香拜拜，那叫迷信。奇怪的是，好像小時候給我們的教育就隱含了這樣的訊息。當然我這樣講並不意味著我們民間的各個信仰的層級都那麼高，它其實也有參差不齊的地方，但是這裡必須要用學問去把它疏理清楚，而不是一概的否定。

中國人的心靈裡頭爲什麼能夠對宗教那麼寬容？西方人爲什麼比較不能夠採取宗教寬容的態度？因爲他們整個的世界觀是這個樣子的（一神創世），而我們不是。我喜歡用一句話來說，中國基本上是「因道而起教」，循著一個道來開啓各個不同的教門；西方的傳統裡面是「立教以宣道」。所以我們中國人可以今天到這裡去拜拜，明天又到那裡去拜，並不相衝突，因爲是各個教門，不以教爲體，教是用，以道爲體。道體而教用。西方人就是把那個教當作體了，所以那個道本身來講只是宣道，中國人講「道」是超乎言說的，西方人講那個「道」是一切言說的根源，意義大不相同。換言之，中國人講的「道」是就其顯現而說，道經過顯現，經過運化來開啓這個世界；西方人講「道」是言說的根源，所以「道」是通過「說」來開啓這個世界。所以我們講「默運造化」，就沒有希伯來民族的上帝通過「說」來創世紀那樣的神話。你看希伯來宗教《舊約全書》一開頭就是：上帝「說」有光就有了光。說是一個對象化的活動，我說出這個東西叫做什麼的時候，是把這個東西對象化的擺在那裡作爲一個對象，在這裡東西方的對比非常明顯。這個對比如果我們眞的把它了解清楚了，我覺得沒有任何理由要把中國文化的傳統去除掉，中國才能邁向現代化。「有了民主跟科學中國才能如何如何……」簡直是淺薄無識之談，還成爲這個時代的精神導師。這實在是……，講到這裡我眞的會難過，社會上這種不明究理的人很多，雖然近年來稍微好一點。基本上他們馬首是瞻的人物就是胡適之。胡適之的確他有他的貢獻，但是這個地方他就是不行，這叫才具太小。因爲他所學的是美國的哲學，實用主義（pragmatism）。而且他所學習到的杜威（John Dewey）的實用主義，是一種非常工具性的實用主義，杜威的精髓他還沒學到。二十幾歲留學沒多久回來就當文學院長了，享大名，人一享大名馬上扮演一個啓蒙者，每天忙碌，還有辦法靜下來讀書嗎？可以讀書可以寫作，但就是靜不下來，人都是有限的。

大家可以從這裡發現到一個偏差的學風多可怕，影響多深遠，如果你整個了解下來，整個中國近代史的發展跟日本近代史的整個發展，就思想上、就政治上、就社會上整個去看，我們眞的很不幸，各個層面都有它的不幸，看起來好像都是歷史的偶然，而偶然裡頭又好像有個必然在裡面。怎麼會那樣！這是值得我們去檢討的。

講到這裡應該會很有感受就是了，因爲我教過清代哲學，教過中國當代哲學，所以我這裡感受特別深，每次看到一些似是而非之論，就會覺得不平。是不是跟他們辯呢？要跟他辯有時候連場地都進不去，那整個就是他的場。那我們談中國文化的場是什麼？還好有我們華山講堂，他們又不來聽，他們眞的應該來聽，他們是不來的，因爲他們一談到中國文化就是一個鄙夷的態度。昨天才碰到我一個以前的學弟，沒有辦法不去爭一爭，實在想儘量的不執著，還是在那裡跟他辯論了一個鐘頭，回到家裡還一直很難過。爲什麼？於是就會想起很多事情，包括我以前念的母系——師範大學國文系，最基本的中國文化經典，在這個系裡面並沒有眞正很好的釋放出它的意義來。這樣講好像繞了好多圈，直講的話就是這個系是有問題的。系裡的學生將來都是國中教師，他們能夠把《論語》講清楚嗎？能夠把《孟子》講清楚嗎？何其難哉！不要說他們，我的母系裡面的老師們能夠有多少能夠把《論語》、《孟子》講清楚？還有人講《論語》時這麼說著：「唉，這個東西……」好像是不得已才教這個課的，你說這怎麼辦呢？

不過我還是強調，這個世界要步上軌道是要慢慢的培養，不是你光批判，把它打倒了就好。整個心靈裡頭若沒有辦法回到意識的本然狀態，讓它顯現其自己，那麼就只是在那裡執著著與它對衡。它垮掉了，你也跟著垮，結果是兩敗俱傷。而那種垮是沒有生長力的垮掉，跟釋迦牟尼佛在《金剛經》裡所說的瓦解不一樣，這裡頭所說的瓦解是一個具有重構可能性的建立，什麼叫有重構可能性的建立——「身相非身相，即是身相。」

你所說的未必就是你所顯的，而通過這樣的遮撥過程，才眞正顯現了那個東西，這個道理其實是很深的，用現代的西洋哲學語詞來講，它就是一種**dialetical negation**，一種所謂「辯證的否定」。通過辯證的否定而回復事物本身，這個地方，如果有讀過當代存在主義思想家沙特（Jean-Paul Sartre）《存在與虛無》（*L'Être et le Néant*）的朋友們可以發現到，它其實有很多東西相近，但是佛學之爲佛學，而不同於他的，爲沙特所不能及的，就是因爲它是個宗教，是個信！它有一個宗教的悲心願力，它不只是存在主義或者這樣的人文主義而已。大家可以發現到，這麼古老的智慧，在兩千多年前就已經觸及到我們所面臨的很新很新的問題，這部經典是非常了不起的，經典是所謂歷久彌新，萬古常新。經典它就是個生活世界，你跟它生活在一塊兒，這叫尙友古人。尙友古人但不要把古人的言語當作休閒的消遣而已，要將古人的話語做直覺的體悟，進一步進到架構的思辨，開啓一個新的思想世界。這是可能的，而且是應該做的，而且做出來以後，它將有助於全人類，絕對不只是你中國人而已。我滿希望能夠更多人來參與這樣的工作。

四　透過遮撥的工夫顯現如來

佛告須菩提：「凡所有相，皆是虛妄。若見諸相非相，即見如來。」

因爲凡是所謂相，都是所說，不是如來所說的無執著之說，所以所說即所顯，一般所說，都是執著之說，執著之說就會使得你的意識慢慢的離開它的本然狀態，所以這時候要通過一個遮撥的工夫、否定的工夫。「凡所有相，皆是虛妄。」、「若見諸相非相」，如果你果真能夠通透這個遮撥的工夫否定的工夫，則如來顯現。

姑且用「否定」這個詞，但它不是很恰當，講「遮撥」比較好一點。因爲否定好像給人感覺，就是把它打塌了、排除掉的意思，其實它不是那個意思，不是我們一般所說「錯」的那個意思，所以前面再加個dialectical。negation是「不」的意思，那麼什麼叫dialectical negation呢？我用一個比喻來講這個道理：我們看中國民間的戲曲，中國以前的女子相親之後父女間的對話：「你覺得剛剛來過的這一個公子如何？」「人家不知道，人家不要啦！」通過那個「不要」而說出了「要」。借用這個來說，就是這樣的一種意味。

類似這個樣子，凡是類比都是取其部分相似而說，你不能執著著而又說這個類比錯，類比本來就不可能全部都一樣！說「人之性善，猶水之就下也。」（《孟子・告子上》）

就講了半天說它錯，其實是你剛開始就沒有了解什麼叫類比。我也看過人家就這樣大寫文章，把以前學過的任何武功招數都拿出來用了，其實那篇文章沒有價値，現在很多學者你不要以爲他們的學問怎麼樣，學問很多有時候就是智慧最大的障礙。因爲他招式亂用，理頭不用剃刀，你總不能用斧頭來理髮吧！他就是用了斧頭來理頭髮，還批評說你這個頭髮怎麼這麼糟糕呢，砍也砍不斷。這樣講好像聽起來有點過分，但就是有人是這樣的，就是有這樣的文章，這種文章也有申請國科會通過的，因爲看的人也是這一類的：「太好了，新的方法，新的斧頭。」飄洋過海的新斧頭，砍了半天砍不掉，結論是：「嗯，這個頭髮是很堅韌的。」這個不是笑話，眞有其事。

「見諸相非相，則見如來。」執著性的否定是對反的否定，對反的否定是a一定不能等於非a，這個東西一定是a或者非a，辯證性的否定是我要通過非a彰顯a，這叫辯證性的否定。理解經典理解道理要能沉靜，尤其像《金剛般若波羅蜜經》，這道理要由於你的心靈的澄淨才能夠呈現出它的道理來，我們慢慢的一步一步來，時間也滿快的，我們今天就到這裡，謝謝大家！

正信希有分第六

須菩提白佛言：「世尊，頗有衆生，得聞如是言說章句，生實信不？」佛告須菩提：「莫作是說。如來滅後，後五百歲，有持戒修福者，於此章句，能生信心，以此為實。當知是人，不於一佛、二佛、三、四、五佛而種善根，已於無量千萬佛所，種諸善根。聞是章句，乃至一念生淨信者，須菩提，如來悉知悉見。是諸衆生，得如是無量福德。何以故？是諸衆生，無復我相、人相、衆生相、壽者相，無法相、亦無非法相。何以故？是諸衆生，若心取相，即為著我、人、衆生、壽者。若取法相，即著我、人、衆生、壽者。何以故？若取非法相，即著我、人、衆生、壽者。是故不應取法，不應取非法。以是義故，如來常說：『汝等比丘，知我說法，如筏喻者。法尚應捨，何況非法！』」

般若之法是「不應取法，不應取非法」，是「法尚應捨，何況非法」，能夠將此全然捨去，此才是正信之路；信仰的確定，不是取執著，而是讓真理如其自己的顯現它自己；這裡點出了一「銷歸於空的信仰方式」，此不同於「執著於有的信仰方式」。

一 起信：信仰如何成立

這一分比較長一點，上個禮拜我們提到了在《金剛般若波羅蜜經》裡，我們說任何宗教哲理一定會處理到「意識、存在、實踐」這幾個層面的問題，我們通過三個綱領來把握一切的宗教哲理。在《金剛般若波羅蜜經》所提到的，存在是空無的，而意識的本然狀態是透明的，關聯著存在的空無性，意識的透明性如其所如的實踐，我們名之曰「實踐的如是性」。我們也提到實踐的如是性背後有一個信仰的基礎，這裡是一個很重要的問題。在佛教《金剛經》的系統裡面，強調存在的空無、意識的透明，而在這種情形之下，我們去面對這個世界，因爲人總是生活在世界裡面，這個世界的確定怎麼來的？既然存在是空無的，意識是透明的，萬有一切如幻如化，它的確定性在哪裡？這其實是一個很深的哲學問題，當我們說整個世界萬法皆空，落在人間世，我們執著它，以爲它是什麼，其實它如幻如化剎那生滅，《金剛般若波羅蜜經》在這一分就是要告訴我們這個確定性。一言以蔽之：存在、意識、實踐，它的確定性都建立在信仰上。「正信希有分」就是要說明信仰的確定性。大家先考慮一下這個問題：誰規定說我現在手張開來大約有三十公分。爲什麼這個長度叫三十公分？爲什麼你取那樣叫「公分」？爲什麼取那樣叫做什麼？今天萬有一切我們賦給它一個名稱來說它「是」什麼的時候，那是一個確定性的起點，而那個確定性的起點其實是充滿了任意性，這很弔詭。你爲什麼叫張三呢？剛開始在命名的那一刹那，它是從不確定到確定，那個最重要的它來自什麼？它有沒有什麼客觀的標準？請問它是「來自於一個客觀的標準」，還是「給出了一個客觀的標準」？這是一個很有意思而很重要的問題，有很多人會誤認爲這個世界上的許多東西是來自於一個客觀的標準，其實世界在混沌狀態的時候，剛開始要進到這個世界，而說這個世界叫做什麼的時候，是給出了客觀的標準，而不是來自於一個客觀的標準。既然是給出了，所以你要再去探索這個給出之前的話，這個地方就是個混沌的狀態，既然是個混沌的狀態，它就是個不定的狀態，但是這個不定卻充滿著邁向定的可能性，而從沒有標準到有標準，這個確定性是來自於信仰。不只宗教如此，一切知識的起源是來自於這兒，這是非常有意思的一個問題，而且很値得我們去深思的一個問題，整個佛教一直在追問這個問題，到最後追到它的源頭。所以在佛教怎麼「起信」是個問題，既沒有一個超越的人格神來啓示你，它也不認爲這個外在的世界是一個眞正的存在，一切如幻如化。經過了一種徹底的經驗論式的思考，把整個外在的世界統統瓦解掉了，而存在是空無的，本然狀態是空無的，而這個時候你怎麼樣重新穩立這個世界，它告訴你，這個世界的穩立在於信仰。譬如這裡所說的：「正信希有」！這個地方是一個非常非常重要的關鍵性的問題，原來整個佛教它針對的論敵是婆羅門教，是婆羅門教的梵天大我，一切的世界都從此流出，從一個Braman Atman，Braman是梵天，Atman

是我，合稱爲梵天大我。這個世界是從此流出，而這個世界本身它是實質存在的。現在佛教基本上就是推翻這個思想，徹底的摧毀掉整個婆門教這個系統，這個摧毀在表面上只是摧毀了這個宗教的思想，或者說摧毀了這個宗教的哲學體系，其實是摧毀掉了這個跟婆羅門教相連在一塊兒的整個種姓制度。種姓制度它分四個等級：祭司、貴族、平民、奴隸。屬於不同階級的人不能通婚。任何一套思想之爲一套思想，或者哲學、宗教落在人間世來考察的時候，它是整體的，不會是一個人憑空想出一套，而那一套跟整個歷史社會總體無關，它一定結合在一塊兒。你要了解它背後所摧毀的東西，所以佛教最重要的一個精神是平等精神，回到怎麼樣的一個境域裡面，你才會眞正了解到什麼叫做平等，在佛教來講是回到存在和意識的本然狀態，存在的本然狀態是空無的，意識的本然狀態是透明的，而在這種本然狀態底下——眾生平等。換言之，它的哲學在取得一個平等的眞正起點。追根究柢，起點一定涉及到兩個問題，一個是你的心靈意識的問題，一個是外在整個世界的問題，也就是「性」跟「智」的問題，到最後它看到空無。整個佛法這個地方是徹底平等的，由於這個地方是徹底平等的，它也是全然自由的。經典是環繞著整個人的生命核心而開顯出來的言說系統，所以讀經典的時候要回到生命的源頭去體會，而不是說這一句就是怎麼解釋而已，其實那樣一定解不通的。正信希（現在寫作「稀」）有，要眞正能夠起正信是一件不容易的事。

二 實信的確定點：腳跟站立之處

須菩提白佛言：「世尊，頗有眾生，得聞如是言說章句，生實信不。」

是不是能有一些眾生聽到世尊您剛才所說的言說章句而「生實信」？這個「實」其實就是確定了，就是「信仰的確定性」，能眞正從內在裡頭湧現一種信仰的確定。我們想一想自己的人生旅途，凡是在創業的過程裡頭，最重要的是來自我們內在的一種確定。當哥倫布航行於汪洋大海要往前邁進的時候，請問他一眼望過去的時候，那個目標在什麼地方？那個客觀的目標在什麼地方？問這個問題，茫茫大海，航向何方，那個客觀的目標在哪裡？請問那個時候他是怎麼掌舵的？我們體會一下，那個掌舵的心情是怎麼樣的一個心情，請問他是瞄準了一個所謂客觀的目標作爲他掌舵的一個依據，還是在內在裡頭生出一個確定性來：「就是這樣了！」眞正的根源在什麼地方，它是在內還是在外？我想在座各位女士、先生可能會有這個經驗，你要投入一個新的行業，開啓一個新的可能性的時候，那個可能其實它是非常不確定的，凡是可能就是不確定的，請問從這個可能性變成確定性的時候，那個確定性來自於哪裡？你說來自於對外在的評估，請問評估來自於哪裡？到最後來自於一種信仰的確定：「就是那樣了！」確定的那一刻是很重要的，非常非常重要。你怎麼知道這個事業這樣做去一定會成功，你說：從我內在裡頭有一個呼喚說要那樣做，那就是會成功的。那個呼喚來自於你「自己」的一個決定，它是要一個一個剝落，然後到最後——就是這個地方，這個叫「實信」。「聽聞了以上的如是言說章句，生實信不？」釋迦牟尼佛講了半天都在告訴你存有是空無的，意識是透明的，那麼，你做的時候，應該怎麼辦呢？這個時候你的確定點在哪裡？他告訴你這個剝掉那個剝掉，那個確定點在——你。所以一個人眞正一個確定性受到鍛鍊的時候，其實在茫茫大海中我想是一個最好的鍛鍊。你一個人隻身到臺北，你說你要創業，其實跟哥倫布在汪洋大海裡面差不多，確定性在哪裡？歐洲人到美洲去拓荒的時候，那個確定性在哪裡？中原漢人渡了海到了臺灣，那個開拓那個確定性在哪裡？在當下那一念，信仰的確定性，一切的確定性起自於此。包括所謂「客觀的知識」，爲什麼這叫七十公分，那個公分是誰定那個叫一公分，定了就定了。

如果我們眞能想清楚這個問題的話，這個社會婚姻的問題大概會少一半，婚姻問題是一個人人生裡頭非常重要的一個確定性的考驗，非常非常重要，這是整個命裡頭它如同信仰一般的，所謂「君子之道，造端乎夫婦」（《中庸・第十二章》）。夫婦之禮，那個婚禮的確定，正如同你信仰某一個宗教一樣，如何能終生不渝，這個非常困難，其實那個困難是因爲你沒有起實信，你有實信的話，那麼那個實信是定了，定就定了。我覺得應該在這一刻用功夫，應該在理上搞清楚。不在這裡用工夫，不在這裡搞清楚，只是討論著兩個人怎麼樣相處愉快啊，怎麼樣……談了一大堆非常屬於技術層面的，那個婚姻必定是不穩定的，因爲它沒有眞正的面對「確定性」的問題。

關於確定性的問題，這裡講正信，儒家的說法叫「立志」。所以張三跟王五結婚是兩個人「立志」要結婚的，是立志結爲夫婦，不是說試試看吧，這個地方非常非常重要，它無悔改的可能。如果它有悔改或如何，那必定有不得已的苦衷。人間世裡頭總有不得已，但是你不能夠把不得已當成經常之道，不可以把不得已當成沒什麼。假使哥倫布駕駛著船沒有很確定的往前航去，而是不定的狀態，我想，很可能他在原地打轉，剛好背離了他原來的目標。這是一個很値得我們去反省的問題，所以「信」多重要，臺灣目前這個問題很嚴重，缺少信仰的確定性，在我們生命裡頭能不能找到一個所謂立定腳跟的地方，什麼是你立定腳跟的地方，這個問題我們可以繼續放在腦子裡面想一想。

三　持戒：眞理的確定

佛告須菩提：「莫作是說。如來滅後，後五百歲，有持戒修福者，於此章句，能生信心，以此爲實。當知是人，不於一佛、二佛、三、四、五佛而種善根，已於無量千萬佛所，種諸善根。聞是章句，乃至一念生淨信者。」

對於這些章句能生信心，而這種確定本身來講，又是「實」。即此信而爲實，通過信仰的確定性確立。兩個人結婚，「不論是什麼時候你願意養她嗎？」「願意！」這個「願意」就是信仰的確定性，而由此確立了眞理的確定性。於是它們開始實現，開始在人生的旅程實踐而把它們彰顯出來，這個時候就不只是信仰的確定性而已，基本上是呈現出來了，眞理是呈現的。信仰是一種希望，希望就落實爲眞理的呈現，所以說「有持戒修福者，於此章句，能生信心，以此爲實。」「如來滅後，後五百歲。」這不是說如來滅後開始的五百年間沒有，而是說即使如來滅後五百歲仍是如此。「戒」，實信的具體表現就是持戒，或者通過持戒來體現那個實信，通過一種外在儀式的修持與貞定，來獲得信仰以及眞理的確定性。持戒、修福，而這個時候你的內在既然是確定的，確定的就是自由的，所以婚姻是自由的。如果兩個人結婚以後兩個人變得不自由，這個婚姻是有問題的，什麼叫「自由」？自由就是我自甘如此，這個叫自由，來自於我內在的意志，立了一個法則，而我的意志願意遵守我自己所立的那個法則，這是自由。所以自由基本上是通過確定來彰顯的，一個沒有通過信仰的確定性，眞理的確定性，然後就說那種「無拘無束」（其實這不是無拘無束），這只是以一種感性的盲動爲自由，那不是自由，那是感性的盲動，根本一點都不自由。這個地方是一個非常非常重要的關鍵所在，我一直覺得我們的社會對這些觀念不夠清楚。兒子說：「我要自由，所以爸爸你不能管我，哥哥你不能管我，老師你不能管我。」「自」由不是別人來管你，是你自己管你自己。而如何可能自己管理自己，你要通過信仰的確定性，然後把它體現爲眞理的確定性，這個時候你是自由的。這麼說來的話，婚姻是自由的，婚姻是兩個人通過信仰的確定性，彰顯爲眞理的確定性，所以婚姻哪裡是不自由的。人生怎麼樣才是自由的，這個觀念是非常非常重要的一個問題。

現代人越來越不自由，有更多可能性的時候，他就不知道要怎麼樣抉擇，不懂得怎麼抉擇，於是他就一直處於被抉擇的狀態。大家不要以爲你到店裡去買東西的時候，有很多東西擺在那裡的時候，就覺得：「太愉快了，我想買什麼就買什麼！」去了之後，發現我不可能把它全部買光嘛，我總是吃得飽，你以爲你在抉擇，因爲你喪失了抉擇的能力，或者說你的抉擇能力很弱，到最後你是處在被抉擇的狀態，繞過來繞過去，不知道哪一個是好的，看起來好像是你一個一個在那裡看。你有沒有想過，可能剛好是那些產品在看著你，看一個慌張的眼神在那裡繞來繞去，不知道要選哪一個好。人間世裡面，傷神的莫此爲甚。以前電視臺只有一臺，打開電視來那是很確定的，後來雖然有兩臺、三臺，但是沒有搖控，還半確定，反正懶得去動，現在有遙控就不確定了，每個人看電視的時候都把遙控器拿在手上，使得我們有更多的選擇性，但是也由於我們有更多的選擇性，而我們整個人性的素養沒有提升到眞正來自於更高的、更有力量的選擇，這時候就墮入被選擇的境況裡面，於是人又喪失了所謂的自由。這個道理從我們日常生活都可以體會到，這個就是現在西方所謂後現代思想家常常在思考的問題，大家也不必太相信那些人檢討問題能夠有多深，其實問題就從這兒（確定）來而已，你只要努力去思考，一樣可以想到，它就是這樣。

那我們怎麼樣克服這個問題？很保守的一派就認爲就是因爲選擇性太多，不要「讓」你有那麼多選擇，那是通過一種外在的限定，以及專制宰制或者控制來達到所謂的確定，其實這樣的確定，它的本質是不自由的，但是當人處在一種被抉擇的恐慌裡頭，寧可算了吧，就這樣子好了，幫我決定好了。你想一想當你在人間世裡碰到很多事情你要去決定的時候，你都去問人，問一個跟你完全不相干的人，那個人根本不了解你應該怎麼辦，然而他只隨便指出了你就那麼辦了，你也獲得一種解脫，我眞的這麼辦了。這個時候你可以看到江湖五術、星象之類大行其道，就是說你的生命處在本來是有一個自由的嶄新的可能性，因爲你的智慧沒有眞正開發出來，於是你落在一個恐慌的狀態裡面，你找不到確定性，整個人是猶疑不定的，這時候你非常需要來自於任何一方，那告訴你就是那樣，於是你的抉擇就那樣定了。這個問題就在這裡，這應該怎麼辦呢？現在整個臺灣每個人的生命需要投靠需要一個支持，基本上就是人不自由。要不是處在感性的盲動裡頭，要不然就想作理性的抉擇而又沒有理性的能力，墮入了被抉擇的恐慌狀態裡頭，到最後就算了吧，只要有人講一句話我就那麼決定了。很多道理是即事而言理，就日常生活慢慢去體會。

戒是通過外在儀式的修持與貞定，那你說這個修持與貞定會不會陷入一種專制的限定或控制呢？也有可能。所以除了外在儀式的修持與貞定，你要去了解，這個外在修持與貞定的道理何在，而慢慢的持戒修福，這種福是一種內在的至福，這種福不是什麼外在的感官所能得到的福。持戒修福的人對於這些章句能生信心，以此爲實，「當知是人，不於一佛、二佛、三、四、五佛而善根。已於無量千萬佛所，種諸善根。」確定的統統確定了，一確定不是只確定這個，你確定這個叫一公分，以後放諸四海而皆準都叫一公分。定了一切就定了，現在大家用西元，用耶穌的紀元，後來儘管有人說耶穌不是那一年生的，但是定就定了，今天是一九九一年，那一定統統就定了，不會隨便的更換，明年就一九九○，再來就一九八五年。你說怎麼可能這麼蠢，我告訴你人間世這種愚蠢多的很，昨天剛結婚，今天心裡就想著另外一個了，這就不定了，那就整個生命從來沒有確定過嘛，你一旦確定了，那麼那個人生就是確定的，那是自由的，在這方面就是自由的，你是自由身了，從此之後，你的愛有歸宿了，那是自由的，這個意義何等重大，這樣的一個禮儀（婚禮）是何等莊嚴，怎麼可以任意處之。

我們要去了解「禮」的莊嚴，那個禮就如同持戒一般，禮是個儀式，這個儀式造成一個情境，通過這個情境來陶養一個人，不能無禮呀！現在年輕人這方面的問題很大，他找不到一個恰當的儀式來讓他修持跟貞定，於是他的生命沒有辦法眞正有確定性，生命沒有確定性就不可能有自由，不可能有來自於內在的自我肯定、循著自己的意志所定的一個法則自由，就落入感性與盲動，而感性跟盲動找到什麼確定的可能性呢？最後就找到一個攻擊的目標作爲確定。感性盲動是消極意義，他沒有辦法自己建構他自己，所以這個時候他必須依附一個東西來建構他，他所依附的感性與盲動只是具備破壞與瓦解的力量，你現在沒有一個目標，你怎麼樣瓦解跟破壞？所以他必須要找尋目標進行破壞，這樣他才會覺得人生有意義。上焉者根據這種感性與盲動要超越克服，名之曰「追求卓越」；再其次的追求出人頭地；再其次的追求不斷的擁有。這跟幫派裡頭要稱老大乃至青少年的飆車，那整個心理的機制、整個心靈的狀態是一樣的。你不要以爲那些卓越的人就很了不起，那些心靈的背後是沒有什麼確定性的。

整個臺灣的經濟奇蹟有一大半其實是在整個世界體系核心國家的帶動，產生這樣的一個情境之下，再加上了這種心靈的境況應運而生，所以現在停都停不下來。出國的人回到中正機場，走入機場的大廳，你整個心靈的感受，你所感知到的，感覺到這是一個完全不同的地方，你可以嗅到這個氣氛，或者到西門町走一走，東門町走一走，臺北的街道，你都可以看到，如《老子》所說的：「五色令人目盲，五味令人口爽，五音令人耳聾，馳騁田獵令人心發狂。」（《道德經・第十二章》）這是很値得我們檢討的。所以你不要看一個卓越的企業家，可能生命空虛得不得了，痛苦得不得了，爲什麼？克服了一個難關，又馬上要抓一個東西，不然的話，他的生命立不住。其實這不只是臺灣的問題，它是世界整個工業化所帶來的問題，用比較學術性語言來講，就是整個工具理性的高漲，使得大家沒有辦法正視人之爲人的那個本質，於是工具理性形成另外一種控制，而這種控制會逼迫著人想去瓦解它，於是人的內在裡頭就不斷地在瓦解與追求之中。

四　生命的不確定性

所以這裡說「不於一佛、二佛、三、四、五佛而種善根，已於無量千萬佛所，種諸善根。」善根的建立，是個確定性。這個確定性就像你在園子裡頭栽種的一棵樹苗，所以從事於栽種的活動的這種人是最能夠接近眞理的人，那樣的活動，第一個他的生命所面對的是個生生，而栽種這個活動是通過這樣的活動能看到所謂的生生，從信仰的確定性慢慢的體現爲眞理的確定性之過程。種豆會得豆，種瓜會得瓜，我每天去澆灌它看著它成長，這種生之喜悅無以倫比，這是第一等人。讀書也如同種諸善根一樣，那你也是第一等人，生命凡是落實在自己的生活世界，讓自己的生命在那個生活世界裡頭確實的成長，這都可以叫做第一等人，來自於內在有一個信仰的確定性的成長。如果不是這樣，那就不是第一等人。第一等人其實很多，不是說只有達官貴人才是，其實達官貴人往往都不是，只要他生命沒有確定性就不行。「聞是章句，乃至一念，生淨信者。」聽聞到這樣的章句，從內在湧現一念，什麼叫淨信？什麼叫實信？什麼叫「淨」？純粹無染謂之淨。那種純粹無染的信才是淨信，這樣的信是必須把外在一切的目標都去除掉的，來自於自己內在的一種肯定，那才是眞正的確定性。我現在有一個目標非常的努力，要克服這次的考試，我什麼都割捨了，整個生命全部都往這裡衝，這個還不是淨信，這種確定性不是純粹無染的確定性，這是有一個意向，這個意向很清楚，而那個意向是在外的，眞正的確定性是來自於內在所湧現的意向，從我們內在裡頭出來：就是要這樣子。「意向」，意有所向謂之意向，意向如果是純粹無染的，我們可以把它叫做：純粹的意向，而心靈具有這樣的一個性質叫「純粹的意向性」。

我們這個課我想大概只要半年，你對很多術語就能夠把握了，平常的話我們聽到這樣的一些術語我們會覺得很難，其實不難，它一點都不難，慢慢地我們都可以了解。或許您可能會問我，這一段經文好像沒那麼多意思，老師講得好像天花亂墜，眞的有那麼多嗎？道理本身是開顯的，眞正的理是它開顯它自己。而什麼叫開顯？是你參與了它，現在我們在這兒大家參與了這部經典，我們整個心靈澆灌在這個《金剛般若波羅蜜經》上頭，我們跟它融合一體，於是它彰顯它自己的義理，它自己的意義，所以是經典自己在說話，這叫開顯。所以每一次我講到這裡，內在裡頭充滿感激，因爲大家的參與，我們有這個機會一起臨受這個經典自己說話，如果沒有大家的參與，經典不會照臨我自己說話給我聽。不是我懂得這麼多，是大家的心靈一起交會參與在這兒，於是經典自己呈現開啓了它自己。這裡頭牽涉到一個哲學上所謂詮釋學的問題，這一部經典慢慢把它讀過之後，我發覺它可以發展出很多東西來，我到上個禮拜講完之後我在想，這個《金剛般若波羅蜜經》藉著華山講堂這麼好的地方，讓它自己彰顯它自己，然後我們再就它所彰顯的把它分類，於是我們可以整理出很多的可能性，可以作爲我們理解的一個基礎，甚至可以跟其他世俗的人間的學問結合在一塊兒，我希望有這個可能性。很快的一個鐘頭到了，我們現在先休息一下吧。

五　境與識的交融

或許有人覺得這個椅子有一點累贅，這個禮拜不是我去搬過來的，事實上上課時間裡我坐它的時間大概不到一分鐘，爲什麼還要有這把椅子？這個椅子其實是在這個情境裡面使得你能夠坐下來，那個坐下來的感覺。感覺是滿重要的，其實對我來講，這裡頭也代表一種生命的確定性，通過它找尋到這個情境裡頭的一個確定性。這是說生命裡的確定性，實在很難如經裡面所說的一無憑藉的確定，所以有時候你必須要造境，你造一個境才能確定。儀式之爲重要，它通過外在的，好像裝模作樣一下，讓內在裡頭得到某一種安定。你認爲那個裝模作樣好像在作假，實際上不需要。其實人生裡頭那個部分，是很需要的，請問在戲臺上演戲的戲子，哪一個不是裝模作樣？我們在這個人生舞臺上扮演我們的角色，是不是就像戲子在舞臺上扮演他們的角色？你很努力的如其恰當的方式來裝模作樣，那就是了。其實下下一分要講的「依法出生」，就牽涉到這個問題。那種確定的問題一旦牽涉到「境」的時候，跟整個社會情境的安排，整個建築的景觀，整個視覺的感受，都可以關聯在一起談。這些都跟所謂的生命的確定性息息相關，也跟我們生命的自由息息相關。譬如我們所在的「華山講堂」，牆上不必寫個「不准喧嘩」吧。它本來就不必，爲什麼？因爲它通過一個情境，整個生命進到這個情境裡頭，一般來講，它就會找尋到一種確定性，所以生命它可以很自然，如果整個情境很恰當，只要通過一個自然的生命就可以找尋到確定。

如果整個外在的情況非常紊亂的時候，你必須要從內在裡頭去造境，從內心裡頭去湧現一個境界，這時候就進一步講自覺了，從自然的轉爲自覺的，某一個意義下好像是整個人類生命的一個發皇，從另一方面來講，它整個社會的機體其實是在衰頹，所以必須要靠人心如何。所以我們今天講習《金剛經》絕對不是說，因爲萬法皆空、四大皆空、三界唯心造，所以心應該怎麼樣。不是的！我們了解，它其實在境、識兩方面都說了，而眞正要落實到人間世裡面的時候，其實是「境」這方面的問題，不是讀了經典以後就越讀越迂，反正心靜自然涼，所以冷氣也不用了，什麼都不用了。其實心靜眞能夠自然涼嗎？這是沒錯，但這還牽涉到它如何可能，必須要有一些應該要有的東西作爲背景，這個叫做必要條件，一個很好的情境應該要有，這些條件都具備了，這時候你心「境」自然涼。不是說我要鍛鍊我的心的能力，不必有那些條件，我還是能夠涼，那不叫心靜自然涼，那是一種戕害，你戕害了你自己感受冷熱的能力。這裡要弄清楚，學中國儒、釋、道三教的經典，這裡是一個定點，要了解，儒家行仁義之道是「由仁義行，非行仁義也。」（《孟子．離婁下》）是由我們內在的仁義而行，而「義者，人之正路也，仁者，人之安宅也。」（《孟子．離婁上》）是整個生命能夠在那裡安居的一個宅第，整個生命要走的一個路向，生命在那個地方是確定的，要走出去的目標要確定，這樣才不是戕害，這才不會戕賊仁義。所以心靜自然涼這個話你要了解，是心靜了之後才能夠涼沒有錯，但問題是你要具備有「涼」的條件，這些必要條件，加上「心靜」作爲必要條件，才能夠達到所謂心靜自然涼。室內溫度如果高達攝氏四十五度，你的心如何靜、如何涼。除了極少數的超人以外。其實這些超人都「非人」。他生命裡頭原來一些自然的具體的感知能力喪失了。一個教育是不能夠這樣的，如果一個教育一直強調行道德，你要怎麼做，要做什麼，內心應該怎麼樣，那是戕害仁義。我最常舉的是「坐公車」的例子，公車夠多，班次非常正常，交通很流暢，都不必強調一定要排隊，更不必要有一個人在那裡管著大家排隊，大家自然而然就排隊了，這個叫做自然，叫心靜自然涼，大家的心自然就靜，反正等一下就會輪到我。臺灣的社會裡面，常常這邊出了一點問題，所以就沒有辦法達到自然，就猛要求你要自覺的達到怎麼樣、要拿出你的良知，所以要道德重整，道德又不行，所以又法律應該怎麼樣，都不是那裡出問題，眞正的問題在於你有沒有營造出一個好的存在情境，問題在這裡呀。譬如說你發燒了，是你腸胃發了炎發燒，結果你診斷成感冒，吃了感冒藥還是不好，感冒藥吃多了，腸胃又更糟糕，發燒更嚴重。

所以我們談這些問題的時候要了解到，眞正的問題在哪裡？對應之道在哪裡？我們去了解義理，了解思想，了解經典，了解這個世界，要對它作出詮釋一定要有一些定點，思想不是說你現在靠著你的靈感任意發揮。因爲一個思想的歷程裡頭，我們一定要學習到的是，你通過了什麼、了解了什麼，然後把握了什麼，一步一步來。所以我很清楚想到，在這樣的一個課程裡面不是我來演你來看，大家都很愉快，然後就都結束了。我希望我說的過程是怎麼進行的，我要把我背後進行的那個方式慢慢說出來，因爲你回去以後還要自己研讀，用中國以前的那個老話說，不是釣了很多魚，然後一人分一條，關鍵點在這裡。

這裡有學員寫了一個問題：實信開創生機與自由，是否可解釋爲生生的自由？實信的那種自由，應無所住而生其心——妙有的自由，是否可解釋爲面對無常的自由？此二自由有無異同？如有異，如何與生活結合而不衝突？

根本沒有什麼不同，「應無所住而生其心」跟「實信」其實是一致的，「應無所住而生其心」就是沒有執著在外在的對象上，從內心裡頭所湧現的一個意向，這樣達到的一個確定，應無所住而生其心，我們的心一定要有所住才能「生」嘛！我們一般的了解是這樣，現在這是一枝粉筆，因為我的心投向這枝粉筆，於是有一個念頭投向了粉筆，然後你就認為投向粉筆的那個念頭叫做心的一個活動，那麼現在這裡告訴你，那種活動不是心靈意識狀態的原初活動，這種活動是後起的，是涉及於物的，不是本來的。本來是不涉及於物的，不涉及於物這個叫純粹，後起而涉及於物的那叫做雜染，雜染是依他，純粹是依自，從自己內在裡頭湧現。這是一個很基本的分析，你以後面臨到這個的時候就這麼分析，所以「無所住而生其心」的那種心靈的狀態，是一種依其自己純粹的心靈意識的活動，其實就是心靈的本來面目，這個心靈意識的本然狀態就是實信，這兩者是一樣的。通過信仰的確定性而彰顯為眞理的確定性，落實在人間世就是人間世事業的開展，落實在自我的修持也可以，自我修持也是一種事業，跟你在人間世做的那種事業底子是一樣的，只是方向不同而已，呈現出來具體的風貌不一樣而已。

談道理留意一下，道理有兩種談法：一種是追根究柢見其本來面目，一種是切割分授。現在社會上談道理太多是切割分授，那個源頭活水在哪裡他不管。第一，他根本就不知道源頭活水是在我們整個生命的根源，道理是要從這兒湧現的，所謂從肺腑中流出，直寫胸襟而已。社會中很多談道理不是這麼談的，他是那裡抓一點、這裡抓一點，然後切割分授，分成很多層，這是什麼、那是什麼，挾之以人間世裡頭的生命的氣力，加上所謂演講的技巧，動之以容色，觸動我們生命裡頭的眼、耳、鼻、舌、身、意，這些必須涉及於物的依他雜染的心靈意識，讓我們在那裡滿足，那種滿足其實並沒有開啓生命的根源，這是一個很値得我們留意的地方，所以聽演講，那些演講其實有很多跟夜總會裡頭的作秀沒有兩樣。我們了解道理，一定要讓那個道理進到我們整個生命的根源，這個道理怎麼樣眞正在我們生命裡生根發芽滋長，不然我們想著臺北市這幾年來的文化活動非常多，尤其有關心理輔導的，但是這個社會並沒有因此而好了一點點。如果有的話，多半只是治標止痛。原因在於有沒有觸及到那個生命的根源，有沒有眞正的讓那生命如實的顯現，這是一個非常非常重要的關鍵點。上課這活動基本上應該是一個「人」的活動，不是牽涉到哪一本客觀對象的「書」的活動，所以我們常常覺得人文的活動跟自然科學不一樣，以自然爲客觀的對象，那是已經被我們擺定了，通過一種心靈執著的趨向，一個對象的那種確定性。這跟來自我們生命不指向外在對象的先確定，那種確定是不一樣的。人文最重要的就是人，人的感通，所以我一直認爲人文課程的研習是薰陶而得，講習薰陶，而且彼此互薰，這個叫「教學相長」，「學，然後知不足；教，然後知困。知不足，然後知自反，知困，然後知自強。」（《禮記·學記》）當老師之後都懂得自強，不自強不行。講到這裡我們都知道「實信」跟「應無所住而生其心」這兩個自由沒有什麼不同，你去分出來它有什麼不同，那個基本上都已經比較其次，我們現在談這個《金剛般若波羅蜜經》的時候，其實是要追根究柢，探索其根源。

六 如何得「信」

提問：理論上講起來那好像沒錯，但是實際做起來我們怎麼檢查？

這是「信」的問題，如何得實？如何得信？我們剛剛說執著是涉及於物的，可以說執著是被物所縛。而信不是，信是不被物所縛，被外在的對象把你擋住。雖然信不爲物所縛，但是信畢竟要落實，要落實的話一定要指向物，一定要指向外在的對象。信不是說我統統都不要了，統統都不做事了，腦子也都不想了，一念不起、一念不生，統統沒有，那就是「眞正」的無餘涅槃、圓寂，世俗的話講就是：死了。當然圓寂有它另外一層很活躍的意義，但是它具體的狀況來講我們說他死了。信要指向物來實現，指向物如何不爲物所縛，這個時候你要運用消去的方法，借用《易經》的剝卦「䷖」跟復卦「䷗」來講，剝極而復，「剝」是群陰將盡只餘一陽，「復」是一元復始，通過這種消去法，消去那些非屬於事物本身的。所謂事物是什麼？境跟識一體，非屬於這個本身的就去掉，這個叫剝極，一旦剝除掉了，你就能開啓。復代表一種開始，開啓一個恰當而且正確的指向。

「到底要跟王五結婚呢？還是跟李四結婚？」把非屬於結婚這件事情本身的統統排除在外，什麼是結婚事物本身的？你想一想，結婚是兩個人要共同生活，要生活得很長遠，要能夠生活美滿能夠相契相知，列進去想一想。不相干的是些什麼呢？他現在地位是什麼，這可能有間接的相干，但這不是那個事物的本身，他擁有多少棟樓房，他有些什麼。

把這些去除掉，之後它自然而然會呈現出你應該要怎麼辦，我們一般就是被這些事物本身包裹著，把事物攪混亂了，所以應當用工夫的地方在這兒，剝極而復的工夫。

這個工夫很重要，這個方法對於後來西方一個知識論的進步有很重要的貢獻，叫現象學的方法。它跟《易經》上的「剝極而復」有一點接近：認爲現象本身會呈現出本質來，所以非關涉到這個現象本身的我們把它放入括弧，而回到現象本身呈現出它的本質。前者是爲現象學的存而不論，後者是現象學直觀。就以中國儒、釋、道三家談到的修養，基本的方法上有一點接近，只不過它是用在知識方面，我們是用在道德實踐方面。我想「如何得信」可以用這個方法，這個信到底是實是虛，不落實就是虛的，一個美好的未來是什麼，那個想還是虛幻的。落實就是具體的活動，眞正的確定性是要通過具體的活動，然後慢慢的展現出來。所以與其在那裡想了半天，不如開始行動。到底今天晚上要不要到華山講堂聽課？好多事情，怎麼辦呢？生命就處在徬徨跟不安中，反正這又不是正式的學校，也沒規定非來上不可，生命的確定性沒有老早把自己確定住，於是就陷入不自由的狀態，因爲你表面上有很多選擇的可能性，其實你是被選擇。每個禮拜都處在要不要去的被選擇狀況，於是你整個生命沒有辦法落實，這個叫做虛，要落實，這個地方就是穩定的，就是那樣了。

所以生命裡頭每天有一些事情是很穩固的，這個很重要，而且是有意義的，那種有意義是跟自己的生命發生一種內在的相關，那麼那個生命就會有「實」的感覺。譬如有早晚課習慣的人，而那個習慣本身來講是很仔細的在體會早晚課的意義，那麼那樣的生命一定是很確實的，每天早上起床之後所做的活動，你賦給它什麼意義呢？其實就只是刷牙這個活動，你如果能賦給它意義的話，整個生命會不一樣。臺灣有些寺廟裡頭現在的確比以前進步多了，包括在洗手間裡他們也都貼上一些話語，那樣一個活動裡頭，它也可以具有另外一層價值與意義，像刷牙這個活動可以賦給它一個意義，每天刷牙正是修口業的一個重要的行動，是不是呢？只不過我們很少這樣想，很少多給它一層意義，我們只是把它當作是維持衛生而已，維持衛生是生物學或生理學意義的，現在可以賦給它一層人文的意義，整個就不一樣，於是你對於人間世有一層完全不一樣的理解，這個叫「點化」，詮釋與點化，人間就是要點化。通過文字去點化叫做文化，通過文飾，通過人間形形色色各種去點化，人間形形色色，這些東西如果不足以點化人生，那麼這些東西就不能叫文化，能夠點化的叫做文化。這個社會有沒有文化，你就看它的人嘴上說的、文字寫的，你眼睛看到的、耳朵聽的，能不能點化你自己的生命？什麼叫點化生命，你的生命哪裡不通，你一點它就通了，生命不化因此而化了，這叫點化，這叫文化。而這必須有一個教的過程、養成的過程，這是教養，合著叫做文化教養。

政府當局最近不是成立了「文化總會」，雖然它是民間機構，但也算半政府機構，其實它應該做的是這樣的工作。譬如現在是七月，七月有些什麼民俗活動？這些儀式裡頭背後的意義是什麼？找一些民俗學者來講一講，光這樣講還不夠，找哲學學者、社會學禮儀的專家等等，最後最重要的是要彰顯它背後的源頭活水，你沒有彰顯那個源頭活水的話，就甭談了，那是文化變成一種裝飾，太表面。

人間世裡頭，道理是一體的，所以我們所應該學習的，其實不是一鱗片爪的抓到了什麼東西，而是涵潤在這裡面找尋到一些理解這個世界的方法進路，開始你自己的理解。這其實是我多年來的一種期望，任何一個我所參與的講習活動裡面，我都這樣要求。所以聽我的課一般的反應都會希望能不能更淺易一點，我說恐怕沒辦法，因爲這個地方我想著，我背後有一個意圖，在有意無意之間我要把一個方法途徑傳達出來；通過這樣的一個講學的活動傳送出來，而使得我們都可以通過這個方法跟途徑繼續去理解，而更重要的是這個方法本身是具有一個自我檢查的方法。方法之爲方法是能夠回到方法本身，經過反省而再開啓，不然我給你一個方法。你就按照這個方式去做一定是對的，那就變成了一種專制、宰制。這個地方是我常在思考著要怎麼做的，這是慢慢的培養。我記得好幾次的經驗都是這樣，都被要求著能不能講得淺俗一點，我說實在有一點困難。記得前幾年漢聲廣播電臺製作了一個節目——論語，我去講了一個月，每個禮拜有兩次，總共講了十次，播出的效果不錯，但是就是聽眾會滿熱心的希望能夠再淺俗一點。我想了想，或許我讓它深入淺出的能力還不夠，或是要把那個方法跟途徑通過這個講習的活動、或者我們一般說的言說的活動說出去的時候，恐怕要把這個方法也帶出去的話就不太可能太淺俗。簡單的說，這樣的東西不是說我現在拋出一個什麼東西來，而是我還必須說明我是怎麼拋的，而這樣的一個再反省，裡頭又隱含了什麼，也是我想要說明的。我們在談的時候，可能談到不同的層次，它不可免的，會有第二序或第三序的談法。它不是對象性的直接拋出來，告訴你這是什麼，這點順便在這裡「自圓其說」一下。這是回答學員剛剛這個實與虛的問題，我們連帶的又談了很多，這個問題問得很好，要回答這個問題，其實是可以很快的就把它點出來，不過我們又更深更廣的談了一些，還有沒有什麼問題。

提問：請問「空手把鋤頭，步行騎水牛，人從橋上過，橋流水不流。」？

像這樣的問題我通常是不回答的。爲什麼呢，因爲第一個這個問題必須要講一個鐘頭，或者更久才能把它一句一句的分析清楚，第二，它已經離開了《金剛般若波羅蜜經》滿遠的。不過這個問題的義理思想就在《金剛般若波羅蜜經》裡面可以找到，百分之百就在裡面。

「空手把鋤頭」，我想在座也有很多先生女士已經是爲人父母，有陪子女考試的經驗，小孩要進考場的時候，你們一定會提醒他們放鬆啊！放鬆啊！回答完了，就是這樣子。是啊，空手把鋤頭，拿過鋤頭的都知道，是空手把鋤頭，打過拳的人也知道這個拳之有力是因爲實中有虛，一樣的，空手把鋤頭，它可以有多重解釋，但是最簡單的講就是這樣。

「步行騎水牛」，騎水牛是執著於對象，掛搭在一個對象上，步行是回到自身，我們日常生活裡，每一天都碰到外在的事物，但是我們歸返自身，這個道理是這樣。當然你有更多的比喻更多的聯想，都可以展開來。

「人從橋上過」，人間的種種，其實這些都是方便，橋代表一種溝通一種方便，「橋流水不流」，我們一般以爲水流橋不流，這是說我們怎麼樣擺脫我們一般的心靈執著性，可以有多種的方式。當然像這樣的一首禪詩，禪詩的解釋可以很多面，但是它面對的問題是很清楚而確定的，就是我們說過的：「存在的空無、意識的透明、實踐的如是、信仰的確定。」不出這四句，但是你不能只抓著這四句，光背這四句沒有用，我們是可以藉這四句來收攏我們一切的想法，當然也可以和這一首禪詩：

鋤頭本無把／水牛任自行／人間何須橋／橋高水自流

和一首打油詩，就環繞著我們剛剛說的那些道理來做，這只是玩一玩，這種聰明很無謂的，有的人就喜歡玩這個。所以我以前讀到《六祖壇經》，惠能改了神秀的偈而說：「菩提本無樹，明鏡亦非臺，本來無一物，何處惹塵埃。」那是眞是假，我當時就懷疑，因爲我這個沒有頓悟的人也作得出來，掛搭著別人再進一步就可以了，通過一種言說的思想的文字的辯證的超越，就可以了，這叫打禪機，這是可以假得來的。「鋤頭本無把／水牛任自行／人間何須橋／橋高水自流」其實還可以改一改，因爲剛始寫前兩句的時候，機比較活，後兩句，機就比較死了，所以作起來就沒有那麼自然。其實我回去也就把它忘掉了。

它不完全是缺乏定力才需要，一般也都需要。定力並不是說誰有誰沒有，截然二分的，不是0跟1，凡人其實都在兩端之間，是0與1之間，不是非0即1。山裡的大和尚你去買一頂假髮幫他戴上，換了西裝，噴上了香水，帶著他進入人間世最繁華的地方，能不動心者幾希。不能說沒有，還是有，但很少。我們進到華山講堂來，那不當的動心就自然而然少了，所以「境」很重要，我們注重這方面，因爲我比較關心的一個問題不是你我自己怎麼樣的問題，是整個社會怎麼樣的問題，你要把人當成平常的人來看，你不是每個人都去刻意的修持，刻意的達到什麼樣的一個人格。因爲我發覺連我自己都做不到，我們自己那麼努力的要去做都做不到，怎麼可能要求每一個人都要這麼做，這是「戕賊仁義」。道德還是少說，多做。而更重要的是，整個社會怎麼樣造成一個更好的境，這個我們強調過很多次。好吧！我們時間已經到了，我們下次繼續，謝謝大家！

無得無說分第七

「須菩提，於意云何？如來得阿耨多羅三藐三菩提耶？如來有所說法耶？」須菩提言：「如我解佛所說義，無有定法名阿耨多羅三藐三菩提，亦無有定法如來可說。何以故？如來所說法，皆不可取、不可說，非法、非非法。所以者何？一切賢聖，皆以無為法而有差別。」

般若空智蕩相遣執，因此「無有定法名阿耨多羅三藐三菩提。亦無有定法如來可說」而「如來所說法。皆不可取。不可說。非法。非非法」，為何如此呢？因為「一切賢聖皆以無為法而有差別」；法是無為法但卻有差別，此無為法是方法上涵具一切衆法，而差別仍如其為差別，並不是硬去生出個差別出來，此差別是本來如是，非由此無為法存有論的生出其差別也；這裡啓導我們般若智慧之所重在於融通淘汰，非在於去說如何的生起衆法也；此可見「般若法是銷歸於空，而承載諸多差別之有」。

一 釋無得無說

無得是心無得，無說是口無說，也可以講法無說，心無得。心放下故無得，法爲何無說呢？無法可說。如何口無說？所說皆無。佛法之可貴，它就是「無」。這個「無」簡單的說就是無所罣礙，如如無礙。這個「如」要恰當的了解並不容易，當我們講「無」的時候一般都是相對的來講「有」跟「無」，所以「無」其實就是把「有」拿走，這是第一層。把「有」拿走這個作用叫做「無」，這是把「無」當作一個工夫義，或者說作用義。什麼叫做「有」？知道「有」，你才能知道什麼叫做把「有」拿走。有之爲有是什麼？

在這裡我們就順便要提一下，我們平常思考問題的時候，其實就像抽絲剝繭一樣，我覺得要教一個人去思考問題，最好的辦法就是把一團亂絲丟給他，叫他把這團亂絲解開，然後把那個絲調理好。記得小時候家裡都有裁縫機，也都有針線，以前的針線也不是都整理好的，它是一團在那裡，媽媽就坐在那裡把它弄開，有時候不小心就弄亂了，弄亂的時候，你怎麼把它解開，小時候我常常有這個經驗。不只是幫媽媽整理這些線，小時候家裡種菸草，種菸草有穿菸葉用的線，長長的線有時候不小心會攪和在一塊兒，我們就要把那個線拆開，我一直覺得去把那線拆開調理好的經驗，對我日後的思考有很大的幫助。思考就像治絲，一定不能急，先把它拉開來鬆一鬆，第一個動作就是鬆，其實思考的第一步也是要把問題鬆開，鬆開然後才可以看清，看清然後能找出問題感。第一、鬆開，第二、看清，第三、找出問題，這三個步驟，再來就是嘗試解解看，這就是你試著拉線的動作，拉拉看，如果不行，再從頭來，這幾個步驟就是這樣。其實，我們思考問題也是這樣，一個問題丟下來，譬如說這個「無」的問題很麻煩，怎麼解答呢?如果你只就「無」直接去解答它，那麼你可能就很辛苦，你甚至會沒有辦法解答它。你先想，跟它相對的——有，這是鬆開的作用，鬆開以後，看清了那個問題，抓到了一個問題感：把有拿開了叫做「無」，嘗試解開，進一步的，什麼叫做有?教書這麼多年以來，常常被學生問起：「老師，怎麼樣培養思考的能力?」是不是要去念什麼書，做什麼訓練來培養。我認爲那個訓練是離不開我們的生活的，是具體的。就像我剛剛講到的「如何治絲」，如何把一團絲拉開，其實思考就是這個樣子。

我們剛剛談的問題是方法論的問題，剛剛講到把「有」拿走叫做「無」。問題在什麼叫做「有」，有之爲有的時候，這個有是一個「定有」，什麼叫做「定」?心有所執，這是執定之有，用比較哲學性的語詞來說，這是比較執著性的對象化的「有」，把這個

「有」拿走的意思，就是把這個「執定」去除掉，所以那個「無」的工夫其實就是「去執」的工夫。「有」當我們說「定」的時候，它「一定」是這個樣子，它「一定」是什麼，它「必定」是什麼，就是要把這個執著取消掉，回到一個可能。所以當我們講「無」的時候，我們可以衍生出來，就是一個開展的可能性。在佛教裡面非常強調這一點，它告訴你要回到那個起點，那才是開展的可能性。所以這裡講無得無說的時候，就是你去除了你原來所執著爲「有」的部分，「得」的部分，回到一個「可能得」的起點。同樣的，「無說」是去除了說，回到一個「可能說」，用我們以前講過的就是回到座標的原點，或加上兩個字，回到生命座標的原點。生命座標的原點是零，或是無，它其實代表了一個可能性開展出去如如無限。整個佛教最重要的智慧在這裡，其他各大教碰到這個問題的時候，我覺得都應該拱手退讓，佛教就此來講可以擺在最前頭，非常了不起，在這裡看得很透。

其實以前這個道理我不大懂得，由於大家來參與這個講學的相互提揳，在講學的過程中才慢慢懂的。因爲大家共同來參與這個講學，慢慢激發出來，在這樣的一個可能性裡面開顯的。我常常跟一些朋友說，講學自己的學問可以進步，演講自己的學問會退步。講學和演講不太一樣，演講是做秀；講學好像是一個訓練一樣，講學上課就好像你在練功夫一樣，練功夫它有個步驟慢慢來。所以這個講學照我的講法是不可能太精彩，太精彩的話就變成演講，而不是講學。而演講是在很短的時間裡面把最精的部分散發出來，所以一般來說演講會耗氣。但講學就我的經驗來講並不會，它基本上是另一種生命的自我調理。

這一分講無得無說，我們通過這樣的角度來了解，如果按我以前的講法只順著第六分，然後講第七分的無得無說，大概講不出這樣的道理來，很多東西回過頭來它會往前再進一步。我研習經典的經驗一直都是這樣的，它好像有個螺旋現象，好像是重複的，不過每次重講它都一直在往上升。所以我們現在回過來講第七分的時候，好像有點忘了，但是回過頭來講，那個感覺不一樣，眞的不一樣，所以我們應該把這個不一樣保留起來，等到以後剪接的時候可以看看它有什麼變化，跟平常照順序來講有什麼不一樣。人間世的次序本來就不應該是那麼整齊畫一、一成不變的，現在我們來看：

二 因緣說法、即顯即寂

「須菩提，於意云何？如來得阿耨多羅三藐三菩提耶？如來有所說法耶？」須菩提言：「如我解佛所說義，無有定法名阿耨多羅三藐三菩提，亦無有定法如來可說。」

釋迦牟尼佛就先問，須菩提！您說說看吧，如來得這個阿耨多羅三藐三菩提了，是吧？（阿耨多羅三藐三菩提，是無上的、絕對的、公正不倚的而且遍及萬方的這樣一種覺性。）「如來有所說法耶？」如來是不是有所說法呢？須菩提就說了：「如我解佛所說義」，依我所了解佛說的道理來講的話，「無有定法名阿耨多羅三藐三菩提」，並沒有一個定法叫做阿耨多羅三藐三菩提。也就是說，阿耨多羅三藐三菩提並不是個定法，是個無所說之法，它是一切法的根源，而不是一個定法，所以叫「法無說」。可以說阿耨多羅三藐三菩提生一切法，不過這個「生」不是誕生，這是說它成爲一切法的憑依，無上正等正覺是一切法的憑依。「亦無有定法如來可說」如來可說皆非定法，只是因緣說法，隨其機緣而說法，機緣一過其法亦過，所以「法」說而無說，因法是隨機緣而說，而機緣它一定會過，而且是瞬間即過，所以它馬上歸於寂，這叫即顯即寂，當下顯現，當下就歸於空無，即有即無，即有即空，妙有眞空，心無罣礙，隨時恢復一個嶄新的可能性。這方面佛教的資源相當多，這方面中國的道家、佛家講得都非常深透。

三　道家的無與佛家的無

道家在這方面可以說也講出了所謂千古不解之密，這整個世界是怎麼開展的？《老子》：「天下萬物生於有，有生於無」（《道德經・第四章》）這些話都不是單從字面上就可以解釋的。「道生一，一生二，二生三，三生萬物。」（《道德經・四十二章》）它不會是「道生一，一生二，二生萬物。」也不會是「道生一，一生萬物。」也不會「道生一，一生二，二生三，三生四，四生萬物。」一定到「三」，是到三的時候才生出萬物，這是有一個特定的原因的，不能亂說的。接著「萬物負陰而抱陽，沖氣以爲和。」在這些地方，道家也是很能夠將世界如何開展的奧秘講出來。憑這一點，我覺得中國在兩三千年前就有道家的思想是很了不起的。《老子》是兩千年前就有的一部經，就好像印度在兩千年前就有《金剛經》這一部書一樣，眞的是很了不起的。經過兩千年來，現在把它們拿到世界的任何一個地方去說的話，這些古代古典的經典仍然是擺在第一位的。

說到這兒，就順便把這個「道生一，一生二，二生三，三生萬物」說一下、點一下。「道可道，非常道。」「道」不是可道之道，可道之道就不是常道，所以「道生一」那個「道」其實是未言說狀態，未言說其實是超乎言說的。但是這個未言說它有一個一開展就可說，道而可道，如果道不可道，那就沒有這個世界了。所以它還是「可道」，還是可言說的，所謂可言說是你要去說，去說那個可言說，這叫做「說其可言說」，說其可說之後要進一步的「說」出來。

《道德經》在這裡我覺得它是非常高明的，它把人類的語言，怎麼說出這個世界的奧秘，解出來了。未言說可說其可言說是「道生一」，說其可言說是「一生二」，二就是對立，對立就是我用去說一個什麼出來，而眞正要指向一個事物說出來的時候是更進一步的「二生三」，二生三再往前一步生萬物，這就是王弼講的「名以定形」，我們通過名對於外在的事物給與一個決定性的限定。「萬物負陰而抱陽，沖氣以爲和」，講出這個物以後，「名以定形」謂之「物」，但基本上它是要回到「無」。「負陰而抱陽」說的是它「可言說」和「不可言說」的這兩邊，「沖氣」是講這兩個作用，而形成了一個個體，這個個體好像指向一個序列的開展，其實它還是回到一個靜止的狀態，這叫做「靜爲躁君」《道德經．二十六章》。這個部分很能夠將整個宇宙之源、存在之源講出來，極高的玄學味道。

《金剛經》講的「無得無說」的這個「無」有點類似，所不太一樣的是，佛經講的那個「無」著重在遮撥，把執著去除，強調一個意識透明的本然狀態；道家講的「無」是提供一個天地，天地是一個生活世界的概念，一個可能性，所以「無名天地之始」，而在這個天地裡頭才能夠萬物造化，所以「有名萬物之母」。「天地」的概念和「萬物」的概念是兩個不同的概念，天地是一個場域的概念，生活世界的概念，而萬物是你提供了這個天地的可能性，萬物才能長。譬如說華山講堂是個天地的概念，而我們來華山講堂是萬物的概念，這物不單指的是東西，包含人事物都是。「萬物並作，吾以觀其復」《道德經．十六章》，「復」到哪裡呢，復到這個場域裡頭，這個場域裡有一個氣氛在這裡流盪著，使得這些萬物並作生長。這一套東西可以放到我們現代的世界、現在的社會裡面去考察的，誰說這些東西是老掉牙的東西，它日新又新哪！

對於佛經和道家的經典，以前我求學的歷程，是完全偏重儒家，對於道家和佛教的了解是近十多年的事，我發覺到裡頭有非常非常好、非常深的智慧。以前站在儒家的立場是批判它們，後來慢慢發現到人間世裡面很多的批判，只是以一隅之得而批評對方，像道家這個思想眞是了不起的，我一直覺得我們讀經典的時候應該要把它前後貫通，像道家道德經的首章，和「天地萬物生於有，有生於無」這一章，根本上解的時候是可以擺在一塊兒的。如果解的時候，把它們看成是兩章不同，這表示你還沒有透。這就是一個自我考驗很重要的地方，道德經裡這幾章就哲學裡來講，是一個很高級的哲學表達。講到「無得無說」順便在這裡對比的講一下。

我一直在想一個比較理想的民間講學情形，參與民間講學已經幾年了，不過我通常上課的方式會學術性比較濃一點。我一直認爲，民間講學應該要提升到一個能讓它形成一個土壤，而讓這裡能夠長出東西來。民間講學不像我們到歌廳裡去聽歌，不像我們去喝一杯咖啡一樣，而希望它眞的是能培養一個生活世界，而讓這經典和我們在這個生活世界裡面成長。這些年來我個人的觀察，比較不客氣的講，我個人覺得，民間講學容易流於心靈的安慰劑，尤其是宗教團體裡面非常多的演講，它基本上還不能培養出一個再製的能力，更不要說培養出創造的能力，它只能作爲一種心靈上的暫時性的安慰，這是民間講學必須要克服的，克服了這個，才可能在民間裡面散播出經典的種子。

所以佛陀說法的時候，他是無有定法，他說「一切法皆是佛法」，也就等於「無有定法」，這兩句話連在一塊兒的時候，你才能了解到佛法之爲佛法是爲什麼。佛當機應機說法，所說皆無所說。因爲他是應機而說，機緣一過，它復歸於無。

何以故？如來所說法，皆不可取、不可說，非法，非非法。

這裡「取」是執、執著的意思。用手拿著一個東西，把握執著者謂之取。如來所說的法我們都不可用我們的意識去執著它、把握它，也因此我們說它「不可說」，而這裡所說的「不可說」，其實是已經成爲一個定說的說了，凡是說出來了都不是，凡是說出來的話，它都一往而不復，它要能往又能復的時候，必須要回到無。「非法、非非法」，「法」指的是存在，一切的存在事物。我們講「萬法皆空」，一切的存在事物都是空無的。「非法」是說一切的存在都不是存在，而這並不是說你就認定它就眞的是不存在，你連那個不存在本身你也要能夠將它去除掉。「非法」講眞空，「非非法」講妙有，它不是有，它也不是沒有，沒有而有。

四 從「無」而開啓「有」，從「有」復歸於無

所以者何？一切賢聖，皆以無爲法而有差別。

這句話很重要，「皆以無爲法而有差別。」憑依於「無」，而爲萬有一切，憑依於無爲而有萬有一切。如何憑依於「無」呢？我們剛剛分析過了，「無」指的是一個可能性，如果是憑依於無的時候，指的是經由一個遮撥和否定的作用，也就是無的工夫、效用，而透顯出萬有一切，就萬有一切來講是有差別的；就其無來講，就其所憑依來講的話，遮撥否定了差別相，是個沒有差別的可能性，所以它是無差別而有差別。我們套在《老子》來講的話，有差別是在「三生萬物」以後，說出來以後的，而「皆以無爲法」指的是這個，這個無因爲未言說而隱含了可言說，就其爲可言說一定可說其爲可言說，而說其可言說，那經過這個辯證的統一以後說出來了就有差別。這是如何從「無」而開啓「有」，我們內在裡頭可以想一想，確實是這樣的：回到一個生命的原點的時候，回到座標的原點的時候，那是個未言說未開展的狀態，而未開展意含著可開展→講其可開展，它就開展，開展的話那當然是依著這可開展而開展→而開展出去到達一個定點。但是它所憑依的其實是原點（未開展），而未開展隱含可開展，可開展是如何開展，是要開展這個可開展，而進到可開展而成爲一個開展的定點，說出來了。這幾個步驟一個都不能缺，一個都不能多，剛好是這樣子，一般來說這整個過程可以把它叫做「道」，而原點也可以叫做

道，原點是開展，這個叫做「機」。機是一個趨向，就其趨向所表現出來的叫做「兆」，而這個表現出來已經定在那裡的叫做「象」，而這個象本身所指的一個東西成爲一個客觀性的存在，叫做「物」。而從這個機到兆到物的一個過程，整個過程所表現出來的叫做「勢」。道家有一部分的學問是專講這個的，中國人這個部分是很強的，而它到最後告訴你要參悟於道的時候，都是要去修，怎麼樣回到「無」（道），再開展出來。這是一個很高級的心靈修行，然後來了解宇宙的造化之機，落實到人間世的運用。就我所知日本現在就很注重這個問題，所以他們公司的高級主管，大致來講，都要經過剛剛所說的磨練，對事情理解和把握的方式要經過心靈的辯證統一，你怎麼樣觀察到一個未發之前的狀態，如何從那未發之前展開其機（古字爲幾），如何「觀其兆而知其機」，如何「觀其象而知其機」，如何如此而「識其勢」。不過這基本上仍是將「道」轉爲「術用」。

中國道家有這麼好的東西，佛教有這麼好的東西，擺進來在人間世裡面，不管落在哪方面，它可以滿有用的。而它其實就是一種根源性的探索，這個可以把它名之曰一種「存在的根源學」或「實存的根源學」，古人謂之「道」。參悟那個道，我們多少能參悟的話，對我們整個人間世是有好處的，這個好處不是一般工具性講的好處，而是對整個人。

我想這個「無得無說分」，我們就做一個這樣的疏解，我們回到（「回到」跟「向前」其實是差不多的），回到跟向前是個循環，這個中國人很容易了解，不會是一條線的，發散到不可知的彼岸，所以只好說那裡有審判，中國人認爲一定會回來的，所以他會告訴你自作自受，不是說死後還有審判。《老子》說得很清楚：「道曰大，大曰逝，逝曰遠，遠曰反。」（《道德經・二十五章》）我們看下一分……。

依法出生分第八

「須菩提，於意云何？若人滿三千大千世界七寶，以用布施，是人所得福德，寧為多不？」須菩提言：「甚多，世尊！何以故？是福德，即非福德性。是故，如來說福德多。」「若復有人，於此經中乃至四句偈等，為他人說，其福勝彼。何以故？須菩提，一切諸佛，及諸佛阿耨多羅三藐三菩提法，皆從此經出。須菩提，所謂佛法者，即非佛法。」

受持此經，及四句偈，此是真正之福德；「受」是承之而不違，「持」是守之不怠，能承之不違、守之不怠，能知「若以色見我以音聲求我，是人行邪道，不能見如來」此四句偈，即能無所執著，能無所執，即能放開而之佛法本只是個啓悟之功而已，原無定法，亦可說原無佛法以其無佛法，而特顯般若空智，如是而可說「一切諸佛，及諸佛阿耨多羅三藐三菩提法皆從此經出」；這裡的從此經出，是一虛含而說的「出」，非果真實攝於其中，出於其中也；此可見「般若空智是虛含而非實攝」。

一 透過遮撥、否定，讓真理呈現其自己

這一次我到大陸去參觀了一間佛寺叫「歸元寺」，寺裡有一副很有名的對聯，那副對聯剛好可以用來說明我們這裡將要說的無得無說分，跟依法出生分，我把那一副對聯抄一下：

世外人法無定法，然後知非法法也；
人間事了猶未了，何妨以不了了之。

這副對聯我覺得寫得相當有意思，可以看深得深、看淺得淺。如果一個對佛法完全外行的人來理解這副對聯的話，也會相當有意思，他發現到，沒錯：「法無定法」！他把法

想成了世間的法，他甚至可以把法無定法想成爲一種諷刺的意味，然後把「不了了之」就當成我們一般講「不了了之」那個意思。而這副對聯恰當的來解當然要依佛法來看，「世外人」，我們知道這是指非世俗中人，也就是出家人。整個佛陀的法是「法無定法」，因爲以佛法來講的話，這個法是「非法」，更進一步說是「非非法」，這個法是一個必須通過遮撥的過程而去彰顯的法，但是這一個通過遮撥的過程而去彰顯的法，仍然必須再通過一個遮撥的過程再去彰顯。佛陀之法一向是這樣，一層又一層的否定，在我們中國儒、釋、道三家的智慧裡面，佛教跟道家的智慧我們籠統的可以把它們稱爲「否定的智慧」，否定的智慧告訴我們，我們不是去把握一個什麼叫做正確的，什麼東西叫做眞理，什麼東西叫做「好的」，相反的，是通過一個遮撥跟否定的過程，讓智慧本身、讓眞理本身呈現它自己，好像你把雲霧去除掉了，陽光自然而然就普照大地，這是否定的智慧，道家跟佛教非常強調這點。

否定的智慧也可以稱做遮撥的智慧，或者說「消極的智慧」，但是消極這個詞並不意味著「頹廢」、「不上進」。我想我們看了道家、看了佛法以後，應該改變以前一個錯誤的觀念，認爲積極一定是好的，消極一定是不好的。以後我們思考問題大概不再會是一條線的兩端，好像非此即彼，非彼即此，我們可以發現到它其實是一個圓，一個循環，一個circle。所以通過否定、消極、遮撥的智慧，所呈現的：世外人法無定法。因爲定法一定是有所取，也就是我們在第七分所看到的「如來所說法，皆不可取、不可說。」「取」和「說」基本上都是心念有所執，心念有所執才叫做「定」，當我們去說這個東西叫做什麼，我們去認識它叫做什麼的時候，這是通過我們的心念對它所做的一個執著肯定，或者論定，佛法是要破除這個，所以法「無」定法，對於這個定法要通過一個無的工夫，通過一個否定的智慧把它去除掉。「然後知非法法也」，眞正的法是通過遮撥跟否定而呈現出來的法。「人間世了猶未了，何妨以不了了之。」「人間世」對的是「世外人」，上聯講的是眞諦，下聯著重的是俗諦，兩者合在一塊兒講眞俗不二。「人間世了猶未了」，大家想一想，在人間世裡頭有哪件事你眞能夠了，你說我好像了了哪一樁事，其實它仍然未了，凡是落在俗諦說，它一定不可能，人間事一定是了猶未了。所以你要有一個心情，當你面對未能了的事，「缺憾還諸天地」，或者你想著：「成功不必在我。」或者你想：「這個事情有待來者。」我們常常都很難做到這一點。「何妨以不了了之」，這個不了了之，並不是說：那就算了，而是你要有一份心，你知道再怎麼樣都不可能了，既然它不能了，那就放開吧，通過這種認識而你放開了，這種放開就是眞正使得那件事情完成了，應該這麼去理解它，不是一般世俗講虎頭蛇尾那樣的不了了之。那《金剛經》也不一定要上完嘛，反正不了了之就好了，了猶未了，何妨以不了了之，那就誤解了這個意思了。

我記得沈葆禎題延平郡王祠有一副對聯：

開千古得未曾有之奇，洪荒留此山川，作遺民世界；
極一生無可如何之遇，缺憾還諸天地，是創格完人。

缺憾還諸天地，這副對聯講的是鄭成功，鄭成功希望能夠反清復明，但未竟其功，讓這個缺憾還諸天地，亦是創格完人。這個創格完人並不是說眞的他在這個人間世已經完滿無缺了，人間世裡面一定有所缺憾，你對那個缺憾能夠放開一步，由它去吧，那叫缺憾還諸天地。由於你缺憾還諸天地了，所以天地包容了你的缺憾，因爲它包容了你的缺憾、消化了你的缺憾，所以使得你不再缺憾，這樣才叫做不了了之。

這一次（時在一九九一年）在上海社科院結識幾個年輕朋友，年紀跟我都差不多的，大陸很關心未來中國統一的問題，談到臺獨的種種問題，我就跟他們說請中共不要製造臺獨。這個意思是，你不要以爲恫嚇說如果臺獨的話中共方面就要怎麼樣，這樣的話臺獨就會少，剛好相反，你的恫嚇本身等於製造了臺獨。他又問我未來的中國應該怎麼辦？我就舉了這副對聯，我覺得鄧小平應該有這個心境，「人間世了猶未了，何妨以不了了之。」如果他對佛法眞有了解的話，將是中國之幸，如果他對於佛無所了解的話，即使他看了這副對聯他也不能了解，但根據我的觀察他是不了解的。其實眞的應該是這樣，很多事情你只能放在天地之間讓它消融罷了。人間很多事情可以擺到這兒來想，夫妻不和吵架了，那要怎麼辦呢，其實了猶未了，何妨以不了了之。你能不能正視那種缺憾，而讓那種缺憾還諸天地，由於那個缺憾還諸天地，使得你們有一個嶄新的可能性。如果你硬是通過「言說」，用另外一個字眼來講的話就是通過「爭辯」，以爲通過爭辯可以了事，剛好相反，你以爲了之，其實是不了，你以爲已經了斷了，離了婚不就了斷了嗎，其實仍舊未了。如果在人間世裡頭這個缺憾已經造成，你還是要進一步通過不了了之的方式，回過頭來讓這個缺憾還諸天地，而讓你有一個重新生長的可能性。所以像這樣的一句話可以針對不同的情境而有不同的作用，像這些字眼都很簡單，可能小學生都懂得，但作者在這副對聯裡面將原來很通俗的「不了了之」，賦予了一個新的意義，而表現爲佛法。

我看了這副對聯的感想是，中國的道理奧妙的地方，高者見其高，低者見其低，深者見其深，淺者見其淺，眞者見其眞，俗者見其俗，所以它也很可能就被轉成一般很低俗的解釋。我又回過頭來想，會不會中國人對文字本身有某種崇拜，所以通過文字描述的過程裡面，已經轉化成一個非常高超的道理來，而這樣高超的道理是不是會回過頭來對我們的心靈有某種蒙蔽的作用？而基本上這個問題不在於這個文字跟言說本身，最重要的問題在於人本身心靈跟意識的狀態，問題在這兒。我們可不要相信，中國文化源遠流長，一定不會斷絕，眞的，可不要太相信，一個世代兩個世代，中國的文化、中國古代的經典不再能夠釋放出它的意義來的時候，其實就已經斷絕了。換言之，我們回過頭來想，幾千年來中國文化一直沒有斷絕，這個意思就是說，中國很少有超過一個世代、兩個世代沒有文化教養，即使五胡亂華、魏晉南北朝的時候都還是有。在大陸上你所看到的每個人的表情上，老實說能夠看到中國文化的那種溫潤跟和諧之感嗎？沒有的，你看不到，其實你可以想爲什麼會看不到，不是說我們沒有更深刻的心靈去發掘，而是很可能整個中國文化是處在這幾十年來的浩劫中慢慢的衰頹，現在慢慢的看有沒有新的可能性，那還要等好一陣子。

今天我剛從新竹回來，開車過來的時候，在路上剛好碰到有學生放學，我看到那些國中生走過，一眼望過去，強烈的一個內在的感受是什麼呢！如果用中國以前有所謂望氣之術，我實在很難望出有什麼中國文化之氣，我看不到那個氣，其實那感覺是很眞實的。我想到華山講堂，大概進了這個地方，可以有一個感覺，那是望氣之術你一望就可望得到的。氣是一種感通，你可以感覺得到，當時走在路上望過去，沒有。然後我就想到，這些學生他們從國小國中，他們整個的中國文化的教育是什麼，那我就想到我最早的母校師範大學國文系，然後我內在就有一種苦楚。這個地方是個嚴重的問題，我們的中文教學，如何能釋放出中國傳統經典的意義，這問題滿嚴重的，當然不能夠完全靠師範大學國文系，不能完全靠國文教師，但是多少他們要有點責任。而這個責任追根究柢是師範大學國文系。這個問題，我只能說內在有一分苦楚，這是很麻煩的。海峽兩岸的中國，臺灣大陸，你能夠望出中國文化之氣嗎？如果勉強來說，臺灣有一點，相對於中國大陸，臺灣可以說多，但還是稀薄的。所以當我們現在談這些的時候，一定要留意一下，我們怎麼樣不落俗套，不落在一般所以爲的那個了解，像「不了了之」、「法無定法」意思是什麼，要進一步的了解它。其實這副對聯眞是作得好，我就跟那幾個朋友說，可以找一個好的書法家，寫下這副對聯去送給鄧小平，以這副對聯所隱含的義理去面對整個中國的未來，整個中國問題就是應該這麼處理。所以大家不要輕忽了道家的智慧跟佛教的智慧，以爲都是人間世受了苦的人，才需要尋求它們作爲安慰劑，其實不是這個樣子，而是它提供了嶄新的思維方式，讓我們眞正發現到，這樣的思維方式甚至是比儒家還切近於眞理的，或說它是讓眞理呈現它自己，這點要慢慢的了解過來。

現在我們來看依法出生分第八：依法出生。什麼是「依法出生」？接著前一分「無得無說」，講「無得無說」容易被誤認爲好像一切都空了，但是在佛經裡面最重要的一個觀點就是「色空不二」，或說「法空不二」。「依法出生」之意：法如其爲法而顯現出來。如果用現代的哲學語言來講，讓事物如其爲存在的事物而存在。因爲所謂的「無得無說」，其實只是在去執，去什麼執，關聯著人的心靈意識而說的去執，去除了意識對於外在對象的取象作用，也就是執著決定的作用，去除了這個，回到意識的本然狀態，而意識的本然狀態是透明的。這就是我們以前講的「意識的透明性」，就意識的透明性而進一步講存在的空無，而這個所謂的存在的空無，並不意謂著它是斷滅了，而是說它「依法出生」，它就在那個場域裡頭開顯它自己，因爲它是空無，所以它開展它自己。所以任何一個存在的事物，都如其爲存在的事物而存在，這叫做「依法出生」。

這個依法出生如何依法出生呢？這麼說這個依法出生沒有什麼好談的嘛！依法出生是關聯著人的實踐而說的，這裡一步一步的進入到它的核心。我們以前提過的，在《金剛般若波羅蜜經》裡面，有三個很重要的重點：「意識的透明性，存在的空無性，實踐的如是性。」那麼這個實踐的如是性的背後其實它有一個悲願、有一個信仰，要持守那個信仰，那麼在這裡講依法出生的時候，它一方面當然歸返到意識的本然狀態，然後才能在這麼一個空無的情況之下，讓那個存在彰顯它自己。佛法要落實，佛法不是用來裝門面說你知道了些什麼佛法，你知道了哪些文字、論辯。最重要的是實踐哪！那麼這個實踐怎麼能夠促使得我們的意識歸返它的本然狀態，這是最重要的。由於我們的意識歸返到了本然狀態，意識是透明的，使得那事物彰顯它自己，這樣才叫做「依法出生」。它現在告訴你，你應該做一件事情，最簡單的一件事情：布施。你說怎麼一跳跳了那麼遠，原來不是講得好玄，怎麼突然跑出一個布施來，接下來我們來了解那個布施本身的道理是什麼，布施的用意是什麼：

須菩提，於意云何？若人滿三千大千世界七寶，以用布施，是人所得福德，寧爲多不？須菩提言：「甚多，世尊！何以故？是福德，即非福德性。是故，如來說福德多。

二　布施是通過量的去除，達到質的提升

釋迦牟尼佛說了：須菩提，你的意下如何呢？如果有一個人拿了滿三千大千世界的七寶（三千大千世界表示非常非常多，在《金剛般若波羅蜜經》裡頭，凡是形容量很多的，大概有兩個方式，一個是「恆河沙數」，另外就是「三千大千世界」，形容時間很長用「阿僧奇劫」，形容非常巨大就用「須彌山王」。）如果一個人拿了這麼多寶貴的東西，用來布施，那麼這樣的一個人他所得的福德是不是非常多呢？須菩提就回答說：「是啊！很多。」須菩提又順便請問釋迦牟尼佛，爲什麼呢？釋迦牟尼佛就把須菩提說的福德甚多轉成了另外一個問題，轉成說：「是福德即非福德性，是故如來說福德多。」這句話有滿多層的意思，你用三千大千世界七寶以用布施所得的福德是福德，但是非福德性。福德跟福德性有什麼不同呢？註裡面提到了「依摩訶般若波羅密修行，令自性不墮諸有，是名福德性。」令我們自性不墮於有的這才叫福德性，你拿三千大千世界來布施，你當然會得到福德，但只是福德，而非福德性。因爲眞正的福德性，是「自性不墮諸有」，你現在得了很多福德，這只是在量上很多，表示你仍然「墮諸有」，所以非福德性，只是福德多而已。

另外一層的意思是，你得的這個福德，非福德性，所以如來說福德多，你拿三千大千世界那麼多的七寶來布施的目的是什麼，是利益的換取嗎，是不是呢？不是，布施就是要通過量的去除，進到質的提升，從一個有我之境（有我之境是通過量來說明我）通過一個

否定的過程把這個有去掉，而以無我的方式來提升那個我，使得「我」有一個重新的調整。「若有人滿三千大千世界七寶，以用布施，是人所得福德，寧爲多不？須菩提言：甚多！」這裡說甚多，仍然停留在量的層次，仍然沒有徹底的擺脫利益的換取這個想法，所以釋迦牟尼佛要點出「是福德即非福德性」，眞正的福德應該是福德性之所顯，所以那個福德不能以多寡論，而現在你強調那個福德的多寡，就不是福德性。「是故如來說福德多」，那麼在這種情形下，那個福德也叫做多。如果你眞正能夠了解到福德不能夠以多寡來論，而你能夠通過一個「非福德」的遮撥歷程裡面，而使得福德歸返到它自身，這樣所說的福德多，就不再是以多寡而論的多了。爲什麼肯定有後一層的意思，因爲你看接下去的兩行，佛教中布施的著重點就是要通過量的去除達到質的提升，所以：

若復有人，於此經中受持，乃至四句偈等，爲他人說，其福勝彼。

布施是一個由「有我」慢慢進到「無我」的歷程。你接受了《金剛般若波羅蜜經》，持著《金剛般若波羅蜜經》而去實踐，而四句偈可以說就是整個《金剛般若波羅蜜經》結穴所在的四句話，這四句話就是《金剛經》最後佛所說：「一切有爲法，如夢幻泡影，如露亦如電，應作如是觀。」這幾句話我們可以先提一下，不過以後我們可以更詳細的講，一切人間有形有相的這些有爲法，它如夢幻泡影一般，一切有爲的東西，它都非眞實的，既非眞實故不應執著，既不應執著，所以你就得去除執著，也就是回到意識的透明，回到存在的空無，而這個基本上是通過一個實踐上的如是的過程，是一體的，所以「應作如是觀」。

「為他人說」也是一種布施，你聽別人說也是布施，因為你使得別人有說的可能性。「布施」是你拿出了東西，這是布施，我常講，大家到這華山講堂來，各位布施了你們的耳朵，我布施我的嘴，另外有人布施了華山講堂這個場地，大家一起在這兒布施而參與了《金剛般若波羅蜜經》，使得《金剛般若波羅蜜經》自己依法出生，自己如其為自己的彰顯，所以「布施」最重要的意義就是對於自我的重新調整。我們一個人要「無我」是很困難的，一個人要歸返意識的本然狀態是很困難的，要了解存在的空無是很困難的。那應該怎麼辦？通過布施，通過布施而捨得，把你所得的統統捨了，把你原來放在你內心裡頭的拿出去，通過你所擁有的拿出去，來調整自我的意識狀態。譬如說你擁有時間，上班回來滿辛苦的，你擁有的時間現在你把它布施出來了，這是布施。時間是客觀的在那裡，那我怎麼布施？時間不是客觀的，時間是主觀的，在這裡由於大家的參與，這個時間就布施在這裡，使得它有一個歷程能夠在這裡展開，你說那少了一個人那一樣還是兩個鐘頭。沒錯，少了兩個人也還是兩個鐘頭，但是到最後少到沒有人的時候，這個時間就沒有了。這裡大家可以發現到，原來所謂的時間和空間是因為我們的心靈參與了它，所謂參與了它，是你把心肝掏出來了，放在那個地方，這個時空才存在。人間世有很多東西是因為你布施了它才有，所以對布施的意義一定要分別清楚，布施絕對不是利益的換取，布施是通過量的去除，讓我有一個重新的調整，使得「我」有一個質的提升。我們一般人，談到「我」是什麼的時候，一定通過他所擁有的來說明他，名片拿出來，某某公司董事長，什麼什麼頭銜，俗諦一定是這樣的。但是你執著在這裡的時候，你就沒有辦法回到你眞正作為一個人的本然狀態，而整個《金剛般若波羅蜜經》最重要的就要告訴你，怎麼樣回到作爲一個人的本然狀態。而這並不意味著你都不要世俗諦的東西，那些世俗的東西，你通過一個心靈修養的過程，通過一個否定的遮撥的消解的智慧，讓你能夠回到你自身，由於你能夠回到你自身，所以世俗裡頭的那些名相，它變成一個身分而不是工具，它變成一個標誌，但不是一個限制。

三 質的原則勝於量的原則

爲什麼「其福勝彼」？因爲質一定勝於量，質是強度的，量是廣度的，這個命題要留意：質一定勝於量。如果一個生命一直沒有辦法了解「質一定勝於量」的道理，這個生命就太俗了，如果你衡量這個人間世永遠從量來衡量的話，這個人間世就無所謂奮鬥了。劉秀跟王莽在昆陽之戰，劉秀當時只有八千人，而王莽是二十五萬大軍，但是昆陽之戰劉秀獲勝；當時興中會、同盟會加起來的人數才多少，如果你從量的觀點去較量的話，那根本不可能。所以質的原則跟量的原則是兩個不一樣的原則，不同層級的兩個原則，所以有「一夫當關，萬夫莫敵」，因爲質的原則勝過量的原則。現代人的心靈就常常只有量的原則而沒有質的原則。今天海峽兩岸所構成的一個中國，未來的主導方向、主導的一方在哪邊？一樣，質的原則大過於量的原則。如果我們沒有辦法了解到這個眞諦，沒有辦法肯定這一點，沒有辦法認識到這一點，那麼那就算了，那眞的就算了。我認爲我們目前普遍的危機就在於我們的心靈多數是量的心靈，廣度的心靈，不是個質的心靈，不是個強度的心靈，我們在教育上要有一點改變，這個質的精神的提升，在中國古典裡面很多，它絕對不是現在一些所謂教育學者所提的很多新的教育方式所能夠擁有的，那些都是廣度的而不是強度的，廣度的是可以處理物的問題，它是離其心靈之外，被擺在那裡處理，擺平的處理，質的原則、強度的原則是位在內心裡面通貫天地挺起來的，這不一樣，這一點如果沒有辦法了解的話，我們的社會如果不能有這樣的共識，會很危險。不然你怎麼也想不透爲什麼會「其福勝彼」，當然勝彼，質的原則勝量的原則。這一點是很重要的，什麼叫文化衰頽？文化衰頽就是大家忽略了質的原則、強度的原則，而只認爲只有量的原則，只有廣度的原則，認爲一切都只要依照量的、廣度的原則來處理事情，這個是很不合理的。但是就有很多人會告訴你這樣才叫做合理。

四　存在是空無，空無是無盡的可能

何以故？須菩提，一切諸佛阿耨多羅三藐三菩提法，皆從此經出。

一切無上正等正覺法，都從《金剛般若波羅蜜經》出來。而這一部經書是在告訴我們什麼？一言以蔽之：「色即是空」。一切的存在皆是空無的，因爲存在是空無的，所以存在才能如其爲存在的彰顯它自己。你如果對當代西方的存在主義學家、現象學家的一些思路熟悉的話，以沙特（Jean-Paul Sartre）爲例，通過《金剛般若波羅蜜經》你可以寫一部新的，或名之曰《存有與空無》，就像沙特的書名"*Being and Nothingness*"，所有一切的存在都是空無的，而所謂的空無不是斷滅，空無是一個無盡的可能性，使得存在自身彰顯它自己。所以空無其實指的是意識的透明，空無指的是一個新的可能性，這樣才能夠講「依法出生」，所以才能接續著「無得無說」而說「依法出生」，它是合在一塊兒的，所以《金剛般若波羅蜜經》可以說是一部「秘笈」，無限奧義都在裡頭。

須菩提，所謂佛法者，即非佛法。

佛這裡所強調的佛法，不是可以通過一般的言說而去說的佛法，這是一個解法；另一個解法是，它是通過一個遮撥的歷程、一個否定的方式，通過一個消解的化除的方式，而去呈現出來的那種覺悟之法。所以所謂佛法者，即非佛法，所以佛法不可以有所取、不可以有所執，不可以有所說、不可以有所得，你有所取、有所執、有所說、有所得那就不是佛法，所以你說了即心即佛，一定要再說非心非佛，再進一定講即心即佛。《金剛般若波羅蜜經》一直就用這樣的論式：「般若非般若，是之謂般若」，它一定是A非A而再回到A。好吧，我們先休息一會兒，待會兒再繼續吧。

一相無相分第九

「須菩提，於意云何？須陀洹能作是念：我得須陀洹果不？」須菩提言：「不也，世尊！何以故？須陀洹名為入流；而無所入，不入色、聲、香、味、觸、法。是名須陀洹。」「須菩提，於意云何？斯陀含能作是念：我得斯陀含果不？」須菩提言：「不也，世尊！何以故？斯陀含名一往來，而實無往來，是名斯陀含。」「須菩提，於意云何？阿那含能作是念：我得阿那含果不？」須菩提言：「不也，世尊！何以故？阿那含名為不來，而實無不來，是故名阿那含。」「須菩提，於意云何？阿羅漢能作是念：我得阿羅漢道不？」須菩提言：「不也，世尊！何以故？實無有法，名阿羅漢；世尊！若阿羅漢作是念：我得阿羅漢道，即為著我、人、眾生、壽者。世尊！佛說我得無諍三昧，人中最為第一，是第一離欲阿羅漢。世尊！我不作是念，我是離欲阿羅漢；世尊！我若作是念，我得阿羅漢道，世尊則不說須菩提是樂阿蘭那行者；以須菩提實無所行，而名須菩提是樂阿蘭那行。」

就證得之果上說，可有四類，就相上言，則本無二殊，一相一切相，皆還歸於無相，無相無行，只是個「如」字而已；因此，「實無有法名阿羅漢」，要是「阿羅漢作是念，我得阿羅漢道，即為著我人衆生壽者」，亦唯「不作是念」，方得為「離欲阿羅漢」；也因「實無所行」，所以說其為「樂阿蘭那行」（即樂無諍行）；能無念、無所行即歸止於本處，此即是無相，是一相，是實相；此可見「無念、無所行乃是般若之真法門」也。

我剛剛唸的時候，心氣不是很平，心氣之所以不平是因爲回答您剛剛那個問題，因爲我沒有能力用我剛剛用的那樣的表達方式回答，所以心氣就會激盪。所以有些話不能學著講，剛剛那個是學著講、順著機，學著講，順著你剛剛問的那個機，用一種比種屬於禪宗的打禪機的方式去說，其實我是沒有那個能力那樣說的，那個話講得很漂亮，但是那個漂亮是沒有辦法符合自己整個生命的修養，所以心氣就沒有辦法平而有起伏，定不下來，所以很多東西要有所知，剛開始我應該就說我回答不出來，這樣就是了。人是不能逞強的，這是很眞實的，你逞強了以後也可能你心氣好像平了，久了以後，你的言說系統跟你的心靈意識系統分而爲二，言說可以不干擾到你的心靈，所以可以順著古聖先哲原來的言說，順勢而成理，但是這個成的理終究與你的心有二，它不是如一。一切理解跟詮釋要涉及到修行的話，最大的忌諱就是你把你的心靈意識跟言說系統切開了，切開以後，你可以順著原來古聖先哲的「勢」而成一個「理」，而這樣的理跟你的心靈意識分開久了以後，它會造成「以理殺人」。所以這個問題是滿値得我們留意的，很多東西是不可以隨便亂學的，尤其基本的底子還是不夠的時候，這就叫做「鸚鵡學舌」，人家怎麼講就跟著怎麼講，講了以後好像煞有介事，其實不是那樣，久而久之就自欺欺人，這個「異化」是很厲害的，於是它就形成一種語言跟文字的崇拜，我通過了這些語言好像一切就處理了，不成問題了，事實上問題很嚴重。從我剛剛思考這個問題我們可以發現到，我們每天從生活周遭的碰觸中可以思考很多問題，就看我們怎麼樣思考。

一　一相是無相，無相是如相

「一相無相」，前面講到「依法出生」，現在講一相無相，我希望我們這個《金剛般若波羅蜜經》講到最後三十二分的時候，你腦子回頭想依照每一分的標題，然後你把它關聯在一塊兒，想一想。「法會因由、善現起請、大乘正宗、妙行無住、正信希有、無得無說、依法出生、一相無相」，之後「莊嚴淨土」。這些經題都標得非常好，所以我們不要以為古時候的人沒有受過所謂現代哲學的訓練就不會思考，他們思考問題其實非常精確，問題在於現在的人有沒有辦法眞正了解他們所說的是什麼，而用現代的語言再表達出來，語言是隨著時代在改變的，每個時代都有新的語言。

一相無相，以一相攝多相，一相攝眾相，而一相本身是無相。其實你可以發覺到《金剛般若波羅蜜經》前前後後反反覆覆一直在告訴你「意識的透明，存在的空無，實踐的如是」。一相無相，一相攝眾相，而就此一相，即是無相，一相無相即是如相，「如相」則事物一如其本身顯現它自己。這也沒什麼，話只是話，說只是說，說過了也就過了，不過也不過了，你放得過放不過。記得上次有學員提到「橋流水不流」。是橋流呢？還是水流？皆流，皆不流。問題在於你能不能放開，你是通過所說定住自己，還是你是通過所顯顯現自己。我們一般都是通過所說定住自己，不是通過所顯顯現自己，「說」指向對象，「顯」回到自身，讓自身顯現。我們一般俗人都是用所說定住自己，而且用所說定住世界上的一切，也讓別人之所說定住自己，而沒有辦法去除所說。去除所說才能夠回到自身，讓自身顯現其自己。佛法之可貴在這裡，告訴我們「去除所說，歸返自身，讓自身顯現其自己。」所以眾相是一相，一相是無相，而無相即是如相，這是去其所說進到所顯。所以我說這一部經書是很了不起的，如果你對於現代語言哲學有一些了解的話，你就會更了解到這部經書還有更多可以講。

它現在講「一相無相」是怎麼說的？它不是直接就理論告訴你。「經」跟「論」不一樣，論是以論述的方式把道理展開，而經書是平鋪直敘的通過對談的實際的記錄，在字裡行間呈現。論不容易讀，但是一旦懂了，一定懂到一個程度；經很容易讀，你可能認為你已經懂了，其實你還不懂。但是你也不能說你完全不懂，不同的時候會讀進不同的成分。所以以佛經來講的話，先讀讀經，再讀論，回過頭來再讀經。當然，整個學問的資源是很重要的，你能夠有更多學問資源那你了解的一定會更深。

二 去除所說，去除對象化

「須菩提，於意云何？須陀洹能作是念：我得須陀洹果不？」須菩提言：「不也，世尊！」

須菩提，你覺得怎麼樣呢？如果得須陀洹的人，做這樣的念頭說：「我得到了須陀洹果了不」，是不是你得到了須陀洹果了呢？須菩提說：「不是的。」你得須陀洹果的人，不能夠有個念頭說，我得了什麼。這個意思是「不應取執」，既有取有執便是限制，便是執溺，一旦有限制一旦有執溺，那麼就墮入言說，一旦墮入言說的境界裡面，就無所謂果可言。講這四層都是在逐層的去除所說，都不應該取執於我得了什麼，應當是「無得無說」，你有得有說都是錯的。「得」是你把外在的對象拉進來，認爲你擁有了它；你把你心裡頭的念頭黏著出去，然後指出在那個對象上頭，那個叫「說」；而「無得無說」就是不分主客，去除主客對立，去除心靈的對象化活動，去除你對於對象的宰制，放在你的心靈裡頭，意識回到本然狀態。

何以故？須陀洹名爲入流，而無所入。不入色、聲、香、味、觸、法，是名須陀洹。

須陀洹原來是「入」的意思，入於聖流。「入於聖流」其實是無所入，不入色、聲、香、味、觸、法，才能夠入於聖流。換言之，去其言說，因爲我們的言說跟我們的心靈意識是合而爲一的，正常的狀況是合而爲一的，現在「不入色、聲、香、味、觸、法」。去除所說，其實是對你心靈意識的那個指向有一個新的調整。我們的心靈意識一定有它的指向，我們的心是很麻煩的，孔老夫子用幾句話就把「心」描述得很清楚，「出入無時，莫知其鄉，惟心之謂與。」（《孟子．告子上》）我們的心在想什麼，出入無時，莫知其向。這是就一個實然的心而說，而不是就一個應然的道德心，心的實際狀態是凡有入必有執，心必搭於物上。

我們的言說，我們要「說」這個東西叫做什麼的時候，你去除了那個言說並不是說我現在從今起不說了，不是你對那個「說」抑制住，而是你調整你的心靈意識，調整那個指向。我們心靈意識的指向一定通過眼耳鼻舌身，通過色聲香味觸，這是五根五塵，加上意是六根六塵，眼必及於色、耳必及於聲，嗅覺味覺觸覺必相對於香味觸，你現在不入色聲香味觸，這個層次叫做你得了「須陀洹果」。你不被你的眼耳鼻舌身五官蒙蔽，你的意念不順著你的五官出去，把捉外在的事物，這是第一層的初級的修行，這是進入聖流的開始。按著這樣去分析會滿瑣碎的，眞正的道理不是這樣，分析只是「方便」，不得已而爲之。

現在進一步要說所謂「不入」是什麼意思。不入並不是斷絕，斷絕接觸的可能性，不入是「入而不入」。我們也可以通過這個道理來理解，孔子告訴顏淵所說：「非禮勿視，非禮勿聽，非禮勿言，非禮勿動。」（《論語．顏淵》）以前有人會提出一個很有趣的問題來問：我沒有看我怎麼知道是非禮？我還沒有聽怎麼知道是非禮？言跟動還可以說，但是視跟聽要怎麼說？顯然他是理解錯了。這裡的「非禮勿視，非禮勿聽，非禮勿言，非禮勿動」要對比於我們剛剛所說的才會比較能恰當的理解。禮，指的是一個恰當而合理的管道，什麼樣是恰當而合理，這有很多層次，恰當而合理落在我們的心靈意識來說：心氣不動、如理而行。我們生活世界中視聽言動種種的活動，重要的是我們要能夠如理而行，而所謂如理而行就是心氣不動，所以柳下惠「坐懷不亂」，禮也。如禮可視，如禮可聽，如禮可言，如禮可動，但是你不如禮，那就勿視、勿聽、勿言、勿動，你通過一個禮的規範，來檢察一下自己。禮進一步講是「理」，而內在的講「心氣不動」，是如其本性顯現它自己，所以有的人發怒可以的，因為它是如理的，文王一怒而安天下之民，喜怒哀樂都是對的，「未發謂之中」，「發而中節」就好了，此謂之「和」。「中也者天下之大本也，和也者天下之達道也。」（《中庸．第一章》）這道理是相通的。所以我們知道在去除所說的過程裡面，它是通過了整個心靈意識的指向的調整，而這個調整並不是斷絕了，就好像「非禮勿視，非禮勿聽，非禮勿言，非禮勿動。」並不是每天都緊張兮兮的，走路一定要抬頭挺胸目不斜視，那樣子當聖人太可怕了吧。不是這個意思。所以要恰當的理解並不是很容易的，沒有先做恰當的理解就先做批判說孔老夫子太嚴肅、太刻板，那是因為你不了解，不了解加以批評那有什麼用，就好像我手上的叫做筆，有的人叫它pen，「怎麼可以叫『騙』呢？這個是筆呀，亂講！它又不是人怎麼會騙人。」搞了半天是自己搞錯了，講「騙」的時候是pen，是就另一個言說系統而說它是什麼。大家以為這很好笑，老實說很多人做學問就是落在這種笑柄裡面，我說得並不過分，尤其所謂對於中國文化的批判，很多就類似這個樣子，因為他根本沒有了解，沒有了解就搞得一場糊塗。不要輕言批判，多多了解，批判並不足以彰顯自己，唯有了解才能讓世界呈現出各種可能性。

「須菩提，於意云何？斯陀含能作是念：我得斯陀含果不？」須菩提言：「不也，世尊！何以故？斯陀含名一往來，而實無往來，是名斯陀含。」

「斯陀含名一往來，而實無往來。」這是進一步講「不入」，講入而不入，所以這兒講一往來，什麼叫「往」什麼叫「來」，前面講的不入色聲香味觸，好像有一點「防」著，其實不是，這裡進一步告訴你進一層的斯陀含果，而斯陀含名一往來而實無往來，往來自如。因爲往來而實無往來所以往來自如。什麼叫往來而實無往來？人有往來而有往來相那很辛苦是不是，往來而無往來相，沒有執著在往來。「張三前一陣子去看了李四，就覺得現在李四該來看我了，因爲朋友是要相互往來。」這就執著在那往來相了，那很辛苦的。李四上次來看我的時候帶了一籃梨子，今天我去拜訪他也要帶一籃梨子，這都是執著在那相裡面，這個就不是往來而無往來。「往來而無往來」，閩南話講「好像進廚房一樣」，走到廚房吃完飯又走出去，那個感覺沒什麼嘛，你心裡頭並不覺得你現在已經去了哪裡，所以怎麼樣。這就像這裡所說的，斯陀含名一往來而實無往來。因爲它入而不入，他沒有那個往來相，沒有執著於那裡，所以說一往來而實無往來，這樣叫斯陀含。

三 一往來而實無往來

「須菩提，於意云何？阿那含能作是念：我得阿那含果不？」須菩提言：「不也，世尊！何以故？阿那含名爲不來，而實無不來，是故名阿那含。」「須菩提，於意云何？阿羅漢能作是念：我得阿羅漢道不？」須菩提言：「不也，世尊！何以故？實無有法，名阿羅漢；世尊！若阿羅漢作是念：我得阿羅漢道，即爲著我、人、眾生、壽者。世尊！佛說我得無諍三昧，人中最爲第一，是第一離欲阿羅漢。」

這一分提到四種果：一個是須陀洹果，一是斯陀含果，一是阿那含果，一是阿羅漢果。這四種果是逐層提升，最後進到阿羅漢，是無諍三昧，生滅來去不在言說論斷之下，都已經通過否定遮撥的智慧去除了，把這所說的統統去除，這叫「無諍」，而這個時候讓存在顯現它自己，這個叫「無諍三昧」。

有重複的部分我就不再說了，總而言之，就不要執著得什麼果。不入↓一往來實無往來↓不來。而實無不來。↓實無有法名阿羅漢。我把它抄出來，大家就可以比較清楚看到它從須陀洹果↓斯陀含果↓阿那含果↓阿羅漢道，一層一層升高，所以閱讀經典千萬不要只是瀏覽過去，眼到口到手到心到，把它抄出來對比一下。

不入——入而不入。你的心靈沒有執著在色、聲、香、味、觸等等外在的對象裡頭。一往來而實無往來——從往而說來，先說往再說來，而實無往來，因無往而無來。去而能來，你之能往來因爲你實無往來。

不來——從對象回過頭來說，色、聲、香、味、觸不能使你的心念有所起，不來了，修持到這個境地了，不是它不來，其實它根本是無，它是以「無」來。

舉個例子來講，不要怕鬼，爲什麼不怕鬼，因爲你心中無鬼，所以不會有一個鬼對象化出去然後那個鬼回來，因爲它其實就是沒有，不是鬼不來，而鬼根本以「無」來，因爲鬼基本上是空的。前一層是從內在裡頭：我要怎麼樣；第二層是了解你之能夠那樣是因爲入而不入，能往能來，而之能往能來是因爲無往、來；第三層更進一步說，其實那些東西都「不來」，它根本無自性，所以它是以無自性的方式來，而那種來，來了就過了，此之謂如來，如其所來，這個就是整個心靈意識調整的過程，以上釐清了三層。到了第三層阿那含的時候，註上講已經出欲了，出是「離」的意思，離欲，整個外在的事物，你知其爲空，它既是空無的，所以它不會使得你的欲起現。再進一步：

「須菩提，於意云何？阿羅漢能作是念：我得阿羅漢道不？」須菩提言：「不也，世尊！何以故？實無有法，名阿羅漢；世尊！若阿羅漢作是念：我得阿羅漢道，即爲著我、人、眾生、壽者。」

所以阿羅漢從這裡進一步的從「我」而說「道」，阿羅漢當然也可以稱「我」，但他進一步講「道」。因爲他這裡進一步要指出「實無有法名阿羅漢」，你若有得阿羅漢道的念頭，即是著我、人、眾生、壽者。

世尊！佛說我得無諍三昧，人中最爲第一，是第一離欲阿羅漢。世尊！我不作是念，我是離欲阿羅漢。

三昧的三是「正」的意思，「昧」在這裡指的是「受」，你去除了一切言說執著的定向，去除所說，歸返所顯，而所顯是自身如其自身，就是「正」。呈現其自己講「受」講「見」（現），這叫阿羅漢道。這無諍三昧是「人中最爲第一」，是離欲，眞正離了欲，所以阿羅漢道是前面從須陀洹果、斯陀含果到阿那含果一個總結的完成，總結的完成就其離欲說，這是整個內在的心靈意識，整個調整到這個地步而完成的一個人格典範，這個人格典範是就其人自身而說的人格典範，這樣的人格典範進一步要再講的時候，是必須擴及到整個生活世界裡頭而完成的人格典範，那就不停留在阿羅漢，進一步講菩薩（菩提薩陀）。但是記住，這裡頭「我不作是念，我是離欲阿羅漢。」因爲你一旦作了是念，你就沒有離欲了。

現在時間已經超過九點半了，後面還有一些，下個禮拜我們再總結的把這個說一說。道理是在一個不斷的講習跟摸索的過程裡面呈現，講習中好像我們說了很多東西，其實講習也是在去除所說，通過說而去除所說，因爲你把所說的確定在那裡，你把它擺掉了，才能夠顯現經典自己。我們這個課好像有愈講愈深的傾向，不知道大家能不能適應，我「望其氣」好像大家還頗能適應的樣子。我們今天就到這兒，謝謝大家！

四　大乘：留禍潤生

世尊！佛說我得無諍三昧，人中最爲第一，是第一離欲阿羅漢。世尊！我不作是念，我是離欲阿羅漢。

「阿羅漢」三個字原來是印度梵語的音譯，譯成漢語的意思是「無諍」，如註上所說：「阿羅漢梵語，唐言無諍。無煩惱可斷，無貪瞋可離，性無違順，心境俱空，內外常寂。若有得果之心，即同凡夫，故言不也。」阿羅漢，唐朝官話的意思就是「無諍」，「性無違順，心境俱空。」心境俱空，這幾個字眼特別重要，用我們現在的學術語言來講就是：意識跟存在兩者同樣是空無，另外一層意思就是「透明」的。阿羅漢跟菩薩不同的地方是，阿羅漢強調離欲，前面所說的從須陀洹、斯陀含、阿那含到阿羅漢是逐層的達到「離欲」，這個離欲其實是內外皆忘，內外皆空；而菩薩更進一步不只強調你心靈的修養，歸本復原回到意識的本然狀態，更進一步留惑潤生。我們知道在整個印度的佛學來講，有所謂大小乘之分，一般來講大乘佛教特別強調菩薩道，菩薩道強調「留惑潤生」，而阿羅漢強調的是「離欲」，所以中國佛學對於只停留在阿羅漢道，一般就視為小乘，而能夠行菩薩道，能夠迴向世間來拯救世間的眾生，屬於大乘精神。菩薩道跟阿羅漢道都是悲智雙運，但是我們可以說菩薩道的悲心尤勝於阿羅漢道，因為菩薩道認為：如果我沒有拯救了世間的眾人，那麼我不願意自己離棄了世間的眾人而自己得道、自己成佛。也就是說眾生都已成佛自己才願意成佛，這是一個大悲心，這叫留惑潤生。留惑，人間世才有惑，身在人間世就不可能心境俱空，就不可能意識跟存在完全處在透明的狀態，因為它不可能是無執無住的，它一定是有所執著的，而執著著把握著什麼的時候，那麼他必然會有惑。

所以佛教在中國的發展來講，因為中國人非常強調人倫，在中國古代以來的思想基本上是認為，這個人間世是美好的，這跟原來印度的思想認為人間世是染汙的，有很大的基本上的不同。印度人有一個基本的思想認為，真正美好的清淨的世界不在這個人間世裡面，而是在彼岸。這跟整個原來儒家、道家的思想不一樣，儒家、道家原來的思想認為這個世界就是好的，我們人去參與這個世界就應該讓這個世界復歸於美好，所以它的理想要在此岸完成的。基本上，整個中國的思想是強調在此岸成就，印度佛學的思想傳到中國先通過「般若」這個觀念，般若其實就是智慧，而這個般若是一個見空的智慧，但是它在中國的發展卻一步一步的慢慢的往「佛性」強調。佛性是成佛的根據，般若所強調的是緣起性空、性空唯名，而佛性強調的是眞常唯心。印順法師分判佛教有三系：性空唯名、眞常唯心、虛妄唯識。佛學傳入中國是般若一系先入，它跟道家無的觀念結合，經過約百年之久而形成所謂六家七宗。接著往前發展有竺道生佛性思想的出現，竺道生自認其講的佛性觀念，在當時中土的佛經中並無此說，但他肯定佛必如此講。他經過自己的「親證」（這是中國人特別強調的），親證就是以一自我眞實的生命，切實的體證到。後來由印度入傳的典籍增多，的確是肯定竺道生的佛性思想是對的，佛教應該有這樣的思想。竺道生之所以能作這樣的肯定，直接從性空唯名跨越到眞常唯心的思想，基本上這是中國長久以來的一個思想：強調人在人間世裡面成就，它背後一定認為人的本性一定是善的，具有一個善的可能性可以開展。孟子、荀子雖然一個道性善、一個主性惡，其實他們仍然強調「心」可以決定，心可以具有善的可能性，所以「塗之人可以為禹」《荀子・性惡篇》，就如同孟子講：「人皆可以為堯舜」《孟子・告子下》，只要經過學習的歷程，「始乎誦經，終乎讀禮。」《荀子・勸學》在〈勸學篇〉講了怎麼樣通過學習而達到君子跟聖人，這都強調在此岸。中國人強調在此岸成就，所以特別會把原來佛教最強調的見空的般若智慧，轉而更加注重成佛的根據，即大悲心，所以直接從般若系統跳入眞常唯心。後來唯識學又在中國發展，而唯識學在中國的發展一樣的從虛妄唯識往眞常唯心走，而在中國成立的三大宗派天臺、華嚴、禪，與儒道文化傳統的背景脈絡是有關的。

我們這裡特別指出這些在說明中國人為什麼那麼強調菩薩道，而似乎忽略了阿羅漢道，因為基本上中國人並不認為此岸和彼岸是截然二分，而認為兩者是一念之所轉，而這個一念之轉，再進一步追溯這「一念之轉」的可能的根據，追到眞常唯心。而眞常唯心又如何安排惡的可能？在大乘起信論就通過「一心開二門」的方式去說，我們的心有兩個可能的情形，一個是「心眞如門」，一個是「心生滅門」，完成一套相當完整的系統。當然這部論的作者就引起了很多的爭議，很可能是中國人自己造的，爲什麼能造出這麼好的論？基本上是因爲佛教中國化以後而產生的果實。所以到目前，佛學已經成爲中國本土的學問之一了，叫中國佛教或中國佛學，跟印度的佛學有許多不同。這給我們一個很大的借鏡，一個新的宗教一個新的文化是如何傳入，又如何演變。

阿羅漢的意思就是無諍，無煩惱可斷，我們如何能夠無諍無煩惱可斷？其實簡單的說就是「離欲」。「欲」是心念一直指向一個外在的對象，要去佔有那個對象，要去把握那個對象，那叫做欲。「欲」其實就一個一直往外馳的一種意向力，無欲或離欲的意思就是，你使得那一直往外馳的意向力回返，回到心，而心是空無的，心的本然狀態是透明的，如此來，便如此去。

五 心、意、識、念

這個「心」到底是什麼？在佛教來講是很清楚的，心、意、識三個字眼不太一樣：就其體說，意識的本然狀態謂之「心」，但這個體不是個實體（entity），它是個體貌之體，心是一種狀態，心的「本然」狀態是「空無」的；就其「意向」來講謂之「意」；就其「了別」來講謂之「識」。

這個問題是經由唯識學的發展而把握清楚的。唯識學著重在意與識的分析，進而追溯到「心」，然後要把這些統統遮撥了，這叫虛妄唯識，呈現出眞正心的本然狀態。性空唯名一系（般若智）著重在心上說，虛妄唯識系統著重由意到識，眞常唯心的系統著重在從心往識上說，而把心轉化成接近於一種實體，它不再只是一個狀態而已，但是這個「實體」跟西方哲學所講的substance也不一樣，這是很難加以清楚的分別，不過我們從經典慢慢追溯過來的話，可以把握住是這樣沒有錯。我們在談這些佛學的問題，慢慢的要把它收攏，這是關於它們整個心、意、識的分析。

在整個宋明儒學受到佛教的影響最深的，就是這一套東西，深入到中國人心靈裡頭來。宋明理學家抗佛、老，在意識型態方面基本上是肯定此岸排斥彼岸，把所有佛教跟道家都推向彼岸，認爲這樣不對，應該重視此岸。但是宋明理學家在對整個人的心性的解析方面，受到佛教的影響之後，才眞正分析到清楚。雖然這些宋明理學家讀佛書也不是讀得很多，因爲五代以後佛學大致來講已經衰頹了，當時盛行的是不立文字的禪宗，所以一般來講，佛典對於當時知識分子的影響不是很深，但是思想這個東西不是你根據哪一部書而怎麼樣，思想就像空氣一樣會散播在整個時代整個社會，慢慢的它就進入了宋明理學家的思考，於是他們對於意識的分析到了王陽明後進入了精微。陽明已經清楚到那個「心」到底是怎麼樣一個心了，心的狀態除了具有一種爲善的能力之外，心的本然狀態是何？陽明的四句教就很清楚的能說出來，這叫「無善無惡心之體」（《傳習錄》卷下，三一五條）。也就是「心」原來的體貌是不涉及於相對的善與惡的，這個是到陽明的時候才敢講這個話，也才講得清楚，但是陽明的很多弟子不見得清楚，而攻擊陽明的也有很多不清楚的。到了明代中葉以後，很多人都對「無善無惡心之體」這句話大加撻伐，連顧炎武也不懂，《日知錄》：「陸子靜出而宋亡，王伯安出而明亡。」話這樣講是很不通的，陸象山講心學宋朝就亡了，王陽明出來講心學，明朝也因此亡了，問題不是如此。因爲他們誤解了陽明「無善無惡心之體」的意思。不是善惡不分，而是超乎善惡，其實你用另外一個倫理命題來講，它是「至善無惡」的意思。這些要能先了解佛教，然後把它和宋明的心性學關聯在一起才明白。而到了陽明的學生劉宗周，才清楚的標舉出「意」是什麼。不過他基本上是回到比較儒學的立場，他講意指出了它的意向性，講它的動力動向，是個純粹的意向動力，這個時候它就不是一個往外馳的意向動力，所以他在這個地方又加上了「念」，將意和念分開來，愈講愈精微。

我們之所以作這些補充在說明，不管儒、釋、道等任何涉及於修養的學問，最後都要歸到整個心靈意識的探討，這跟當代比較強調文化這個側面的心理學，譬如說弗洛姆（Erich Fromm）、容格（Jung Carl），有一些接近，可以放在一起來討論。《金剛般若波羅蜜經》在這裡討論的「阿羅漢」著重在「意」的層次，所以「佛說我得無諍三昧，人中最爲第一，是第一離欲阿羅漢。我不作是念，我是離欲阿羅漢。」因爲你作了是「念」：我是離欲阿羅漢，念必著於物，必著於有。所以你如果作是念我是個離欲阿羅漢的時候，你就已經執著在那個名相裡面，你把那個名相當成了一個眞的東西，所以不能夠執著。

我們可以用簡單的幾句話來把握：

言其本然謂之心；
言其意向謂之意；
意之所發謂之念；
念之所及謂之物；
執物了別謂之識。

而整個般若智最重要的在破執。破執有幾個辦法，第一層、物不讓它進到心；二、心不讓它執著物；三、物本身就是空的；四、心本身也是空的；五、心物俱空，心向物而穿透，物到心亦穿透而過，此謂來去自如，般若智破執就是這幾個層次步驟。譬如碰到鬼應該怎麼辦呢？一、不讓鬼侵近我；二、我不要去招惹鬼；三、鬼也不是鬼，我也不是人，非人非鬼，鬼來了沒什麼，人去了也沒什麼，此謂來去自如。這幾個步驟一定是這樣的，剛開始我不讓你來，但是有時外在的力量太大，把心守住不讓它出去，但是它還是會一直衝出去，到最後外在沒有引力了，你自己的心也沒引力了，它來你去，它來其實也沒有來，你去其實也沒去，這是不來又不去，好來好去又不來不去，同時又來又去，意思都一樣的，到這個層次一言以蔽之就是「如」，也就是如來，來去自如。阿羅漢道已經修到如來如去的境地，相當不容易，我們人的心靈如果修到這個地步的話，那麼就自在了、沒事了，人間事就沒有任何事會去綁住你了。講到這裡我們都很羨慕，講的時候好像覺得自己已經達到了，其實沒有，語言達到跟眞正達到那差得很遠，語言勉強企及，體悟上還差得很遠，這很不容易，眞的很不容易。

而菩薩的心靈狀態跟阿羅漢不大一樣，阿羅漢強調在「智」，菩薩強調在「悲」，悲的意思是我以渡他而渡己，其實阿羅漢道有的時候比菩薩道還難。因爲人的習慣是由我指向他，所以菩薩通過渡他而渡己反而比較容易。阿羅漢彼此來去自如，無所牽掛，當然他對於世間也就比較無情，因爲他已經忘情了，忘情從另外一面來看就是無情。

六　阿蘭那行：去掉「把握」，回到自己

世尊！我若作是念，我得阿羅漢道，世尊則不說須菩提是樂阿蘭那行者；以須菩提實無所行，而名須菩提是樂阿蘭那行。

「阿蘭那」也是梵語，意爲「無諍」，即清淨行，除去有所得的心，這個叫做「阿蘭那行」。其實阿蘭那行就是前面四種行總合而說，你這個時候是清淨的、是無諍的，「無諍」這個字眼用得很好。「諍」，言語爭辯謂之諍。我們的言語是怎麼構成的大家有沒有考慮過？「說」包含了兩個活動，說是：出去/抓住，「道」則不是出去抓住，「道」是回來/放開，所以「道」就不能夠用說的，道是用體會的，說是意念通過口，發氣而出，指向一個事物，而我認爲我這樣的一個指向就是把握了它。其實說就很像武俠小說裡寫的點穴，說——是什麼。這個世界如果依照原來基督教的想法就是這樣造成的，原來它是渾淪一片的，上帝說——有光，光就像被點穴了一般停住了，所以上帝說有光就有了光，上帝「說」有什麼就有什麼，所以這個宗教上所引申出來的事物，是一執著性的、對象化

的、客觀的，跟我們的心靈分開的那樣的一個存在事物。這個典型如果能把握住，很多東西就能夠把握了。說這個活動是這樣的，所謂無諍就是無所說，把原來出去/把握住的，去掉那個「把握」，去掉了那個出去的活動，去掉了就回到了自己，這個活動叫做阿蘭那行。「須菩提實無所行」，而這種阿蘭那行其實是實無所行，據實而言它是無所行，因爲它把原來把捉的那個東西也都取消掉了，把把捉的指向也取消掉了，這個時候就叫空，歸到緣起的起點，那是沒有緣起的境地，那就叫無生。無生是佛法中很重要的法之一，你能夠信受奉持，成爲你生命信持的一個目標，這麼修行而有所成，這叫得無生法忍，這個「忍」字實在是用得非常好，忍的意思就是持而勿失。忍是不容易的。

我上禮拜好像跟大家提到，在大陸歸元寺有一副對聯，還有一副也作得很好，跟這個無生有一點關係，我想這兩副對聯應該是某一個朝代的高僧所作，我把另外一副抄給大家：

見了便做，做了便放下，了了有何不了；
慧生於覺，覺生於自在，生生還是無生。

這兩副對聯都寫得很好，不但它們本身好，更符合了它的寺名「歸元」，這個「元」對佛教來講就是「無」就是「空」，本然謂之元，歸返意識的本然狀態就能自在，所以見了便做，做了便放下，了了有何不了，一切事如此，有何不了。「慧生於覺」，我們的智慧從我們的覺悟而生，而覺從自來，而這種所謂生其實是無生，不是你通過個覺悟悟出了智慧來，不是的，根本沒有，放開而已，這也如這裡經上所說：「世尊則不說須菩提是樂阿蘭那行者。以須菩提實無所行，而名須菩提是樂阿蘭那行。」須菩提之所以爲樂阿蘭那行者是因爲，須菩提無所行，因爲一切了了，所以有何不了呢，做了，但是做了還是放下。「慧生於覺，覺生於自在，生生還是無生，」這個對子很好，在臺灣寺廟裡的對聯裡很少能找到這麼好的，每一個字我們都看得懂，小學生三年級大概這些字就全都認得了，字簡單而義理很深刻。這個小時先到這兒，待會再看第十分。

七 莊嚴清淨

每一次要到新的一分以前，我大概都會請大家把前面幾分的名字稍微再看一遍，每一次你再看的時候，希望你儘量去想，思索看看它們那些是怎麼樣命名的，怎麼樣關聯在一塊兒的，等到我們講到三十分、三十一分、三十二分，我們把它講完的時候，希望大家能夠把握到爲什麼它這樣一分一分的這樣分。在《金剛般若波羅蜜經》裡面也有不這麼分的，之所以這麼分，它是有它的道理的。譬如說你看「法會因由、善現起請、大乘正宗、妙行無住、正信希有、無得無說、依法出生、一相無相」現在進入第十「莊嚴淨土」。在佛陀的思想裡面非常強調自在，非常強調清淨，清淨自在，一切空空如也無所執著，那麼是不是人間都不執著，人間應該有的禮貌這些東西都不執著了不需要了？這麼說的話，人間世的莊嚴如何顯？其實不只是人間世的莊嚴要顯，就是那個自在清淨也要顯莊嚴，眞正的莊嚴是在清淨，所以大家不要以爲強調自在清淨，自如其如，就可以任性妄爲。那麼你說那個大和尙從廟裡面走出來，你說那我要考驗他一下，拿了一盆水往他臉上一潑，然後他生氣了，然後你就在那裡說：「哎呀！這樣就生氣了，你還執著嘛？是不是。」那你就乾脆往他臉上啐一口痰好了，那他會不會生氣？他當然生氣！然後你說：「我才啐一口痰，他就沒有辦法把它視爲『空』的東西，他還是『有』，所以他講的那一套學問是假的，沒有用。」這些話聽起來好像很聰明，這些行爲好像很聰明，其實是很魯莽、很愚蠢。因爲他這些話已經違反了分寸，不了解禮的分際，我們在不管是爲學或者是求道，很重要的就是這個分際分寸要懂，如果連分寸分際都沒有了，很難有所成。

那你說傳說中的濟公和尙，濟顚，瘋瘋顚顚的，那你說那可不可以呢？我說可以。爲什麼可以，他瘋顚中自有莊嚴，他在瘋顚中能夠呈現出那個莊嚴來，瘋顚中自有自在，自有清淨，而且他呈現出那個莊嚴。有的人是要表現出那個莊嚴還表現不出來，變成一種執著、著相。執著那個佛，把佛做一個像，所以禪宗爲什麼要呵佛罵祖？爲什麼還要當頭棒喝？基本上是要明心見性，是在當下的那一念，把你從一個整個心念意識的枷鎖中解脫出來，是把你從一個言說的鏈鎖中解脫出來。你如果又執著著這個言說的鏈鎖，執著著整個心念意識的枷鎖，然後你這樣去呵佛罵祖，去棒喝，這是魯莽，而那種魯莽於爲學求道是有害無益的。而這樣你得了幾分禪意在，那麼這種「禪」，就叫「狂禪」。什麼叫做「狂」？心放而不能收，心放而不能收謂之狂。是很値得我們留意一下的，所以記得以前有人問過我說，他很尊敬慈濟功德會證嚴法師，他也到她的佛殿去參拜，到那佛室中間，往那墊子上一跪，然後就有人跟他說：「不行，這一塊是證嚴法師專門用的。」他就心生不悅：「爲什麼要執著，那一塊就是一定要證嚴法師才能用呢？」從此以後他就對「慈濟」不大相信。我說：「是你執著，還是她執著呢？她執著不執著，那不知道嘛！但是你執著，那已經肯定了。」現在我們老遠的到那裡去，基本上是所謂要洗淨心靈上的一些煩雜一些繫縛，結果你去那裡又反而把自己繫縛住，這問題在你不在她，所以像這些情形分寸要懂得，分際要懂。年輕人容易犯這個毛病，年輕人很容易著我高我慢，我爲什麼要聽他的？年輕人最喜歡這樣子了，然後要表現出這是我唯一無二的見解，我是一個獨立的存在。當然年輕人有時候有這個是不錯的，一般來講，十五、六歲，二十多歲是被允許的，上了三十歲，一般來講，就比較不被這麼允許。因爲「三十而立」，三十而立是立於禮的意思。「禮」的意思就是分寸分際，這個地方是不太容易的，顯然我們整個教育的以及整個社會的風氣習尚須要更多的人文教養。

這一分講莊嚴淨土，「淨土」，在原先婆羅門教所認爲有一個「梵天大我」，那個地方是整個人的歸宿，那個地方純粹而清淨，而梵天在彼岸，而佛陀致力於瓦解整個「梵天大我」原來所具有的實體性，認爲眞正的清淨就是「空無」，就是如其爲空的方式顯現。而淨土基本上根源於心，清淨心則有淨土，有清淨心才能莊嚴，所以這個莊嚴不只是個相，莊嚴是個心靈的狀態。我們中國有一句成語叫做「沐猴而冠」，一隻猴子好好的搭理牠，讓牠痛痛快快的洗個澡，穿得「人模人樣」的，那也只不過是「人模人樣」而已，總不能眞的成一個人，牠那種莊嚴就只是一種表面的狀態而不可能是心靈的清淨。所以有的人長得也不怎麼漂亮，但是他就是有一份莊嚴，有的人硬是要裝出那個莊嚴也裝不出來，這個地方基本上根源是在內的，我們現在來看這一分：

莊嚴淨土分第十

佛告須菩提：「於意云何？如來昔在燃燈佛所，於法有所得不？」「不也，世尊！如來在燃燈佛所，於法實無所得。」「須菩提，於意云何？菩薩莊嚴佛土不？」「不也，世尊！何以故？莊嚴佛土者，即非莊嚴，是名莊嚴。」「是故，須菩提，諸菩薩摩訶薩，應如是生清淨心：不應住色生心，不應住聲、香、味、觸、法生心，應無所住而生其心。須菩提，譬如有人，身如須彌山王，於意云何？是身為大不？」須菩提言：「甚大，世尊！何以故？佛說非身，是名大身。」

此先說「如來在然燈佛所，於法實無所得」，蓋法本具於內，非由外而來也；故於法實無所得，而自得之也；雖自得之，又無所得也，因法本無所得也，以無得得之也；順此，而說佛土之莊嚴則是「莊嚴佛土者，即非莊嚴，是名莊嚴」；能疏決一切之滯礙，流通暢達，即是莊嚴，非有一莊嚴相也；疏決滯礙，流通暢達，此乃「如是」之道，以此「如是」便生清淨心，而此清淨心之為清淨，乃「應無所住而生其心」也；此點明「應無所住而生其心」之「心」乃是一透明無礙之心靈意識，吾人或可稱此為「回歸意識的透明性」。

一 命令與交談

這裡的「應無所住而生其心」，六祖惠能聽人誦讀《金剛經》到「應無所住而生其心」，言下大悟而出家。「須菩提，譬如有人，身如須彌山王，於意云何？是身名爲大不？」須菩提言：「甚大，世尊！何以故？佛說非身，是名大身。」「佛告須菩提：於意云何？」佛凡是告訴他學生的時候，一定有徵詢之意，這個叫做交談。在東方的宗教裡面，其實所有的宗教幾乎都可說是東方的，基督教的啓示也是起自東方，但我這裡是特別指的是印度的佛教和中國的儒、道。就儒、釋、道這三教來講的話，基本上它們最著重的一個說話的方式是交談，說話大體來說有兩種方式：一個是交談，另外一個叫命令。

命令就是「我說什麼就是什麼的方式」，交談是有個徵詢的過程：「我是這麼看的，你的想法又是什麼呢？」譬如說「子曰：盍各言爾志。」（《論語・公冶長》）這是個交談。佛在這裡，「佛告須菩提：於意云何？」這是交談。「上帝說有光就有了光」，這是命令。《莊子》書裡面很多寓言故事，常有若干人彼此在那邊談，魍魎問影（《莊子・齊物論》）是交談。交談跟命令不同，命令具有強制性。這可以用一個很簡單的原則來分別，凡是那個宗教強調以命令爲主的，它一定強調法則。因爲命令基本上視言說爲一個能夠用來把握外在事物的那樣的一個中介者，它強調言說，同時就強調那個命令的強制性，也就強調「法」的強制性；而如果不是屬於走這個路的強調的就是心靈感通，這是兩條不太一樣的宗教的路，也是兩個不太一樣的社會構造論。中國人不太注重法，中國人的法是擺在情、理之後，國法不外天理，天理不外人情，中國人的邏輯是這樣的，這個邏輯不完全錯，這個邏輯其實自己成爲一個體系，但它有它的限制，尤其當中國人口已經增長到十一億以後。但這並不意味著這個時候就要法，不是，你怎麼「法」，往往最強調法，但卻最沒有法。

中國最恰當的人口，我的想法是回到四億，再少一點更好，三億。如果以目前大陸的人口政策繼續往前做的話，到了大約西元二二〇〇年的時候，中國大概會比較好一點，也就是二百年後。但是印度會很糟糕，因爲根據人口學家講，到了西元二〇五〇年的時候，中國人口大約會增加到十五億左右，但之後會慢慢遞減，而印度的人口到時也會增加到十五億左右，不過之後並不往下減少，而是繼續往上升，以後會怎麼樣？很難說。美國人口才兩億兩千多萬哪！澳洲人口一千萬，那你說日本人口一樣那麼多？日本人口有兩億多。

不過你可以想，如果五個日本你把它加在一起，構成一個國家，然後它的人口乘以五倍的話，一定不可能像日本現在這個樣子。這個地方有很多值得檢討的，中國人口問題是個很嚴重的問題，這個就是毛澤東的一句話害慘了他們，那句話叫「人多好辦事」，毛澤東是很典型的沒有現代化頭腦的人，他腦袋裡面其實只有帝皇思想。我們回到剛剛談的。

命令和交談不同，我們慢慢要培養一個能力，就是從蛛絲馬跡裡頭，找出最重要的東西，於是你可以分開來看。現在你馬上說，命令中國人也有啊，《中庸》裡頭不是講「天『命』之謂性」嘛，那不是命令嗎？不是，中國人講命的時候其實是流形，流形義：「惟天之命，於穆不已」《大學・第二十六章》，「命」是從這裡講的。所謂「品物流形」的意思也就是說，我賦與你那樣的一個開展。而到底是誰來賦與，其實是它本身就已經存在了，那個生也是具在，所以所謂「太極生兩儀」的「生」，不是有一個太極是「生」了兩樣，太極跟兩儀其實是同一個嘛，這叫同有謂之生。像這些字眼你沒有把握住，然後很努力的在那裡講一大堆，「天命之謂性」是什麼，這跟「上帝說有光就有了光」怎麼樣類似，其實它不是的，爲什麼我現在講得那麼肯定說不是就不是呢，這不是獨斷的說，因爲你的理解必須關聯到整個文化整體才能夠說得通。它眞的是不同，你如果硬是要說它是，那講了半天，那就是錯，這個地方不是叫見仁見智呀，這就是有的叫胡說，所以這裡學問的分際就很重要了，講錯了，那麼影響很大。

所以你看到每一分裡頭這個「佛告須菩提」，他一定會徵詢「於意云何」，「如來昔在燃燈佛所，於法有所得不？」「不也，世尊！如來在燃燈佛所，於法實無所得。」這一分是在告訴我們，「法」，「佛法」不是誰給你的，佛法也不是說，哦！你原來有宿慧。

不是這個，不是有宿慧，也不是誰給你的，那佛法是從哪裡來？佛法不會得於他，佛法得於己，佛法是自得之學。凡是強調自得之學自得之道，再往前一定強調自力，在中國的儒家、道家、佛教，所強調的都是自力。那你說偶爾也會強調一個冥冥中的力量啊，好像是一種他力，在中國來講這個「他」仍是自己的力量之所顯，用那樣的力量來要求自己罷了，他一定從這兒講。譬如說方孝儒〈深慮論〉裡面說要「積至誠、用大德，以結乎天心；使天眷其德，若慈母之保赤子而不忍釋。」天好像慈母一樣要保護她那個幼小的嬰兒，而不忍心拋棄，但他強調的是要「積至誠，用大德」，用至誠大德之心。凡是強調的言說方面不是以命令方式，是以交談方式，強調氣的流行，那麼在學問上是道的流傳方式，我們理解一個東西是有一貫性的。

所以如來以前在燃燈佛所，於法有所得不，傳聞如來佛在前世的時候，受記於燃燈佛，說他未來會怎麼樣會怎麼樣？其實這個地方所說的「受記」只是個象徵，而這個象徵意義唯有通過你的力行、實踐才能落實。就好像說現在畢業了，給你一張臺灣大學的畢業證書，那個證書只有象徵意義，必須經過你的力行實踐，才能使得這個象徵落實。這裡一樣的，所以「如來昔在燃燈佛所，於法有所得不」，有沒有所得，如來在燃燈佛所，於法「實無所得」，落實而已，無所得，你所得的只是個象徵。很多東西都是象徵，你只要去詮釋它，然後那個象徵意義顯示出來，你的內在裡頭有一種體會，落實了，那麼那個象徵意義就落實了，它就不是「空」了。人間的生活裡面，其實就是活在這樣的狀態裡頭，這個叫做「禮」呀，這個叫做「文」哪，這個叫做「教」，籠籠統統說，這叫文化教養，一個社會有這些東西，那叫有「文化教養」。

二 歸返人性的批判

其實我們社會現在這個問題很嚴重，我們怎麼樣喚起他們，剛開始你當然要安排，讓他的心境在這個地方能夠薰陶，我想像這樣一個社會講學的意義裡面，其實是彼此的參與，讓這個《金剛般若波羅蜜經》無形中有一股氣氛進到我們生命裡頭，成爲我們生命的資源，而我們回到了家，然後我們生命又散發出一股氣息來，我滿希望它能這樣慢慢慢慢擴散開來，因爲我們的學校教育太缺乏這個，我們的大眾傳播在這方面也十分的不足，而更嚴重的是一大堆的汙染。我們的新聞，我們的廣播，我們的電視，其實是造成我們心靈汙染最大的汙染源，怎麼樣避免都不容易。我一直在想，應該大家來談談這些問題，現在環保的問題很被重視，談到環保一般講的就是自然環境的保護，其實最應該保護的是心靈，「目不視惡色，耳不聽惡聲。」《孟子・萬章下》，最好是讓惡聲、惡色不及於耳目，這很重要，這樣你整個人心境就會好。五識：眼、耳、鼻、舌、身裡頭，耳朵是最直接的，而眼睛是最具有黏著性的，這兩個是一個很重要的問題。我覺得我們應該嚴格的限制我們新聞報導裡頭的言語汙染，尤其是報紙的報導。言語所造業的已經很嚴重了，文字是寫下來的，寫在那裡擺在那裡……。尤其是社會新聞，一切有關燒殺擄掠的事情，那種情節應該一律的省略掉，或者應該用最簡單的方式大略的寫，而且寫的過程裡面一定要隱含了批判性的回歸，回歸人的本性。我們現在新聞的問題很嚴重，非常嚴重，我覺得新聞記者造了很多業，恐怕要下十九層地獄的不是教師，而會是記者，因爲他們影響力比教師還大，還要厲害。舉個例子好了，我想有機會我們可以分頭找資料來作一些研究。記得有一次看到一則報導裡寫的：他「擁有」五次婚姻，「一個政治家擁有多次婚姻並不意味著什麼」，「擁有多次婚姻」跟「離過很多次婚」在事實上一樣不一樣？事實是一樣的，但是這個語意完全不一樣，用「擁有」這個語詞表示的是贊成的意思。在用字上，大家可不要輕易的看這些字眼，很可怕的，這些字眼無形中就侵入了你腦子裡面，它就進來了，以後它就形成一個力量，就影響到你整個心靈的狀態了，這不可不慎。我覺得應該建議在類似新聞傳播學院應該有這樣的課程，新聞的報導裡頭應該隱含有一種人性的回歸，這樣的話，通過這個新聞的閱讀，你不必說教，你也是在閱讀一個事實，但它本身就帶有治療的作用，而不會因此導生汙染。這個汙染很厲害，非常非常厲害，不要輕看了這個。我們學習佛家的智慧、道家的智慧，最重要的就是要學習培養我們一個免除這種汙染的能力。大家有沒有聽說過，年輕的小伙子看了社會新聞他們在討論什麼？他們討論那個做案的過程：「哎呀！怎麼那麼笨，就只差那麼一步，如果當時怎麼樣的的話，就不會被抓到了，這案子就不會破了。」很嚴重的，你描述的那些，會引起我們對於善惡的恰當分辨呢？還是會引動我們去理解那整個機竅，然後怎麼樣去逃或者利用呢？這是多麼嚴重的事情，可見新聞局應該管管這方面的事情。這個地方當然不是直接去干涉新聞自由，應該要培養新聞記者眞正作爲一個新聞記者所應該有的責任感，怎麼樣恰當的描述事實。「他離了三次婚」跟「他擁有三次婚姻」，你怎麼樣恰當的描述，不太容易啊！

因爲你任何一個意義都隱含一個意向，在我們中國佛經的翻譯裡頭有「義趣」一詞，它這個翻得非常好，「識其義趣否」，你懂不懂那個道理呢？這兩個字合在一起用，結合得非常好。「義」指的是意義，這「趣」這個字眼眞的是非常恰當的剛好就是interest，這個interest就有兩層意思，一個就是趨向的意思，另一個是「因此會產生什麼樣的影響」。任何一個字的使用都會產生一連串的影響，這個是目前社會學討論得最熱烈的問題。

我之所以要把問題引到這邊而談了這麼多也是心有所感，因爲我們目前這個社會有一個很嚴重的問題，就是文化教養很差，譬如說你去辦一個什麼樣的事的時候，一個恰當的交談的方式，恰當的禮節都不懂，爲什麼不懂？人的心靈要能夠落實在這兒（經典中），才能夠恰當的處理。又比如有一些嘩眾取寵的人士講一些奇怪的話，趙耀東先生有一些話講得很好，他講「官不可僚，民不可刁」，這句話講得很好，沒什麼不對。你如果雞蛋裡挑骨頭也可能挑出一些毛病來，但是你必須轉好幾個折，才能夠恰當的說出應該更恰當的一句就是：「也無所謂官不可僚，也無所謂民不可刁。」若還有人會強調「民越刁則法越著、理越明」，前幾天寫的，它也轉了一大圈，要強調說我們要去爭，它意思不見得不好，也有好的一面，強調我們要去爭取我們的權利然後我們才能夠怎麼樣。問題是這個時候你要恰當的用這些字眼，你沒有恰當的分別出這個字眼是什麼意思，然後你要把它轉到這個地方來的時候，而講出「民越刁則法越著而理越明」，基本上這個心是不平的，是有憤世之情的。我們現在姑且設想這個思想背後的立意是好的，但知識分子最重要的是心要平，心要平，很多東西可能緩慢一點，長久一點，但是毛病少。這一點我非常強調，也因此有人說我比較保守，有的人就認爲知識分子要衝啊，要radical一點，要激烈，要講出什麼，所以才能夠改變，要怎麼樣怎麼樣。但是我覺得知識分子的批判是要批判自身的批判，就是你那個批判要歸返自身，而且你在批判的時候要有一個批判的意識批判你自己。

這何等困難，這唯有你多受一點佛的、道的、儒的教養，才能夠眞正面對意識的本然狀態，面對現在存在的處境，不是光面對著未來。所以我一直在強調社會批判可以從佛教、道家，尤其是道家，也可以從儒家，發展出新的批判來，那叫做歸返人性的批判。

我們談這個《金剛般若波羅蜜經》，我不希望它只是作爲好像一般說的心靈的歸依，唸一唸就過去了，這就不錯了，有一種自在的感覺，至少今天晚上不會失眠了。不是這樣的，我希望在這兒能夠開發出一個新的方法向度，來理解這個世界，因爲這是中國傳統中非常重要的資源，也是人類要往前邁進非常重要的一個資源，中國之能夠提供給整個世界最重要的東西在這裡。我一直認爲是有這個可能性。

所以大家可不要輕易看這個「如來在燃燈佛所，於法實無所得」，這個於法實無所得，很清楚，它其實就是一個徹底的瓦解了宰制性的批判力，而這種批判力是回到自己，瓦解那個宰制不是你用另外一個宰制性的力量去替代它，而是你自己也能夠將自己原來那種憤激之情給取消掉。現在臺灣這方面的問題出在哪裡呢，就是你批判宰制，結果你落入一種宰制性的批判，這種情形用中國以前的老話叫「以暴易暴」。

我體會這個是有一次在找停車位的時候。現在停車空間不足，常常有人就把那停車的位子給佔了，是不是？在他家門前就好像那個地方就是他的，有一次爲了要拿電腦去修，結果沒有地方停車，電腦又很重，找來找去只有一個地方可以停車，而那個地方又是個商店，車位又被拒馬佔了，這時候當然很生氣，心裡面很不舒服，這時候生命裡頭會湧現一個東西跟它配合，這個東西叫做「正義感」。於是我就去跟那個商家理論：「這是公共空間，不能夠這樣！」他好像有一點吃驚，就把那些阻擋的東西拿開。剛開始的時候，心裡非常舒坦，第一個感覺就是「我伸張了正義」，然後我馬上回念一想，想到的第一個問題是我馬上佔有利益，你是因爲伸張正義而感到痛快？還是你因爲佔得利益而痛快？其實兩個是並起的，所有的批判這時候馬上要想到，我們要批判不義我們要伸張正義，但是我可不要因爲是佔了利益而高興，而這時候我更應該想到，等一下我走的時候……可是我們通常就算了。從這個問題使我有所體會，而在那裡想，喜歡批判的人到底是要取得利益，還是要伸張正義？神魔夾雜，這是一個陷阱啊。知識分子最大的陷阱在這裡，但是你也不能說我因爲擔心自己是爲了利益而不再做批判，不是的，而是你要慢慢的能在自己生命裡頭產生大力量。而這些力量的培養，我覺得是要自己有眞正面對自己的時間。中國傳統儒、釋、道的經典，最重要的就是提供你這個資源，面對自己。面對自己的意義不只是作爲一種修養的這個層次，有社會的層次，有倫理的層次，有各個層次，所以我在講學的過程裡面比較刻意的要去突顯出它的另外一面，不會只是停留在修身養性。我們現在繼續往前看。

三　莊嚴即是回到自身

「須菩提！於意云何？菩薩莊嚴佛土不？」「不也，世尊！何以故？莊嚴佛土者，即非莊嚴，是名莊嚴。」

因爲清淨佛土，它是無相無形，所以，你怎麼樣去莊嚴它呢？其實是以你的心去莊嚴，你心的清淨去莊嚴。何以說心的清淨能莊嚴它？什麼叫做莊嚴佛淨土？佛淨土如其爲佛淨土就是莊嚴的。不是我刻意的要把它打扮成一個什麼樣子，莊嚴是如其爲那樣就是莊嚴，所以這裡特別指出，「莊嚴佛土者，即非莊嚴，是名莊嚴」。不是你刻意的要莊嚴，而是你回到你本身，它就是莊嚴，它就是淨土。其實是讓開就莊嚴，你讓開它就莊嚴嘛，你不讓開它怎麼莊嚴。我們大家想一想，「喔！師父出來了，好莊嚴哪！」爲什麼好莊嚴，因爲大家都讓開了所以莊嚴，你們每個靠攏過來了他還會莊嚴嗎？一個拉他這裡，一個扯著那邊，他莊嚴嗎？不莊嚴。莊嚴就是讓開，你讓開，它莊嚴，要讓我們這個社會莊嚴，那官府要讓開，新聞也要稍微讓開，人的死亡有某種悽慘，但是你活著的人要讓死亡有某種莊嚴，讓它過去，讓開，你新聞記者能不能讓開呢？不要寫那樣的報導了嘛，人間世有很多重要的事情你爲什麼不來採訪呢？奇怪了，我們華山講堂在這裡講課講了這麼久，爲什麼沒有一個記者來？今天哪裡殺了一個人，他老遠的飛奔而來採訪，這很奇怪，所以從某個角度來講，這些新聞叫垃圾，是啊，我就覺得我們這個華山講堂的講課應該常常有人來採訪才對呀，奇怪！影歌星的那些生活起居無聊透頂了有人採訪，標題寫著「談戀愛的男人不會變壞」，昨天看到的，是個笑話嘛，那個大標題你可不要輕易看。或許只是一句玩笑話，但是這個笑話是有問題的。我們的公車上寫的：流行就是健康。流行感冒是健康嗎？流行性病毒是健康嗎？似是而非的語言汙染充斥著我們的耳目，我們的心靈環境會好到哪裡呢？心靈環境那麼糟糕，我們的心靈怎麼可能會純淨，這是問題。新聞，當然不是要管制，但是我們希望新聞能夠讓開一點，讓人有活下去的空間嘛，佛陀的智慧就是讓開，你讓開，他自在嘛！你把他分開來想，你讓開／他自在，其實佛陀的智慧就是這樣子。

應該讓鄧小平了解一下，臺灣海峽兩岸，臺灣、大陸，都是中國，你讓開它就自在，你讓開，讓臺灣自在啊。你不讓開呢，那它搞獨立，自在的意思是什麼？自自然然的存在於整個中國裡面。你不讓開，那麼它就搞獨立，你讓開，它自在，自在那就兩邊都自在嘛。所以如果有人問我從佛經來爲中國未來前途提出藥方來，就是讓它自在，談一個字的話，就叫做「如」，什麼「統一論」，什麼「獨立論」，我們可以講一個「如論」，臺灣跟中國大陸目前應該怎麼辦？那就是「如」。如就是我們上個禮拜講的歸元寺的那副對聯：「人間事了猶未了，何妨以不了了之。」不了就無所執著嘛，有什麼好執著的，無所執著，如就了了，是不是？中國的未來，這裡是有一點方向的，我們今天就講到這兒，耽誤了大家一點時間，謝謝大家！

四　清淨心：心的本然狀態

我們接著講「莊嚴淨土分第十」的後段：

「是故，須菩提，諸菩薩摩訶薩，應如是生清淨心：不應住色生心，不應住聲、香、味、觸法生心，應無所住而生其心。須菩提，譬如有人，身如須彌山王，於意云何？是身爲大不？」須菩提言：「甚大，世尊！何以故？佛說非身，是名大身。」

這一分是講莊嚴淨土，淨土之爲淨土是因爲心淨，莊嚴之爲莊嚴是「人」歸於清淨，而去莊嚴佛的淨土。那麼這個心的清淨是一個怎麼樣的清淨呢？如何清淨呢？說來說去兩個字——「放下」，或者說讓開。上個星期我們說到因爲你讓開了，所以他莊嚴。在佛教的思想裡面，非常強調一種「我與您」這樣的關係，彼此相互尊重。而這個相互尊重的方式如何，這又跟我們時下心理學所講的溝通有什麼不同？時下的心理學或是諮商理論非常強調言語溝通的重要性，從佛教的觀點來看溝通，它的看法會不大一樣，它不是一直著重在那個言語溝通的問題裡面。它要告訴你說：溝通之爲溝通不在言語，如果彼此能夠懂得什麼叫做讓開、什麼叫做放下，那才有所謂溝通。而那個時候的言語其實是已經其次的，所以如果從佛教的觀點來講，所有的言語，或者言說的目的是要導向非言說。由於導向非言說，所以進入到一個渾默一體的境地，而這個渾默一體的境地就是說，我通過說話的方式，把我讓開，把我放下，使得溝通成爲可能。這個地方跟時下那麼強調言說的溝通有點不大一樣，何者爲本何者爲末不大一樣，這的確是有它不同的地方。因爲，在佛教的傳統裡頭，以及在整個東方的傳統裡頭，籠統的說，我們是不太相信「說」的，我們深深了解到「說」本身所導致的限制。「所說」跟「所顯」是不一樣的，東方的傳統裡頭深深的了解到，「它」不一樣，所以寧可去其所說，破其所顯。這個最明顯的表現在道家的「無」的智慧，跟佛教的「空」的智慧。大概可以這麼說。

所以你看「是故須菩提，諸菩薩摩訶薩」，因此，須菩提啊，還有眾位大菩薩，這個摩訶薩連著菩薩講，是大菩薩的意思，「應如是生清淨心」，如是是放下。記得《金剛經》開始的時候就有「應如是降伏其心」，「一切皆令入無餘涅槃而滅度之」，我覺得我們這個華山講堂應該請一位書法家，把「應如是降伏其心」幾個字寫起來，送到立法院掛起來，「應如是降伏其心」，眞的是應該這個樣子。再寫「所有一切眾生，我皆令入無餘涅槃而滅度之」，我覺得這比任何的標語都還有意義。眞的是「應如是降伏其心」。「如是」這兩個字是佛教裡頭最重要的兩個字，我記得以前提過，《金剛經》如果用四句話去涵蓋的時候是：「存在的空無性，意識的透明性，信仰的確定性，實踐的如是性」。那麼實踐的如是性是關聯著信仰的確定性，才能夠「應如是」降伏其心，「應如是」生清淨心，其實「應如是降伏其心」跟「應如是生清淨心」是同時的，如是降伏其心是去其所說嘛，如是生清淨心是如其所顯，怎麼樣的生清淨心，就「如是」，清淨心之爲清淨心，是心的本然狀態。

我們常常把心的執著當成是心的本然狀態，其實是錯的。就把聚合在一塊兒的一連串的意念形成一個意念之結，這樣所構成的一個單位，我們把它當成是心，其實這不是眞正的心，這不是心的本然狀態。記得我們一直在區分心的本然狀態跟心的他起狀態，這兩個是很大不同的，我們常常以他起狀態替代了本然狀態，於是我們把這個他起的狀態當成是我們精神的狀態，其實心理學所說的心，那個mind，或者意識consciousness，是就這個心的他起狀態而說的，這是個意念之結，就這個結來說。

心的本然狀態是《金剛般若波羅蜜經》所強調的心，不一樣，這是清淨心，應該如是，應該讓開，應該放下，而生清淨心，所以最好的溝通，其實是不溝通。但這個話容易生出毛病，不是說最好的溝通就是「我不跟你溝通」。譬如說，夫妻吵架，林教授說過了，最好的溝通就是不溝通，所以夫妻吵架就不溝通了。不是這個意思，而是夫妻吵架的時候不必急於溝通，應該把那個急於溝通的心切斷，回過頭來清理自己的言語，清理自己的言說意念，這樣的「不溝通」嘛！你應該先清理自己的言說意念，那是什麼呢——讓自己的心靈從他起的狀態回到本然狀態。如果兩個人都有這樣的共識或者默契，發覺到這問題有一點嚴重了，那怎麼辦呢，家人都睡了，小孩也都睡了，夫妻倆就坐在客廳上，各泡一杯茶，先想一想，清理自己的言說和意念，看能不能回到渾默一體的境地，這時候再開啓新的言說。這意思也就是如我們剛剛所說的，去其所說，然後歸返於無，然後再希望破其所顯，之後有新的可能性。其實整個修道的過程無非就是這樣，損之又損，損就是去除，而在去除的過程其實是在開顯。

所以「應如是生清淨心」就是「不應住色生心」，「不應住聲、香、味、觸、法生心」。要眞正有溝通的話，先不要急著有溝通嘛，夫妻最麻煩的就是常常急著要溝通，認爲「我們禁得起有建設性的吵架」，越吵越有建設性，越有建設性越吵，越吵越厲害，到最後好像兩個達成很好的共識，而所謂共識，男的認爲：你要我共你的識。而女的也認爲，所謂共識，你好像就是要我來共你的識，雙方都覺得這樣，覺得那個共識具有強迫性，那就不好，共識的基礎在於自由，這很重要的。而眞正的自由在於哪裡呢？在於空無，在於存在的空無，意識的透明，才會有自由。

臺灣海峽兩岸的國合起來是要要求自由的，所以我們必須回到我們存在的空無狀態來想我們自己，而這時我們意識狀態是透明的，是回到本然狀態，這時候我們要「如理出生」，好像有一分就叫如理出生分嘛，其實我們應該來講一個題目：「從《金剛般若波羅蜜經》看臺海兩岸以及中國之未來」。這個道理其實應該講一講。共識是一個什麼樣的共識狀態才叫做共識？共識不是我去共你的識，也不是你來共我的識，而是每一個人，清理了自己的言說跟意念，回到一個心靈的本然狀態——應無所住而生其心，是不是？記得今天中午看到電視上，訪問到了大陸的外交部長，問到臺灣加入聯合國的可能性，他說關於這件事情，他只有三個字回答——不可能。而且那個語氣實在是不友善，其實這個地方我們所應該留意的問題就是什麼叫做「理」？什麼叫做「勢」？如何化勢成理，而理之爲理，是如何之爲理，這些問題大家要恰當的而且仔細的去想。我一直覺得其實像《金剛般若波羅蜜經》跟道家的智慧很能夠提供目前整個中國未來如何走向的問題，這是一種透過一種後設方法論的反省，可以給我們非常多的啓發，這時候倒不是儒家。

五　應無所住而生其心

話好像岔遠了，回到這兒，「應如是生清淨心，不應住色、聲、香、味、觸、法生心」，「色、聲、香、味、觸、法」，這叫六塵，六塵是關聯著六根而起現它的作用，眼、耳、鼻、舌、身、意，六根六塵六識合成十八界，六根作用於六塵之上而產生六識，而形成了人們的認識活動，了別的活動，認識、了別、分辨，就是我們一般所謂understanding這樣的活動。而這樣的活動，它是有所執著的，這種活動，它一定有偏見，這種活動是意識的他然狀態的活動，而不是本然狀態的活動，所以經上說你不應「住」，不應執著在這兒，而應「無所住」，去除掉這個，而生其心。六祖惠能在還沒有出家的時候，聽人家誦讀《金剛經》，誦到「應無所住而生其心」言下大悟，整部《金剛經》你也可以說，關鍵就是這兒——無所住而生其心。你說人心總是要有所住嘛，依我們常人想的話，心總是要有所住，心總是要停止在某一件事物上，心總是要去把捉一些東西，要不然那個心就好像茫茫然，好像猢猻失了樹一樣。是啊！讀書人一天不讀書，這個讀書人心就茫茫然，心就很緊張，哎呀！很糟糕今天都沒讀書，其實，這就像是抽鴉片煙一樣，今天沒抽鴉片煙，哇！受不了，其實我們讀書人都有這個毛病。有些讀書人沒有這個毛病是因爲他還沒有眞正進入成爲讀書人，其實應該更進一步，在他很忙的情況之下，而他沒有時間去讀書，而他的心仍然能夠歸返本然狀態，心不是靠著書的這些言說的力量，把你攝持著使你的心有所安頓，讀書人一般都是這樣的，每天必須靠著書的法力，來安頓自己內在生命的業力。

當然有些讀書人，他都無所謂，他可以隨著生命的業力流轉，這是另外一種型態。更高一層是他的生命已經能夠有所主，生命自身能夠應無所住而生其心，能夠生出一個法力來，而這個法力能夠轉業力，他不必依恃著書本。這個不太容易呀！我自問而不能，所以我內人就取笑我，以前你一天讀書至少要兩個小時，現在更嚴重一天要三個小時，如果一天沒有三個小時靜下來做自己要做的事、讀自己要讀的書，那麼就惶惶不安，她就說：你可能有一點病。我承認是有一點。所以說書本是知識分子的鴉片，這個鴉片久了以後會讓民族的生命力衰頹。中國的讀書人到了後來生命力衰頹了，尤其到了宋明理學某些末流，他們太過於注重論辯，整個民族生命力的衰頹，中國民族的衰頹，跟讀書有關係，跟整個中國人的生命的狀態有密切的關係。把書當成一套生命裡頭很重要的論述結構，靠著它讓自己的生命生長，把它拉走以後，他就跨掉了，這個問題是經過整個宋代到元明，某些讀書人是很不錯的，精神境界提到很高，但是也因此，整個生命力也慢慢耗盡。所以到了清朝初年，顏習齋他講了一個很感慨的話，他說讀書人都是「食砒霜人也」，他每次聽到年輕人讀書的聲音，他就說：唉！這一群年輕人又在吃砒霜了。講一講又說著：唉呀！我顏元也是吃砒霜的人。

言說、文字所形成的一套論述結構，久了之後，它變成一種異化於人的或說疏離於人的龐大怪物，反過來把人吞噬掉了，那麼在佛經裡頭其實它很避免這個東西，我們說學佛的有言語障、有文字障，其實我們讀書人很容易犯這個障，怎麼辦呢？應無所住。因爲你的習慣是「住」。我們的習慣是「住」，一定有住，就像猴子一樣，每天一定要爬樹，一定要動一動。猢猻失了樹，惶惶不安，知識分子讓他離開了書本也惶惶不安，覺得不行。所以修道者最後所要面臨的一個問題就是，你能不能四無依傍。明代末年有一位儒者叫做王夫之講過類似的話，「如行鳥道」，我生命在走的時候，走到最後是很確定的，確定什麼呢，確定到好像就只有這條路，左右無所傍，回頭也沒路，只能往前走，唯遵路而行，一種信仰的確定性。這個確定性就好像哥倫布航行於大海，茫茫大海，你說，現在到底是要往哪邊呢，他從內心裡面湧現一個方向跟法則：就是這邊！而眞正洞察到了茫茫大海，腦子裡面沒有起一些幻影，喔！那裡有陸地，譬如說海市蜃樓，沒有！四無依傍，四無依傍而有一個指南針出現，心靈的指南針出現，這個叫做「確定性」，這個確定性是來自於信仰，而洞察你存在處境之無所依傍的，那個存在的空無性，那是自由的，自由原是一種抉擇，就像你投入茫茫人海，你應該怎麼辦？所以這個「應無所住而生其心」，可以說是一個法眼，整個金剛般若波羅蜜法之眼，整個經的最重要的地方？

六 佛說非身，是名大身；由小我進入大我

「須菩提，譬如有人，身如須彌山王，於意云何？是身爲大不？」須菩提言：「甚大，世尊！何以故？佛說非身，是名大身。」

須菩提，譬如有人，身好像須彌山王那麼大。《金剛般若波羅蜜經》以及佛教經典裡頭，凡是形容多的，一定用恆河沙數；形容很巨大的，就用須彌山王；形容很久的就用阿僧祇劫。現在有個人，他的身體像須彌山一樣大，「於意云何？是身爲大不？」你說說吧，這個身是不是夠大夠大了。「須菩提言：『甚大』。」是啊，甚大，「何以故？佛說非身，是名大身。」何以故言其爲大呢，這時說其爲大，不是說他的身大，而是說他的心無所限，是爲大。身之大再怎麼大，它還是小，所以說「非身，是名大身」。身是有所限的，非身就是去除了我們身所造成的界限，而投向一個無限的整體。其實我們從一些很小的事情可以體會到這一點，我們自己把自己包裹起來限制起來的時候，就覺得好像四處都阻礙不通，你把自己打開了打通了，就覺得到處都通了。你把自己心的限制拿掉了，你自然而然通向整個天地六合之間，而這時候，你的「我」就不拘泥於小我了，就成爲大我。儒家道家佛教談這個道理的時候其實是一致的，都是要去除小我，而投入到一個更大的整體之我，只是方法上不太一樣，但是路向上、目的上有一些接近，佛教跟道家比較是採取

遮撥的方式，或者說去除的方式，遮撥去除小我的界限，投向一個無垠無際的大我中。而儒家則推而擴充之，擴充我之為我的一個本來之性，本來之性是從怵惕惻隱，也就是從「仁」到達成一體，這叫做「一體之仁」，真正完成這個思想而講得最完全的是王陽明。在佛教來講是「萬法皆空」，由於萬法皆空，所以你體證到「同體大悲」，同體大悲就是「悲」，萬法皆空就是「智」，佛教強調「悲智雙運」。道家呢？「為學日益，為道日損」《道德經．第四十八章》基本上它是要道學兼備，一是無為一是為。一般來講，都是要從小我進到大我，整體是一個終極的總的關懷，所以在這裡有「佛說非身，是名大身」所指的是這樣的，所以莊嚴淨土，淨土之所以莊嚴是因為人心歸本於本然狀態，回到意識透明的狀態，存在是空無的，這時候有一個確定的信仰，而開啓了一個路子，一個一切皆放下、一切皆成全的路子，一切皆如是彰顯它自己。現在我們繼續看下一分。

無爲福勝分第十一

「須菩提，如恆河中所有沙數，如是沙等恆河。於意云何？是諸恆河沙，寧為多不？」須菩提言：「甚多！世尊。但諸恆河，尚多無數，何況其沙？」「須菩提，我今實言告汝：若有善男子、善女人，以七寶滿爾所恆河沙數三千大千世界，以用布施，得福多不？」須菩提言：「甚多！世尊。」佛告須菩提：「若善男子、善女人，於此經中，乃至四句偈等，為他人說，而此福德，勝前福德。」

恆河沙數，七寶布施，此只是有形之布施，不如無為法之勝；此不以有為之累積而說福德，而是以無為之銷去而說福德，此是一「銷歸於空的福德」。

一 生命以質的原則為開展；以量的原則為回顧

這一章又提到布施的智慧，布施不是一種利益的交換，提過很多次。而這一章提到「無爲福勝」，要提「量」跟「質」的關係，兩個不同的觀念，量是廣度的，質是強度的，質是縱貫的，量是橫面的。量的原則和質的原則不一樣，我們應當把握的是生命的質的原則作爲開展，而生命的量的原則作爲回顧、檢討。生命在開展時是以質爲原則，生命往前衝是強度的、縱貫的，那麼修養德性，德之爲德，不是量的問題而是質的問題。所以你布施一塊錢，布施十塊錢，布施一百塊錢，布施一千塊錢，布施一萬塊錢，在量上不一樣，這是一種不一樣。在質上也有另外一種不一樣，那是另外一層的不一樣，因爲你有沒有了解布施的意思是什麼，你在布施的時候的整個心靈狀態是一個怎麼樣的心靈狀態，這很重要的。我們以前提過：布施之爲布施，是對於所謂的我做一個徹底的調整跟反省。我們一般所謂的我，是通過我擁有什麼來說明我，而現在佛教用另外一個方式，用你開始沒有什麼，你願意拿出你所擁有的，拿出去了，於是開始形成一種無我之我，這樣的一個新的方式，這樣的一個我，就跟以前的我不太一樣。我記得以前跟各位女士各位先生提過，大家來參與這個《金剛經》的講習的活動，其實是大家布施了你們的時間、布施你們的耳朵，由於你們的布施加上這裡的場地，加上這裡所有人的參與，才使得《金剛般若波羅蜜經》能夠在這裡開顯它自己的義理跟思想。這是無我，無我的智慧是這樣的智慧，布施的智慧是這樣的智慧。一般的宗教觀念裡面，常常誤認爲「布施」就是一種利益的交換，布施不是一種商業行爲，布施其實是一種修德，而修德最重要的是修心，而怎麼修心，是對於「我」的整個心靈狀態重新調整過，這是「布施」。

那麼這分談「無爲福勝」，「無爲」相對於「有爲」來講，有爲相對的是限量的，是有窮，無爲之福是殊勝無比，佛現在告訴須菩提說，「如恆河中所有沙數，於意云何？是諸恆河沙，寧爲多不？」他的問法都是這樣問的，你看恆河中所有的沙，現在你看這些沙，每一顆沙就看做一條恆河，一條恆河又有那麼多沙，恆河中所有沙數如是沙等恆河中的沙，是不是夠多了，多得不得了。恆河中的沙如果是n，像恆河沙數的恆河中的沙，就成了n乘以n，那麼光一個n就已經是無限大了，用量來講它一定是無限的。無限大的觀念其實它不是個量的觀念，是個質的觀念，所以在數學上要從量的觀念導向質的觀念就有一個極限的問題出現，就是你永遠碰不到，就差那麼一點點。譬如1和0.9循環，1=0.999……，這是個極限的問題，純形式的來講，通過一個除法可以得到這樣的一個結論，但是這其實是要告訴我們，通過一個形式的運算（1÷1=0.9……），可以代換，可以化質歸量，但是就質上來講，1還是1，仍然是不一樣的，這個是極限的問題。其實我以前最喜歡的是數學，數學很迷人，我現在想起來還是覺得如此，我以前最好的科目也是數學，後來竟然唸的是文學，還好後來又改唸哲學，還有一點關係。它現在就是告訴你，量的問題跟質的問題，質的問題永遠優先於量。舉個例子好了，假使你夫妻的問題已經要變成爲量的衡量，大概不會太長久，有危機了，他開始跟你計算，我做了多少事，你做了多少事，你看什麼什麼的，這就表示有一點問題了，這問題在於你們關係的質的強度跟整個縱貫的涵蓋度已經力量不夠了。我們心靈通常只有廣度和橫面的計較，其實一般人的生活方式，常常就只有這一面，而沒有質的一面。忽略了人之爲人的質的一面，我認爲這是現代化的社會成爲一個俗化的社會之後比較可悲的一件事情。如何注意到除了量的一面外，很重要的應該還有質的一面，這是一個目前來講很重要的問題。你在宗教裡面你布施了多少，布施了非常非常多，但是由於你在質上、縱貫的、強度的這個層次，你就差那麼一點點，那麼你永遠還是達不到。

達摩東來，當時的梁武帝蓋了好多好多的寺廟，梁武帝就問，我這樣的功德多不多？達摩祖師回答：「實無功德」，實際上是沒什麼功德。這句話有非常多層的意思，其中有一層意思就是我們一般說的那麼簡單，實際上沒有什麼功德，因爲這只是「福」並不是「德」，而這個福是世俗之福，世俗之福是屬於量的層次的，而德是屬於質的層次。講「福德」的時候，是以德爲福，是通過那強度的縱貫的層次來說那廣度的橫面的層次，並不是說因爲我行了多少德而要得到多少福，而是說因爲我造了多少福，所以我修了多少德。現在的人是以爲，捐了多少東西出以後，或者布施了多少以後，我已經立了德了，所以要求功，所以要求福。然後把這個理解成功德，理解成福德，其實這是錯的，福德和功德的本來意思是：我現在做了多少事情，我造了多少福，我立了多少功，而之謂功德與福德。並不是我已經立了德所以我要求功和求福，這是在我不居其福，不居其功，這個時候等於我立了德，由福而歸於德，此觀念上很大的一個癥結，必須要去了解，不然會搞錯了。所以現在你看：

二　透過布施、造福、立功來修德，並且真正放下

「須菩提，我今實言告汝：若有善男子、善女人，以七寶滿爾所恆河沙數三千大千世界，以用布施，得福多不？」須菩提言：「甚多！」

他現在是從講恆河沙數恆河沙的多轉過來說，現在用一個實際的例子來告訴你吧：假使有善男子、善女人拿了七寶，這七寶之多，多到如剛剛所說的恆河沙數三千大千世界都是七寶，拿來布施，這樣所得的福是不是夠多的呢?須菩提說：「甚多!世尊。」甚多啊，然而佛又告訴須菩提說，如果善男子、善女人，於此經中乃至四句偈等，爲他人說，而此福德，勝前福德。爲什麼?因爲後者的福德是屬於「質」的，前面的布施的福德是屬於量的，而且前面所講的量的福德，很容易會被轉成是立了功、立了德，而要去求功、求福，而後者的方式基本上是質的，比較能免除前者之弊。但這裡要留意一下的是，它所強調的不在於「爲他人說，而此福德，勝前福德」，它所強調的在於，「於此經中乃至受持四句偈等」。在這部經裡面，或者說在這部經裡面要你信受奉行的四句偈就是：「一切有爲法，如夢幻泡影，如露亦如電，應作如是觀。」來爲他人說，那麼這個福德勝前福德。

這一分是很清楚的要告訴我們，布施、造福、立功總要趨向於修德。而所謂的修德是什麼呢?實踐的如是性而已。通過讓開放下，所有的布施和造福、立功，最重要的是要學

習怎麼樣的讓開跟放下，而不是學習怎麼樣的去把持什麼。所以他現在做了一個對比：假使一個人拿了那麼多東西，滿爾所恆河沙數的三千大千世界，這樣多的七寶，拿來布施造福立功。但是更重要的還是要修德，修德要依什麼修呢？依法出生嘛！有一分就是叫依法出生，依什麼法，無爲法，無爲法是什麼？「一切有爲法，如夢幻泡影，如露亦如電，應作如是觀」，這四句偈講的就是無爲法，無爲法是針對有爲法，無爲法其實指的就是一切存在都是空無的，你如何能夠洞察一切存在都是空無的，因爲你心靈歸返到了本然的狀態，意識是透明的，所以他才要說「爲他人說，而此福德，勝前福德」，這個「勝」，並不是放在同個層次的比較，而是特別指的「殊勝」。在佛教裡面很常用的這兩個字眼「殊勝」，它的意思是什麼呢？不是同級的比較，根本不同範疇，不能說哪一個比較好。簡單的比喻，人比猴子聰明，但人跟猴子不能比，因爲人的聰明跟猴子比的話，人的聰明是「殊勝」的聰明，因爲人類跟猴類是不同的類，你不能說這隻猴子比那個人聰明，這句話不通的，這個人比那隻猴子聰明，這句話也不通。所以在這裡特別要指出來的，布施、造福、立功是爲了修德，直接修德很難，所以我們大概都是用這個方式，透過布施、造福、立功來修德，而修德是眞正能放下，眞正能洞見存在的空無，洞見了存在的空無，那麼一切自然放下，而這時候就無所染汙，全身清淨，證得涅槃，這是相當不容易的！我們先休息一會兒。

尊重正教分第十二

「復次，須菩提，隨說是經，乃至四句偈等，當知此處，一切世間天、人、阿修羅，皆應供養，如佛塔廟；何況有人，盡能受持讀誦？須菩提，當知是人，成就最上、第一、希有之法。若是經典所在之處，即為有佛，若尊重弟子！」

正教之為正，只是此金剛般若波羅蜜經，只是四句偈，只是經典所在處即為有佛；這如前所說萬有一切，衆生有情，皆虛含於此般若智慧之中，故尊重在此，正教即此空智般若為正教也；此可說「般若空智是一切智、事、物之虛含處、歸依處」。

一 正教：通過緣起法而呈現一切存在都是空無

尊重正教。如何稱爲正教？這裡當然指的是佛教，正教之爲正教爲何？無執著，簡單講就是無住，因爲無住，所以清淨，就此而說正教，所以你看「隨說是經，乃至四句偈等」，這個四句偈我們到了三十二分的時候再細說。「當知此處，一切世間天人阿修羅」，天、人、阿修羅、地獄、惡鬼、畜生，是六道，天、人、阿修羅三善道是具有自覺的可能性的。「一切世間天、人、阿修羅都應供養，如佛塔廟。」佛教跟原來印度的婆羅門教特別不同的地方，是婆羅門教是以「梵天大我」而作爲人類最後最終極的歸依，這樣的一套宗教說法基本上落在本體流出說的立場，一切存在的事物皆由梵天大我所流出，所變現，這是一套形而上學的說法。那麼在佛教通過緣起法來說明一切的空無，緣起性空，而其所謂的正教，是經過見到一切存在皆是空無的而成立的這樣一個法門，是謂正教。這個正教，你看，「隨說是經，以至四句偈等」，這部經或者這部經所提出的四句偈，基本上還是在談緣起性空，現在把這個緣起性空的教法如佛塔廟一般的看待，因爲以前的佛塔廟是偶像崇拜，而在佛法來講，它不是偶像崇拜。佛塔廟裡面所供的佛也好，所供的什麼也好，基本上最後都是爲了這個目的，要證得我法兩空，證得我意識的透明，存在的空無，因此我是一個自由而無所拘礙的個體。它的目的在這兒，所以佛塔廟所供奉的一切皆指向正，這樣叫做正教。所有的宗教就這兒來講的話，不是我們替佛教說話，佛教實在是各個宗教裡面最奇特的宗教，這個宗教其實是最不喜歡偶像崇拜的，而且連最後的一個偶像都要打破，有的宗教是很不喜歡偶像崇拜，但是最後的一個還是要保住，然後再強調那個最後的偶像不是偶像，因爲祂是超乎一切之上，現在佛教就是要把那個擺脫掉。原本無所謂超乎一切的至上神來管這個世界，他所說的其實就是「以無法爲法」，也就是我們上禮拜講的「非法法也」，一切存在的依準是起於一個沒有依傍、沒有任何執著，完全自由的狀態。

所以所謂的正教，其實「通過緣起法而呈現一切存在都是空無。」這部經乃至四句偈談的，基本上還是講「緣起性空」，現在把這緣起性空的教法，如佛塔廟一般，因爲以前的佛塔廟是偶像崇拜。而在佛法來講，它不是偶像崇拜，因爲佛塔廟所供的佛一生在證得「佛法兩空」，證得佛法兩空也就是證得我意識的透明、存在的空無。我是一個自由而無所拘礙的個體，其目的在此。所以佛塔廟所供奉的一切東西也指向這兒，這樣謂之「正教」。所以就這點來講，不是我爲佛教說法，而是佛教本身在各個宗教中是最奇特的宗教。這個宗教最不喜歡偶像崇拜，而且連最後的一個偶像也不要。有的宗教是很不喜歡偶像崇拜，但總是要有一個最後的偶像。然後他強調這個最後的偶像不是偶像。因爲那是超乎一切之上的管理一切的至上神。而佛的說法是以無法爲法，也就是我們上個禮拜講的

「無法法也」，無法就是法。「一切存在的依準起於一個無所依傍、沒有任何執著的一個自由的狀態。」所謂的依準並不是依準一無上的命令，而是依準一個無所依傍的、純粹的、空無的狀態，也就是一個自由的狀態，那是一個你讓開了，我也讓開了，彼此沒有通過言語、沒有通過意念、沒有通過情緒、沒有通過什麼相互執著把捉，讓開的情形之下。他認爲我們應該著重的問題在這兒，而不在於整個宇宙的起源是什麼。

我們關切的問題，是通過人所理解和詮釋的世界，而不是離開了人去想宇宙的起源是什麼。這是佛教非常著重於人生，通過人生來反省，所以佛有一些問題不回答。你問他宇宙的起源是什麼他就不回答。他回答時最後還是通過緣起法把你的問題解消掉，這是他的一個方式，「正教」之爲正教，正之爲正也在這兒，著重點的「無」處。所以經書和四句偈都應該供養，不過他所謂的供養並不是我們一般所想像的擺在那兒一直去拜它，如何叫「供」？如何叫「養」？「供，讓出一片天地謂之供，」你把釋迦牟尼佛的像供在那兒，你要讓開一片天地供在那兒。「養，給他幾分生機」，說「給他」好像不大好，或者說「由他」幾分生機。給他好像是你賜給他的。「由他幾分生機，那叫養。」供養要懂得這個道理啊，我看很多人家供養了什麼，其實他把那個神控制在那個家裡，然後要那個神管理那個家。要那個神來保佑那個家，強迫那個神，我今天拜了你什麼所以你一定要爲我幹什麼，好像他雇用的僕人一般。這就是不懂得什麼叫做供養。「讓出一片天地就是供，由他幾分生機就是養。」你由他讓他，自然而然就會生出幾分生機。你供養一個佛或一座神像，就好像你在家裡養魚一樣。你給他一個天地嘛，你由他有個生機，不能夠把他把捉在那裡。如果你請一尊神來，然後要他幫你鎮宅平安，這是另外一套的。這個道理和供養不一樣的。佛教基本上強調的是truth，不是power，強調的是眞理而不是力量，因爲他最不相信力量。他認爲一切力量基本上是空的。所以沒有什麼力量可言，只要所有的人都洞察了，力量就是空的，這就是眞理。這跟我們請了一尊神在那裡要鎭宅平安是不一樣的。鎭宅平安基本上牽涉到的是力量的問題。這個地方是有差別的。其實可以來試一試，這些力量到底誰的力量比較大。到最後你會發現不以力量出之的是最大的力量，「無力之力謂之大力；無法之法乃爲至法。」無法之法是爲至法，無力之力乃爲大力，正教就是這樣。

二 心顯現其自己的狀態

何況有人，盡能受持讀誦？

接受了持守著它而去實踐。讀誦，讀誦這個活動是很重要的活動。因爲讀誦活動是一個通過「說」的活動，由於說，你在說這個東西、你在讀這個東西，你的心投向了它，所以因此洗淨了你。因爲你透過這樣的活動去除了你內心裡頭意念的纏結，由於你的心去除了纏結，回到了空無的狀態，所以變成「你的心一直在顯現其自己的狀態」。這個叫做「以遮爲顯」，這邊是遮，這邊是顯。這樣的活動。大家一定有這樣的經驗吧，心裡非常的慌亂，靜下來，抄一段經書，讀誦它兩遍，精神就寧靜下來了，所以我們剛剛講的絕對不是開玩笑的。應該寫個「應如是降伏其心」送到立法院去，這果眞是會有效的。這個比你畫了一個什麼樣的鎭宅平安符恐怕都還有效。之所以有效即是因爲它是以遮爲顯的。

所以「何況有人盡能受持讀誦，須菩提，當知是人成就最上、第一、稀有之法。」最上第一、最上是爲第一，稀有、這種法是世上稀有的，他之所以稀有是因爲世間之法都免不了執著的，而這種法是去除執著的。所以你請的每尊神都要鎭宅平安。這裡講的供養是要讓出一片天地，然後你要由他幾分生機。你既然有這樣的心的話，你在家裡的諸神眾鬼都能得安頓。眞正應該是這樣的，這也如老子《道德經》所說的：「非其鬼不神，其神不傷人」《道德經．第六十章》，並不是那個鬼不傷人，而是那個鬼所顯現出來的力量與活動不傷人了。大家要懂得這個道理可以去讀讀蒲松齡的《聊齋誌異》、紀曉嵐的《閱微草堂筆記》，可以發現那些和神神鬼鬼的交往，往往比和人的交往更富人性。這就是王士禎所說的：「料應厭作人間語，愛聽秋魂鬼唱詩。」[6]蒲松齡爲什麼寫《聊齋誌異》，中國的鬼爲什麼都那麼可愛，正意含了中國的人間眞險惡。其實我對小說社會學非常有興趣，這這些鬼是什麼時候出現的，他是有他的社會背景的。中國的鬼很少厲鬼，都太可愛了。這很值得檢討。有人說不是，是因爲中國的人間太有情味，把情味投射到那裡去。那就要看怎麼解釋了。我看不是的，這個人間很險惡的，現在我們爲什麼要養寵物，好多喔！這很值得檢討的，養寵物的是哪些人，好像那些影星歌星養得特別多。簡單的講，養寵物的人都很寂寞的，他們都不大擅長和別人溝通，而覺得跟動物比較好溝通。因爲跟人相處還要聽別人的，跟動物的話只有動物聽他的，很大的原因便在這兒。

其實你從社會現象上可以發現到人的心靈做了什麼樣的改變。還有一種玩具叫出氣筒，你打了它就發出慘叫聲。喔！我覺得很殘忍，我記得最清楚的是有一次，很晚了，我內人帶我小孩子出去買東西回來，我小孩子跟我說：「爸爸，這很有趣、很有趣，你知道嗎？這是一個黑猩猩，你看……它就會哀號一聲。」當時我整個人愣在裡面，非常難過，陷入一個很深很深的沉思內，不知該怎麼辦。他跟我說「很有趣」，我說你不覺得這很殘忍嗎？你看它那樣痛苦。然後他說，那個賣給他的阿姨告訴他，如果你精神情緒很不好的時候，就揍它出氣！我一想，好像有道理……但其實沒道理。那天晚上我就睡不著，我一向很少失眠，後來我忍不住了，就起來把布偶的拉鍊拉開，那中間有個感應器，把那個感應器拿掉，再把拉鍊拉起來，才好好睡個覺。因爲我覺得這是很糟糕的，這眞的很糟糕，人類必須用這樣的方式來出氣，這是人類的悲哀和痛苦，我覺得這是人類的悲哀。這種玩具本身來講，它眞的足以出氣呢？還是會造成更多的戾氣？這個地方很難講、也很複雜，而我總是覺得不安，所以像在這裡，很多東西我們要學習的，不要用那種報復的方式，現代的社會太強調那種報復的方式。我通過這樣的方式出現以後，就會怎麼樣，其實我們該學習的方式是說「沒有」，空無的無，把自己原來所受的東西空掉，而不要落入一個循環的機制裡去。當然，這有時候還是行不通。他之所以行不通是因爲很多人不這麼做，於是，社會是循著業的法則，而不是佛法的法則。這是很麻煩的。但假使這個社會都是業力的社會的話，那麼這個社會很難是好的社會。自古以來，如果用業力、法力來對比的話，法力比較少，業力比較多，就會一直處在掙扎中。這大概也是人的不幸，這種不幸是因爲人的墮落，人之所以有墮落的可能，是因爲這隱含著人自由的要求。這地方是很弔詭的把

6 蒲松齡：《聊齋誌異》趙刻本，收錄王士禎卷首題詞：「姑妄言之姑聽之，豆棚瓜架雨如絲；料應厭作人間語，愛聽秋墳鬼唱詩。」清・蒲松齡撰：《聊齋誌異・一・題辭》（臺北市：漢京文化事業，1984年出版），頁34。

很多東西絞結在一塊兒。

我常常喜歡和年輕朋友談到這個問題時開玩笑地說，這眞的很奇怪，在伊甸園的亞當和夏娃，還有很多動物其他的一些存在，就獨獨亞當和夏娃會受蛇的誘惑。會吃那個智慧之果，會吃那個禁果。所以才會被逐出伊甸園，其他動物爲什麼不會？這代表的意義是什麼。人類食禁果要求的是什麼？但是他同時所面臨的是什麼？還有他被逐出伊甸園所代表的意義是什麼？然後人們對於伊甸園那種心靈的故鄉、心靈的母土或說回歸的呼喚又是什麼？人好像就在這兒轉，幾千年來一直在這個問題上轉。雖然我們剛剛是套著基督教傳統去想這個問題，其實任何一個宗教都在想這個問題。這是人，人之爲人是這樣的。

三　從萬念聚集到萬念成空，再到生命自由

我們剛剛提到的「讀誦受持」，就是用這個法，以遮爲顯。通過一個去除的活動而彰顯了什麼，其實像佛教淨土宗念阿彌陀佛也是這樣，通過阿彌陀佛這一念，把所有萬念聚集起來。而萬念聚到此念的話也就是萬念作空，而萬念成空的話，那麼整個生命爲之自由，所以生命處在一個安穩確定的狀況下你就會覺得自由。

其實我每個禮拜五來到這兒和各位一起研讀《金剛經》時，心裡的感覺也是這樣。那個自由的感覺是難以言喻的。其實不可言喻也不必言喻，那就是自由。就是說你的整個生命在這兩個小時裡，全部交托給《金剛般若波羅蜜經》，當你全部交托出去時，你整個人會有那整個感覺就是空無的感覺。因爲你交托出去了，你回到空無，整個生命回到本然的

狀態而顯現自己。

我們現在把這個問題稍微跨過來，我跟一群年輕朋友說，讀書的時候不要橫生枝節，不要無謂的葛藤枝蔓太多，讀書的時候先把自己交托給書，不要想控制書。很多年輕朋友學習了一種很壞的讀書習慣，而自認爲自己很有思辨能力。一讀書就開始這個不通、那個不通，要找出很多問題。其實那些問題都是假的，你最先要的是把自己交托給書。當然，所謂交托給書指的是好書，交托給壞書那不就完了，所以是交托給經典。而在交托給經典時，生命得到一種充分的休息，而這種休息是充分的自由。

我一直在想，我們應該通過什麼樣的方式來推廣中國的古代經典的讀經活動？在我們的日常生活裡面，應該要能夠每天有一段的時間來讀經典。因爲通過這樣的讀經活動，眞的會讓生命充分休息、安靜、自由。當我們生命自由，回到生命原點的時候，整個時間變多了，整個空間變廣闊了。這的確是這樣，爲什麼呢？這是我們生命的原點，讀經的時候就是使得我們回到生命的原點。假使你現在在這兒，我們忽略了人，我們常常回不到生命的原點。我們就會以這個作爲原點，然後去思考問題，生活空間就變成只有這些，而沒有辦法不是這些，或是更大。大家應該有這個經驗，今天雖然花了一些時間來讀經典，來抄寫經典，一邊抄一邊學習，一邊抄一邊讀，你會覺得浪費時間嗎？不會的。因爲心情一旦寧定下來，整個時間就寬多了，時間絕對不是一個物理量度的問題，是一個心理感受的問題。這個非常非常重要，他是個feeling 的問題，不是一個物理量度的問題。要不然爲什麼有所謂的南柯一夢呢？爲什麼會一夢那麼久？爲什麼會一日不見如隔三秋？基本上時間是一個心理的感受的問題。而那個心理的感受是很眞實的，你在讀書的時候那整個時間的延續，其實就是那樣進去的。你有所感受時間才進去的，所以它絕對不是一個量度的問題。

你們有沒有那樣的經驗，工作到好晚，然後不知不覺地天亮了。可是精神很好。有沒有廢寢忘食過。忘食好像比較容易，廢寢比較難。人一生做事的時候，總會有一兩次廢寢忘食，那種是什麼樣的感覺，有沒有疲倦的感覺？這是一種很奇特的感覺。

我有過這種感覺兩次，一次是高一時，另一次在去年。直到天亮了，寫了一首詩，前面是打油詩，現在只記得最後一句：「忽逢麗日照大千。」時間好像不是一直過去的。不知不覺中，忽逢麗日照大千，那個感覺眞是很好。記得讀《陸象山年譜》，提到他「終夜不寐，早起，精神越覺炯然」。這是多好啊，那生命眞是太美了。「終夜不寐」，他可能是靜坐，「早起」，很早就起身，精神越覺炯然。其實我不太相信每天要去跑步運動，每天要去爬山，非如此生命無法保持活力，我一直對這樣的說法採取一個保留的態度。就是說，一個恰當的生活方式，難道是要讓自己的肢體勞累不斷的一直動，才能保持肢體的機能嗎？不完全是，恐怕不完全是。有的人因爲運動而更加的衰老，好像有這種情形。

這個地方牽涉到其實是「有跟無」的問題，你的心靈能不能那樣讓開、能不能放下，讓生命得到充分的休息和自由。生命的休息和自由是很可貴的，那樣會使得自己有一個無限的可能性在成長。佛法其實給我們很多，在這樣的情況下，所謂的經典，所謂的佛法就是這樣，若是經典所在處即爲有佛。所以佛之存在，佛之爲佛，本來是一個覺者而已。覺悟的人。而經典在那兒，經典是覺之所以可能的方式，所以經典所在處即爲有佛。這跟不是以誰爲師，而是以戒爲師的意義是一樣的。這個言說是要去除一切的言說，這樣的言說，對言說是要洞察一切的根源。洞察一切根的什麼呢？洞察一切根源之為虛空無物，因為其為虛空無物，所以他是自由的，而「所謂自由的意思是由我們內心湧現，一個自為法則的東西，而你依持著這個法則而展開你自己」，這個叫「依法出生」而這個法則就是戒律。所以眞正來自生命的法則，並不是誰給你確定，誰給你命令，而是來自於你生命自身透明的空無狀態所呈現的自為法則的東西。而那個東西就叫戒律，你依持著戒律去展開，那就是依法出生，那依法出生也就是以戒律為師。

經典是什麼，經典是去除一切的言說。這種言說是洞察一切的根源，是虛空無物的，因為他是虛空無物的，所以他是自由的，因為他是自由的，所以他自己湧現其自為法則，依持著這個自為法則展開他自己。就這樣，這地方他有一個迴環相生。所以「若是經典所在之處即為有佛」，眾生對佛弟子應該尊重，而佛弟子對佛應該尊重。總而言之，只要有經典所在即為有佛，皆應尊重。這叫尊重正教。我們這樣一次次把道理挖深。接著我們看「如法受持分」，其實我們剛剛談到的也可以叫做「如法受持」，「如其生命狀態所顯現的法則，而接受這個法則持守這個法則」。

如法受持分第十三

爾時，須菩提白佛言：「世尊！當何名此經？我等云何奉持？」佛告須菩提：「是經名為《金剛般若波羅蜜》，以是名字，汝當奉持。所以者何？須菩提，佛説般若波羅密，即非般若波羅密，是名般若波羅密。」「須菩提，於意云何？如來有所説法不？」須菩提白佛言：「世尊，如來無所説。」「須菩提，於意云何？三千大千世界所有微塵，是為多不？」須菩提言：「甚多，世尊！」「須菩提，諸微塵如來説非微塵，是名微塵。如來説世界非世界，是名世界。」「須菩提，於意云何？可以三十二相見如來不？」「不也，世尊！不可以三十二相得見如來。何以故？如來説三十二相，即是非相，是名三十二相。」「須菩提，若復有善男子、善女人，以恆河沙等身命布施，若復有人，於此經中，乃至受持四句偈等，為他人說，其福甚多。」

《金剛般若波羅蜜經》，是既堅且利渡到彼岸的智慧經典；這樣的一部經典，是當奉持的，奉是遵之而不疑，持是行之而不輟；但更值得注意的是，這不是就將佛之所說當成一恆定不變的真理，而是「如來無所說」，是「佛說般若波羅蜜，即非波羅蜜」，是「如來說諸微塵非微塵，是名微塵，如來說世界非世界，是名世界」，是「如來說三十二相，即是非相，是名三十二相」；總的來說，如法受持，原是如其空無，而歸本於般若空智，蓋法本非法也；換言之，「渡脫到彼岸的智慧原只是無礙的般若空智」而已。

這一分比較長，不過前面大約有一半其實已經如我們所說的說過了。不過金剛般若波羅蜜的名字就在這裡出現，「是經名爲《金剛般若波羅蜜》」。所以說，這個經是什麼呢？「經」不是一部書啊，經是一個名，這個名作爲我們日常的經常修持的依準，是名爲「經」。經之爲經，是經常也，不是經「書」啊！或者說經書之爲經，是經常以此爲法門之書也。

經是經常，所以像佛經，這樣的一個經典，和一個由至上神所啓示的經典不一樣。我們一再的要做這個區分：經由啓示的言說而寫定的經典，跟通過交談的歷程而後來編纂而成的。這兩類經書是不大一樣的，它代表著兩個不同的形態、兩個不同的風格。一般來講基督教的系統、回教的系統屬於前者，中國東方印度的系統屬於後者。前者通過「說」而來；後者通過「顯」而來。不太一樣。今天我們的時間已經到了，稍微超過了一點，我們下個禮拜再繼續。今天颱風天，明天又是放假，大家大老遠跑來，謝謝大家。

一 無生法忍，如法受持

這一分繼續上一分「尊重正教」而說「如法奉持」。法，當然是波羅蜜法，波羅蜜就是到彼岸的意思，到彼岸的意思就是出離的意思，那麼現在來看如法受持，是你接受他，你持守著它，如那到彼岸之法你接受它持守它，如那出離之法你接受它持守它。出離什麼呢？出離「心之他然狀態」，或者說「意識的他然狀態，將一切染汙和執著出離了」。佛法最重要的是要「出離意識的他然狀態，歸返意識的本然狀態」。這是它的核心點。

受持，受是接受，持是持守。什麼是持守？用一個字來講，那就是「忍」。那麼你接受了這個法，這個法能成爲你生命的一部分，這個時候叫「法忍」。這個法是個什麼樣的法呢？這個法是個出離之法，是個到彼岸之法，是個波羅蜜法，而這個法是根源於無生的，也就是他是以無根源爲根源的，所以合起來叫做「得其無生法忍」。我們會看到這樣的句子，得其無生法忍，這也就是「如法受持」的意含所在。

忍這個字其實用得很好，持守而勿忘謂之「忍」。就是說，你持續著守著那個樣子，而不忘掉、不失掉，就好像一把利刃指著，你隨時會記得，如刀在心上一般。忍字的本義是這樣的。待會兒我們會看到忍辱波羅蜜，那個意思也是這樣的。

現在我們就順著這個脈絡來看，「爾時，須菩提白佛言，世尊，當何名此經，我等云何奉持」，前面從法會因由，須菩提起請講法，到目前爲止，點出這個經叫《金剛般若波羅蜜經》。經就是經常之道，所以這裡說，當何名此經，我們要用什麼樣的總名來「名」

這個經常之道，名字的點出是什麼呢？名字的點出你怎麼樣來了解？其實像我們孩子的生養一般，懷孕了孩子生出來了，會給他一個命名，那麼這部經書，從前面的法會因由，到目前爲止給他一個什麼樣的名字。也就是醞釀出來了，這叫生了。經由一段無生的論述，而生這無生之生。現在我們給他命名，給他經的名字。

這部經書叫做什麼？我等云何奉持，命名的活動跟奉持的活動是在一塊兒的。換言之，經的名能「時而不滅」，必須是因爲有人的信受奉持。「信受奉持」用很簡單的話來講，就是用整個生命來澆灌。「你拿你的生命去參與它、去澆灌它、讓生命的源泉去澆灌它，讓它發榮滋長。」這時候它的命名才是有意義，所以它是連著的「當何名此經我等云何奉行」。那麼現在，好不容易經過了好多分到這兒，這時候釋迦牟尼佛得告訴須菩提了。所以啊，言說的活動其實應該經過一個歷程的。而這個歷程，指向一個實在，指向一個終極的實在，那麼在佛學來講這個終極的實在也就是無、空、空無。這個歷程的緣起是這樣的，這合起來叫做「緣起性空」。

二 兩種面對世界的方式：議論式的呈現與進入生活世界的呈現

《金剛經》的論述方式就這樣一步一步的展開。佛經的論述方式都是如此。經由那樣的歷程，讓大家都熟悉了那個生活世界。那個歷程隱含了一個生活世界。它告訴你：「唯有你熟悉了那個生活世界，你才能眞正進入那道理本身。而那樣的道理，不是通過言說來論定的道理。」道理有兩種，一種是通過議論來定的道理，另一種是通過生活呈現的。

《金剛般若波羅蜜經》是生活所顯之經，他不是議論之經。它一直在排除議論，不是這樣的議論所得到的，不是這個樣子、不是那樣樣子。那麼是個什麼樣子呢？那就只有你的生命進入到那個生活世界中顯現，那麼你就了解了。

所以「是經名爲《金剛般若波羅蜜》，以是名字，如當奉持」。命名的活動和奉行的活動是合在一塊兒的。「金剛般若波羅蜜」：般若是智慧，波羅蜜是到彼岸。金剛一方面形容很堅固、一方面形容很銳利。這意思是說，那個到彼岸的智慧，是很銳利、能夠度我們到彼岸的智慧。波羅蜜法是這樣的法，這個法使得我們能夠出離我們意識的他然狀態，歸返到意識的本然狀態。所以《金剛般若波羅蜜經》是眾經之源，它是無比銳利的。

「以是名字汝當奉持」，你就通過這個命名、這個名來奉持。你來接受它，然後要持守它。「所以者何」，爲什麼呢？「須菩提，佛說般若波羅蜜即非般若波羅蜜。」他點出來：「他要你通過這個名來信受奉持，但是這名隱含一個非常重要的力量，一個自我批判、自我解構的力量。這是佛教和其他宗教不同的地方，尤其是和基督教最大不同的地方。基督教一定要有著奉「上帝的名，阿門」，那個上帝一樣的是個終極的實在，但是那個終極的實在他不是空不是無，他是個絕對的人格神。那當然一定是存在的。這是一神論的特徵，一個超越的一神論一定是這樣的。這地方牽涉到一個宗教學非常根本的問題。超越的一神論、超越的人格神，這個在各個宗教的系統裡面，基督教大概最爲典型，基督教回教基本上是認爲有一個唯一的至上神，所謂「唯一的」是認爲：「只有這個才是、其他的都不是」。所以你們在街上看到的「不可以崇拜神明」。所謂「神明」是除了祂以外的神。「不可以崇拜偶像」，因爲神只有一個。

西元前三、四百年，古希臘時代，已經開始有一神論發芽，已經有這種要求。從多神過渡到一神，然後形成超越的一神論。整個宇宙整個人類的生活世界，是跟那個超越的人格神分裂開來的（discntinuity）。人怎麼被造的呢？人怎樣能夠獲得上帝的解救呢？也就是說上帝創造這個世界是怎麼創造的呢？人怎樣能夠獲得上帝的解救呢？這個宗教形態至少就會出現這兩個問題。一個是這個世界是怎麼創造出來的？一個是在這個創造出來的世界中的人怎麼樣來獲得解救？第一個問題，他是說「祂是通過『說』來創造這個世界」，通過言說這個活動。舊約創世紀這麼寫著：「上帝說有光就有光。」上帝說有了什麼就有了什麼，說的活動是個什麼樣的活動呢？我們說這個東西是手錶，是透過說來設定這個東西是什麼。「說，是離開了說話者的活動，而盯住了一個東西，使它成爲一個單獨的存在。」整個古希臘的精神和希伯來的精神若合符節。所以它們一拍即合，而有中世紀的神學。那麼這樣的活動，是透過說來創造這個世界，但是那個上帝是超越這個世界之上的。

依照基督教的說法，人和其他萬物不同的是：「上帝依照自己的肖像造了人。」這意思是說，人跟上帝是最接近的一種族群。本來生活在伊甸園裡頭的，後來因爲違背了上帝，被逐出伊甸園。離開了圓滿的故鄉，但是人作爲人還是要求圓滿的。那麼問題就變成他如何得到救贖而重回那個圓滿。在基督教的傳統來講的話，人本身是不具有那個能力的。因人本身是被造的，所以這個時候上帝就派遣他的獨生子耶穌來作爲中介，來拯救這一群所謂失散的人。這是基督教一個最基本的理論。那麼他派遣的獨生子既是具有神的身分，又具有人的身分，合在一塊兒。這個叫道成肉身（incarnation）。所以在基督教的傳統裡的「名」是絕對的，不可以抹滅掉的。因爲上帝的名是一切創造的根源，一切世律的根源。包括你的道德行爲，也是那個超越的人格神所發的命令，所發的道德律而來的。整個基督教的傳統如此。

這裡我們要區分的是：「以是名字汝當奉行」，「所以者何？須菩提，佛說般若波羅蜜即非般若般羅蜜」。這是很重要的兩句話。般若波羅蜜的名本身隱含著自我否定、自我解消的力量。這個意思是說「他根本不通過『說』來處理這個宗教系統」，或者說「這個宗教系就不是一個超越的一神論、超越的人格神論的方式」。如果把佛教的佛陀認爲是和基督教的上帝一樣，那就是完全不了解宗教的。因爲它們基本上是很徹底的不一樣的。在這裡要怎樣去了解他呢？目前講的是一個很深的宗教問題，但如果不講的話，我覺很多東西會混沌一片。混沌一片就變成反正什麼佛教道教基督教都是一樣。各個宗教也有它不同的路數，你不能渾沌一片說它都差不多。這牽涉到整個東方的傳統趨向。我們就談佛教本身從他的緣起來講東方的傳統的話，佛教的前身是婆羅門教，它的教義是「從梵天大我流出來整個世界」。認爲宇宙有個根源，從這個根源流出了整個世界。流出，但是它有一個根源。相應的來說，它的整個社會的構造，社會根源來自於婆羅門。而佛教基本是個新的宗教，這個新的宗教基本上是對於整個婆羅門教的徹底反擊、反動，而摧毀掉它這套流出說。而要摧毀掉流出說最根本的是要摧毀掉梵天大我說，那麼這個在社會史的意義是摧毀掉整個種姓制度。我們要了解宗教史、宗教社會史，然後再把我們的心性擺在一塊兒。

宗教不是迷信而是理性的，它有它的理論依據。佛教要摧毀婆羅門教的梵天大我說。它用的是「因緣所生」、「緣起性空」的方法，把它摧毀掉。摧毀掉後，它就不著宇宙的根源而只就人間的實相來考察生老病死。人間的問題在於如何求得解脫，發現「意識的透明性，存在的空無性，實踐的如是性。」這裡面很重要的是有一個信仰的確定性貞定著。

三 即說即撤，達到真正顯現的活動

整個佛教來講的話，這裡頭談到的「名」這個東西，不是梵天大我的名。因爲「梵天大我」的名是「無所不覆載的」，而佛教所說的名只是個方便。而這個方便既說了就要隨時撤掉。所以當他說了般若波羅蜜的時候馬上說了即非般若波羅蜜。也就是說這樣的一個名，不是透過言說而達到所謂的信受奉持的。眞正信受奉持是要摧毀掉這個命名、摧毀這「說」的活動而達到了眞正顯現的活動。這是說與顯的不同。這是非常重要非常深刻的地方，很值得我們留意。所以在這裡他講「是般若波羅即非般若波羅」。好像是在玩文字遊戲一樣。所以以後你也可以跟著玩。不是這樣的，它背後有一套道理的。你要了解這整個宗教史的發展，你會了解到，哦！它是這個樣子的。

所以婆羅門教是梵天大我的方式，基督教是另一個方式。婆羅門教隨著整個民族的發展影響了波斯，而影響了希臘化時代的Platinos，（希臘化時期——由古希臘邁入羅馬的時期。）Platinos的思想就是這個流出說的思想，所以思想是相互影響的。而中國簡單的來講的話有兩套說法：一套是儒家的，一套是道家的。儒家談「道德的創造」，認爲整個宇宙的動源在於人所開啓的整個世界。而道家就「自然無爲」來談：「這個世界的本然是個什麼樣子。」這兩套原來都是扣緊了易經的陰陽的原型而開展出的。而陰陽的原型和婆羅門教不大一樣，講的是「一氣之運化」。一氣有陰陽屈伸，這就不是流出說，又是另外一套。這個大概就是中西宗教的幾個大流派，我們這樣可以把握到。因爲經過這麼多年的理解、參考、研究，大致可以斷定這樣的理解是對的。

儒家他不會講般若波羅蜜即非般若波羅蜜，也不會講即心即佛非心非佛，因爲他的方式不是佛教的方式，當然他的方式也不是基督教的方式。基督教和中國的儒、釋、道確實是格格不入，因爲它們是不同的系統。你要把他拉在一塊兒要費很大的勁。他變成只有你放棄了你的才有可能接受它的，如何跟它融合呢？如何產生呢？非常不容易。

四　用「畢竟空」化一切執著

現在我們繼續看，「須菩提，於意云何？如來有所說法不？須菩提白佛言：世尊！如來無所說。」有所說法？如來是不是有所說法呢？其實是無所說法。因爲一切有所說都是因爲要限定那些有所說的。這意思就是，要限定那些有所說的就是要呈現那些無所說的。這是一個奧秘！所以如來說法四十餘年畢竟無所說，「畢竟」，因爲其所說是要限定其所說，而限定其所說是要呈現那些無所說。歸結來說，就是要去除我們這個說的活動，而以顯的活動開啓了一個顯的活動。不是saying而是showing顯現的。這是很大很大的不同。如果你把它理解成是這樣的一個方式：強調其所說的，而且認爲其所說的是不可改易，而順著其所說而爲。那麼，這就是外道。後來在《金剛般若波羅蜜經》裡，釋迦他自己就這麼說了：「凡是採取執著的方式就是外道」。執著——那麼，既然如此的話那我們的信仰也不必那麼虔誠，因爲信仰虔誠也是一種執著，是不是？信仰虔誠不是執著。信仰虔誠和執著的不同在哪裡？執著是指向對象，用《金剛般若波羅蜜經》的話是「取法取相」，就是對外在的色、聲、香、味、觸、法皆有所取，色、聲、香、味、觸、法皆有所取，這就是執著。虔誠不是，虔誠是迴向本心，迴向意識的本然狀態，那就是虔誠。所以很多人，對義理分不清楚的時候就自己胡亂在說了：「不要執著啊！所以我什麼都不要嘛。」墮入一種虛無裡面。

所以世尊畢竟無所說。「須菩提，於意云何？三千大千世界所有微塵，是爲多不，須菩提言：甚多，世尊！須菩提，諸微塵如來說非微塵是名微塵，如來說世界非世界是名世界。」如來繼續說，須菩提你說說看！那三千大千世界的所有微塵是不是非常多呢？三千個大千的世界的所有微塵那當然多得不得了，於量來講那當然甚多。就其執著成爲一個一個對象那當然甚多！所以須菩提說，甚多世尊。是甚多，但是在這甚多，你如何將這甚多掃盡？唯有你洞察這甚多裡面的每一個存在，他都是空的，都是空無的，眾多的空無加起來仍然是空無。其實我們不了解一些極微的道理，而害怕一些東西。極微的道理最後往前逼近，到最後，我們就要了解它就是空無的。本性是空無的。你了解他本性是空無的你就無所懼。無所懼，你想這座山是那麼高我怎麼爬上去呢？一想你就有所懼了。你可以通過一個極微的辦法把他分到最後幾乎接近空無。而到最後其實他本性就是空無的。

這個極微的細分，那麼就是我一步而已，我一步就到了，一步不費力，下一步也不費力，不費力加不費力也是不費力。所以不費力一直加，加到後來還是不費力，那就是要你了解那本然狀態是空無的，沒什麼，沒什麼了不起的。所以「如來說諸微塵非微塵是名微塵。」什麼叫做微塵呢？三千大千世界是由眾多的微塵所構成的，而這個微塵你要了解他本身是空無的，這樣子你才能了解三千大千世界他本身是微塵。因爲一切都是緣起法所構成的，是通過緣起法的，他本身都是空的。他是用這個方式使得人最後隨時都有勇氣，這個事情沒什麼，你說「哎呀！抽不出時間。」其實不是抽不出時間，而是你不抽時間。

時間之爲時間如同什麼呢？是抽不出時間還是你不抽時間？「相續如瀑流，畢竟是空無，相續如瀑流，你取你就有，你有便沒有」，這個時間相續如瀑流，你去取它你就有了，而它畢竟是空無。但是你有了他，就沒有。如果你執著有了他，它其實就是沒有。時間其實就是這個樣子嘛！「哎！我好忙哦，忙得不得了。」時間有沒有呢？時間其實是有的。時間常常在我們所說的「指縫中流失」。不錯！時間就是在很多縫隙中就流走了，其實它本來是空無的是沒有的，你取你就有，是因爲你經營了它，它內蘊成你生命中的一部分。如果你還是放在外頭的話，你執著著「那樣的有」的話，那你其實還是沒有。這個世界是微塵所造，而那個微塵畢竟是空無的，那麼這個世界是不是一個世界呢？你去參與它，它是個世界，但是你去佔有它，它就不是一個世界。我們通過這樣來了解的話，那麼這些話就很容易了解了，諸微塵如來說非微塵是名微塵，如來說世界非世界是名世界，一樣的。

所以在這裡最重要的是，你必須通過一種對於說的限定，而呈現其無所說的可能性。佛教的哲學是無限的可能性一直在那裡開顯著，如果你墮入那個說的限制，你就喪失了無限的可能性。而那個可能性的開顯無所罣礙，來去自如，而且本無來去，所以叫如來，或者叫如如不動。現在我們再繼續往下看。

五　參一個如如自顯的世界

「須菩提，於意云何？可以三十二相見如來不？」「不也，世尊！不可以三十二相得見如來，何以故？如來說三十二相，即是非相，是名三十二相。」

三十二種清淨相，清淨行所顯的相。是不是你可以通過三十二相來跟如來照面呢？不行的，因爲如來是無相的，所以不可以三十二相見如來。

「如來之爲如來」是其所顯的無限可能性。那麼相是什麼呢？相是所顯而定執的對象物。這樣區分就清楚了。你怎麼可能通過所顯的對象物，去了解其所顯的根源的無限可能性呢？根本不可能嘛！你之所以能通過那個說去掌握那個無所說，這不是捨本逐末嗎？這不是倒果爲因，以末爲本嗎？

「見如來」是親證其爲如來，而不是執著其相爲如來。不是的。這是兩個不同的層級嘛！「相」是「如來之所顯」，是被產生的。你怎麼有可能通過一個被產生的去把捉那個產生它的呢？那不可能嘛！這是很基本的推理。是不是？你知道孩子是父母親所生的，你怎麼可以要那個孩子去生那個父母親呢？這是不可能的！

如此我們就可以了解，禪宗爲什麼會常常要我們去參一個公案：「父母生前是何面目？」這公案其實是從這裡轉過來的，父母生前是何面目？所以你要參的是父母生前樣貌。禪宗有些話頭是虛說，有些還是照實說。像這個其實是實話頭：「父母生前是何面目？」是什麼？你回去看一些禪師的開示錄，就有很多這種。「參念佛是誰？」怎麼樣，常常是這幾個吧！禪在細節上我懂得不多，但大關鍵不會錯。「念佛是誰」不是參你去念的那個佛，不是去念哪個佛，而是參念佛的是誰。這意思是說，你不是去參你所說的是什麼，而是參那個說之前的那個東西是什麼？這個道理雖然我們好像講得很深，很多東西拉在一塊兒，可是你們有些資源的話一定能透澈了解。它就是這樣子啦！

佛教後來影響中國很深，宋明理學家也要參那個伏羲先天未畫前。先天未畫前，那就是還沒有說，還沒有通過對象化的活動要去說什麼的時候。那時候的整個世界是一個如如自顯的世界。這個思維方式深受佛教影響。宋明理學受佛教影響很多，不管在方法上或理論上。受佛教影響可以說非常非常深遠，當然它的整個宇宙觀整個世界觀，終極的關懷有些不大一樣，指向也不太一樣，甚至南轅北轍，但方法上受影響很深！

所以說「不可以三十二相見如來，何以故？如來說三十二相即是非相，是名三十二相。」那三十二相不是如來本身，三十二相是如來所指而定執的對象物。他成為那樣的，但是他成為那樣的根源是個無限的可能性，三十二相只取三十二個象徵，其實取更多相亦可能。

「須菩提，若復有善男子、善女人，以恆河沙等身命布施；若復有人，於此經中，乃至受持四句偈等，為他人說，其福甚多！」

這個道理我們上次約略講過了。如果比較「有善男子、善女人以恆河沙等身命布施」

╱「於此經中，乃至受持四句偈，爲他人說」，後者的福比前者還多。這個是因爲後者是質的洞察，前者只能停留在「量」上。「量」，停留在定執的對象物；而「質」則破除了定執的對象物，而歸返其根源所顯。

我們平常宗教裡的布施，常常認爲「我拋了多少錢出去，於是我就已經立了德了，所以我應該求功和求福。」所以當大家樂捐稍微衰微的時候，很多神祇的木雕被丟到水溝裡。因爲他們認爲他供養了神，他已經立了功、立了德了，應該可以求福，結果，沒有福報，就鄙棄了神像了。

以前的土地公廟只有兩個神，一個土地公、一個土地婆。現在的土地公廟卻有一群土地公、土地婆和一群其他的神像，爲什麼呢？因爲有一些好心人士從水溝裡把神像揀回來，沒有地方放，只好放在那裡。臺灣的宗教現象是個很重要的、很值得我們研究的現象，從這個現象，可以看到社會之一斑。我們這一分就講到這兒，剛好一個鐘頭，休息一會兒。

離相寂滅分第十四

爾時，須菩提聞說是經，深解義趣，涕淚悲泣，而白佛言：「希有世尊！佛說如是甚深經典，我從昔來，所得慧眼，未曾得聞如是之經。世尊！若復有人，得聞是經，信心清淨，即生實相。當知是人，成就第一希有功德。世尊！是實相者，即是非相，是故如來說名實相。世尊！我今得聞如是經典，信解受持不足為難，若當來世，後五百歲，其有眾生，得聞是經，信解受持，是人則為第一希有！何以故？此人無我相、人相、眾生相、壽者相。所以者何？我相即是非相，人相、眾生相、壽者相即是非相。何以故？離一切諸相，即名諸佛。」佛告須菩提：「如是！如是！若復有人，得聞是經，不驚、不怖、不畏，當知是人，甚為希有！何以故？須菩提！如來說第一波羅蜜，即非第一波羅蜜，是名第一波羅蜜。須菩提！忍辱波羅蜜，如來說非忍辱波羅蜜，是名忍辱波羅蜜。何以故？須菩提！如我昔為歌利王割截身體，我於爾時，無我相、無人相、無眾生相、無壽者相。何以故？我於往昔節節支解時，若有我相、人相、眾生相、壽者相，應生瞋恨。須菩提！又念過去於五百世，作忍辱仙人，於爾所世，無我相、無人相、無眾生相、無壽者相。是故須菩提！菩薩應離一切相，發阿耨多羅三藐三菩提心！不應住色生心！不應住聲、香、味、觸、法生心，應生無所住心！若心有住，即為非住，是故佛說菩薩心不應住色布施。須菩提！菩薩為利益一切眾生故，應如是布施。如來說一切諸相，即是非相。又說一切眾生，即非眾生。須菩提！如來是真語者、實語者、如語者、不誑語者、不異語者。須菩提！如來所得此法，此法無實無虛。須菩提！若菩薩心住於法，而行布施，如人有目，日光明照，見種種色。須菩提！當來之世，若有善男子、善女人，能於此經，受持讀誦，即為如來，以佛智慧，悉知是人，悉見是人，皆得成就無量無邊功德。」

點明「是實相者，即是非相，是故如來說名實相」，說明般若實相乃是對於一切相的遣除，而回歸到事物本身；同理，「離一切諸相，即名諸佛」，這裡所謂「離一切諸相」亦可理解為「應生無所住心」而「無所住心」亦非只是虛，而是虛以含實，實以返虛，故說其為「無實無虛」；離相非出離割裂之謂也，而是離而不離，以其離而歸返於寂滅，然即寂即照也，即滅即生也；「般若空智所以示現離一切相而歸本於實也」。

一、離相：通過緣起法出離

離相寂滅，什麼是寂滅？離相就是寂滅，離相就寂滅了。我們可以這麼說，「寂是無紛擾，滅是無生生，寂滅其實指的就是本然的空無狀態。」而這個本然的空無狀態，怎麼得來呢？其實是通過離相的功夫而來的。所以離相即是寂滅。什麼是「相」，就其所指的一個對象物。出離了所指的定執的對象物，那就是離相。離其爲定執的對象物。你如何「離」呢？通過緣起法離，因爲緣起法使你洞見萬物的本性都是空的，那就是「離」。釋迦牟尼坐在菩提樹下，透過十二因緣緣生法，順觀逆觀，而洞察了意識的透明性，而洞見了存在的空無。這時候身心灑落，澄澈，整個身心澄澈，毫無掛搭，毫無沾染。這是大覺悟！

其實我們也可以想像，我們雖然沒有通過那麼多的修行，也沒有那麼高的智慧，但是可以想像得到可以感受得到。每個禮拜這兩個鐘頭我都感受到。那個感受是很好的，那有一個身心灑落的安頓感。那是個什麼樣的感覺？簡單的說，是你不必著力而有力量的感覺。上這個課不用緊張，因爲一緊張就不能上。其實我事前還是會緊張的，那怎麼辦呢？就要去其緊張。如果來不及把那個緊張去掉的話，那八成就講不好了。我的經驗是這樣，所以我都會提前來。記得有一次遲到了，我還是要求說，既然已經遲到了，還是要讓我休息十分鐘。其實是要把那個緊張去除掉。這樣的體悟使我深深地體會到，其實我們做任何事以前，都應該歸返意識的本然狀態，然後讓它自如其如的開顯，而達到一個我覺得非常自然的本然狀態，不必費很大力卻有力量的方式來處理事務。

我覺得《金剛般若波羅蜜經》給我們現代的一個生活智慧，最簡單的說，這種智慧就是一個自如其如的智慧。你要能夠歸返到你的本然。雖然我們沒有辦法像釋迦牟尼佛一樣，對於所有的定執的對象物通通出離了。完全通過緣起法出離了。但是多少我們可以把一些凡塵灑落，而歸返到「權且稱作本然狀態的狀態」裡頭。那時候我們的身心多少比平常安頓一點。那種安頓是自如其如的安頓。不是信奉和投靠某一尊神某一個絕對者，而依靠他使得自己安頓。我覺得以佛經來講，這點是非常了不起的。當然這並不意味著其他的經典沒有，道家的經典也有的。其實徹底的來講，儒家也有這一面。

爾時，須菩提聞說是經，深解義趣。

須菩提是達到阿羅漢階段的，而阿羅漢的境界由須陀洹、斯陀含、阿那含、到阿羅漢等四個境界。而到阿羅漢果就是他整個心念不起。所以這個時候他聞說是經啊！就深解義趣，我以前提過了義趣這兩個字是用得非常好的。翻譯得非常好。義趣的「趣」有兩個意思，一個是趨向，一個就是趣味之「趣」。一個是intention，一個是interest。而「義」，meaning，當我們用一個字眼在說些什麼的時候，它的意義就隱含了一個趨向，而這個趨向本身就涵蓋著interest，這interest包括趣味、利益……等等意思。就好像中文這個「趣」的意義很複雜，英文的interest這個字眼也非常複雜。所以對譯起來很恰當，很可以說明。義趣，所謂深解義趣是：知道整個《金剛般若波羅蜜經》的意含指向哪裡。指向一終極的關懷，而那個關懷是告訴我們，意識的本然狀態是透明的，而存在的本然狀態是空無的。所以我們存在這個世界本然是清淨的。非常了不起。

當你了解整個生命進入裡頭的一種覺悟，雖然不如釋迦牟尼佛自身的覺悟，而是經由釋迦牟尼佛的力量，跟他交談的互動的一個場，這樣的一個場，這樣一個生命之場所呈現出來的一個力量。這個力量使得他了解到這一點。這個時候他涕淚悲泣，從內在裡頭湧現出來的一種感動。其實我們自己讀《金剛般若波羅蜜經》也會很感動的。夜闌人靜，你自己讀讀，感覺非常澄寧。抄寫時所呈現出來的感受也非常好。

「涕淚悲泣」，因爲他打通了整個生命。「而白佛言」，這時向釋迦牟尼佛稟白說，「希有世尊」，世尊啊！你所說的這個法實在是舉世稀有，你所說的如是甚深經典啊！「我從昔來所得慧眼，未曾得聞如是之經」因爲須菩提以前只得了慧眼，未得法眼，就是說他只是心念不起而已，而沒有眞正悟入性空，心念不起，還沒悟入性空，那麼就是「智」多於「悲」。阿羅漢果基本上是智多於悲，而菩薩是悲智雙運。阿羅漢果基本上是洞察了這個世界本來的空無，這個洞察是由於他心念不起來的，而菩薩則進一步說「整個世界的空無」的根源乃是心念，這空無其實也不是空無的，那是「眞空而妙有」，而有一個悲心澆灌於妙有之間。這就是悲智雙運。如果要強調菩薩和阿羅漢的不同可以這麼說：菩薩是要在世間成就其爲出世間，而阿羅漢是簡單的出離世間；菩薩強調在世間裡頭，行其出世間道而阿羅漢則是出世間而已。

二 證得實相無相，指向同體大悲

而這個時候須菩提悟道：「我從昔來所得慧眼，未曾得聞如是之經，世尊，若復有人得聞是經，信心清淨則生實相，當知是人，成就第一希有功德。」如果以後還有人，「聞說是經，信心清淨則生實相，」實相是什麼相呢？也就是般若相，離相之相，寂靜者寂滅之相。所以實相無相，實相就是所謂無相。所以生實相即是洞察無相，我們能夠洞察無相，才能夠去我們小體、去私體而眞正見大體，或者見本體。從此皆空啊！而大家執著於有所以陷入生老病死中，你見此生老病死的因果輪迴，你不能夠有所悲嗎？當然悲，此之謂同體大悲。

而這個時候你就要去洞察生老病死背後的空無，而這時你的證同體大悲並不是只悲生老病死，而是由生老病死之移情而見其同體皆空。整個萬法皆空，而這樣的一個活動叫做證道。也就是要在這個世間裡頭行出世間，此同體大悲之心是菩薩道。

所以信心清淨則生實相，生實相是無相，指向同體大悲。無相並不是說就是沒有了，那有什麼好說的。因爲你洞察了空無，你就自己頓悟，無我。能無我始能見大我，而大我畢竟無我。

能無我始能見大我，而大我畢竟也無我。你能見及此，那就是智了。能見及此，而內心的情感自然流露，那情感就是大悲心。合起來就是我們剛剛所說的悲智雙運。悲智雙運，所以信心清淨，則生實相。所以那個實相，不是通過辨別的知解，而了解意識的透明和空無；而是通過了信心清淨，去悟得那個實相——而生實相。這個「生」是「無生之生」。所以「實相」還是「無相」。既是無生之生，所生之相，當然是無相。而這時候信心清淨，一片灑落。

信心清淨就是意識處在本然狀態。而處在意識本然狀態的時候就會湧現「信仰的確定性」。這個信仰的確定性加上「意識的透明」「存在的空無」，於是就有一個「實踐的如是性」。這四方面是一體的。大概這樣慢慢地提綱挈領地把握住。所以信心非常重要。

當知是人，那我應當知道這樣的一個，成就了第一希有功德。他通過這樣的一個活動成就功德，因此「他的整個『我』」，通過一個無色無相的方式徹底的瓦解了這個，「進入一個眞正的同體裡，此之謂德。」如此合稱「功德」。

世尊，是實相者，即是非相，是故如來說名實相。

世尊！這樣而說的實相就是非相了，因此如世尊如來你所說的，實相即是無相。實相之爲實相，因爲他本然就是要離那個相，所以他是對那相採取一個活動，就是否定的活動，否定那個相的活動，去其定執。

去其定執的對象物，去除定執的對象物，那就是成就一個無執的非對象物。把它反過來去了解。反過來你就了解了。

所以現在我們使用的哲學概念的語詞，是有助於我們了解的。沒有執著的、不是對象的，對象就是我們的主體之所對的。現在你把它去除掉，那就不是了，否定之而歸返，歸返自身，而我們自身又沒有辦法通過一個對象化的方式去認識——那叫什麼？否定，否定，所以是實相者皆是非相。是爲如來說明實相，實相之爲實相，是通過這樣的方式來說。

三　人的生命是一個存在的情境，是當下的

「世尊，我今得聞如是經典，信解受持，不足爲難。」爲什麼信解受持不足爲難，因爲我是跟釋迦牟尼佛生活在一塊兒的，他所成就的一個生活世界使得我「信解受持，不足爲難」，我信他，我接受他，我持守他。

若當来世，後五百歲，其有眾生，得聞是經，信解受持，是人則爲第一希有！

如來去世以後的後人，聽聞到這部經典，如果能跟如來在世時一樣的信解受持，這樣的人實在是難得。

存在的情境是理解的憑準，比我們說出來的東西還來得重要，所以你有幸在一個存在的情境裡頭去理解，比起你自己去看書看理論去把握，往往深刻多了。我們自己也都有這個經驗，記得以前我們聽聞某位大師的著作，會覺得不大能了解，但是聽過他的課，一年半載以後，對於他所說的理就覺得清楚了。爲什麼呢？他上課所講的又沒有他書裡所寫得那麼仔細，但是上課了以後爲什麼你就能了解了呢？上課的情境中有很多不是屬於言說的，不屬於文字，上課其實是一個生命生息的互動，是一無形的氣在那裡流動，而使得彼此的生命相互開發，所以聽聞經典叫做因緣殊勝，如果沒有這個因緣殊勝就沒有這個可能性。現在有些大學生就不太懂這些道理，有一點可以說叫做閉門造車，以爲學問也者就是能夠把資料蒐集到了，排比清楚了釐清了，通過一種思辨的活動把它構造起來，那就叫學問，其實不是！那個是第二義的，第一義的學問在這一步工作之前，在排比出來的文字之前，它根本在字裡行間，那無所說的境域那才是根源，才是基本，所以電視的教學，函授、書本，都沒有辦法替代人與人面對面直接的心靈互動跟感通，所以現代資訊已經如此的發達，還是需要有老師這個行業，因爲它是不可替代的，人的生命是沒有辦法重複的，它是當下的，而那個因緣是很難得的。

回想以前開始閱讀中國哲學的時候，起先閱讀牟宗三先生的著作，他寫的書是非常有條理非常詳細的，很多東西很努力地看還是不會很懂，去上過他的課，你會了解得多一點，再進一步和他相處過，你那個了解就更多了。其實他日常所談的也是他書裡面的，不過你在那種情境裡，就會了解得更深，你不只了解到他所說的，你更透入到他所說背後未所說無所說的根源，這是從生活中來。所以有所謂「親『炙』於大師之門」，那個感覺就是不一樣，但是第一你要有那個福分，第二你要懂得去接受那個福分。有的人就沒有一份虛心學習的心境，有的人是去瞻仰，有的人一去就想著要把他駁倒，年輕人喜歡這個樣子，所以聽完一場演講就批評起他的錯處，這就是不能得精華而有所受益，在學的時候有沒有作爲一個學生的心態是很重要的。現在一般的大學生就不行，所以我是主張有時候老師可以棒喝一番，當然這樣他可能就不來了，而此一番後還能來的，那就是不錯的，有上進的機會。只是平緩的，一副民主開明的樣子，其實那不是民主開明，那是人與人存在的漠然，彼此的存在沒什麼關係。

講科學的東西或許能這樣，其實也不大能這樣，講人文的東西還是這樣的話，那根本就算了，人文的東西本來就要有人，其實科學的活動還是要有人。有一句科學史上的名言說：自然先於人，人先於自然科學。我們中國一位得過諾貝爾獎的物理學家楊振寧說過：一個物理學家最重要的就是要有——style，風格。這是個非常主觀性的，也就是你怎麼樣去理解這樣的一個物理世界，這其實是非常主觀的，你整個生命參與了以後，你慢慢形成一個風格，怎麼樣跟這個世界對話，而你了解了這個世界，作爲一個學問家必然要如此，不然你就只能跟著人團團轉而已。這是臺灣目前學術界一個滿嚴重的問題，名爲民主開放實爲漠然，彼此不相干，我們目前教育的趨勢這個問題慢慢嚴重了起來，家長對老師不能諒解，加上中小學的確有一些老師對學生就相當淡漠，彼此互不相讓。如我們上次講過的，因爲你不讓開它就沒尊嚴，彼此互不相讓結果彼此都沒尊嚴，彼此的生命都沒有辦法回到那個本然狀態，既不能回到本然狀態，一切就爆發了，不時有不幸的事件發生。它處理的方式有兩種，一是設法在未爆發以前就處理了，應該設想這個問題，不應該設想說爆發了以後怎麼善後，即使善後了也應找出事情的癥結使它不再爆發。我們的社會學家心理學家可能比較習慣於處理善後，不習慣於未發之前先作設想，太相信其所說，於是計較著那個所說，強調如何說的技術而達到溝通，一大堆的「術」，所謂交談術、溝通法，其實這不是「術」的問題，它是「道」的問題，它是一個在其所說之前的問題，而這是比較難的，像這些共識是要慢慢來培養，社會上一些不良的現象才可能消弭掉，不然只是一直在處理，頭痛醫頭腳痛醫腳，問題層出不窮。

四　歸返於一個沒有執著的對象

何以故？此人無我相、人相、眾生相、壽者相。

這是很不容易的，這個時候他是以自己的生命去體會到了，在佛陀的光輝之下，進到那個生活世界裡頭，而信解受持不足爲難，但他是自有體悟。這時他「無我相，無人相，無眾生相，無壽者相。」不執著於我，不執著於我與人的分際，不執著於我是要爲眾生怎麼樣的，不執著於自己的壽考。

所以者何？我相即是非相，人相、眾生相、壽者相即是非相。

理由何在呢？我相、人相、眾生相、壽者皆非相，所以應該出離其相，我、人、眾生、壽者，就其爲相的本身，若還其本身，就不會產生一種執著性的定執的對象物去把握，而是歸返於一個沒有執著的非對象，它根本沒有這些分別相，所以說我相人相眾生相壽者相皆是非相。

何以故？離一切諸相，即名諸佛。

爲什麼呢？因爲現在的你離了一切相，沒有我相、人相、眾生相、壽者相，那麼這就叫做「佛」。就是大覺悟的人。如果五百年後有這樣的一個人，正如同世尊釋迦牟尼佛又轉世來了。他是第一希有，這是不容易的。人間眞能夠有所悟的人是很有限的，我們偶有一悟就覺得身心舒暢，好像安頓了，何況大澈大悟之人，一定是相當了不起的。

這裡須菩提從釋迦牟尼佛說出經的名字——「金剛般若波羅蜜經」，以是名字汝當奉持，而他因此涕淚悲泣，而領悟到：我今得聞如是經典，信解受持，不足爲難。而這個了解，其實是在佛陀的光輝所成就的場域之下的一個力量所開顯出來的，因爲他的智慧而能夠說出這些理解，以求得釋迦牟尼佛的印可，釋迦牟尼佛就說了——

佛告須菩提：如是！如是！

佛告訴他，沒錯，是這樣子的是這樣子的。本來就是這個樣子嘛。是啊！這個「是」就是一個本然，放開了就是這個樣子嘛，從這裡看得出須菩提的聰慧，不愧解空第一。如果作爲一個老師有這樣的一個學生，那個感覺是非常好的。「如是！如是！」我們可以揣摩釋迦牟尼佛在對須菩提說這話的時候，他是怎麼樣的一個神情，一定是滿心歡喜的非常舒暢的。

五 得般若智，離生死苦，離因緣法

若復有人，得聞是經，不驚、不怖、不畏，當知是人，甚為希有！

現在是釋迦牟尼佛接著說。為什麼一般世俗之人聞說是經，會驚怖畏懼。驚——驚般若智；怖——怖生死苦；畏——畏因緣法。能不驚不怖不畏也就是：「得般若智，離生死苦，離因緣法。」

一般人聞般若智，萬法皆空，當然是非常驚異，現在所以能夠不驚，是因為他已經得般若智了，而得般若智就能夠離生死苦，就能出因緣法，不為因緣法所限，像這樣的人甚為希有，我們一般人是在生死海中受其苦而生活在畏懼之中，在因緣所生法的鎖鏈裡面，把我們通通鎖住了，你能夠不為此而畏懼嗎？除非你能夠洞察因緣所生法其本性即是空，出因緣所生法而不畏，離生死苦而不怖，得般若智而不驚。

何以故？須菩提！如來說第一波羅蜜，即非第一波羅蜜，是名第一波羅蜜。

那到彼岸的最為優先的智慧，它本身具有自己否定掉自己的那種智慧。佛教最厲害的地方在這裡，它所提的東西自己本身具有瓦解它本身的力量，這個瓦解的力量，重建了一個「沒有結構相」、「沒有執著性」的無限的可能。這是佛教最為重要最為精髓的地方。

所以它提的每一個說法，說般若，馬上說非般若，因爲它深深地了解到，「凡其所說皆即所限」，既然所說的都是一種限定，那麼現在通過一個遮撥的活動，把這個所說的限定排除掉，這樣才能夠達到非所說而爲所顯的境地。這個智慧就西方來講，一直到當代的維根斯坦從他的前期邁入後期思想，前期作品《邏輯論叢》裡面有一句話：凡是所說的皆應說清楚，凡不能說的則持其爲沉默的態度。而這句話其實說了一半而已，有人說他前期的哲學跟後期思想迥然不同，不過我覺得它其實是連貫的，前期的哲學是他深深的了解到，凡是說的都有限制，另外所顯的部分是在生活世界，不是通過我們的言語通過我們的文字能夠把握的。

道理之爲道理有兩種，一種是議論所論定的道理，一種是生活所顯現的道理，兩者不同。而佛教所說的是生活所顯的道理，不是議論所論定的道理。所以它一再地告訴你：「第一波羅蜜，即非第一波羅蜜，是名第一波羅蜜。」要了解無上的到彼岸的智慧不能夠通過一種言說的論定的議論的把握的方式，去了解它，你一旦通過那個方式就錯了，所以通過一個遮撥遣執的活動，那樣的第一波羅蜜才是第一波羅蜜。就這一點來講是整個《金剛般若波羅蜜經》非常特殊的，這裡可以就「《金剛般若波羅蜜經》之所說與無所說」作一篇論文，來論這個問題。

語言的決定其實只是一個限定的活動，而在這個語言的活動之前的那個確定的活動是來自於哪裡？有沒有想過這個問題，語言——有所說的活動。無所說未說之前——已有一確定的指向。

所以你才能夠通過那個語言所說的限定說它。人生裡頭那個未說的最難，其他要說的都很容易，要參究的是在這個地方（未說的），不在彼（所說）。語言的考究只是枝節，其實眞正見到那道理的深處的話，不管道家、儒家、佛教都會碰到這個問題，陸象山說：「學問之途有二，一曰樸實，一曰議論。」[7]，其實就是講這個道理。樸實就是未說的，議論只是已說的。議論偏向在那一大套的言說系統裡面，去比較誰比較精要；而樸實則是回到議論的根源，眞正進到生活世界裡面去。

道家不落在有爲裡頭，它一定要回到無爲；佛、道不落在所說，而一定要能無所說，無所說才是一個確定的根源，而所說是指向對象，是限定，這個道理很深的，大家不要輕易放過。而眞正根源的確定其實來自於信仰，也就是我們以前講的那個信仰的確定性，由這個信仰的確定性落實到人間世裡頭，通過所說的（這只是個限定），你了解所說的限定，把那個限定限定了，那麼這個時候才能夠讓那個無所說的顯現，佛經整個就要講這個，所以即使講到最高無上的智慧時，也馬上作一個否定和遮撥的活動，道理在此。

時間又超過了，我們今天就講到這兒吧，下個禮拜再見！

六　存在的空無性，意識的透明性，信仰的確定性

須菩提！忍辱波羅蜜，如來說非忍辱波羅蜜。

佛教的工夫有所謂六度——布施、持戒、忍辱、智慧、精進、禪定六種。忍辱是六波羅蜜之一，波羅蜜是「到彼岸」之意，所謂六波羅蜜就是到彼岸的六個工夫途徑。

佛教用於標舉智慧的語言本身就隱含一個否定性。語言表達「智慧」，這叫標舉智慧的語言，而這個語言本身就隱含一個否定性，否定這個語言可能導生的限制。由於它有這一層作用，才使得語言的限制被否定了、遮撥了、遣離了，智慧自如其如地顯現它自己，這是《金剛經》裡面非常強調的一點，所以說：第一波羅蜜，即非第一波羅蜜，是名第一波羅蜜。我們曾用四個總目來概括《金剛般若波羅蜜經》的思想，我們說它涉及到——存在、意識、信仰、實踐。

存在的空無性，意識的透明性，信仰的確定性，實踐的如是性。信仰的確定性是非常重要的一個關鍵，作爲佛教眾經之源的《金剛經》之所以不會墮入一般所謂的「虛無主義」，不墮入情肆而蕩，猶疑不定的狀態，因爲它有信仰的確定。眞理之爲眞理，它的特質在其確定性。而語言其實是沒有辦法表現出這種確定性，語言只能在眞理的確定之後而表達，而表達出來的，由於語言具有限定性，眞理的確定通過語言限定了，也由於語言的限定特質，更可能導致一種僵化、執著，造成嚴重的藩籬，而使得人的心靈受到很多固蔽。眞理不是通過語言可以完全表達的，言語只是爲了表達眞理一種權變的暫時性的指出對象的作用而已。

眞理應該透入語言背後，進到字裡行間，進到表達的根源。而表達的根源在表達之前，其實這不僅佛經裡頭這麼說，或者說佛經所說的很多是衡諸四海而皆準的。我們可以通過《金剛般若波羅蜜經》來檢討眞理和語言的問題，眞理之爲眞理並不是我可以通過言

7 陸象山常曰：「今天下學者唯兩途，一途樸實，一途議論。」收入《象山全集》卷三十六〈年譜〉乾道八年條，頁7。

語的辯論而得到，剛好相反，如果有所謂眞理，眞理的顯現恰好是因爲語言的辯論與交談的彼此限定。在此一活動的彼此交互的否定中形成遮撥與遣離，透入字裡行間，進到還沒有表達之前的根源的狀態，才使得眞理顯現它自己。這是一個很複雜很難的問題，大家不要輕信語言能夠怎麼樣，相反的，是因爲人們對於眞理之確定性的要求，所以使得語言的表達能夠怎麼樣。換言之，眞理先於語言，而且是一切語言表達之爲可能的根源。

古今中外的思想思考到這個問題，都強烈地感受到我們剛剛所說的語言的限制，由限制造成僵化，僵化形成固蔽，人被語言遮蔽而異化或疏離。異化者，亡其宅也。alienation一字，在社會學上翻譯成「異化」，在心理學上常翻成「疏離」，最簡單的說明它的意義就是：人不在自己的本分上，人失其自己。語言本身則有造成alienation的嚴重傾向，而《金剛般若波羅蜜經》深切的了解到，即使我們能夠表達出一個最高無上的能夠到彼岸的智慧，這個表達必須隱含一個自我瓦解的力量，才能瓦解我原來用在表達眞理表達智慧的語言的那種限制。由於瓦解了語言的限制，才能越出了表達的藩籬進到表達的根源，這時候眞理才能夠顯現。所以它現在說——

忍辱波羅蜜，如來說非忍辱波羅蜜。

這種瓦解在實踐上會達到什麼樣的效果呢？譬如以到達彼岸的途徑來講，一般所講的忍辱是就一個對象，我們接受了它，堅忍著它，將「辱」視之爲一個對象的存在，別人對我不好，我執著著那種不好，而願意接受那種不好，忍受著它。這樣的忍辱是一種比較低的層次，一般稱之「生忍」。進一步叫「法忍」，再進一步叫「無生法忍」。

生忍——仍有分別心。世俗之忍，把一切對象化的活動視為一種真實的活動，而去忍受這種「眞實」，而未洞見這本身的「虛假」，這叫生忍。即使不能放開，也還接受。

法忍——當其本身之爲法，將對象化的活動還其爲對象化的活動而來忍，比如別人往你吐口水，而你正視那只是口水而已，不用意識的執著，將對象還其爲一個對象，這是一個「境識相離」的方式，境還其爲境，識還其爲識，由於境識相離而處於境識俱泯狀態，外境跟你的心靈意識兩者處在不相干的狀態。放開了意識的執著。

無生法忍——境識同歸於無的狀態，連對象之相都化除了。眞正放開了心靈的執著，了覺到對象不成其爲一個對象，無生之生，對象是無對象的對象，這樣的「忍」是「不忍之忍」。

這三個不同的層次，第一層只是忍氣，第二層就是想開地，那也沒有什麼好氣憤的，第三層則通過緣生法的瓦解，其實它是空無的，全部空無。到了無生法忍的層次已經是「不忍其忍」，不必通過什麼「忍」，而其本身就是「忍」。徹底地放開。

所以這裡說：忍辱波羅蜜。如來說非忍辱波羅蜜。通過忍辱而到彼岸的這一個工夫途徑，它並不是要你眞的如何接受外在的侮辱而忍受著它。而是要你洞察「存在的空無，意識的透明。」所以所謂的忍辱，就其實踐來講，不過「如是」罷了，因爲你的心靈意識已經降伏了，既然已經降伏了，那麼一切是放下的。前面提過：「應如是降伏其心」。而這個「如是」如何恰當，慈悲並不是無善惡無是非。而是來自生命深處的確定，由此確定而來的無不包容。

可見此「確定」的重要性，「確定」不是經過語言去把捉的，而是在表達之前的一個一定的指向，而使得那個表達有一個恰當的限定。所以所謂忍辱其實是一種慈悲。

一個最高智慧的表達，隱含了對於那語言表達的一個否定性，落在實踐上會產生這樣一個非常具體而奧妙的後果，這不是我們一般可思議的，因爲我們的思考方式就是執著性的對象化的單線式的，而《金剛般若波羅蜜經》提供我們一個非常特殊的思考方式：「無執著性的、非對象化的、循環式的」，它本身就隱含了一個自我摧毀的力量，而這個自我摧毀使得眞理開顯成爲可能。其實當代西方哲學談到此類問題的深度也不過如此而已，不出《金剛般若波羅蜜經》所顯的規模，這一點是非常令人讚嘆的。如果對於西方當代的語言哲學、現象學、詮釋學有一些了解，可以知道《金剛經》的可貴。

何以故？須菩提！如我昔爲歌利王割截身體，我於爾時，無我相、無人相、無眾生相、無壽者相。何以故？我於往昔節節支解時，若有我相、人相、眾生相、壽者相，應生瞋恨。

現在佛陀舉一個很具體的例子，他說：須菩提，如果我以前爲歌利王割截身體的時候——

釋迦牟尼佛在前世曾爲僧人，在山裡修持，歌利王與妃子偕隨從到山中來遊玩，歌利王因疲倦在休息，而其妃與宮人就到僧人處聽法，歌利王醒來時甚爲憤怒，以爲僧人勾引婦女，歌利王便殺僧人且割截其身體。四大天王和天龍護法令狂風大作，佛陀身體又完好如初。

這是一段神話故事，我們取其含意，它象徵的意義在說明一切的存在是空無的，因爲意識歸返到本然的狀態，意識是透明的無執著的，不生瞋恨，不生怨尤，所以原來的存在在無瞋恨無怨尤的情形下是無分別的，一個無分別的東西不可能通過分別而分別之，不能通過外力的分別去瓦解它，它本來是空無的，你不可能一刀把這空無切成兩半，把空無支解得七零八碎，不可，因爲它本無就是空無的，它本來就是無分別的。所以佛在當時「無我相、無人相、無眾生相、無壽者相。」一言以蔽之，無分別相。有分別相則生瞋恨，由於無分別相，無瞋恨、無怨尤，所有外力要對無分別的給予支解是不可能的。

這一段具體的告訴我們，人之爲人是整體的，無量無邊如恆河沙數般，看似眾多其實空無不分的整體，這如何能體會人之整體，唯有回到意識的本然狀態。既然人之爲人是整體的，是無分別的，在這種情形之下，才了解到人之爲確定的，人當下即是佛，人依循著意識的本然狀態呈現我自己，而上天下地萬有一切也是依循著它的本然狀態呈現它自己，此謂之「上天下地，唯我獨尊。」這不是一種傲慢，因爲上天下地就是一個「我」，而這個「我」即「非我」，通曉這層意境之尊是無上（獨）之尊。一般對這句話的理解都錯了，它不是劉邦、項羽逐鹿天下的英雄氣。它是意識回到本然狀態的一個整體無分別之境。一般的意識是處在他然狀態——意識涉及於外物的狀態，當意識歸返本然時是透明而沒有執著的，這時來自生命深處的確定——覺，有此覺即是佛。

這一段故事的內涵在此，如果佛有我相、人相、眾生相、壽者相，就會有瞋恨。

須菩提！又念過去於五百世，作忍辱仙人，於爾所世，無我相、無人相、無眾生相、無壽者相。佛過去於五百世，修忍辱波羅蜜，那時也無我相人相眾生相壽者相。

六波羅蜜行——布施、持戒、忍辱、精進、智慧、禪定。忍辱和布施在本經中一再提及，而兩者的功能皆在「到彼岸」，布施是通過把我所擁有的拿出去，來重新調節原來的我，它不是一種利益的交換，也不是拿出物質的要換取精神的，布施是對於「我」的構成的一個重新調整，從「我」到「無我」。我們一般所認爲的我是通過「所擁有的」來說明，而布施是要把我所擁有的東西拿出去，而通過這個拿出去的過程使得原來那個「我」重新作一番調整，調整成一種「無我之我」。而忍辱是通過外在加在我身上的艱難，好像擔子，從挑起這個艱難，挑起這個擔子而慢慢學習到承擔，其實徹底的承擔是徹底的放下，由此洞察「我」其實是「無我」，所以你一定可以承受，這裡沒有洞察則覺得難以承受，要洞察「無我」先學習「放下」。這裡隱含了一個弔詭，要挑起得先放下，唯有你放下了，你才能挑得起來。在禪宗的語錄裡常常有類似的話頭出現，而它並不是有意玩弄兩面對反的文字，它背後的義理根據在這兒。

忍辱和布施，一言以蔽之，仍然是對於「我」的重新調整，我→無我。

七　無我則離一切相，而使得一切相如其一切相

是故須菩提！菩薩應離一切相，發阿耨多羅三藐三菩提心！

菩薩跟阿羅漢的不同，就在於菩薩應離一切相，發阿耨多羅三藐三菩提心，發無上正等正覺的心。因爲離一切相，才能發阿耨多羅三藐三菩提心；沒有離一切相，則不能發阿耨多羅三藐三菩提。

阿耨多羅三藐三菩提心：至高無上的、中正不倚的、普遍萬方的大覺悟心。這就是我們剛才講的那個「整體的智慧」或「佛智」或「覺」。而那個整體是一個無我的整體。無我才能發阿耨多羅三藐三菩提，無我則離一切相，而使得一切相如其一切相，實相/無相/一相/如相，眞實的相其實是無相，整體地來講它是同一個相，所以離一切相並不是斷滅，它是一切相如其一切相。因爲心有所取向，心對外在的對象有所執著，便使得外在的對象處在一個被限定被固蔽的狀態，這時一切相就不能如其一切相地顯現其自己。

菩薩離一切相才能如是，如是放下，發無上正等正覺心。

不應住色生心！不應住聲、香、味、觸、法生心，應生無所住心！

進一步的解說說明：你不應該停留在聲、香、味、觸、法。

色、聲、香、味、觸、法謂之六塵，眼、耳、鼻、舌、身、意謂之六根，眼識、耳識、鼻識、舌識、身識、意識六識。六根、六識、六塵合稱之十八觸。

不應住：不應該通過執著性的分別心來生出心。換言之，我們的意識應該歸返本然狀態，而不應該以他然狀態出現，因爲我們時時刻刻幾乎都是以意識的他然狀態出現，沒有辦法離一切相，離一切相在於洞察一切相的「本身」是爲何物，不再通過語言去說一切相；更進一步講，我們通過語言去說一切相的時候，我們的心對於外在的對象有所了別，所以我們才通過語言去說它，那麼不住色生心可以進一步說——你不再通過心的了別作用而去說它，而「心的了別作用」始於我們的眼、耳、鼻、舌、身五官，感官的作用加以意識的執著，所謂取象，將它們攝取在一塊兒，然後給予一個定相的說法，然後「說」它叫作什麼，現在這一段就在遣除這個執定。

所以參禪參的是「話頭」，用一個話頭來攝持眾念，以一念攝眾念，破此念，而到此念之前的未念狀態。「未念」是一渾淪未分的狀態，境識俱泯，意識跟存在處於它們的本然狀態，意識是透明的、存是空無的，在那樣的狀態之下，讓這世界如其為自己地顯現它自己，這個叫「生」。但是此「生」是無所住的，不是通過心靈意識的執著而生的，此時心靈的呈現是透明的，這樣修行的智慧是為「應無所住而生其心」。這種「生」的背後其實是「無生」的——生生還是無生。洞察這種無生法，接受它持守它成為你生命的一部分——無生法忍。

忍——持而勿失，受而有得，行而不斷。修行到它好像就跟你的生命合在一塊兒。

住心——心處在住的狀態，心處在一個執著性的狀態，一個對象化的狀態而把捉著外在的對象。也就是「意識的他然狀態」。無所住心——意識的本然狀態，心沒有執著，沒有指向對象把捉對象，而是回到心要指向對象之前的那個狀態，也就是「意識的本然狀態」，所以「應生無所住心」。

若心有住，則為非住。

如果我們說這個心還是有所住的話，那麼應該怎麼說這個心呢——它是一種「非住之住」，一種「沒有執著的執著」，一種毫無執著的「確定」。確定跟執著的不同在哪裡呢？確定——我說這樣是對的，是發自內心的一種肯定，而不是在發現了它的效果之後，已經可以算計出來怎麼樣了。我們常舉一個例子：哥倫布航行於大海之中，他心中只有方向，不可能計算出目的地究於何處，從一個世俗的眼光來講的話，你怎麼知道你的舵那樣把是對的呢？你沒有辦法通過外在的方式來檢查它，只能發自內心所湧現的一種確定——是這樣的。請問，當釋迦牟尼佛坐在菩提樹下說：「若不開悟，絕不起坐。」的時候，這難道是一種賭注嗎？我說不是。所謂賭注是不確定的，確定不叫賭注。此心是確定的，不是通過言說，不是通過分別心去算計那是對或是錯，這是生命的挺立，一種強度性的原則，它不是廣度的可以用量去算的。

所以確定性是先於語言的限定的，語言只有限定的作用沒有眞正確定的作用，所以我們不要相信語言，而要相信那使得語言成爲有效的那種眞理的確定，而那種確定的狀態是在語言之前。

如果我們的意志眞能夠有所確定，那不是來自於一種執著性的確定，因爲確定是先於執著的，你不能通過執著來確定什麼。

是故佛說菩薩心不應住色布施。須菩提，菩薩爲利益一切眾生故，應如是布施。

住色布施——執著在表象上的布施。布施金銀財寶是布施，諸位來這裡聽講更是大布施。諸位布施了耳，我布施了口，華山講堂布施了教室、燈光等等，所以使得諸多殊勝因緣聚合，而使得《金剛般若波羅蜜經》自己開顯其自己。如果沒有諸位布施了耳朵，那麼根本不可能使得《金剛般若波羅蜜經》通過我的口自己開顯其自己。講經不是「我」來說它，而是它通過我而說它自己。

利益一切眾生——如何利益一切眾生？一切皆令入無餘涅槃而滅度之。如何一切皆令入無餘涅槃而滅度之？應如是降伏其心。這就是利益一切眾生了。現在如何利益我們的國家民族？也是如此，應如是降伏其心，一切皆令入無餘涅槃而滅度之，彼此都如是降伏其心，心行路絕以達彼岸，如其所如無所罣礙地滅度。這裡隱含了一個境界，同時隱含了一個實際的方法。

這裡順便提一下，我們閱讀《金剛般若波羅蜜經》有幾個層次：我們不只是體會它修養的境界，更進一步的，我們從它的整個義理、整個經義道理來了解這裡頭所隱含的一套方法（且稱之實踐的方法），而這個實踐的方法是可以落實在我們目前的社會歷史之中的，可以落實在我們廣大而具體的生活世界。我們閱讀《金剛經》的時候，我想，不只是作為一個修養的境界，其實這裡頭可以找尋到很多實踐的方法，因為《金剛般若波羅蜜經》它提到了很多很重要的問題，諸如：存在的問題，意識的問題，實踐的問題，信仰的問題。而且它真正地終極地發現到存在之為何物，意識之終極為何物，實踐之終極該如何，而信仰之終極又為何物。而你在了解它的洞察的過程裡面，你也可以一樣的來面對我們這個具體的生活世界我們這個歷史社會的總體，就其存在面、意識面、實踐面、信仰面該當如何。《金剛般若波羅蜜經》可以給我們很多啓發。

如來說一切諸相，即是非相。又說一切眾生，即非眾生。

它洞察了凡是通過語言表達的東西都是有限的，現在你能破除那個限定，你才能夠還其為本然。現在你對於一切諸相一方面通過語言自我瓦解的作用：即是非相。語言一定有所指向，有reference，現在語言通過自我的否定與瓦解，同時就使原來指向的對象也產生一種自我的否定與瓦解，這就是這裡所說的：一切諸相，即是非相。而這個「一切諸相，即是非相。」的了解是從對於語言的洞察開始，而對於語言的洞察又從意識的覺知開始，覺知它（意識）有個本然狀態，有一個無所取向的狀態。經過這兩層工夫而了解到：一切諸相，即是非相。同樣地：一切眾生，則非眾生。這裡可以通過知覺、言語、存在這幾個向度把它把握穩，不至於落入文字的遊戲。

八　如來是眞語者、實語者、如語者、不誑語者、不異語者

須菩提！如來是眞語者、實語者、如語者、不誑語者、不異語者。

剛剛談到語言，這一段看到它全面的展現。其實對這個問題可以寫一篇很好的論文：《金剛般若波羅蜜經》的語言哲學。

就語言來講，如來所說的語言是怎麼樣的一種語言呢？眞語、實語、如語、不誑語、不異語。

眞，相對妄而說，心有所取謂之妄，眞則心無所取，眞語——我現在所說這個語是確

定的，眞正確定的一種限定語言。我們剛剛說過，語言的特質是限定性，而現在如果語言的根源不是來自一種確定性的話，這種語言的限定性就會產生僵固與遮蔽，更嚴重的話，成爲一種禁錮。佛說的具有根源的確定性，不是心有所取的那種語言，這種語言是從佛陀的生命的根源就其爲根源的顯現，而這個顯現雖然看起來是一種限定，但這個限定有一個確定性的根源，不生僵固。爲什麼？因爲它在限定的過程裡頭也不斷地在破除限定，般若「非」般若，這個「非」就是破除。般若（智慧），我通過語言而說出這兩個字的時候，這個限定性就可能產生僵固、遮蔽和禁錮，於是我產生一個自我瓦解自我限定的作用——非般若，而使得它回到它言語之前的狀態（表達的根源），這時候讓眞理以它作爲確定性的本身顯現它自己，所以說佛是「眞語者」。

實，相對於虛，實則不虛。實——最簡單地說，就是「存在」（extentence）。人作爲一個存在，這個存在是落在我們具體的生活世界。釋迦牟尼佛所開顯的一切道理不是離開於我們的生活世界的，他是就我們的生活世界而來顯現他所要說的東西，所以它不是虛蕩的，它是落實的，存在的意思就是落實。而他又很眞切地告訴你，這種落實是一種確定而不是一種執著，這叫實語者。

結合了眞語者、實語者，我們就可以了解到什麼叫做「如語者」。如，則無執。這是一種如其自如的顯現它自己，因爲他所使用的語言都自己瓦解了自己語言的限定，所以它是如其本身的顯現它自己。釋迦牟尼佛是這樣的一位「如語者」。

記得我們提過幾次，在東方的經典裡面，東方的經典不是通過「說」而達到的一種論定，它是通過交談而自如地開顯，這是兩個不同的傳統。西方的傳統裡，經典來自

「說」，說來自啓示，而啓示是由上往下貫下來的那種確定，有一個超越的人格神的確定，通過語言將語言的限定和上帝的確定結合在一起產生一種論定，一種邏輯的論定（Logical definition），這個造成西方文化整個傳統裡頭非常重要的一個特質——一切都環繞著言說（Logos）而展開，環繞著這個核心而展開，這樣導生一套系統，當然它有它的優點，也面臨了一些限制。而東方的傳統裡，尤其佛教的傳統，有它滿獨特的地方——交談。釋迦牟尼佛說法是通過交談，通過言語的彼此限定，由於言語的彼此限定而使得我們躍出了那個言語的限定而讓眞理顯現它自己，這是另一個方式。它不是通過一個啓示而來的，它的根源不在上，它的根源在人的覺性，不在超越的人格神，只要讓那個覺性顯現就能夠「肉身成佛」。西方的傳統稱爲「道成肉身」的系統，東方的我們稱做「肉身成道」的系統，兩套不同的思維，也是兩套不同的世界觀。

不誑語、不異語是對前面三點的消極性的補充說明，如來之語不是誑語，看似大而無當，說其大則可，說其無當則不可，其大無量無邊，能了解其無量無邊則能了解其不是誑語。

不異語者，異者分別說，不異語者整體無分別之說，當我們們要說一個整體的時候，唯有我們說了Ａ之後再說非Ａ，於是才構成一個整體，這是邏輯地說，但是我們不能就此落於平面的把握，這樣的一個語法透悟到，當我們說了Ａ，這樣的Ａ就產生了一個限定，又通過表達的自我摧毀作用，將這個限定摧毀了之後，呈現出一個眞正的「空」，而這個眞正的空才使得「有」自如其如地呈現，是謂「眞空妙有」，是這樣的一個整體。

九　如來所得法無實無虛：無實乃說其不執；無虛乃言其有定

須菩提！如來所得此法，此法無實無虛。

如來的法「無實無虛」，亦又是實又是虛，實而無實、虛而無虛。無實——說其不執；無虛——言其有定。佛陀之法不執而有定，是不被限定而有所確定的一種法。合著我們剛剛對限定與確定的分析就可了解這個「無實無虛」了。

須菩提，若菩薩心住於法，而行布施，如人入闇，則無所見。若菩薩心不住法，而行布施，如人有目，日光明照，見種種色。

兩段清楚的對比。心——意識。法——對象。心住於法——意識執著著外在的對象，而一再地說：我要布施，將對象遣除於外，心靈意識一直執著於一個對象，譬如我現在執著著這一只手錶，我現在要把這一只手錶的對象遣離掉，這就是「心住於法，而行布施。」布施時執著於對象，好像你要把這個對象送出去，我要把手錶送出去，我們解讀這個意識的狀態：你將你的意識執著於那個外在的對象，一再地要把它除去，而這樣能不能除去它呢？又如你現在執著著有所謂的鬼，你現在把這個鬼遣除掉，打鬼生鬼，越打鬼越多，就像這裡說的「如人入闇」，這時候你的心是不明的，心不是處在本然狀態，處在一個執著於外在的對象的狀態，外在有個對象，你的心就被它拉著，這時你的心喪失了你自己，離開了你自己，陷入黑暗而無所見，存在的事物就不能自如其如的開顯它自己。見——以你的觀點是你去見，就如彼的觀點是它顯現它自己。所以此「見」一方面是「見」，一方面也是「現」。這時候的心是處在「闇」的狀態，「如人入闇」。

相對來說，菩薩的心（意識）不處在執著外在對象的狀態，布施的活動就是把我所擁有的東西拿出去，不把你擁有的當成你擁有的，你根本沒有擁有，這時你的存在不通過「我擁有」來說明。（我們一般的「我」都通過我所擁有的來說明，用我的學識、名望、地位、財富來說明。）這時的你：如人有目。日光明照，見種種色。種種色——萬法。色——形形色色，因為眼睛看外在的事物最直接的就是色塊，所以以「色」表示存在。這時形形色色的事物就顯現其自己，因為你的意識不處在執著的狀態，你不是被外在的事物抓著走，你的心像陽光一樣照亮了它，不是你要掃除黑暗，黑暗只是個消極性的存在，只須點起一點亮光，它自然消滅，這時萬有一切顯現。怕鬼無需打鬼，鬼如其為鬼。

從前聽一位長輩閒談，如果遇上了鬼有幾個辦法：第一、追打它，這是最下乘的方式，好像在山路上遇到狗，你起了執著盯著牠看，牠就對著你吠，引來了更多的狗，這就是你剛開始的時候心有所取象（心住於法）；第二個方式、念〈正氣歌〉、《論語》、《孟子》，鎮懾著它；另外，念《金剛經》，一切放開、沒什麼，鬼如其為鬼，人如其為人，鬼是空無的，人一樣是空無的，兩相空無，既是空無則不相涉，無所畏懼。我們處理畏懼的問題一樣可以用這個方式，畏懼是畏懼什麼，你畏懼那個對象嗎？那個對象是不存在的，你的畏懼是從你內在生出來的，你因為有一個「你」一直執著在那個「你」，所以你會畏懼，這個「你」其實他是暫時和合而不是真實的，其真實而本然的狀態是空無的，你既是空無的那就無所畏懼。所以佛教大雄「無畏」，就是這種精神，因爲它徹底瓦解了，它是以無我來面對的，無所謂「生」「死」，不怕死還有個「死」，他是根本「無」，所以叫「大雄無畏」。

須菩提！當來之世，若有善男子、善女人，能於此經，受持讀誦，即爲如來，以佛智慧，悉知是人，悉見是人，皆得成就無量無邊功德。

須菩提，來世如果有善男子、善女人，對於這一部《金剛經》，接受著它，持守著它，讀它誦念它。

以佛智慧——覺悟的智慧。沒有指向對象，不是用言說的限定來說的，離一切言說在一切言說之前的智慧。其實這個智慧就是一切空無，一切透明。這樣的智慧如同陽光一般，如同日照一般，「知是人、見是人」，這種智慧空無而透明，所以使得人如其爲人而被知，人如其爲人而被見，被以佛智慧知，被以佛智慧見。所以這個知是眞知，這個見是眞見，眞知眞見不是一種執著性的把握，而是一種確定性的體會，其見不是對象性的看到，而是自身的顯現。我們一般看東西都是對象性地看，佛智慧的見是讓對象如其自身的顯現它自己：

悉知是人，悉見是人，皆得成就無量無邊功德。

因爲你是以佛智慧知，以佛智慧見，所以皆得成就無量無邊功德，無量無邊——非計量、非知見，不是可以思議的功德。這樣的功德是整全的完整的功德，而這完整的功德是通過這樣的方式來行功，一種沒有執著，沒有爲得功的方式來行功，通過行這個功而立德，謂之功德。功德是行功立德，福德是造福立德，不是說我做了多少事，我立了一點德，所以我要求福，不是我做了事我有德，所以我要邀功；相反的，功德是行功立德，福德是造福而成德，德在後。

這裡我們可以發現到，徹底的放下，就是徹底的成全，我滿希望鄧小平能夠了解這個道理，中國現在滿需要有這樣的了解，鄧小平年輕就是無神論者，如果他的無神論是無那個超越的人格神，那麼也可以，因爲《金剛般若波羅蜜經》一樣是無神論者，只不過這個無神是另外一個意義下的，不是共產黨理解中的無神。

現在我們把這一分從頭到尾誦讀一次，相當長的一分，我們誦讀的時候儘量以一種離相寂滅的方式，離相寂滅分第十四……，慢慢地，我想我們可以培養出一個能力來，在閱讀時先把握經文的大意，以後我們的速度會逐漸增快。今天我們就到這兒，謝謝大家！

持經功德分第十五

「須菩提，若有善男子、善女人，初日分以恆河沙等身布施；中日分復以恆河沙等身布施；後日分亦以恆河沙等身布施；如是無量百千萬劫，以身布施。若復有人，聞此經典，信心不逆，其福勝彼，何況書寫、受持、讀誦、為人解說。須菩提，以要言之，是經有不可思議、不可稱量，無邊功德。如來為發大乘者說，為發最上乘者說。若有人能受持、讀誦，廣為人說，如來悉知是人，悉見是人，皆得成就不可量、不可稱、無有邊、不可思議功德。如是人等，即為荷擔如來，阿耨多羅三藐三菩提。何以故？須菩提，若樂小法者，著我見、人見、眾生見、壽者見，即於此經不能聽受、讀誦、為人解說。須菩提，在在處處，若有此經，一切世間、天、人、阿修羅所應供養，當知此處，即為是塔，皆應恭敬，作禮圍繞，以諸華香而散其處！」

依此般若空智而持守勿失，行功立德，其所立之德乃一無得之德，非可思議、可分別之功德也；換言之，此功德亦是喚起生命內在原具之菩提心而已；持守經典所重者在此，書寫之、讀頌之，為人解說之，都是此般若空智的顯現而已；此般若空智之顯現仍是虛含而非實攝之顯現，故在在處處當有此經，既有此經當應供養，而且此處當視為塔，當恭敬作禮圍繞；然此作禮仍只是虛含的作禮，而非實攝的作禮，其作禮亦當顯其虛含之智也；「持守此虛含之智所以開啟一虛含之智也」。

一 佛法乃通過「無我」的活動而說明「我」

現在談持經的功德。跟布施比較起來，持經的功德較勝。持經和布施所要達到的目的是一致的，我們以前說過，布施是將自己所擁有的拿出去這樣的一個過程一個動作將「我」的結構，作了一個徹底的反省。我們平常是通過「我擁有」來說明「我」，而佛法現在來告訴我們，我們是否可以通過「我布施」來說明所謂的「我」，「我布施」這個過程可以說是一個「無我」的活動，把我所擁有的拿出去，通過這個無我的活動而說明的我，跟通過擁有而說明的我是不太一樣的，它一再要我們通過這樣的一個活動來重建一個「無我之我」，整個般若系統的核心在此。

須菩提，若有善男子、善女人，初日分以恆河沙等身布施；中日分復以恆河沙等身布施；後日分亦以恆河沙等身布施。

須菩提啊！如果有善男子善女人，在初日分、中日分、後日分（上午、下午、晚上。）同樣都以恆河沙等身布施，將自己所擁有的如恆河沙般那麼多的東西，都布施出去了。

如是無量百千萬劫以身布施。

這樣的做法，通過了無量的百千萬億劫，拿身來布施。經過了這麼長歷程無有休止地從事這個布施無我的活動，對意識徹底的洗滌調整，而回到意識的本然狀態，亦即意識的透明狀態，而他這時所洞察的存在是空無的，但「意識的透明性和存在的空無性」屬於一個負面的遮撥的歷程，一個方法。而當我們回到意識的本然狀態，從這裡湧現出信仰的確定性，現在釋迦牟尼佛和須菩提交談到這邊，佛在這裡作一個對比——你看，初日分、中日分、後日分都拿如恆河沙等身在施，而這樣經過無量百千萬億劫，跟另外的一個做法比起來——

若復有人，聞此經典，信心不逆，其福勝彼。

如果現在有人聽聞了這部經典，而能「信心不逆」（信心達到了確定的狀態，再無退墮。）這麼造的福立的德比前者布施更多，是造的福，不是得的福。因爲既已達到信心不逆，必然關聯著意識的透明與存在的空無。因爲整部經典都反覆地在告訴你，意識的本然狀態是透明的，存在的本然狀態是空無的，對此經信心不逆之人，必已洞察了意識的透明性以及存在的空無性，此時的信心來自內在所湧現的確定，這個確定指向了一個無我的整體（無我之我），破除了執著的我回歸無我之我，解悟了「諸行無常，有漏皆苦。」一切皆是染汙皆是執著，達到這種洞察才能眞正知道——什麼是樂什麼是常。無我之我方是眞我，方得清淨。常樂我淨。聽聞經典而能信心不逆，一切坦然明白無所罣礙如其所如，所以說「其福勝彼」。

何況書寫、受持、讀誦、爲人解說。

古時書寫工具尙未發達，書寫傳讀極爲不便，所以古人的書寫乃是整個生命的參與才能完成，而通過你生命的參與而再將這部經典展現出來的時候，乃是你以你人格的體現來彰顯這一部《金剛般若波羅蜜經》，所以「書寫」必關聯著「受持」而說，決定去寫一部經典是你接受了持守了這部經典，是你人格的體現。讀誦此經，並在恰當的機緣裡面讓這部經典自己解說其自己。

我一直在強調，經典不必人去幫它說，一般不了解的人，以爲講經是講經的人在講經。不是的，是講經聽經之人參與了一部經典，許多人布施了他的眼、耳、身、時間或場地或是一個情境，使得這樣的一部經典在一個場域裡面有一個可能性，自己彰顯它自己，人、事、地、物、時都只是必要的條件，而經典本身才是充分的條件，經典參與在這些必要的條件裡頭，使得它自己實現了它自己，自己開顯了它自己。所以所謂「爲人解說」的時候，其實是處在一個無我的狀態，不是在一個我執的狀態下來說這怎麼分析應該是怎麼樣的。因爲所有的語言所有的分析都只具有限定的作用，語言並不足以開顯眞理，而是眞理已經開顯了之後，再通過言語的限定而達到某種傳達的作用而已。

如果眞理不開顯，一個無論語言使用多麼精確，技巧多麼嫻熟的人，仍然沒有辦法使得眞理開顯。所以我們面對眞理，只有默然而已，只有誠敬而已。那麼眞理是否如人所說「越辯而越明」？事實上，眞理愈辯而愈明是要具備一些條件的，眞理也可能越辯而越不明。如果繳繞在言說之中，眞理則不可能開顯。唯有彼此的言說相互地限定，而在限定的過程裡面，出現了未言說的場域，就在那兒使得眞理開顯了。也就是說，討論並不是將大家所說的作一綜合或妥協就會出產眞理。其實是我限定了自己，你也限定了一部分，彼此的言談也彼此地限定，在言談相互的限定裡，一起清理出一個未言說的場域，而使眞理於焉開顯。我們可以從《金剛般若波羅蜜經》的義理之中，整理衍生出的一套語言的與哲學的看法。

一般對語言的注重形成了執著，一旦落入了執著則越辯而越不明。在語言之前而超乎語言，有一更爲深刻更爲基礎而更爲優先的，一個未言說的場域，而那個場域正是眞理得以開顯的可能。從《金剛般若波羅蜜經》的研讀裡面，我們慢慢可以發覺到，它隱含了一套非常深刻的語言跟眞理的哲學。這些在我們研讀時要能進入到經典的世界裡，進一步地顯發它（其實是它顯發它自己）。

二　破除執著，破除對象，回到一個無分別的整體

須菩提，以要言之，是經有不可思議、不可稱量，無邊功德。

總而言之，這一部經不可思議，凡是思議一定有所執著；不可稱量，凡是稱量一定指向對象。而這一部經——

除思議，破執著，無可稱量。

破除了執著，破除了對象，回到一個無分別的整體。這樣所行的功、立的德即此處所說的——不可思議，不可稱量，無邊功德。此經之功，教我們平常用來說明我們自己的那些東西擺脫掉，如何擺脫——回復其限定性，開啓它的可能性。那些東西都是人們作繭自縛，用來限制自己的，把它擺到一邊，讓它不來限制我，讓它用那個方式自己限制它自己，清理出一個可能性的場域，它就顯現它自己了。這樣子才有所謂的，不可思議，不可稱量的無邊功德。這裡表面看起來很簡單，骨子裡頭有非常深刻的思想。

如來爲發大乘者說，爲發最上乘者說。

這一部經，是如來爲那些智力廣大能夠建立一切法的人而說的，爲那些見到人間染垢仍不生厭離的人而說的。大乘者，智慧廣大之人。最上乘者，乃是能極人間一切不淨而見其淨者，極人間一切汙垢而見其純淨者。最上乘者，圓融無礙無執著。本經是菩薩道，前

文中有「菩薩摩訶薩，應如是降伏其心。」須菩提原是羅漢，佛於此欲將其提升至菩薩之位，佛並於本經稱所有弟子爲菩薩，如同釋迦牟尼佛發了願：「我願你們都成爲偉大的菩薩。」要成爲偉大的菩薩，「應如是降伏其心」。發願之後，放下，一切放下。未發願不能談放下，未發願不能談無執，發了願而談放下沒有執著才能夠擺落盡淨，才能夠讓佛性自己顯現其自己。所以——應「如是」降伏其心，降伏自己的心，回到心的本然狀態，此意即我們所說的回到意識透明的狀態。唯有如此才能承載所有一切眾生。此之所以本經這發大乘者爲發最上乘者說。

大乘者，以最大的智慧，在廣大無邊的婆娑世界裡，要度盡眾生。如何能度盡眾生？剝除一切言說執的葛藤，撤落所有心之執著。如此才能一切坦然明白，如如無礙，清理出了一個眞理開顯之場，才使得眞理在這個開顯之場裡頭顯現它自己。此亦前文中「一切皆令入無餘涅槃而滅度之」之義。涅槃——達至眞空狀態，一個寂靜空無的狀態，使眞理能在這麼一個開顯之場，自如其如的顯現它自己，於是才有「妙有」。

若有人能受持、讀誦、廣爲人說，如來悉知是人，悉見是人，皆得成就不可量、不可稱、無有邊、不可思議功德。如是人等，即爲荷擔如來，阿耨多羅三藐三菩提。

如果有人能接受、持守、誦讀這部經，廣爲人說這部經。「如來」知是人，「如來」見是人，這個人放棄了他的知、放棄了他的見，而由「如來」來知、「如來」來見，而「如來之知」、「如來之見」是「無執之知」、「無見之見」，無知之知而自知，無見之見而自見，因爲一切戡落了是讓它自己顯現它自己，所以說「悉知是人」，「悉見是人」。皆得以成就不可以思議、不計較執著的功德。行了那麼多功，立了那麼多德，因爲你沒有執著，你放開了。像這樣的人，就是荷擔如來。「荷擔」就是我們平常說——這個人要有「承擔」，能夠承擔起渡濟一切眾生責任的如來，必須具有無上正等正覺的心。

無上正等正覺是如何覺呢？並非我的內在有一個很強的動力，這個動力使我覺悟到，自認爲是整個宇宙的核心點，所以我現在如何如何——不是的。應是一切擺落，撥除一切言說的葛藤，戡落一切心智的執著，使得那言說開顯之場是完整的，就在那完整的眞理開顯之場裡頭眞理開顯它自己，使得一切眾生皆得成就。讓一切眾生皆得成就，就是造了不可量、不可稱、無有邊、不可思議功德。

這一段應該這樣從內在去理會，若只順著言說的表面去把握，很難將它的內蘊顯發出來，它的義理是很深的。

何以故？須菩提，若樂小法者，著我見、人見、眾生見、壽者見；即於此經，不能聽受讀誦，爲人解說。

爲什麼呢？須菩提，如果你喜歡小法，何謂小法？即著我見、人見、眾生見、壽者見。著知見，那麼如來就不能悉知是人，悉見是人皆得成就，於此經也無法聽受讀誦爲人解說，聽也聽不進去，要接受也接受不了。即使讀誦的話，那個「讀誦」也只是讀誦的聲音而已，不是經典顯現它自己。有我見、人見、眾生見、壽者見，也就不可能爲人解說。

因爲解說不是在說明自己的知見，如來依其本心說其自己，所以悉知是人，悉見是人，所以「菩薩摩訶薩，應如是降伏其心。」當我們說爲人解說的時候，其實是通過一個人，使得那經典解說它自己。

如來之能「悉知是人、悉見是人、皆得成就」，是因爲你不執著我見、人見、眾生見、壽者見，因爲你無見，所以如來能見，你有見如來則不能見，在這裡你必須要能無而如來方能有。在這個地方佛家的工夫就是徹底的戡落，使得眞理可以開顯，它的方式是這樣。

須菩提，在在處處。

請問這一部經之爲一部經是寫好的擺著的嗎？不是。他說的「若有此經」，其實指的是眞理本身，而非被文字所寫定，被話語限定了的一部書。這裡所說之「經」，是一「經常之道」，存於天壤之際的一個沒有形象的常道，而說某一部經時，只是取了一個象徵來說，它本身是無形象的，所以它——在在處處。不是我們尋常以爲的就是一部經書而已，一般講「一部經書」只是一堆材料構成了一本冊子而已。

若有此經。

任何一個地方都有可能有此經。現在如果在任何一個地方有此經，一切世間天、人、阿修羅。

這是六道的前三道，具有覺悟可能性的，

所應供養。

都應供養。如其自在謂之供，如其自生謂之養。我們都應供養，讓它自己爲其自己，讓它自己開顯它自己。這叫如其自在，如其自生。自生者，自己顯現其自己；自在者，自己歸還其自己。

所以講經是讓經典自己講它自己，不是你來說這是什麼意思，那個是什麼意思。

三 佛經中的塔是真理顯發的象徵，不是以言說通向上界的標誌

當知此處，即爲是塔，皆應恭敬，作禮圍繞，以諸華香而散其處！

你應當知道，這個地方就好像佛塔一樣。塔是作爲眞理顯發的象徵，而眞理，我們通常會認爲是通過言說或言語來顯發，其實是眞理顯發了之後，言說去限定它，而達到某種傳播功能而已，它不是眞的足以讓眞理通過它（語言）而顯發。如果你誤認爲你可以通過言說去把握眞理的話，將會產生一個很大的錯誤，而「塔」就不再只是作爲眞理顯發的象徵而已，變成言說通向上界的標誌。這是兩個不同的作用——

眞理顯發的象徵／言說通向上界的標誌

基督宗教的塔是後者的，《舊約全書》〈創世紀〉篇第十一章提到一個很重要的塔——巴別塔，此塔是以言說通向上界的標誌；而《金剛般若波羅蜜經》裡所說的塔是眞理顯發的象徵。這是一個很關鍵性的區別，中國人建立的塔也不是以言說通向上界的標誌，基本上仍是眞理顯發的象徵，或可說是生活世界裡凸出的一個點，而這個點代表了人們精神所向的核心。這裡代表著東、西不同的建築觀，建築、語言和思考這些東西其實是密切相關的。

在聖經裡，人建了巴別塔，希望藉著它來通向上天，讓天的消息和人的消息可以直接通而爲一，塔象徵著言語的架構，人以爲通過這一個言語的架構方式，通過從上到下的言說系統，來掌握整個世界，於是人就取得了上帝的地位。基督教的文化傳統強調這一面，因爲西方人是通過言說來把握世界的，通過主體的對象化活動，推出去以後形成一個法則來掌握這個世界，這跟中國的傳統不同——通過氣的感通來包蘊整個天地萬物，所以西方人的上帝是通過說而造這個世界，舊約創世紀篇：上帝「說」有光就有了光，分了白晝和黑夜……，這是通過「說」的活動「分」的活動而造這個世界；《周易・繫辭上》：「一陰一陽之謂道，繼之者善，成之者性。」通過陰陽之氣的蘊化過程，而造的天地。

《舊約・創世紀》第十一章說：人們建巴別塔高入雲端，上帝覺得如果人也掌握了語言，以後他們想做什麼，就能夠做什麼，於是上帝下來打亂了他們的語言，這座塔再也建不起來了。這個章節裡有很多的象徵，語言是一種建築，而像巴別塔這樣的建築是通過言說方式而構築的建築，所以上帝不讓塔繼續造成。

西方的宗教建築，都尖塔式地指向一無垠的穹蒼，代表著無限地接近，但卻永遠不能到達。「巴別」的涵意就是上帝在那個地方打亂了人的語言。而佛經裡的塔是眞理顯發的象徵，不是以言說通向上界的標誌。

當知此處，即爲是塔，皆應恭敬，作禮圍繞。

這個地方就是眞理顯發的象徵，都應該恭敬作禮圍繞。眞理的顯現是人們的敬意進到那個世界裡，作禮則是恭敬的具體表現，圍繞代表著你進入了那整個情境裡面。

以諸華香而散其處。

在通過各種儀式表現了你的恭敬以後，表示了這個地方是一個眞理顯發的象徵，用各種花香環繞著它。

這一分裡，我們看到持經的功德是殊勝的，之所以勝過其他，是因爲持經者讓眞理顯發它自己，因爲「無我」而眞理能夠顯發它自己，有我見、人見、眾生見、壽者見，眞理就不能顯發它自己，眞理之顯是如來「悉知是人，悉見是人，成就無邊不可稱量不可思議的功德。」而講到「塔」一詞，我們可以對比地看到中西建築、思想、語言各方面的差異，文化是整體的。

這個鐘頭就講到這裡，我們先休息一會兒。

能淨業障分第十六

「復次，須菩提，善男子、善女人受持、讀誦此經，若為人輕賤，是人先世罪業，應墮惡道，以今世人輕賤故，先世罪業則為消滅，當得阿耨多羅三藐三菩提。須菩提，我念過去無量阿僧祇劫，於燃燈佛前，得值八百四千萬億那由他諸佛，悉皆供養承事，無空過者。若復有人於後末世，能受持、讀誦此經，所得功德，於我所供養諸佛功德，百分不及一，千萬億分，乃至算數、譬喻所不能及。須菩提，若善男子、善女人，於後末世，有受持、讀誦此經，所得功德，我若具說者，或有人聞，心則狂亂，狐疑不信。須菩提，當知是經義不可思議，果報亦不可思議。」

佛說「受持讀誦此經，若為人輕賤，是人先世罪業應墮惡道，以今世人輕賤故，先世罪，即為消滅，當得阿耨多羅三藐三菩提」；顯然地，這是將人的存在擺置在一過去、現在、未來的連續譜中，而不只是切個片段來看待也；能將此「業」之「因果」連著看，而刻意的擺落自己「讓自己的生命回歸到原始，此即可淨其業障」。

這一分能淨業障，《金剛般若波羅蜜經》不是只圍繞著存在的道理上講，也不只在說明眞理與言說的關係，這一部經最重要的部分在「用」，而它的用處何在，對無始以來的業所造成的障，它能使業障的染執純淨化。六祖惠能的註說：「恆沙罪業，一念消除果報。」由於你一念能夠進入《金剛般若波羅蜜經》的精髓，恆沙罪業也因此得以消除。

一 佛陀的人觀與世界觀是三世的，而非只有一生一世

復次，須菩提，善男子、善女人受持、讀誦此經，若爲人輕賤，是人先世罪業，應墮惡道，以今世人輕賤故，先世罪業則爲消滅，當得阿耨多羅三藐三菩提。

很明顯的，佛陀的人觀和世界觀跟時下的想法不同，過去、現在、未來是綿延不斷的，前生、今生、來生也是綿延不斷的，而時下的人觀和世界觀就只是今生和現在，現代人的心靈跟佛教徒的心靈是不一樣的。現代人的心靈就是把今生跟現在切出來，通過一般

的言說的定位能力（言說具有一種定位的能力），給予一種合理的說明，依「現代人」來看，佛經裡的因果業報都不可知、不可見，甚至說它是愚昧的、迷信的。那言說的定位能力跟那合理的說明能力，是每一個人都有的，我們稱之「理性」。而這種合理說明的過程可稱之爲「理性化」，在我們現代的世界裡，逐層地展開，築成了一個現代化的世界，如果我們不能夠洞察所謂現代化、理性化、合理化，洞察現代人心靈的固蔽與障礙，古老的智慧將不可得，它不能進到你的心靈裡來。這一點很重要，我們要特別地提出來，因爲現在很多談古代的經典如何落實於當代的學者，往往只是站在這種斷滅的短視近利的觀點上談，切去了來世與前生，只說今生，而通過言說的定位能力予以定位、予以合理化的說明，這其實是一種非常窄的人觀和世界觀，說眞的這沒什麼好的，說穿了，它就是這樣而已。

現在社會的流行談的是一大堆的「術」（方法），怎麼樣在這個現代化的世界裡應付自如，其實很多就如我們剛才所說，短視近利地障礙固蔽了自己在一個小小的圈子裡打轉，以爲那裡面就有多偉大的道理。我實在認爲大眾傳播對此的宣揚應該適可而止，今天早上扭開收音機聽到播放一場演講會，說的是「交友之道」，聽了結果講的是交友之「術」，而不是交友之「道」，講了一套怎麼樣考驗朋友的眞心，諸如灌醉等方法，讓人聽了有一種說不出的痛苦，社會上這種東西根本就不必有也不需要有，有它沒有任何益處，只有害處，書店裡頭談這種「術」的書籍增多了，表示了這個社會的人越來越短視近利。

交友有交友之「道」，什麼樣的道？——「應無所住而生其心」的「道」，彼此無所住而生其心，彼此的情感一定是自然而融洽的；道家的交友之「道」呢？「致虛極、守靜篤。」（《道德經．第十六章》）回到一個自然的狀態裡頭，致虛守靜、無為、自然、順成；儒家，很直接的很入世的說了，「朋友信之」（《論語．公冶長》），信者實在，你有什麼就是什麼，我有什麼就是什麼，在這種情形之下，自然而然湧現一種存在的道德眞實感，謂之「仁」，那是人與人之間自然而有的。那是整個世界必須依存的一個根本性的動力，如果沒有這個眞誠的動力，這個世界就沒有辦法成為一個實實在在的世界，此之謂「不誠無物」。此之謂「誠則明」。這些話簡明而中肯，為什麼不說，卻要說一些不登大雅之堂譁眾取寵的言論，眼前的社會機巧之心太多，這個叫邪說暴行，孟老夫子說的：「處士橫議」，「邪說暴行有作。」（《孟子．滕文公下》）就是這個情形。

所以所謂「現代化」，平心而論，現代化的淺薄生命觀不過是把過去和前生切掉，把未來和來生切掉，只重今生和現在，通過言說的定位給予合理的說明，而認為一切背後有一動源點作為根據，謂之——心。整個現代人的心靈狀態就是如此，對此有一了解，通過一個認知將它擺定來，擺定以後就能把它擺在一邊，這樣你的心靈才能接近一個比較根源性的東西，能夠尚友古人。唯有如此在讀這一段的時候你才會覺得它是眞的，若你的心靈狀態只跟一般的現代人一般，那麼你會覺得這一分沒什麼道理。

復次，須菩提，善男子、善女人受持、讀誦此經，若為人輕賤，是人先世罪業，應墮惡道，以今世人輕賤故，先世罪業則為消滅，當得阿耨多羅三藐三菩提。

剛剛我們陳述的都在破除你心中的固蔽與障礙，讓你能夠直接讀懂這一段，若你沒有現代人的執著，這一段不必什麼說明，你一讀就懂了，就是如它所說的。人的前世今世來世，那個「業」是綿延不斷的，你果眞對於因果有一些了解的話，因果可畏，不能不敬，畏而生敬。消除果報而生敬。如何消果報？淨其業。淨業在破執，破除心智的執著。

不要以爲輕賤的人就沒有可能性，他仍有很大的潛能得《金剛般若波羅蜜》，得無上正等正覺，通過各種方式淨除了業，方能使得無上正等正覺顯露出來。

須菩提，我念過去無量阿僧祇劫，於燃燈佛前。

無量阿僧祇劫說的是無量的時間。傳聞釋迦牟尼佛前世在燃燈佛前受記。

得值八百四千萬億那由他諸佛。

一那由他等於一億，八百四千萬億個那麼多的諸佛。

悉皆供養承事。

我全部都供養他們，承事他們。順其所言依其所事。

無空過者

完全都做到了。

若復有人於後末世，能受持、讀誦此經。

現在作個比較，於我之後的世代裡，能夠受持、讀誦這一部《金剛般若波羅蜜經》，接受持守，爲人讀誦此部經典。

所得功德，於我所供養諸佛功德，百分不及一，千萬億分，乃至算數、譬喻所不能及。

所得的功德，比起我來講，我供養諸佛所得的功德都比不上。相較之下，我之功德──百分不及一，千萬億分，乃至算數譬喻所不能及。也就是說，受持讀誦經典的功德無量無邊，比供養八百四千萬億那由他諸佛的功德還要多得多。

於燃燈佛所受記，供養諸佛。

如來佛降生開示。

於後末世受持讀誦此《金剛般若波羅蜜經》。

以如來佛開示《金剛般若波羅蜜經》爲承接之關鍵，在釋迦牟尼佛未降生開示《金剛般若波羅蜜經》以前，爲什麼前者的功德不及後者。前者供養那麼多的諸佛是「量」的累積，而後者不是量的累積，而是「質」的躍進，質的躍進的關鍵點在於《金剛般若波羅蜜經》。如何能有質的躍進？因爲破了一切執。《金剛經》之爲萬經之源，關鍵點在這裡。

二 《金剛經》義破一切執，此經義無所定說而超乎一切言說

須菩提！若善男子、善女人，於後末世，有受持、讀誦此經，所得功德，我若具說者，或有人聞，心則狂亂，狐疑不信。

須菩提，若有善男子、善女人，於我之後的末世，接受持守、讀誦這部經典，他所得的功德，我現在如果很具體的把它說出來的話，或許有人聽到了，心則狂亂，狐疑不信。眞正的功德不是具體的言說所能夠表達出來的，即使是釋迦牟尼佛都不可能以具體的言說把它表達出來，一旦你把它具體的表達出來，人們就以爲它如你具體的表達的那個樣子，執著著那個樣子，而心因此狂亂，狐疑不信。譬如說《阿彌陀經》裡提到的極樂世界，有人執著迷信，有人就說那不可能、不可信。所以在《金剛般若波羅蜜經》裡，佛一再告訴你要破一切執。他不給你一個永恆的歸趨，不提這一方面，更不將這個永恆的歸趨具象化。通過語言將它具象化以後，會嚴重地產生一種執著與限定的後果，這個執著與限定會產生一個很大的力量，這個力量牽引了我們的心靈意識，產生了狂亂，在此牽引限定的情

形之下，心靈意識要求自己的自由，對於它的牽引產生了一種排拒感，產生狐疑不信。

所以有些眞理不是用話可說的，眞理之爲眞理不是你用話把眞理說出來，而是用話把那些不是眞理的部分限定了，《金剛般若波羅蜜經》就是一直在強調這個道理。你用話把那些不是眞理的都封鎖起來了，那麼眞理就自然顯現。就好像房子裡，不是你把乾淨的東西搬進來，而是把髒的東西統統扔到垃圾桶裡頭去，這個房子就乾淨起來了，它就是要告訴你這個道理。我們要讓我們的心靈認識眞理，不是把眞理引進我們的心裡頭，而是把我們心裡頭原來的那些渣滓全部清理了放進垃圾桶裡去，其實當你清理了以後，它根本無所謂渣滓，它是空無的，而這時候，眞理就顯現其自己。也就是「一切令入無餘涅槃而滅度之，而實無滅度者。」無所謂渣滓，每一點都是心靈所湧現出來的，你清理了以後，它就回到了它自己。舉例來說，迎神之前要先驅魔，所有的魔其是皆無魔，魔原是心之所生，是空無的，心中無魔，神自然降臨，進一步講，是神自己顯現其自己，不是有個神從外面進來，整部《金剛般若波羅蜜經》往復談這個道理。

當我們要傳達眞理予他人之時，不是你用言語去裝載眞理，而是以言語清理那些阻礙眞理開顯的障蔽，那麼眞理自然顯現給那個人，在那個人的身上顯現。所以迷戀言語的人是永遠沒有辦法觸及到眞理的，且往往爲眞理所拋棄，關於眞理和語言的問題，《金剛般若波羅蜜經》可以給我們非常多的啓發。

須菩提，當知是經義不可思議，果報亦不可思議。

為何此經義不可思議，因為此經義破一切執，此經義無所定說，無所說而超乎一切言說。《金剛般若波羅蜜經》最重要的一句話：般若非般若，是之謂般若。一再地重複類似這樣的話，它在告訴我們——怎麼樣才能眞正表達出眞理。唯有在語言本身隱含了瓦解語言的能力，才能用來表達眞理。這是《金剛般若波羅蜜經》裡頭的一個奧秘所在，譬如我現在欲表達般若（空智）的眞義，而這個般若必須隱含一個自我摧破自我瓦解的能力，摧毀我的言說——非般若，這樣子的般若才是眞正的般若。這是《金剛般若波羅蜜經》裡非常精要的一個部分，言語跟眞理的關係，就是這樣的一種關係。我覺得這一點是《金剛般若波羅蜜經》獨發其蘊，將眞理與言說的奧蘊釋放了出來。這個很了不起。

「經義不可思議」，它隱含了我們上面所解說的許多深義，跟其他經典相比，《金剛般若波羅蜜經》以此殊勝，因為任何眞理都要指向一個對象，要說出一個什麼東西來，當你要說出個什麼東西時，你就必然會被你所要說出的東西牽引去了，而造成一種限定造成一種執著。《金剛般若波羅蜜經》點出了凡是所說都有限定，所以讓語言隱含自我摧毀瓦解的能力，理出一個場域，讓眞理自己顯現其自己，這是它的方式。所以經義之不可思議在此。所以才可能產生一個質的躍進，我們如能體會《金剛般若波羅蜜經》，在我們的生活裡深刻地把它體現出來，也可能在我們的生命裡頭產生一個質的躍進，而這個躍進或許有高有低，程度不一。

果報亦不可思議。

三 一念覺即佛，一念不覺即是衆生

果報不可算計，經世累劫之業是否可能於當下放下，所謂放下屠刀，立地成佛——無感業自消，有感復招業。業由感而來，因感而緣起，所謂業感緣起。業有感，業能招人之感，此之謂業感。而引起心靈意識一連串投向於外的活動，所以業感緣起。

無感業自消，放下就沒了，一念所以能頓悟成佛，將種種業感完全消除，盡業而開悟；有感復招業，一有感業又生，人都在其感之高低強弱情形之下生活，幾乎每個人都如此。所以果報不是計算它的增加或減少，它有感而起伏，所以修行裡頭持正念有其重要性，正念、正業、正精進。

所以有人抱怨：運氣怎麼那麼不好……，這個地方都是有「感」。有人說《金剛般若波羅蜜經》可以有什麼力量，我肯定這一點，寫一幅「應如是降伏其心」掛起來，我想它可以生出力量，寫一幅「一切皆令入無餘涅槃而滅度之」，它就會生出力量來，或許我們請位書法家把這兩句寫了送到立法院去，看它的力量如何。它其實是會有力量的。

人間世裡的種種現象，歸結它的整個的核心點，就在我們的意識心靈之上，都是心靈意識的作用，所以「一念覺即佛，一念不覺即是眾生。」即使是佛陀，也是要念念自在，念念自在方是覺。我們念佛號乃是以它在攝萬在，以一念攝萬念，除此念入無念，無念即自在。淨土宗有「南無阿彌陀佛」六字眞言，臺中太平鄉有「淨業精舍」，每晨五時起即以念佛修行。而這個念佛法門之所以可能，在於它背後的整個佛學的義理系統，這一套言說網絡就好像自來水的給水系統，有源有頭，水的源頭好似釋迦牟尼佛所說眾經，念佛可喻爲轉開了水龍頭，若給水系統完善，則水源源不斷。而眾經之中最爲堅最爲利最爲明者——《金剛般若波羅蜜經》。所以有謂《金剛般若波羅蜜經》是萬經之源。

我們逐漸把佛教的道理與其他的道理作比較，慢慢地收攝慢慢地深入。我個人的感覺是每一個禮拜都講得更爲深入一些。在這深入的過程裡面，使得我們可以突破一般世俗言說的限制，而眞正通過一個學問性的管道，進到一個比較高層次的體悟。而我們所說的方式，大概已能跨過一般的對象地說，而是除掉那相對性的說，這是《金剛般若波羅蜜經》的精神所在。

我們今天就講到這兒，已經走到十六分了。

究竟無我分第十七

爾時須菩提白佛言：「世尊！善男子、善女人，發阿耨多羅三藐三菩提心，云何應住？云何降伏其心？」佛告須菩提：「善男子、善女人，發阿耨多羅三藐三菩提心者，當生如是心：我應滅度一切眾生，滅度一切眾生已，而無有一眾生實滅度者。何以故？須菩提！若菩薩有我相、人相、眾生相、壽者相，則非菩薩；所以者何？須菩提！實無有法，發阿耨多羅三藐三菩提心者。須菩提！於意云何？如來於燃燈佛所，有法得阿耨多羅三藐三菩提不？」「不也，世尊！如我解佛所說義，佛於燃燈佛所，無有法得阿耨多羅三藐三菩提。」佛言：「如是。如是。須菩提！實無有法，如來得阿耨多羅三藐三菩提。須菩提！若有法如來得阿耨多羅三藐三菩提者，燃燈佛即不與我授記：「汝於來世，當得作佛，號釋迦牟尼。」以實無有法得阿耨多羅三藐三菩提，是故燃燈佛與我授記，作是言：「汝於來世，當得作佛，號釋迦牟尼。」何以故？如來者，即諸法如義。若有人言，如來得阿耨多羅三藐三菩提。須菩提！實無有法，佛得阿耨多羅三藐三菩提。須菩提！如來所得阿耨多羅三藐三菩提，於是中無實無虛，是故如來說一切法，皆是佛法。須菩提！所言一切法者，即非一切法，是故名一切法。須菩提！譬如人身長大。」須菩提言：「世尊！如來說人身長大，即為非大身，是名大身。」「須菩提！菩薩亦如是，若作是言：我當滅度無量眾生，則不名菩薩！何以故？須菩提！實無有法名為菩薩；是故佛說一切法，無我、無人、無眾生、無壽者。須菩提！若菩薩作是言：我當莊嚴佛土，是不名菩薩。何以故？

如來說莊嚴佛土者，即非莊嚴，是名莊嚴。須菩提！若菩薩通達無我法者，如來說名真是菩薩。」

此說菩薩之無我相、人相、衆生相、壽者相；而又如何發菩提心，原只是「當生如是心，應滅度一切衆生」，然此滅度一切衆生又無一衆生實滅度者；因衆生自度，非由他度也；再者，言「授記」之事以其無所得法，故得法，而此法亦實無有法，以事言之，授記亦無所授也，無所授而記，則此記是自記也，自記無記也；或可說以無記授記也；正因一切讓開，所以「如來說一切法皆是佛法」；「一切法皆是佛法」非說一切法都由此佛法而生也，亦非說一切法皆等同於佛法也，而是說「一切法皆虛含於佛法之中」，蓋以其為虛含，故真實所以顯現也，虛含所以通達無我法也，無我法所以無實而又無虛也。

一　無上正等正覺之心只是平平放下

這一分是《金剛般若波羅蜜經》裡最長的一分。佛法所談的問題：境與識、法與我，用現代的哲學語詞就是對象與主體、物與心的問題。這一分講「究竟無我」，談到心識、我之主體，基本上在遣其所執而至究竟。六祖惠能說：「本來無我，安得有人？爲度彼人，故權立我，故受之以究竟無我分。」就其究竟來講是「無我」的（實），現在所立的我是「權我」（權），而終必「開權顯實」。開者除意，除去權我而顯實。眞實之我是「無我」。經文仍以敘述的手法展開：

爾時須菩提白佛言：「世尊！善男子、善女人，發阿耨多羅三藐三菩提心，云何應住？云何降伏其心？」

「云何應住？云何降伏其心？」在《金剛般若波羅蜜經》開頭須菩提就曾經問過這個問題。現在須菩提又再度提起問，有善男子、善女人發無上正等正覺之菩提心，如何能夠讓這無上正等正覺之心長住，而降伏執著之心？一方面除生滅心，另一面生菩提心。這兩面是一體俱現的。佛第一次回答這個問題的時候說：「菩薩摩訶薩，應『如是』降伏其心。」諸位大菩薩，應該「如是」地降伏其心。佛稱弟子們「菩薩摩訶薩」是佛陀發了願，起悲，「應如是降伏其心」，就是「放下」，放下是證果。佛家的一個方式是通過起悲而證果。

佛告須菩提：「善男子善女人，發阿耨多羅三藐三菩提心者，當生如是心：我應滅度一切眾生已，滅度一切眾生已，而無有一眾生實滅度者。」

菩薩心很重要的在滅度一切眾生：滅——離塵俗我執；度——至涅槃彼岸。滅度——進塵俗我執而至涅槃彼岸。此我發菩薩心，願滅度一切眾生，就是我們剛剛說的一個「權我」，權我而究竟無我，環繞著這個說。菩薩應該使所有眾生離塵俗我執而至涅槃彼岸，一切圓滿。

而無有一眾生實滅度者。

所謂滅度不是「空間的位移」，不是「時間的更替」，而是「當下一念的放下」，即使放下，咸歸自身。而所謂自身，並沒有所謂的從哪裡到哪裡。有一位移仍然是權，不是究竟，究竟終是無我，所以此處在豁顯究竟的道理。所以說「而無有一眾生實滅度者」。

無我故無「有」，有我故有「有」。外界的存在根本是相對於「我」而存在的，這是我們一般所以爲的存在。如果沒有我的話，就不會有那個「有」。換言之，境和我們的心靈意識是一體起現的，境識俱起，識執取了外在的境，那麼外在的境就成立了。識遣除了，那麼境自然泯滅。境識一同歸於無。佛法最終要告訴我們境識俱泯是眞空，境識俱起爲妙有，俱泯俱起不二，迴環相生，事事相扣。可以從此而說彼，也可以由彼而說此。所以「我」和「有」的問題，在佛法爲「境」與「識」的處理。它基本上認爲我們處理任何一個存在的問題都要關聯到我們的心靈。所謂「萬法唯識」，「三界唯心」。

這裡「我應滅度一切眾生，滅度一切眾生已，而無有一眾生實滅度者。」這是一個徹底放開的胸懷。譬如我拿了兩千萬元救濟或布施，這兩千萬其實它是暫時性的，就連「我」都是暫時性的，而「我」所擁有的當然也是暫時性的，我用了這兩千萬元也是暫時性的，一切終歸於泯，這一切最後回歸一個沉靜的狀態，而那沉靜的狀態也就是事物的本然狀態。佛告訴我們事物的本然狀態是沉靜的，我們心靈的本然狀態也是沉靜的，這個地方應該無有任何波浪，所有的波浪都是我們自己生出來的，此亦六祖說：「不是風動，不是幡動，仁者心動。」（《六祖壇經・行由品》）所以徹底的破除執著之後是——究竟無我。

二 菩薩道是從「有我」消解為「無我」

菩薩行、菩薩道，基本上是完全放開的。客觀地講，無可否認是累積了善業，但此善業也可能導致招引惡業。去執還虛，去有還無才可避免再招惡業。譬如說你是好人好事代表，可能很多人、很多事都要來侵擾你了，如果你不把你的頭銜放在心上，不讓這個「名」成為一個「名」，不成其為一個「執有」，它還是虛無的，這時候你會很自在，你的「好人好事」歸本於虛無，無須執著於這個「有」，不招搖不招惹，這時這個善業無有善相，而實有「善」，此非世俗所見之善。所以「為善不欲人知」，它重要的作用在於「去執」，歸於虛，歸於無，一切平平坦坦，無有波浪。我想，佛教的精神，《金剛般若波羅蜜經》的精神，最重要的就是這「平平坦坦，無有波浪。」沒有什麼高聳的地方，就是那個樣子，坦然明白、放開。「滅度一切眾生已，而無有一眾生實滅度者。」一旦你執著著某一個眾生是你所滅度的，那麼那個眾生就不能有所成，它是徹底自力的。道家講「生而不有，為而不恃，長而不宰。」（《道德經・第十章》）跟這個精神是有所接近的。結構上有一點相像，不過根本之處還是不同的。兩家都主張要放開：道家的核心在於「自然、順成」；佛家講的是「空無、涅槃」。道家是「無為」；佛家就《金剛經》而言是「無生、無我」。「無為」的意思是順化自然，而「無生、無我」是回歸事物的本然，而事物之本然是空無的、意識是透明的。

何以故？須菩提！若菩薩有我相、人相、眾生相、壽者相，則非菩薩。

菩薩和阿羅漢不同：阿羅漢在離欲；菩薩強調在滅度眾生。阿羅漢著重於消極的將我內在的欲求所可能導生的種種麻煩作工夫，遣執，於我識上用工夫；菩薩道的滅度的究竟是無我，但是達到無我的過程暫立權我，通過一個暫時立的我來發願，起信、力行。菩薩的精神是寬宏的宏偉的，阿羅漢仍舊比較拘執於「我」，羅漢進一層則可為菩薩。

菩薩如果有我相、人相、眾生相、壽者相，那麼就不是菩薩，因為菩薩滅度眾生其實是讓眾生自滅而滅度，眾生自己去除了塵俗的執著，眾生自己度到彼岸的清淨涅槃。並不是「我」來滅度眾生，這樣好像意味著一切功勞歸於你，是你救贖了眾生，控制了他們，宰制、管束了他們。然而是不是剛開始時都不去幫他們，度他們，還是滅而度之，從發願、起信而力行，而在眾生得度的過程裡，菩薩本身也慢慢地從「有我」解消為「無我」。羅漢道的修法是：我先和外界隔絕起來，先來治我的心；而菩薩道的修法是：我的心跟外界原本是一體的，在一個生活世界裡面，所以唯有外界獲得了成全，眾生皆滅而度之已，如此，「我」才有可能滅而度之，這種精神最極致的表現以地藏王菩薩為象徵。所謂「地獄不空，誓不成佛。」發最大的願力，度他而自度。一般而言，中國人視阿羅漢道為小乘，而菩薩道為大乘，所以菩薩沒有我相、人相、壽生相，如果菩薩有這些相，就不是菩薩。所以菩薩絕不是一個立願救全人類而欲為全人類教主的心態，這是不行的，菩薩發願的最後目標是讓眾生最後都能自己滅度自己，自己成就其自己。這是個大公無私的精神，它沒有英雄氣，它是個非常慈悲的精神，所以沒有怒目菩薩，只有低眉菩薩。

在佛教文物上，菩薩像都是非常慈祥的，其實低眉菩薩和怒目金剛的精神狀態究竟來講是一樣的，都是無我，只是表現出來的表象不大一樣而已。記得幾年前的一個元旦到故官去參觀，剛好故官舉辦了「歷代佛像雕塑藝術展」，那天有一個強烈而奇特的經驗，讓我終於看懂了雕像的精神，低眉菩薩和怒目金剛的精神在底層上是一致的，表象上很不相似，只是同一種修行的兩個面向罷了，都是大慈悲。就好像中國人講「一陰一陽」，一個是陽剛的精神，另一面是陰柔的，而這兩面的精神在內在是可以合成一體的，剛柔可以相濟，和合爲一。人的生活就在這種一張一弛的恰當的狀態下得以休養生息，後來我把這個感觸添了幾個字，作成一副對聯：

低眉菩薩養納生機，怒目金剛開出活局。

有低眉菩薩就有了怒目金剛，眞正的怒目金剛，必是低眉菩薩。這是人心靈的兩個狀態，但是那心靈之體還是一樣的，推極來講是「無我」，究竟無我。其實我們可以把「究竟無我」四個字當作這一副對聯的横聯。佛法的精神可以這樣表示出來。

所以菩薩有擔負全人類罪業的悲懷，又有放下一切的智慧，以不擔負爲擔負，這個精神就作用的層次來講，跟道家有點接近，所以佛教傳入中國的時候，是以作用上相近的精神而通過道家，慢慢地進入到整個中國。

三 智慧是自然而然地顯露其自己

所以者何？須菩提！實無有法，發阿耨多羅三藐三菩提心者。

無上正等正覺的心，不是有一個外在的法來讓它發動成爲那樣，也就是說：「除遮即顯」。不必刻意去發動什麼，生出個什麼心來。應「無所住」而「生其心」。無所住——除遮。生其心——即顯。智慧的顯露是智慧本身自然地顯露它自己。並不是用一個什麼辦法讓那個智慧顯露出來。眞理是它自己顯露它自己，並不是我們用言語把眞理顯露出來。是眞理顯現出來以後才通過言語把它限定住。關於這個問題我們講過很多，這是個關鍵點。

所以這裡說「實無有法發阿耨多羅三藐三菩提心」，你一直以爲有「法」而發的話，那麼畢竟是有執，這是佛教和婆羅門教最大的差別所在。佛教不認爲有一個根據生出什麼來，婆羅門以爲一切由梵天大我生出，從超越的梵天大我生出一切，佛法認爲，一切皆因緣而起，因緣生起，本性爲空，它的世界觀如此，所以它修行的問題在於如何復本性之空，而不像婆羅門教要回到梵天大我。這是佛教非常特別之處，它不立一個超越的本體，不立個「本」，以無住本立一切法，沒有本，「以無本爲本」、「無本之本」，依因緣而起，一切依因待緣而成，拆解一切因緣最後一支爲「無明」，萬法皆空，無明本來是空無的，所以它的問題不在於你怎麼樣去建構這個世界，而在於你怎麼樣把這個世界拆解掉，這個拆解掉以後，這個世界就如其爲一個世界。

「如」的意思就是「放下、本然」，它本來是那樣的，把它擺平爲原來的樣子，一切灑落，是一種平鋪的智慧；相對來講，儒家是個「縱貫的智慧」，「天命之謂性，率性之謂道，修道之謂教。」（《中庸．第一章》）縱貫必然要談創生，平鋪的話它一定不談創生，它談世界怎麼存在的問題則說緣起，緣起畢竟是空的，創生則是實有的，兩家清楚可分。

緣起觀若把握不好，容易受婆羅門教的影響，這一點我覺得印順法師的理解是確當的，眞正的佛法應該是以般若系統爲正統。後來佛教眞常系的發展則是受到婆羅門教影響而使然，印順稱之「梵化的佛教」，他認爲這是佛教的衰頽，但是中國眞常系統的佛教則很難歸之爲梵化的佛教，這一點我跟印順法師的看法就不同。或者，我們可說天臺、華嚴、禪宗落到世俗信仰，或者有「梵化的佛教」之傾向，這是佛學的衰頽。但佛教有三系：性空唯名、虛妄唯識、眞常唯心。

佛法是個平鋪的智慧，不談創生，創生之生爲有，緣生之「生」則是無，是空，所以佛教基本上不處理宇宙論（宇宙如何生起）的問題，佛陀對於某一方面的問題不回答或表示沒有能力回答，討論這些問題皆是戲論。

「須菩提。於意云何？如來於燃燈佛所，有法得阿耨多羅三藐三菩提不？」「不也，世尊。如我解佛所說義，佛於燃燈佛所，無有法得阿耨多羅三藐三菩提。」佛言：「如是。如是。」

這一段非常有意思。相傳如來佛前世於燃燈佛之處習法，現在佛陀藉此傳聞一問須菩提。須菩提，你說說看吧，我是否從前在燃燈佛那裡就已經接受了阿耨多羅三藐三菩提這樣的佛法呢？不是的：「世尊，依我所了解，您所說的義理，佛在燃燈佛那裡，並沒有得到阿耨多羅三藐三菩提之法。」佛說：「正是如此。」

從這裡我們可以看出佛法的精神，佛法的精神並不是誰可以傳給你的，所有的傳都只是象徵，象徵能否落實端在學習者，所以所謂的「衣鉢相傳」都不重要，但是在中國的社會、傳統裡「衣鉢相傳」就變得很重要，佛法原本也不重「世代相承」，但在中國的禪宗裡又列出個傳承系譜，這其實是受了中國社會結構的影響，中國人談宗法，談輩分，在佛法的精神裡面，不論年齡、輩分，一切平等。所以說，佛於燃燈佛所，無有法得阿耨多羅三藐三菩提，並不是前世就命定了他來世必當作佛。依照《金剛經》這個說法，即使是密宗的印心、灌頂，這些儀式都只是象徵而已，它必須經由你內在的努力，那些象徵的意義才有可能成爲眞的，如果你執著著那些一定是眞的，那麼你將無法進入佛法之門。

這個地方很有意思，表現佛教眞的是一個大公無我的精神。其實我們可以想：佛在燃燈佛那裡受記的意義，只是燃燈佛告訴他你要「用功」而已，並不是說他給了佛一個秘訣可以保證得證果。

我們先休息一會，待會兒我們來看看燃燈佛授記的一段，很值得我們去想一想，它確實的表達了佛法究竟無我的精神。

四 天賦予人追求智慧的勇氣與方向

須菩提！實無有法，如來得阿耨多羅三藐三菩提。須菩提！若有法如來得阿耨多羅三藐三菩提者，燃燈佛即不與我授記：「汝於來世，當得作佛，號釋迦牟尼。」以實無有法得阿耨多羅三藐三菩提，是故燃燈佛與我授記，作是言：「汝於來世，當得作佛，號釋迦牟尼」。何以故？如來者，即諸法如義。

這一段話，的確相當的有意思。釋迦牟尼佛的修行，一般說的說法是已經到了不退轉的地步，所謂聲聞、緣覺、菩薩、佛，佛是四聖中最高境界。其實我們可以問，釋迦牟尼佛如果一念不覺時，豈不仍然是眾生？而釋迦牟尼佛也有神通，不過這些神通是在他覺的情況之下的一種方便罷了，所謂不退轉是他念念皆覺，念念相續延續而成的，並不是說他成了佛，從此以後他可輕鬆了，不必再有所覺了。念念相續念念皆覺才是佛。

儒家講的「聖人」，道家講的「眞人」，佛教講的「佛」，都需要一個永恆不息的努力。道家講：「致虛極，守靜篤。」（《道德經．第十六章》）孔老夫子的「學而不厭，誨人不倦。」（《論語．述而》）這個不厭不倦就是永恆不息的努力。曾子說：「士不可以不弘毅，任重而道遠。仁以爲己任，不亦重乎？死而後已，不亦遠乎？」（《論語．泰伯》）都是永恆不息的努力。佛也一樣，所以「實無法得阿耨多羅三藐三菩提」一方面說佛當下的放下；而另一面的意義指出，並沒有一個法叫做「阿耨多羅三藐三菩提法」可以讓你獨佔。佛法不像中國人用的印信，取得印信就擁有了權威。佛法是要去修的，應無所住而生阿耨多羅三藐三菩提心。所以我想釋迦牟尼佛也是念念相續念念皆覺，他能不退轉也是這不息的努力沒有昏昧的時候，並不是他修行通過了一個不退轉的界限，就不會退墮了，好像練跆拳道，有個段數的檢定，作爲一種身分，到了最高段就可以不必練習了。修行這個事情，其實它是當下的，所以今天是佛，明天可能就是凡夫了，所以眞正面對修行，每個人都要有一分眞正的謙卑，道行再高也可能又成凡夫，原來不做修行的凡夫也有可能一念覺而「放下屠刀，立地成佛。」一念覺眾生即是佛，一念不覺佛即是眾生，所以即使釋迦牟尼佛也要自求多福。

若有法如來得阿耨多羅三藐三菩提，燃燈佛則不與我授記。

若果有一個得阿耨多羅三藐三菩提之法，燃燈佛就不會與我授記。所謂授記給你的不是智慧，而是邁向智慧的方向。至於如何獲得那智慧，那是在你自己。這裡不管是儒家、道家、西方、印度的思想，就這個地方是一樣的。譬如西方人稱哲學爲「愛智之學」，另外在宗教上有一段話是這樣描述的：假使上帝右手拿著眞理，左手是追求眞理的勇氣，那麼作爲人類的我們，希望得到的不是上帝右手所握，而是左手中的。因爲那圓滿的智慧只有上帝擁有，人只可以擁有追求智慧的勇氣。也因爲這樣才成其爲人，如果有選擇的餘地，我仍願意作這樣的選擇。我們可以想，如果上帝給了我們智慧，而不是追求智慧的方向和勇氣，這個人間世還成其爲人間世嗎？假使上帝已將一切的圓滿賜給了我們，那麼我們就不成其爲我們了，就無所謂追求了，人間還有什麼意義呢，有什麼奮鬥的目標呢？人所以要奮鬥是朝向著一個永恆的方向，而那永恆的方向邁向了智慧，而邁向智慧是因爲我們發現到自己的無知。

某一個意義下來講的話，豬也有智慧，豬是一出世都已經定了，其實老天爺給了豬「智慧」，給了人追求智慧的勇氣和方向，所以人會去追求智慧，而一隻豬不會，因爲牠生下來已經圓滿無缺了。這個地方聽起來很弔詭，其實沒錯。人身難得是因爲人生有憾，人生無憾則無所謂難得不難得了。我發覺到我是有缺陷的，所以我要克服我的缺陷，我要進到更高的一種層次，從來沒有一隻豬或一頭羊能夠發現自己的缺陷而試圖去克服。人最大的缺陷就是人會墮落，人必須克服墮落而往上超拔往上超升，我們會說「這個人很墮落」，從不會說「這隻豬很墮落」，因爲牠們是被決定的，因爲上蒼已經把所有的智慧所有的圓滿給了牠們，而牠們就喪失了自我省察的能力，所以是「定性眾生」。

所以人是註定要受苦的，這個受苦是因爲我們人可以感受到怎麼克服它，人的莊嚴在這裡。釋迦牟尼佛前世在燃燈佛所受記，並不是燃燈佛給了他阿耨多羅三藐三菩提這樣的佛法，只是給了他追求智慧的方向和勇氣，其實我們的心靈若有所祈求，應該祈求上帝賜給你勇氣賜給你能力，而不是祈求祂不要給你考驗，不要給你障礙，人的尊嚴就應該如此，不是嗎？聖賢仙佛是人作成的，人通過自覺修爲而顯現而成就的，所以不是被決定的，這裡的授記只是給了他方向跟勇氣，不是給了他結果了，所以「若有法得阿耨多羅三藐三菩提者。燃燈佛則不與我授記」：

五　「如來」是指一切存在還歸其本身

汝於來世，當得作佛，號釋迦牟尼。

釋迦是氏族名；牟尼者，能寂能仁之謂牟尼，具有大悲心而證得涅槃寂靜的一個智者。

以實無有法得阿耨多羅三藐三菩提。

因爲「實無法得阿耨多羅三藐三菩提」，確實並沒有得到阿耨多羅三藐三菩提心這樣的一種法。

是故燃燈佛與我授記，作是言：「汝於來世，當得作佛，號釋迦牟尼。」何以故？如來者，即諸法如義。

如來的意思就是「諸法如義」，諸法：一切存在，如：如其本身。「如來」就是一切存在如其本身，這種智慧是讓自己歸回本身，並且使得你的生活世界裡的一切存在都歸還其本身，一切存在都歸還其本身叫滅度，所以現在燃燈佛賦給他的是一個使命，而不是智慧，那個使命就是如來的使命，如來的本意，即諸法如義，讓一切存在如其本然的顯現其自己，沒有任何的攲蹺，沒有任何的偏歧，平平坦坦，一種平鋪的眞如的智慧，這是佛教的最高的智慧，和儒家縱貫的創生的智慧是兩個不同的方向。所以才講：汝於來世，當得作佛。給你使命。

所以燃燈佛可視爲前如來佛前世的老師，老師可以給學生的不是眞理，而是方向、使命。中國以前的老師是這樣的，現在大學裡的老師就不是這樣了，尤其現在臺灣很著名的幾所名校，師生的關係幾乎可說是漠然，彼此不太相干，生疏得很，師生之間的關係形同路人，只有知識的交換，更嚴重的講，簡直是一種知識的販賣。知識異化成商品，老師變成販賣者或售貨員，學生成爲顧客，在消費化的傾向下，顧客至上，目前的風氣中學也已經如此，甚至蔓延到小學。在教育消費化的習氣之下，老師當然漸漸受到很多的要求，顧客當然向售貨員挑三揀四，以致教師就越來越難爲了，所以前一陣子就出現校園的暴力事件，種種的弊病暴露出來。

師跟生的關係，在佛法裡面講是非常平等的，並沒有宰制和權威，基本上，在這平鋪而眞如的智慧裡頭，有「授記」這一層關係。其實不只燃燈佛跟佛，佛對於他的門徒一樣授記，譬如說「菩薩摩訶薩，應如是降伏其心。」這個就是授記，他給眾門徒一個使命：在座各位同學，你們都是大菩薩，這等於是他帶著他的學生們發願，賦給他們使命（授記），應如是降伏其心，整個放下，在這裡我們慢慢了解到，受記的智慧是怎麼樣的一個智慧，我們回頭看很多宗教的儀式裡頭誤會了，以爲授記了以後就能怎麼樣，其實它才是個授記的過程罷了，包括像「印心」或「灌頂」，並不是那一灌你就得道了，那一「灌」實無「灌」，那一灌之所以有作用是因爲你起了一個使命感，有一個皈依的感覺——「菩薩摩訶薩應如是降伏其心」。

若有人言，如來得阿耨多羅三藐三菩提。須菩提！實無有法，佛得阿耨多羅三藐三菩提。須菩提！

如果有人認爲如來得了阿耨多羅三藐三菩提，其實須菩提你應該知道，實際上並沒有一種法叫做阿耨多羅三藐三菩提法，這種法其實就是一切擺落了。什麼叫光明，遮蔽的地方去掉了，光明就出現了。並不是你把光明引進來，此心本來就是光明的，不是你拿個光明引到你的心裡來，而是你把你心裡頭遮蔽的東西拿走了，自然就放出光明。

如來所得阿耨多羅三藐三菩提，於是中無實無虛。

這句話六祖惠能的註解得很好：「離此心外更無菩提可得，故言無實也。所得心寂滅，一切智本有，萬行悉圓備，恆沙德性，用無乏少，故言無虛也。」菩提不是一個執著的對象化的可言說可思議的東西，它是無實的；「當下即是」、「處處皆如」、「念念皆覺」、「即遣即顯」，未於物外另立一虛體，以爲鵠的，不尋一個光影。無上正等正覺的心並不是去除了你的眼、耳、鼻、舌、身、意、末那、阿賴耶而另尋一番天地。如果是那樣的話，那叫撥弄光景。眼、耳、鼻、舌、身、意沒有負面義，當念即覺，當下即空，而其眞空所造即是妙有。

六　一切法當下即是，無實無虛

禪宗裡有一個故事：有個出家人閉關，請一位老婆婆供養，這一閉關二、三年之久，婆婆是有一點修為的，想試試那和尚，就讓女兒送飯食去的時候，一把抱住了那出家人，出家人說了兩句話：「山中無暖氣，枯木倚寒巖。」意思他的閉關已經出離了人間愛欲，身心如枯木一般，無情思之雜染。女兒回去稟知婆婆，婆婆很失望，護法三年，這和尚竟修成了枯木，想把他趕出去。和尚求他再讓他進修，又一、二年，婆婆又叫女兒如法炮製，和尚說：「天知地知你知我知，莫教婆婆知。」婆婆心喜：「終究開悟了。」[8]這怎麼說呢？前番是枯槁，這番又是有情。枯槁只是遮假顯空。有情進一步則慈悲證如，如果只停在遮假就不是佛法了，究竟都要慈悲證如。

從這個故事我們可以看到「無實無虛」，當下即是，處處皆如，念念皆覺，即遣即顯，不是息念無情，另立虛體去追尋。人與人之間、人與物之間、人與天之間都有眞情實感，萬物有情，而這個有情即是慈悲，而萬物皆應如其慈悲而慈悲之，而這時的慈悲是一種同體大悲，這時的悲心不必再去講給別人聽說，果眞有如此的心情，並不是兩個人有了私情要隱瞞婆婆，這個公案的寓意是很透的。

8　《五燈會元》卷六〈亡名道婆〉：「昔有婆子，供養一菴主，經二十年。常令一二八女子送飯給侍。一日令女子抱定。曰：正恁麼時如何？主曰：枯木倚寒巖，三冬無煖氣。女子舉似婆。婆曰：我二十年祇供養得個俗漢。遂遣出，燒卻菴。」普濟著、蘇淵雷點校：《五燈會元》，頁366-367。

所以佛法平等，同體大悲，證得同體無體，一切皆如，一切平等。這是釋迦牟尼佛的思想裡就根源剷除了婆羅門教的種姓制度。

是故如來說一切法，皆是佛法。

就這佛法即一切法而言，學醫、學商、學佛都是佛法，因爲佛法就其意義來講就是智慧法門，佛就是智者的意思，其實一切宗教究竟之處都是這麼說的。

須菩提，所言一切法者，即非一切法，是故名一切法。

前面是收攏著說：一切法皆是佛法。後面再叮嚀須菩提說：所言一切法者，即非一切法，是故名一切法。佛法無外，無執故能無外。如何無執著？因爲他深深了解「法之爲法」，因爲我們把它叫做「法」，並不就是「法」。前者是言說，後者是眞理。眞理是自己顯現其自己而後通，後言說而限定之。我們應了解，唯有通過言說的限定，並且去除了這個限定，才能夠進到眞理，而使得眞理自己顯現其自己。眞理本身的顯現並不等於言說所限定的那個「法」，所以它本身需要隱含一個自我破解的能力，破解言說的能力。所以：「所言一切法者，即非一切法，是故名一切法。」瓦解了言說的限定之後，眞理之本身才能顯現。這是《金剛般若波羅蜜經》裡非常精要的，一個關於語言和眞理的深度問題。佛深切的體會到，眞理之爲眞理，說出來了就被限定了，有爲法就不是眞正的法。應作「如是」觀，通過這樣的觀法才能截破一切，見得眞空，返照出妙有。說了A，又說非A，將說出來的A的限定瓦解掉，那麼呈現的才是A自己。隨說隨掃而隨顯，隨——當下，當下的說，當下的掃，當下的顯。整個過程是這樣，也可以說這也是「無實無虛」。

七 真正的起點其實是一無所有

上星期講到如來佛授記的一段，這個地方很明白「無我則授記，有我則不授記。有我記不勝，無我記始成。」所以授記乃授無記之記，也因爲是無記，所以才授記。授記只是一個儀式，儀式並不代表內容，儀式只是個起點，代表著進入到其中的一個起點，內容則是已成形者。燃燈佛授記，表示著佛有了一個起點。以無記爲起點，以無執著爲起點。《金剛般若波羅蜜經》裡一再的強調，回到0作爲起點，不是0不能成其爲起點，所以受記是受無記之記，所以這裡說：「若有法如來得阿耨多羅三藐三菩提者，燃燈佛則不與我授記。」、「以實無法得阿耨多羅三藐三菩提，是故燃燈佛與我授記。」

這個地方給我們一個很重要的啓發，我們生命的一個起點是什麼，佛陀智慧的起點是什麼，不是先天已經帶著什麼，一點都沒有，眞正的起點就是一無所有的。一無所有落在存在講是存在的空無；落在心靈意識來講的一無所有，叫意識的透明；而在此一無所有之時，從內心湧現了一種信仰的確定；一切如如展開：實踐的如是。我們用這四個向度來總括佛法所說。

若有人言：如來得阿耨多羅三藐三菩提。須菩提，實無有法，得阿耨多羅三藐三菩提。須菩提，如來所得阿耨多羅三藐三菩提，於是中無實無虛。

如果有人這麼說：如來得了阿耨多羅三藐三菩提。但是，須菩提，實無有法，佛得阿耨多羅三藐三菩提。「實無有法如來得阿耨多羅三藐三菩提」和「人言如來得阿耨多羅三藐三菩提」，這是一個很重要的對比。「實」，我們一般以爲的實都是一個看得見摸得著帶得走的一個東西，而這裡告訴我們，眞正的「實」是無虛謂之「實」。而什麼叫做無虛呢？無虛就是綿綿密密無有間隔。「實無有法」，在那綿綿密密無有間隔的情形之下，並不是有一個「法」在那裡，同時又當下地剎那生滅，無有停住。

綿綿密密無有間隔／剎那生滅無有停住

一個存在的事物在這個歷程裡面，一方面是綿綿密密無有間隔，另一方面是剎那生滅無有停住，沒有一個我們所以爲的延續性，譬如說這是一條直線嗎？——其實它是由無窮多數的點所構成的，而這一個一個的點是沒有面積的，但是它現在構成了一條直線，其實照理說這條直線也是沒有面積的，唯有面才有面積，我們現在把它解開爲一個一個的點，一個一個剎那的點，這剎那的點其實是不能夠連在一塊兒的。但是它又連在一塊兒，綿綿密密無有間隔的連在一塊兒，看起來好像兩者矛盾，其實這就是時間跟空間的奧秘，我們活在時空之中，我們一方面在這綿綿密密無有間隔中活著，一方面又剎那生滅無有停住的往前奔赴，這是眞實的狀態。對這個眞實的狀態，佛法提供了我們很多反省的資源，剎那生滅，無有停住，所以，一切皆空；綿綿密密無有間隔，所以，可執成有。空無其實是一如，存在的現象如此，在我們的心靈狀態裡頭也是如此，就意識的本然狀態我們說它是「空」，意識涉及於外物而爲他然狀態，這時候它是「有」。一染一淨，但整個來講，意識還是還其爲一個意識。

佛得阿耨多羅三藐三菩提（無上正等正覺），其實他無所得，因爲他了解到，一切得的背後，有兩個層面：

執取其象謂之得／相予而相忘之得

後者的層次較高，所以有兩人之交往頗爲相得，不是我抓著你，你抓著我。如來所「得」之得，不是執取其象的得，不是一種主體的對象化之活動；而相予而相忘則是主客俱起而歸於泯，融合而化於無，佛法最高境界要到這裡。剛開始的時候當然要「截斷眾流」，先切進去，之後進一步「隨波逐流」，這一層的隨波逐流不是世俗意下的，而是放開了，相予而相忘。智慧在切進處先有所把握，這是有形的起點，然後在回到那整個歷程裡面，而化除，回到一個眞正的生命存在的起點——無。

總括言之，剛開始的時候，是一種感官式的隨波逐流，截斷眾流的時候停住了，再進一步隨波逐流，而這個隨波逐流不再是順著感官，而是如其自如。《道德經》有類似的過程：9

9 《道德經．第三十三章》：「知人者智，自知者明。勝人者有力，自勝者強。知足者富，強行者有志。不失其所者久，死而不亡者壽。」王弼等注：《老子四種》（臺北市：大安出版社，1999年2月），頁28。

剛開始時感官追逐著外在的事物，「物多則惑」，近於第一層的隨波逐流；

接著截斷眾流，透明意志的力量挺立起來，「知人者智」。使外在的對象停在那個地方而不擴散，不被它牽著走，可以是一個聰明的人；

但是更能夠了解到整個自然的智慧的人，是能夠自知的人，「自知者明」，不只是從認知的主體走向對象，更重要的是他能夠回到自己而化掉。

所以第二層的隨波逐流是兩邊開，那就是通達了，一邊任其而流，心仍是通暢的，沒有執著，是謂通達，是謂明。佛道這些修行的內容雖然未必是等同的，但在層次上可以類比的來了解。

實無有法，法是當下的，當下的如其自如，不是另有根據的，所以說：

實無有法，佛得阿耨多羅三藐三菩提。須菩提，如來所得阿耨多羅三藐三菩提，於是中無實無虛。

更進一步點出「無實無虛」。六祖惠能的註解說：「離此心外，更無菩提可得，故言無實也。所得心寂滅，一切智本有，萬行悉圓備，恆沙德性，用無乏少，故言無虛也。」這是就整個佛的智慧來說，簡言之，無實無虛——

無執故無實，有在故無虛。無執故無實，有在而非空。

無執，法並不是可以通過一個執著，心有取法，執著著法，心無取法則無執，沒有一個執著的定有，所以我們說它無實；但是佛法仍「在」，不過它是一種「如」的存在，而不是「執」的存在，所以有在而非空。佛法基本上很難用話去說，凡是用話去說都不是。說即心即佛，又恐人執著而誤會，所立刻又遮撥了說「非心非佛」，藉著這個「非心非佛」，才能使你原來所說的那個即心即佛如其爲自身的呈現，所以再說「即心即佛」。不管在佛經在禪宗的語錄中，類似的論式一再地出現——

十年前看山是山，看水是水；十年後看山不是山，看水不是水；又十年後看山又是山，看水又是水。

這個論式其實就是要跳脫出語言的陷阱，唯有跳出語言的陷阱眞理才得開顯。廣義的語言包含一切有形有象，我們可以通過內在的心靈意識主體給予一種主體的對象化，這樣的活動都是「語言」，唯有擺脫這種陷阱，眞理才得開顯。《金剛般若波羅蜜經》一再地提示我們。道家也反省到這個問題：「道可道，非常道。」（《道德經．第一章》）道，如果可以通過言說來把它表達盡的話，這個說出的道就不是道本身，也不是常理常道，它對這個地方非常清楚。佛經更清楚的把握這一點。但是語言並不是不需要，語言、存在和眞理，是一切哲學的終極問題，人類一切終極的智慧都要面臨這個問題，對這些問題能夠清楚而提出一套法門，則對人間世大有貢獻。《金剛般若波羅蜜經》在兩千年前就已經提供了非常豐富的反省。

八　一切法本身皆隱含自我瓦解的力量

是故如來說一切法，皆是佛法。須菩提，所言一切法者，即非一切法，是故名一切法。

所說的一切法，即非一切法，而這樣的一切法即是佛法。所以這並不是說我們只要學習佛法就好了，科學藝術其他學問都不必學了，我只要把佛經念熟了念通了於是我什麼都會了，是啊什麼都會有可能的，結果它只是個可能而能，只是個起始點。生命能夠有起始點也不容易了，接下去由起始點那就是落實，落實是世間法，這時候才講佛法不外世間法，佛法須在世間法裡頭顯現，並不是說世間法可以通通被包在佛法裡面。所言一切法者即非一切法是故名一切法，是通過這個意義來說一切法，就以這個意義來講的話那一切法也就是佛法，因爲我們現在用我們的言說去說這一切法，歸根究柢的去了解這一切法，它本身都隱含了一個自我瓦解的力量，所以它非掉了一切法，而這個時候我們才說這叫做一切法，所以「是故名一切法」。

假使有一種一切法它不會自己否定掉它自己的，那麼這個東西就不叫做一切法，這個東西就不是一種存在。這是不是一枝粉筆？所言粉筆即非粉筆，是故名粉筆。我們用粉筆來代入一切法，因爲一切法是一切都可以包括進去，你現在可以用任何一樣東西代進去，一切的ｘ，ｘ可以是任何一樣東西，統統可以代進去，你現在所說的這個粉筆它就不是粉筆，它隱含了一個自我否定的力量。現在這個筆的存在過程是自我否定的過程，一直在消去它，慢慢地磨去，可能這個鐘頭是下個鐘頭就不再是了，其實它是在逐漸的「不是」之中，慢慢變成粉末，但是在這慢慢不是中，它也在慢慢地彰顯它的功能中，粉筆是要「用」的，要寫成字。我們人的生命也是如此，我們的生命漸漸地在否定中，也一步一步地在開顯中。很弔詭地，人從一出生開始就慢慢走向死亡，而走向死亡的過程就是我們生命成長的過程，成長跟死亡可以說是一體之兩面。今天晚上大家來這兒兩個鐘頭，那麼你的生命就減少了兩個鐘頭，積極地來講，你的生命成長了兩個鐘頭，而這兩個鐘頭是有意義的，或者你肯定它是有意義的，但是另外一面來講的話，你否定掉了這兩個鐘頭，這兩個鐘頭沒有了、消失了，你就少了這兩個鐘頭。

所有一切存在的事物，它都隱含了一個自我否定的力量，而否定了它這個東西，那麼我們才可以說我們所說的那個東西，那個存在的事物之爲一個存在的事物，一切存在都隱含了一個自我瓦解的能力，而到最後歸源於空。佛法就是個空法，佛法之爲一切法，是提供了一個起始點，一個可能，這種可能必須經過落實，才能展開，而這個展開的意義也就是到最後它要歸本於空無。像我們的生命，我們一旦出生，一年多一歲，一天一天地過，一個月一個月地過，到最後是要回到沒有，而那個有的過程也就是進到沒有的過程，存有跟空無是一體呈現的，兩面俱在的，一直往前走，我們回想一下，這個生命的實情是很清楚的，佛法也只是如此。

所以不能把佛法當成落實在具體的事物之上，它是使得每一個事物可能成就爲一個事物的可能，並不是說它一定有辦法。有可能跟有辦法不一樣，有辦法不一定有可能，有可能的話則一定可以想得出辦法，佛法的可貴是在這一點上的可貴。所以你不能說我用佛法以後就能怎麼樣，它只是一種可能怎麼樣，不是說它「一定」怎麼樣，佛法就是要破除我們世俗上「一定」的那個想法，一般世俗所說的一定就是一種主體的對象化活動的一種執著，佛法破執是很徹底的。

須菩提！譬如人身長大。須菩提言：「世尊！如來說人身長大，即爲非大身，是名大身。」

這個道理跟剛剛講的一樣，釋迦牟尼佛又說了：須菩提譬如說，我們這個人身，滿長滿大的。須菩提就說了，如來說我們人身之所以長大，是因爲這個長大會消滅，所以它才爲長大。

這個地方我們可以發現到這個A而非A是名爲A這樣的一個論點和句子的構成，這樣的句子構成，隱含了兩個可能，一個是就智慧的層次上說，另一個是就表象的事物而說。譬如說般若非般若是之謂般若，是就眞理和智慧的層次說，而這裡所說的一切法非一切法是名一切法，是就表象就事物說；或者這裡所說的人身長大則爲非大身，是名大身，都就表象跟事物上說。表象事物之爲表象事物是因爲那個表象事物隱含了一個否定掉那個表象事物的能力，所以那個表象事物我們才可以把它叫做一種表象事物。假使這裡有一枝粉筆它永遠不會壞，請問它叫做粉筆嗎，它就不叫粉筆，因爲它不能夠寫成字，粉筆一定有個功能，它功能性的定義就是它一定要能在黑板上寫成字，或畫出圖樣來，一枝粉筆不會壞，它就不可能用來寫。

而般若智是不會壞的，所以當你說這個般若智的時候，是個不會壞的東西，不會壞的東西就不能夠通過語言去說它，語言說的東西它一定會壞，所以他要說「不是用語言說的那個般若智」，這樣才叫做般若智，你現在用語言所說的東西，你一旦說它是什麼東西，它本身就隱含了一個否定跟瓦解那個東西的能力，所以這個東西它是會壞的，不過也因爲這樣，我們才用一個名字去把它叫做什麼。

從這個分析我們可以感覺到追求眞理的趣味，不要嫌它爲什麼把問題搞得那麼緊、那麼密，其實它常常都在我們生活裡頭出現。我們就生活來說說看，朋友有沒有屬於表象跟事物的這個層次，有；有沒有屬於眞理跟智慧這個層次，也有，朋友之義。前者就是我們一般講的朋友這種存在，我們說朋友本身時，這個朋友也可能以後就不是朋友，以前不是朋友，以後也可能不再是朋友，不成爲朋友了，所以你心裡應該放鬆，那也沒什麼，因爲它是屬於表象跟事物，朋友有親疏遠近，也能因爲距離時間空間，遠了，慢慢地疏淡了。但是朋友也有超出這個層次的，是爲朋友之義，而這個朋友之義不是你去說我們的義氣多深重就會多深重的，可能離別了二、三十年，三、四十年，仍然存在著，所以朋友之義非朋友之義，是之謂朋友之義，不是你用嘴去說的那種朋友之義。所以話往兩邊走，一邊講表象的事物，一邊走向眞理的智慧。

在人間世裡面都有這兩面，你能夠見得這兩面，就眞的是有智慧了。讓表象的進到眞理的，那麼這就是智慧，也就是悲心。佛家告訴你要先有智慧，因爲你有智慧才可能有悲心，雖然釋迦牟尼佛最初是由於感觸到人的生老病死而出家，但是他開始渡化眾生的時候，他是已經證得菩提了，而且他在度化眾生時也是告訴眾生應當要有智慧，佛教就是要我們從根源處回到智慧的起點。儒家從仁心出發現實的看人，人作爲一個人根本就不必去論他根源性的起點是什麼，那個起點不可知。而很基本的人就是活在這個世界上，人跟人之間的一個非常實際的關係，那個實際的關係背後的眞存實感是什麼？就是「仁」。仁就是人與人之間的恰當的眞誠實感的關係。對於那不可得不可說的起點不去說它，所以儒家是很積極的看待這個世界的，好好的理解這個世界，進到這個世界，參與這個世界，讓這個世界更好，這是儒家的態度。佛家是感受到這個世界的苦，生老病死，這個世界一定不究竟，有一個究竟的世界，而那個世界如何呢，還是不離這個世界，那麼它到底在哪裡呢？這就開始處理我們自己的內在，最後處理到「我」，最根本的是個「無我」，這是它的方式跟儒家不太一樣。

九　真理層次優先於言說層次

中國人後來講三教合一有兩個層次，一個是講渾了渾在一塊兒的；另外一個是整個智慧相互滲透、相互融合，成爲一個新的東西，這還是有點渾。如果你深入到它學問的底蘊，它畢竟還是有些不同，所以儒家講參贊天地之化育，佛家不這麼講，它要證得涅槃寂靜，道家要無爲自然。參贊天地跟無爲自然原來是中國傳統的兩面，一個是積極的進入，一個是消極的回到自然，如同一陰一陽之謂道，儒家屬於陽的一面，道家屬於陰的一面，構成一個中國思想的整體。佛教傳入中國，中國人心靈最苦痛最徬徨的時候，它在中國大行。所以我把儒比做飯，道是空氣和水，佛是藥，藥方。一般來講中國人心靈苦痛的時代佛教比較會盛行，在臺灣目前佛教也相當盛行，這代表當代這塊泥土上的人民的心靈也相當的苦痛，人在無助的時候，就要把這個「我」放掉，把這個我解放掉才有一個眞正的可能。現代人多的是辦法，可是就缺乏可能，所以佛法最大的好處就是讓人覺得有可能，不是有辦法，它不會提供你什麼辦法。科技社會裡的科技都屬於辦法，這個講堂裡的一切器材設備都是屬於辦法而已，辦法多得很，但是有辦法不一定有可能，如果大家剛剛好今天晚上都有事，那就不可能了。我們今天《金剛般若波羅蜜經》的講習活動就變得不可能。

進一步講，辦法是屬於言說層次，可能性是屬於眞理的層次。我們不要以爲大家都把話說出來了，就能夠達到共識，現代人的一個迷惘就是以爲大家都把話說清楚就好了，好好地統獨大論辯一下，就能夠得出個共識可以怎麼樣，不可能。這是兩回事嘛，這裡你可以佛教的智慧來想，因爲如果大家在說什麼的時候，這種說總在辦法跟計量的層次，心裡頭沒有自有瓦解和調整的能力，那麼一切眞理的誕生將不可能。目前臺灣之所以紛爭，很多人太迷信言說技術的這個層面，把它當成全能的。只透過它就解決問題是不可能的，唯有你眞正了解到言說的限制，去除言說的限制，可能性才會出現。其實我們中國人老早以前對這個已經了解得很清楚了：古人說「不誠無物」（《中庸・第二十五章》），就這句話就足夠了，誠不誠不是屬於言說的層次，是非言說的層次，你誠才有可能，每一個人都在爲自己的權力利益在爭鬥，再多的言說都不可能。

從這裡我們可以更進一步的思考一個問題：是不是民主政治就是這樣，每一個人都在爲自己既有的利益在爭奪，大家彼此牽制，才能形成一個公眾的利益。聽起來不錯，這個想法的基礎點在於大家眞正認識到了什麼叫做利益，那是公益，一切的利益唯有建立在公益的基礎之上，才有個人的利益。中國有句古話：「利者，義之和也。」（《周易・乾文言》）而孟子說：「王何必曰利，亦有仁義而已矣。」爲什麼孟子特別突顯「義」，因爲他認識到「上下交征利而國危矣。」（《孟子・梁惠王上》）因爲大家爭利的結果而忘掉了它的基礎，到最後那個利垮掉了，所以我們不要以爲西方人的民主政治就只建立在自利的基礎上鼓勵每個人去爭取。

記得很久以前讀過一本書叫《美國的政治家》，談到美國獨立之初的一些國會議員，民意代表，有幾位眞的爲美國的民主樹立了典範。他們可以說眞正是爲自己的良知負責，了解到什麼是眞正的公益，公眾的利益，不只是代表著選民的利益。苦口婆心地說服自己的選民支持某一個一時對地方不利的法案，老百姓當然不容易就懂得它的道理所在，這位議員因此而落選。不過他依然繼續不斷地宣達他的理念，直到法案通過以後民眾才身受其益，但是這些議員對理想的堅持卻是冒著失去政治生命而從事的。有人誤認爲大家來爭利，公眾利益就會浮現，其實利跟義配合才能突顯公益，而應以義爲先，它才有可能。這種覺察不是一種辦法，而是一種可能，有可能性它不一定會出現，不過配合了辦法它一定會出現，但是光有辦法沒有可能性它一定不出現，有了可能性，辦法出來就能水到渠成。現在我們對這兩個層次常常混淆了，從這裡我們可以看得出來這是一個沒有智慧的時代。我們先休息一會兒吧，待會兒繼續。

十　無我的社會才有形成善的可能

利、義爲和的意思，就是要擺在一塊兒，利跟義不是對反的，就好像禮跟樂是要合在一塊兒的，然後說「禮之用，和爲貴。」（《論語・學而》）樂的本質爲和，而禮在本質上強調的是節，不過「樂勝則流，禮勝則離」（《禮記・樂記》），所以要禮樂和合，以和爲合。中國人講和合，不同的東西擺在一塊兒叫和，而用這種方式結合，這叫和合。這兩個字的寓意甚佳，而中國人講最高的和合叫太和，太和就是陰陽，陰陽本來是極端的兩面，並不能擺在一塊兒，但是究竟這兩面它就是擺在一塊兒的——陰陽和合。

有可能而沒辦法，這個可能是空洞的，有辦法而沒可能那麼這個辦法是盲目的。盲目會變成無所忌憚，有一個可能擺在那裡才能使辦法在這個可能裡頭眞正的出現，佛法就提供了這裡所說的可能，它的可貴在這裡。臺灣現在有辦法的人多得是，而怎麼樣培養「可能」現在很成問題，這就不是那麼快的事。

須菩提，菩薩亦如是。若作是言：「我當滅度無量眾生」，則不名菩薩。

菩薩是發願度眾生的，但是「若作是言」，問題在這裡，要滅度無量眾生是無量行，不是言說，是一個實踐的歷程，而不是言說的論辯。在東方的智慧裡，儒釋道都強調實踐面，而這實踐的歷程是個不休止的歷程。所以儒家講剛健，「士不可不弘毅，任重而道遠，仁以為己任不亦重乎？死而後已不亦遠乎？」（《論語・泰伯》）這是個實踐的歷程，不是言說的立論。孔子也說：「先行其言而後從之。」（《論語・為政》）凡是強調聞的聽的宗教，而不強調說的宗教它一定強調行，強調說的宗教它一定強調知，兩者不同。「如是我聞，一時佛在……」（《金剛經》）「朝聞道，夕死可矣。」（《論語・里仁》）深深了解到言說的限制，因為它體會到存在的事物不是對象化的東西，粉筆並不是我們說它叫粉筆它就是粉筆，粉筆在成為粉筆之前跟我們是一體的，我們通過我們的心靈意識把它分開來，然後用話去說它叫做什麼，最先它跟我們是同體合而為一的，這樣的宗教強調「氣的感通」強調「聞」和「行」。相對來講西方強調說強調「知」，然後才是「行」。上帝說有光就有了光，於是有白晝和黑夜，「說」作為一種分別的活動，這是一個主體的對象化活動，所以我在想西方人對於事物存在的看法是比較僵固的，粉筆就是粉筆，穩定的。中國人的看法中的事物比較是轉變中的，對於存在事物理解的方式不一樣，我們從大化流行去理解，這是兩個中西不同的存有觀。

所以這裡的問題是在「若作是言」，不在於「我當滅度無量眾生」。今天開車過來的時候，在車上聽新聞廣播：高雄市有人偽造人民幣一千萬元，法院的判決是無罪，引起了很多的爭議。宣判無罪的理由是中共在我們的認定中是個叛亂團體，不是合法的政權，它發行的紙幣當然不是我們的國幣，所以認定偽造幣不屬有價證券，被告獲判為無罪。而我在想這個問題，不在於你偽造了什麼東西，關鍵在被告「偽造」的作為，偽造物的不同當然會造成罪刑的輕重不同，但我想有罪無罪的認定在「偽造」這件事上。當然我們應當尊重法律上的判決，這裡以這個例子跟我們讀到的這經文一樣，「若作是言：我當滅度無量眾生，則不名菩薩。」問題的關鍵點在「若作是言。」如果你說的是「我當滅度無量眾生」這還不是菩薩，眞正的菩薩不是只在那裡做一個宣稱說我要怎麼樣，我不要怎麼樣，而是在一個實踐的歷程中，在滅度無量眾生的過程中達到無我的境地，這個叫度他而自度。阿羅漢道是直接修己，菩薩道重行，社會實踐一面佔得多，所以發了願以後你就成爲菩薩了，發了大願是大菩薩：「菩薩摩訶薩」。發了願以後就要開始去做了，而做的過程裡面度人而同時是在度己，而度己是慢慢地達到所謂的無我、布施、持戒、忍辱、精進、禪定、智慧，全部是爲了度己，而度己的過程由度人來完成，因爲度人就是要把自己放下布施給別人，學習到無我。菩薩是要度眾生的，但是「若作是言」，那麼他就停在那個言說上頭，所以「不名菩薩」，眞正菩薩是要利他的，利眾生的。

何以故？須菩提，實無有法，名爲菩薩。是故佛說：一切法無我、無人、無眾生、無壽者。

佛所說的一切法即非一切法，佛說的法沒有執著性沒有執著相，一切放開，一切平平，只提供可能，不提供辦法。不過對於辦法，它並不排斥，他認爲人只要有「業」在就會有辦法在，業有善的惡的，有業辦法自然會有，辦法有高有低，但究極的可能有了，事情就有解決的可能，只要有個我在，那麼就是有辦法，眞正的可能是個「無」。聽起來很弔詭，事實上就是如此。所以「實無有法，名爲菩薩。」菩薩只提供可能，然後每一個當下就因其辦法而行。譬如說，你是個菩薩，開車的時候是怎麼樣的，開公車的司機先生如果每一個都是菩薩的話，大概就不會有人坐公車時把牙齒撞斷了，不會有人坐公車從位子上摔了下來，因爲這樣的一個司機沒有「我」，他心裡只有大家，「我」是大家的司機，這部車是大家坐的車——「公」車，我作爲這部公車的司機，是讓大家舒適安全而便利的到他應該到的地方，這樣的菩薩心，這樣看待自己的工作，當然他沒有自己，這樣的人就可以叫他菩薩。我們都有坐公車的經驗，現在的公車司機有些還不錯，有些就很「厲害」，讓你深深的體會到什麼叫做「慣性定律」。我們這個社會就是太「有我」，太缺乏「無我」的智慧，尤其我們的教育從很小就是如此教導我們的下一代。

我的妹妹也在國中任教，帶著學生畢業旅行，昨天從臺中到臺北來，我和他們幾位老師聚了一下，看了現在國中生整個言行舉止，讓我非常驚訝。我以前也教過國中，但事隔多年，那個年代的國中生跟現在又不太一樣。我的感受很深，很難說出來的一種感受。中國文化眞的是那麼優美嗎？如果是的，那麼我們眞的是誕生在中國文化的土壤之上嗎？在這個文化土壤之上，培育了十幾年的子民，會變成這個樣子嗎？從他們種種的言語舉止，沒有辦法看出來什麼叫做人文陶養，也沒有辦法看到一種自然的渾樸。看到的是什麼？我眞的是說不出來，眞的不知道該怎麼辦。最近回到家裡還跟內人抱怨，現在國內號稱的幾所一流大學的學生都不懂得尊師重道。其實我念過教過的也都還算是一流的學校，但還是有些差別。昨天給我的衝擊眞的是很大。那是臺中市最好的國中，怎麼會那個樣子？那個感觸很深，我們整個中小學的教育是不是出了問題，我想不是學校的問題，整個社會出了問題，一點辦法沒有。用佛教的話來講，這是「業」，累積了好久的結果，怎麼辦，只能慢慢來，其實要快也快不了。

「究竟無我」的智慧是很重要的，我們這個社會每個人都強調「我」，強調怎麼樣的辦法，這樣形成的辦法就會形成一切以我爲中心而形成的辦法，到最後往往是違法，這個時候就比較不可能有一個善的可能性。

十一　通達於真諦，才有真正的莊嚴

須菩提，若菩薩作是言：「我當莊嚴佛土」，是不名菩薩。何以故？如來說莊嚴佛土者，即非莊嚴，是名莊嚴。

「我當莊嚴佛土，是不名菩薩。」因爲你有一個執著在。眞正莊嚴佛土的人，使整個佛淨土都莊嚴起來，並不只是表象上的莊嚴，而是一種眞正的莊嚴，你要去莊嚴那個佛土，不是表象的，眞正破除了表象的莊嚴。「如來說莊嚴佛土者，即非莊嚴，是名莊嚴。」這如同我們上一節講到的，這個A，非A是名爲A的句法，是屬於眞理與智慧一層的。

須菩提，若菩薩通達無我法者，如來說名眞是菩薩。

通達：通則不阻，達則無礙。無執故通，無我故達。菩薩行於世間而通達於無我法，世間假有而立，假有爲染，通達於無我法，無我故空，眞實，達於眞空，眞空爲淨，由染而淨。我們活在這個世界上是具體的，是依假有而立的，這是叫世俗諦的基礎；第一義諦，即眞諦，眞諦者，基礎也，以眞空爲起始點，跟妙有而互動，最後達到眞諦俗諦不二。我們是生活於世俗諦的基礎，依假有而立，但是我們實踐的基礎，是從眞諦而展開的，也就是以眞空爲起始點而展開的，而這個展開是要落實在人間世上俗諦上，因爲我們原來就生在這兒，最後達到眞俗不二。

所以修佛法應當在具體的生活上，當下的每一件事恰當的做好，就叫菩薩了，我們說某人大菩薩，就他恰如其分的做到每一件事情，以這個爲起點的時候，就是一個發了願的菩薩（應該說發了願的凡夫），於是他就成爲一個還沒有具體表現出來的菩薩，這就是《金剛般若波羅蜜經》前面剛開始說的：「菩薩摩訶薩，應如是降伏其心」，這個菩薩摩訶薩並不是一個成爲結果的大菩薩，他只是發了願而已，現在要具體的實現，是在這裡實現，然後再一步一步的通過忍辱、持戒、禪定、智慧、布施種種修行，所以這是眞空的起始點，是妙有的終結點，從眞空到妙有這是一個過程。佛法整個實踐的過程從洞察存在的空無，歸返意識的本然狀態，從意識的透明中湧現了一種信仰的確定，如如展開，到最後回到信仰的終結點。意識的透明性，存在的空無性，信仰的確定性，實踐的如是性，統統歸本於無，但是那實踐的過程是一個無休止的如如展開的歷程，這個如如的展開同時也就是它如如回歸，如如歸本於寂歸，本於無的過程，所以說——

若菩薩通達無我法者，如來說名眞是菩薩。

這時候我就用一個名說他眞是一個菩薩，這時所說的「眞是菩薩」跟前頭說過的「菩薩摩訶薩，應如是降伏其心」的菩薩不一樣，這裡已是一個因果圓滿的菩薩，前者只是因而未成果，所以在佛教受了戒之後會受人道賀為菩薩。我母親是佛教徒，她受了戒以後可以稱菩薩，我父親不了解，就問怎麼那麼簡單這樣就叫菩薩。這裡的菩薩只是發了願的，願力無窮，這個無窮是無窮的實踐開端。這一分究竟無我分特別地長，我們現在看一體同觀分。

一體同觀分第十八

「須菩提！於意云何？如來有肉眼不？」「如是，世尊！如來有肉眼。」「須菩提！於意云何？如來有天眼不？」「如是，世尊！如來有天眼。」「須菩提！於意云何？如來有慧眼不？」「如是，世尊！如來有慧眼。」「須菩提！於意云何？如來有法眼不？」「如是，世尊！如來有法眼。」「須菩提！於意云何？如來有佛眼不？」「如是，世尊！如來有佛眼。」「須菩提！於意云何？如恆河中所有沙，佛說是沙不？」「如是，世尊！如來說是沙。」「須菩提！於意云何？如一恆河中所有沙，有如是沙等恆河，是諸恆河所有沙數佛世界，如是寧為多不？」「甚多，世尊！」佛告須菩提：「爾所國土中，所有眾生若干種心，如來悉知，何以故？如來說諸心，皆為非心，是名為心。所以者何？須菩提！過去心不可得，現在心不可得，未來心不可得。」

如來之有肉眼、天眼、法眼、佛眼，此非如來有何神通廣大處，而只是因由般若空智之自照而照他，洞達無礙；如來之能悉知衆生若干種心，亦只是「如來說諸心，皆為非心，是名為心」，非一般所謂之能掌握別人之心也；落在時間之過、現、未，仍是了不可得，以其了不可得，故吾人真能了知心靈意識原是透明的，正因「心靈意識是透明的」，所以「一體同觀」，可以「以一含多」，當然此含是虛的含，而非實攝也。

一體同觀乃如是而觀

一體同觀，究竟無我而一體同觀。究竟無我是歸本於寂，一體同觀是境識不二，如如顯現。剎那生滅，根本沒有過去，怎麼還有過去心。剎那，有現在嗎？我們腦子裡所想的：現在是什麼時候，幾時幾分幾秒。當你說完的時候它就已經不是了。那麼你所謂的現在是什麼意思？當下剎那生滅的現在？還是某一段時間，人們通過一種量化的方式將一個不能夠計數的東西把它計量？時間本來是不可計量的，時間是一種「念」，時間是人的意識、人的念在這個世界中展開的歷程，所以這時間的極微，佛教裡用「剎那」來稱呼它，一彈指六十四剎那，極微極微的。在唯識宗曾有深入的了解，剎那者，念之異名，又謂心之異名，合稱之心念。

什麼最快？「念」最快。一念可以無遠弗屆，真正了解「剎那」就可以體會到「過去心不可得，現在心不可得，未來心不可得。」因為一切都「無住」，整個存在的事物都無可住，所以你根本不應該執著，執著的根本是假的，它不是眞的，既是無住，所以沒有眞的，一切是假，去除執著。佛教深入到這個層次，既然如此，那麼就無所謂苦了，這個苦是無常的，不是眞的，到瓦解掉了，那是樂，而眞正的樂是一種如如自在，所以它才有極樂世界。西方極樂世界，所有佛教信徒都說，希望以後往生西方，到極樂世界，西方是個淨土，這個西方指的不是指的地面上的方向，西方其實是一種嚮往，因爲我們處在東土，另外一邊也就是西方了。東土是太陽升起之處，太陽由西而落，太陽落下的一方我們不知那是何處而說那裡是西方極樂世界，把西方理想化了。其實在佛教所說的極樂世界，到最後淨土是在我心，但是很多淨土宗的信仰者和教徒，把《阿彌陀經》裡形容的繁華世界，執著於那個，就這個相發了願，那也是方便法門而已。你如果一直執著著一定要那樣的話永遠不可能證悟。

佛教裡面有很多權法，「權」就是方便。《金剛般若波羅蜜經》不是權法，大概其他的佛經都會談到神通，都有一些奇特的故事，在《金剛般若波羅蜜經》幾乎都不說。它是實法，而它的實法是無實無虛，或者說這個實法是實無有法，佛教其他的權法都要開權顯實。「開」是「放」的意思，就是要把那些當作方便的方式放掉，放的意思就是不要執著，遮撥掉了，這時候才能夠顯現它的實。實是眞理，方便的理還不是眞理，進一步才是眞理。什麼是方便的什麼是眞正的要區分，譬如說我們以中華臺北的名義加入某一個國際組織，這個是「權」，「實」是在憲法上說的中華民國，國號中華民國。所以「權」跟「實」的意義不同，而這個實之所以眞能成就其爲實，是因爲它實無有法。所有的人民所凝結而成的共通意志，或者說共識，如果這個共識出了問題了，這個實法它本身就會出問題。

佛法是啓發我們的智慧的，它最可貴的是它檢討到一個基礎性的問題，相對於我們表達出來的，相對於我們的言說，它反省了一切表達言說背後的基礎性，以及其可能性的問題，而這個問題可以是個人生的問題，可以是個知識的問題，可以是個政治的問題，也可以是社會的問題，可以是一切問題的問題。我們在這裡面學習，對這個問題慢慢深入慢慢接近，久而久之我們會增長智慧。因爲這個問題是一切問題中的問題，你熟悉了以後到處都可以運用。從這個層面我們也可以解釋一切法皆爲佛法，而此一切法皆爲佛法不是執著著一切事物而說，而是歸本於寂的虛說。

「一體同觀」它有很多層次，但是我們下來我們可以發現到，有兩個字很重要——「如是」。如何一體同觀呢？如是觀之，就是如此。關於這個部分我們下禮拜繼續。今天就到這兒，謝謝大家。

二　一體同觀的五個層次

這一分是談一體同觀，註解裡說「一眼攝五眼，一沙攝恆河沙，一世界攝多世界，一心攝若干心，故受之以一體同觀分。」

了無分別，境識俱泯，外境跟我們的心識一樣都同歸於寂滅，泯就是沒有。

經文一開始，佛陀一連串提出一些問題詢問須菩提的意見，須菩提都回答說：「如是，世尊。」如是者，同也，同而不異。如何同？觀，觀之而同，放下灑落則觀之可同，如如無礙，因此觀之而同。現在有肉眼、天眼、慧眼、法眼、佛眼，說這五層，在佛教裡頭非常注重我們每個人的直接體驗，或者也可以說佛是一個徹底的經驗主義者，不過他所說的經驗，是關聯著你所做的工夫，關聯著你的整個心靈意識，於是有不同的層級，便有不同的體驗，這是佛教非常強調的，它現在逐層的分開，有肉眼、有天眼、有慧眼、有法眼、有佛眼，雖然是多層次的，但是它是一體的，它是圓融的，這在佛教裡面很多的分析都是這樣，譬如說在唯識學裡分析我們的意識，分析到第八識，甚至有分析到第九識，這都是一體圓融的，而最後消歸於無。

所以這個如是之能爲如是，是因爲能放下、能灑落，所以才能如如無礙。能夠放下灑落，是因爲它知道一體圓融而消歸於空，歸於無，所以多層次是權，一體圓融是實，從多層次的了解而進一步達到一體圓融，就是開權顯實。所以這些多層次是方便，權是方便，實是經常之道。

須菩提，於意云何？如來有肉眼不？如是，世尊，如來有肉眼。

肉眼，是一般世俗之眼光，如來有沒有這一層？有的。進一步說——

須菩提，於意云何？如來有天眼不？如是，世尊，如來有天眼。

肉眼是我們的自然之眼，肉身之眼，天眼是天心悲憫之眼。

須菩提，於意云何？如來有慧眼不？如是，世尊，如來有慧眼。

慧眼，用我們以前講過的，就是能見其意識的透明性之眼，也就是六祖惠能的註裡說的：「痴心不生，是爲慧眼。」見到意識的本然狀態。

須菩提，於意云何？如來有法眼不？如是，世尊，如來有法眼。

「著法心除」，叫做法眼。相對於我們所用的語詞，能見存在之空無性者，能見刹那意者，刹那刹那即是空無，即寂即滅，當下即滅，它起的時候，就是它滅的時候，所以就其滅處空，它是空的。人之所以能將刹那接連在一起是因爲我們心靈意識的構作，所以它才成爲這樣的，它才成爲一個存在的事物，這個就是外在的境，境經識執，始爲分別之境，外在的境經過我們識心的執著，才成爲我們一般所說的一個分別的外境，要不然它是無分別相的，融合爲一的，現在法眼是你能夠見到那存在的空無性。

須菩提，於意云何？如來有佛眼不？如是，世尊，如來有佛眼。

佛眼就是「一體同觀」之眼，如如無礙。

這五層，肉眼是我們自然肉身之眼，就是我們一般所講的「感官」，而這個感官昇華之時可以喚醒我們的悲憫之情，這裡講天眼，有這個悲憫之情才使得你有一個願力，由悲而有願謂之悲願，由悲願而通過你的智力，像金剛一樣的智慧之力，見到意識的透明，這是「心」，見存在的空無——法，觀心觀法皆空，心法皆空，即境識皆空，是爲眞空，進一步一體同觀，如如無礙，境識俱泯即俱起，這是妙有。

我們一般人，能有天眼就不錯了，對世間有所感，這個感覺能夠往上升而有悲願，就很了不起。而佛教要從這裡進一步證我法皆空，然後再進一步回到妙有。

道家有類似的智慧，以「聽」來講，「無聽之以耳而聽之以心，無聽之以心而聽之以氣。」（《莊子・養生主》）這個氣就包括了整個，也就達到一體同聽，無分別相的聽，聽之以耳是你感官的聽，聽之以心，是心靈意識的聽，而進一步「聽之以氣」的時候，是你整個生命的融入，你的境跟你的識是俱起的而不二，合而爲一。

三　閱讀經典的方法與態度

分爲五層是作一個分析，我們看來它是一再重複。在這裡我們順便一起來體會一下，我們怎麼樣來讀經典，經典第一個它是可以爲「常經」，可以爲「典要」，所以它言簡而意賅，文字樸實而無華，疊句重複。所以閱讀經典的心境要是一個悠游而從容的心境，隨著經典，通過這個反覆的過程，原來一句話可以五層一次問，它爲什麼要這樣一層一層地說呢，這就好像你在作畫的時候，這一筆是如此的，再練習一次，再畫一次，畫五次同樣的地方，爲什麼這麼麻煩？畫五次跟一次畫粗一點不是一樣的嗎？閩南話叫「同款不同師父」，看起來是一樣，其實骨子裡不一樣，這裡的工夫告訴你，表達不一定是更簡單更直捷的就比較好，道理不在表達本身，道理是在表達之外，意在言外，讀經的時候不只是我們從文字的表達上去「把握」了什麼，而是在它的過程裡面，一個氣息的傳遞跟氣息的感通，而讓你慢慢地融進去。

中國以前讀經典的時候都要朗誦，不管是儒家的經典、道家的經典、佛教的經典，都是要這樣研讀，甚至要背誦。現在的教育一直在反對背誦，我覺得這不一定是恰當的，譬如說中國古典的詩詞文章，如果不是背過，我覺得你不可能眞正體會到裡頭的奧妙，譬如我現在能回想起自己耳熟能詳的〈桃花源記〉、〈五柳先生傳〉、〈歸去來辭〉，自然而然你就會覺得它就是一個境界，像《論語》、《道德經》、《金剛經》的一些片段。雖然現在不能全部背出來，但是當時背的時候那樣一個磨練的過程，使得你的整個生命慢慢進到那個脈絡裡面去。古人提倡背書是有道理的，小孩子的時間其實比大人實在多出很多，背誦而悠游涵泳於其中，它就好像牛吃了很多草，一輩子都可以反芻。「學而時習之不亦說乎，有朋自遠方來不亦樂乎，人不知而不慍，不亦君子乎！」（《論語．學而》）眞的你讀起來就會有一個愉悅之感。

「道可道，非常道；名可名，非常名。無名天地之始，有名萬物之母。」（《道德經．第一章》）背起來的感覺蠻好的。從這裡講，我所要說明的是「重複」本身的意義何在，一方面是記錄者將當時的對話過程如實地記錄下來，其次，在這個反覆的過程裡面，不過輕易的跳過一些我們自以爲已經懂得的部分。學問如水之行地，盈科而後進。經典裡怎麼表達，閱讀的時候就依樣畫葫蘆地跟著進去，這個是我們在閱讀經典，學習經典所應該具有的一種心情。

四　由觀的五個層次說世界之一體

須菩提，於意云何？如恆河中所有沙，佛說是沙不？如是，世尊！如來說是沙。須菩提，於意云何？如一恆河中所有沙，有如是沙等恆河，是諸恆河所有沙數佛世界，如是寧爲多不？甚多，世尊！

接著上面所講的「觀」的五個層次，進而來說這個世界，觀的五個層次是一眼攝五眼，如交光互網，五盞燈相互照射著，每一盞燈照出去的時候其實都含攝了另外的四盞燈。

須菩提，於意云何？如恆河中所有沙，佛說是沙不？

須菩提，您說說看吧，如恆河中所有沙，佛說是沙不，就像恆河中所有的沙，佛說這個沙是否就指沙呢？

如是，世尊，如來說是沙。

如來說是沙的時候，其實是經過了五層次的一體同觀，肉眼觀之是沙，天眼觀之是沙，慧眼觀之是沙，法眼觀之是沙，佛眼觀之是沙。肉眼所見之沙，是我們世俗眼所見之沙；而天眼所觀之沙，此沙何其多也，而由此興起一個悲憫之情，這個悲憫之情是因時、因地、因人、因事而當下而應，而後慧眼、法眼見其沙非沙，因為那個存在本身是空無的，而你的心靈意識也應該是空無的。而佛眼觀之，見其沙非沙，是名為沙，是圓融無礙。所以這裡說的如恆河中所有沙，佛說是沙不？「如是，世尊！如來說是沙。」現在再以此起一個題再繼續往前問。

須菩提，於意云何？如一恆河中所有沙，如是沙等恆河，是諸恆河所有沙數佛世界，如是寧為多不？甚多，世尊。

世界多麼地多。以一體同觀攝之，你來看他怎麼樣來攝──一恆河中所有沙，有如是沙等恆河。一條恆河中所有的沙，已經是多得不得了了，那麼在每一顆沙都代表一條恆河，然後──

是諸恆河所有沙數佛世界。

這樣的佛世界是不是非常非常地多？這麼多的世界，每一個人都是一個世界，而其實這個世界還是一個整體。現在我們把這個世界就當成一個世界，而所有的人就當成所有那麼多世界，每一個人都具有一個世界，而這一個人的世界裡的每一個人又都有一個世界。有如鏡之相映而無窮，大家都玩過一個遊戲吧，你的前後各擺一面鏡，從鏡子裡看過去，反映出無數過我的影子，何況多面鏡子相互映照，也就是我們剛剛講的──交光互網，含攝無窮。含攝出無量數的世界，其實這無量數的世界，還是一個世界，爲什麼呢，本來就是一個世界，之所以變成這麼多世界就因爲——

佛告須菩提：「爾所國土中所有眾生若干種心，如來悉知。何以故？如來說諸心，皆爲非心，是名爲心。」

在一體同觀底下，大家是同一個世界，全部每一個人去除了他心靈的執著，讓他的意識回到了本然的狀態，每一個人的生命是一個透明而來去自如的生命，彼此交融貫通而爲一體。

爾所國土中所有眾生若干種心，如來悉知。

如來何以悉知呢？因爲諸心皆爲非心，那個時候每一個人心都沒有回到本然狀態，每一個人的心都有所取執。

心有所取向，一旦是有所取向，就不是眞而是幻，既然是幻則是假的，所以——

如來說諸心皆爲非心，是名爲心。

如來佛眞正了解到如果我們心有所取向，是幻非眞，現在去除了這個，心不取向，回到意識的本然狀態。意識的本然狀態是透明的，在這種情形之下交光互網，含攝無數的世界，其實它是同一個光，它就是同一個世界，無量的世界就是同一個世界，如此而已，這並不是取消了分殊的世界，而是這麼多的世界交融而爲一個世界。你的心眞的打通了，打通了就是一個世界了，這個打通如何能打通——如。如才能打通，什麼是如呢？用我們現在的話：就這樣吧，就本然之樣，它怎麼樣，就怎麼樣嘛，一般來講，英文把它翻譯成as such，就是那個樣子了。

五 諸心非心是由於刹那生滅

所以者何？須菩提，過去心不可得，現在心不可得，未來心不可得。

現在進一步追究它的理由何在，心既不可得，所以心不可取向，心既不可取向，那麼心歸返它的本然狀態，心不處於一個他然的狀態。

心無崎嶇，灑落平坦。

心就擺在那裡了，眞正了解心是什麼，六祖惠能的註解是比較就他自己的觀點來講：

過去心不可得者，前念妄心，瞥然已過，追尋無有處所。現在心不可得者，眞心無相，憑何得見。未來心不可得者，本無可得，習氣已盡，更不復生。了此三心皆不可得，是名爲佛。

他講的境界比較高，前念的妄心已過，現在心不可得是因爲眞心無相，未來心本無，本無就無可得了，所以習氣已經盡了，不復生，所以不可得。你能夠了解這個不可得，眞正能夠證得了空，證得了般若，灑落平坦，心無崎嶇。

就字面上來說，什麼叫做過去，什麼叫做現在，什麼叫做未來？心有所執有所取，才有所謂的過去、現在、未來。過去是什麼呢，心的執取在已過而不放。已過不放，未來已執。

還沒來但是你已經執著了，才有所謂未來。什麼叫現在呢，現在是當下，當下的執著，就是執識。過去現在未來都是因爲心的執而造成。現在你可以對於所謂過去的放下了，過去心不可得，現在心不可得說的是剎那才生即滅，無有停住。現在之爲現在，你眞能夠了解什麼叫剎那的話，了解才生即滅，這就是眞心了，這個叫——當下即眞，當體即空。

談玄要談到眞正懂得剎那意，懂剎那意並不容易，懂剎那意就是能理會「才生即滅，無有停住。」一彈指六十四剎那，其實剎那在唯識學裡說得很清楚，剎那者，念之異名。剎那並不是時間的久暫，其實它就是心念。什麼最快？心念最快，非常非常快，那就是心念，用彈指來說還是個比喻，徹底的講，其實就是心念。

這一分談「一體同觀」，如何能一體同觀——心無體，不可得。什麼叫「得」，一般講「得」是我得到了什麼，拿到了什麼。「心不可得」就是心不可執，心不可取。心不可得不可取有兩個意思：一個說可被執不可被取；另外一個意思是，心不可用來執取外在的事物。心當下剎那才生即滅，無有停住，所以我們說這叫做透明的，就算面前的一道牆都可以穿過去，因爲它才生即滅，無有停住，所以它並沒有一個實體擋著。

根據這個原理來繼續往前想，我們能夠通過修行（不只是通過我們的腦子而逆反的去了解）來體會到這個道理，我認爲眞的可以「本無來去」，而「來去自如」，所有的東西皆無所障礙，一切「無礙」。就現在我拿著的這枝粉筆來說，這是一個東西嗎？它是個東西，不過它可以不是個東西！它之所以是個東西，是因爲它分子聚合在這裡。而它如何聚合在這裡而使它停住而使它成爲這樣一個東西，是我們心靈意識的作用使它凝住而成爲這樣的一個存在。假使我們的心靈意識都回到本然狀態的時候，它瓦解掉了。

我相信人可以通過一種意志的修爲工夫，而使得存在改變。如果按照這個道理再往前想的話是可能的。當然我自己沒有那個工夫，我們從道理上推想它是可能的。因爲它很清楚的告訴我們，這存在的事物之所以爲一個存在的事物，跟我們的心靈意識有一個非常密切的關係，所以一旦我們這一群人的心靈意識改變了，於是外在的這些事物，它的整個形態也會改變。我們的心靈意識習慣地有一個執取的作用，是我們使得它成爲這個樣子。而一旦我們的心靈作用不採取執取的方式，回到本然的透明的狀態，採取瓦解的方式，這個世界就整個瓦解掉了。至少可能某一個地方是瓦解掉的。

據說在印度的某一些表演中，透過意識的某種鍛鍊，可以無中生有，手到拿來。佛經裡面也常常有這樣的描寫，謂之神通。就意識哲學來說，神通是可能的。意識跟存在的深層探討進到超意識的層次，使得存在結構重新調整，我們可以想見那個奧妙。道家也有這方面的記述：「入水不濡，入火不熱。」（《莊子．大宗師》）不必只視爲寓言，這方面自古以來就有很多道士曾經嘗試過。這和整個心靈意識是有密切的關係，心靈意識通過怎麼樣的一個修爲的工夫可以使得你存在的境域爲之改變，存在的結構爲之改變。

或者說，也不是什麼改變，而是回到了它本來的狀態。做夢的經歷與此類似。我們說那是幻境！而到底夢中的是幻境，還是我們現在才是在幻境裡，是莊周夢蝴蝶啊，還是蝴蝶夢莊周？「不知周之夢爲胡蝶與，胡蝶之夢爲周與？」（《莊子．齊物論》）到底人生是一場夢，還是夢裡才是眞實的人生？這個問題深入去探討的時候，其實是一個意識跟存在互動的一個深層的結構性的問題。現在大概有一些人是嘗試著，想通過一種科學的精密的高度的探討，逼出某些新的可能。這一方面我並不是很了解，在這裡只是通過《金剛般若波羅蜜經》所提到的「境」與「識」，也就是存在事物和意識的關聯性，可以往前想到這些問題。假使你有作人工智慧這方面的資源，可以合著一起想，說不定你可以想出一個新的東西來。

事實上有很多道理是在幾千年前的古人就已經有的靈感。我們可以發現：一個新的學問的出現，往往是回溯到遠古再重新開發出一些東西。譬如西方的文藝復興，它其實就是回到古希臘，回到一兩千年前的古希臘時代，重新發掘古人的智慧和靈感。

我們現在先休息一會兒，待會兒再開始十九分。

法界通化分第十九

「須菩提！於意云何？若有人滿三千大千世界七寶，以用布施，是人以是因緣，得福多不？」「如是，世尊！此人以是因緣，得福甚多。」「須菩提！若福德有實，如來不說得福德多；以福德無故，如來說得福德多。」

「有人滿三千大千世界七寶，以用布施」，所得之福不可說不為多也，但此只是七寶之福，不能得證佛果菩提也，故不說其有福德，能自了此非福德，則疏決自了，法界周遍，一化普通，毫無凸起，只是平坦，通達無礙；這是說「自我銷融所含的化解能力」，是無與倫比的。

一 布施是能放下我執

這一分有一點幽默。其實佛經裡面有一些篇章，我們可以把它當作幽默小品來讀。我們可以想一下什麼叫幽默？這就是幽默了！這是一個最深度的幽默。我一直覺得中文在翻譯西方文字中，大概音義皆能俱全的，「humor」譯成「幽默」可以說譯得很獨到。幽者深也；默者不多言也。不多言而有深深的意涵，此之謂幽默。那麼我們來看這一段：

須菩提，您說說看吧，用印度最珍貴的七種寶物拿來布施，他得的福是不是多呢。「如是，世尊，此人以是因緣，得福甚多。」這一句的重點在「以是因緣」四個字，布施是因緣，通過這個因緣得福甚多。由因緣而入得「佛」門，「佛」是覺者，而「覺」呢：回到意識的本然狀態謂之「覺」。

布施的作用爲何，這是我們一再闡釋的。把我所擁有的拿出去這叫「布施」，人們平常都是通過我所擁有的來說明「我」，而布施時把我所擁有的東西拿出去，也就是學習用一種「無我」的方式來說明「我」。人能夠用無我的方式來說明我，這時候才能夠眞正見得眞我。而所謂「我」跟「無我」的最大區別在於：「我」是把捉，「無我」是放下。能夠放下就是無我，把捉並不是福，你能夠放下，一切灑落了，無所執著無所罣礙，因此「以是因緣得福甚多」。

這個「得福甚多」不要誤以爲眞的從外在獲得什麼東西，它就只是「放下」而已，所以釋迦牟尼佛進一步就說：「須菩提，若福德有實，如來不說得福德多。」如果說福德是有一個外在的實物，那叫做「福德」的話，那麼如來就不說能夠得到那麼多的福德。「以福德無故」因爲所謂的福德就是「無」，就是放下而已呀。「如來說得福德多」那就是得福德多了。因爲眞正的多就是你放下了，眞正的多就是你放下了，你放下就具有無盡的可能性，你不放下你就沒有任何可能性，這是放下的智慧。佛教就是最能啓發這個智慧的。不能放下，你就沒有辦法眞正了解什麼叫做「福德」。佛教講的福德是「施福立德」，得無得之德，把福布施出去了，所以你立了德，立了一個能夠無我之德。布施使得你重新調整了自己的生命，那就是「得」。我們聽說證嚴法師常講「捨得，捨得，一捨就得。」「捨」是布施，有布施而後有得。得了什麼呢——得了布施之樂；布施爲什麼樂呢——因爲放下了。

人的麻煩就是總是要抓很多東西挑在自己身上，覺得自己不得了，自己是一個很有責任感的人，擔負天下大任。但是佛陀的智慧告訴我們，如果你不懂得放下，是不可能眞正挑得起來的。因爲在你懂得放下之後，才能了解到那個挑起來其實也沒什麼挑起來，它本來就是空的。所以你不必勉強地挑起來了，又覺得擔子好重，拚命地忍耐。你去洞察它，它本來就是空的。所以它不重，一點都不重。有這樣的智慧，即使一個擔負很重的人也一點都不覺得重。佛教這個智慧是很了不起的。換言之，以出世的精神做入世的事業。當下就放下了，當而下，當即空，即你所擔當者放下。此時你根本就了無罣礙，沒有什麼好重的。其實道家、儒家一樣也有這個智慧，懂得這個放下的智慧。當下的放下才能夠挑起所謂的千斤擔，因爲他一點都不覺得辛苦，不覺得辛苦才能夠走得長遠。如果你做這件事情變得非常辛苦，那還能走得長遠嗎？人生命的成長是要在非常喜悅、從容、沒有罣礙的情形下才能夠生長的，每天都過得很困苦艱難感受到很強大的壓力，這種生命是不能夠生長的。生長就是要寬舒、要從容才能夠生長，佛教告訴你如何寬舒：放下就寬舒了。

二　當前一步才能從容

記得以前我們曾經講過「當前一步」的智慧，我再把這個故事講一次：「王陽明的學生王龍溪，年紀很大時還常帶著學生一起去登山，老師雖然年紀大，卻總是走在前面，學生反而都跟不上。學生就覺得奇怪：我們都爬得氣喘吁吁，老師怎麼一點兒都不累，這有什麼訣竅嗎？王龍溪回答學生說：因爲我只有走一步嘛！」[10]這句話太妙了！我只走一步哇，我只管走一步。王龍溪跟學生們不一樣，學生邊走邊想著：還要多久才能夠到山上。一直想著，越想越累。因爲這個「想」，你有了未來心，有了過去心，有了現在心。現在我走到哪裡了？我走了多遠了？未來我還要走多遠才到哪裡？人最可憐的是有個心，那邊被拉過去，這邊又扯過來，心就被挾持著，僵硬著。有的人一看他的臉色就知道他很可憐，僵著，整天繃著臉。其實不是繃著臉，是繃著心。王龍溪說：「我就只走一步。」從這一步走到下一步，何其容易，就那一步，何其輕鬆。

回想以前，我教國文，最累人的一件事就是改學生作文。高中作文要用毛筆改，有時候改起來，實在是不大有勇氣。作文本堆起來一大疊，尤其有時候工作忙，就耽擱了下來。一直到隔天就要上作文課，不改出來不行。只好熬夜改作文，要有「心力」把它改出來。千萬不能匆忙，匆忙的話，連等第都會下得不準，不要說評語了。所以最好能懂得：不管還有多少本，現在當下就只改這一本。如果心裡一想著「我現在還有多少本」，那就不行了。不過年輕人的心性哪有那個辦法，所以國文老師都有個習慣：改了一本就算一下還有幾本，改了幾本再算一下還有多少。當老師的都有這個經驗。於是後來我們開始調整自己，一次拿五本出來改，開始鼓勵自己，改完兩本，還有三本，再改一本，已經過了三本，一會兒五本改完了。再拿五本起來。很奇怪，這樣的改法，就有一股源源不絕的力量出現了，五本五本……不知不覺改完了。你還覺得，嗬！改得還滿快的。抬頭看一下時間，原來已經過了三四個鐘頭了。

從這裡我們可以體會：我們人的生命是不耐挾持的，人的生命，是要求自由的。「自由」的最具體表徵是什麼？自由光在腦子裡想，那還是抽象，還是空洞的。它要和我們的生命結合在一塊兒，所以它必須在我們的生活世界裡頭，以一種具體的表現出現。自由的具體表徵是什麼——我有空閒，或者另外一層意義叫「有餘」。對於人的生命，這是很重

10 王畿〈報恩臥佛寺德性住持序〉：「昔嘗從陽明先師遊，……師曰：『登山即是學，……雖登千仞之山，面前止見一步，不作高山欲速之想，徐步輕舉耳。』」王畿著，吳震編校：《王畿集》卷十四（南京市：鳳凰出版社，2007年3月），頁407-408。

要。中國人非常懂得「有餘」，如果沒有「餘」的話就不自由了，人不自由的話就陷入被挾持，被挾持就感到被壓迫，被壓迫久了就反彈。這個地方不容易，人的心性到這個地步的話就能夠「不將不迎」。把捉叫做「將」，「迎」就是它還沒來我就迎上去，不將不迎就是不跟著追，也不跟著跑——放鬆。

三　道生於餘情

在中國人的智慧裡面，對這一點非常通透——餘。像王夫之有句名言叫「道生於餘情」[11]。下筆總要數千言，不是餘情。即使能夠全神貫注，如長江大河，水到渠成，也必須有「餘情」蘊蓄在先，然後發其不可不發，止其不可不止。大家都有寫文章的經驗、思考的經驗或說話的經驗。回想一下那時心靈的狀態，那叫「心氣」。「氣」是一種狀態。寫文章的時候，如果心氣一急躁，文章一定不好。寫書法也是如此，心一急躁，字一定是不好的。凡事皆不能急躁，要能寧靜。諸葛亮就懂得這個，所以他能夠說寧靜致遠。

諸葛亮之所以「事必躬親」，是因爲「蜀中無大將」，因爲沒有人才可用，不是他自己不會用人才。有人認爲諸葛亮不會用人才，所以他才鞠躬盡瘁，到最後只能死而後已。這樣的批評並不公平。其實不是如此，眞正不懂得用人才的不是諸葛亮，而是司馬光，所以司馬光當宰相八個月就累死了。司馬光理論上懂，學識上也夠，實際上他不懂用人。諸葛亮能夠施空城計，他當然能夠用人才，他當然懂得從容，不懂得從容焉能用空城計。這個叫有餘，這個智慧很重要，假使沒有這個智慧，人生等於少了一半，嚴重講，去掉了三分之二。

每個禮拜五大家來到這兒，也是要一點「有餘」，你贍得出時間，這叫有餘，連時間都贍不出來那就無餘了。有的人是這麼一點時間他都贍不出來，就算贍出這麼一點時間來還是想著：我要作最有效的利用！這樣的一個想法事實上還停留在一個工具的計量。時間贍出來了，自己要有一個想法，讓自己整個人是要在這個時空裡頭放鬆的。我想大家來參與《金剛般若波羅蜜經》這樣的一門課，最重要的來這邊學習一點放下的精神，來這邊放開自己的心情，甚至你眞的覺得很疲倦的話其實你睡一下也無妨。在這個時空裡，我自己的體會是：每次我都能體會到一種寧靜，這是這部《金剛般若波羅蜜經》整部經文所顯現出來的氣息，或者說一種法力。它就能夠安定你的心靈，眞的能夠安定你的心靈，它讓能夠整個人進到那個脈絡裡面放下放鬆，這叫「有餘」，可以說在此「道生於餘情」。

談到中國人的這個智慧，那你說現在臺灣的中國人好像失去了這樣的心靈。這就要另外考慮臺灣的一些特殊的因素：這些特殊的因素使得在臺灣的中國人喪失了「有餘」，喪失了眞正的空間。臺灣長久以來被殖民，那種生命的缺乏安全感跟恐慌，催促著這塊土地上的中國人要往前邁進跟努力；另一方面在世界上資本主義幾個核心國家的帶動之下，結合這種心靈機制，促動著臺灣這四十年來的經濟發展。當然這裡頭還需要經濟官僚的遠見，這也是很重要的一環。但是主要的有這內層的心靈機制，它才一直往前進，不過現在

11 王夫之：「道生於餘心，心生於餘力，力生於餘情。」氏著：《詩廣傳》〈周南傳〉（臺北市：河洛出版社，1974年），頁3。

有一個趨向就是它往而不能復。所以臺灣這塊土地上的中國人那眞是拚命哪！努力地不得了，努力地工作，努力地吃，努力地喝，努力地玩，努力地浪費，都在努力，都是拚命。連吃都拚命，連喝酒都拚命，什麼都是拚命。不能夠「有餘」，一直用那種在生存線以下的奮鬥來安排在生存線以上的生活方式，這是目前的問題。這是兩個不同的心靈機制，兩個不同的心靈狀態。在生存線以下的那種奮鬥，到了生存線以上，應該要有所轉變，轉爲文化的長成。而這個部分，這五年至十年一直在嘗試，一直在調整，而調整不過來。但它卻不是很容易的，這個就是目前來講我們最大的病源所在，這個病源就造成臺灣社會現象上的許多病痛。所以「努力」不一定是好的，「拚命」不一定是好的。閩南話講「打拚」，打拚不一定好，什麼都忘了，只是生命一直往前衝，沒有一個有餘裕的心境。即使這部《金剛般若波羅蜜經》還是很多人在念，多數一種沒有餘裕的念，他念的時候一直在計算那個功德，可以讓自己的事業順利，多賺錢，賺了錢拿一點回饋給社會，可以賺更多錢，腦子裡還是這樣想著，一直往前衝，沒有辦法說眞的擺平，這談何容易。

所以這一分講法界通化，如何能通化呢，能通能化。十法界皆能通而化之，就是因爲你無我，無我故通，通而能化，其實這個有餘的智慧眞的不是那麼容易體會的，年輕人大概都是要折騰一陣子才能體會，因爲有餘並不是散漫，有餘其實是從容，現在我們繼續看第二十分。

離色離相分第二十

須菩提！於意云何？佛可以具足色身見不？」「不也，世尊！如來不應以具足色身見。何以故？如來說具足色身，即非具足色身。是名具足色身。」「須菩提！於意云何？如來可以具足諸相見不？」「不也，世尊！如來不應以具足諸相見。何以故？如來說諸相具足，即非具足，是名諸相具足。」

此說色相之離而不離，不離而離，故用詭譎之辯證而說明之也；此是佛法開顯之秘鑰所在；所謂「如來說具足色身，即非具足色身，是名具足色身」，「如來說諸相具足，即非具足，是名具足」；這裡的「如來說……，即非……，是名……」，說是有所指向，但又馬上非之，此是銷融於空無的作法，以其銷融於空無，所以自顯自現也，因之而言是名什麼；蓋離色離相所以顯色之與相也；或者說「銷融於空無，正是實有開顯的起點」。

一 佛教精神追求徹底的自由

見也可以念「現」，離色離相，如來是無色無相的，所以這一分標舉出來的是佛教徹底的自由。自由就是無須依靠，無依靠權威，依靠著無依靠，只是任化，只是放下，只是空無。一言以蔽之，自由也就是如來。自就是你自己；由，你想怎麼來，就怎麼來。自由者，由你自己也，由你自己也就如來了，你來去自如，因爲你知道你無所來去，所以你來去自如。

所以對於釋迦牟尼佛，對於如來，你不可以視爲一個權威，視爲一個偶像來崇拜，那麼多佛寺其實只是一個象徵作用，這些象徵作用暫時性的喚起我們內在的，一種敬意，由這個敬意，引起我們一份悲心跟願力，由這份悲心跟願力，而令我們長出智慧，長出智慧破除煩惱。

但是現在我們在佛寺裡看到的情形好像不是如此，拿起香來就求佛保佑什麼、幫助什麼，其實這些都是第二義的，這是受了中國本土民間信仰的影響，本土長久以來帝皇專制的影響。帝皇專制有一個很重要的型式就是上以控下，所以它是一個上下的隸屬格局的文化，帝王專制的文化就是上以控下的文化。它已經內化在我們內心裡面了，所以我們也已經很習慣了這樣的結構，現在把它推出去，在心靈的依托方面也是這樣的，也是一種依靠，依靠那個權威，依靠那個偶像。佛教在民間成爲一種信仰以後，有很多是完全違背了佛教基本的精神。這很弔詭的，佛教的精神是要平等的、要自由的，但是佛教很多的教團在講教義的時候，講經義的時候，說的是自由的、平等的，但是它整個的結構，整個的組織，儀式，仍然是在上下的隸屬格局裡頭，依靠權威相討生活。

二 具足色身必須離色離相

須菩提，您說說看哪，佛可以具足色身見嗎？一般說佛有三十二相、八十種好，佛是可以顯現出三十二相、八十種好，但是這並不是佛的眞身，是佛顯現出來的方便，要讓眾生看了之後，起一個敬意；因這個敬意而生出悲心願力，然後引出智慧來破除煩惱執著。究極的來講，佛不是那樣，所以他問「佛可以具足色身見不？」具足色身就包括三十二相，具足是完滿了，能不能顯現出那圓滿的色身讓人見到呢？

「不也，世尊，如來不應以具足色身見。」不是如來「不能」，而是如來「不應」，你不應該通過這個去見如來，你不應該執著此之爲如來。因爲如來說具足色身即非具足色身，是名具足色身，眞正的具足色身不是你去把握那圓滿的三十二相，而是你眞正的去修一種內在的寧靜，一種純淨，修行以使你的意識歸返到本然狀態。所以說具足色身即非具足色身，是名具足色身，果眞有一個叫做具足色身這樣的佛相的話，那麼不是你現在所執著的三十二相所顯現出來的那種具足色身。

「是名具足色身」，那才是眞正具足色身，也就是那具足色身必須經由你內在的修爲，心靈的純淨寧靜，歸返意識的本然狀態，而在那種狀態之下所見的具足色身，方爲具足色身，要不然的話就不是具足色身，那麼它現在要遣除去除我們一般對於權威偶像的依靠，所以不可執著於那個境界啊。有的人說他修爲修持，常常夢見佛陀現身來和他說法談天，每天都很愉快，每天都很喜悅。這也不必執著於此，那可能是眞的，也可能是假的，即使是眞的，你執著在那裡，是使得你本身的進境沒有辦法再往前走，更何況那也可能是假的。

所以它就要破除這個「色」、「相」，要「離色離相」，就我所知有很多世俗的對佛教的信仰，一想到所謂的極樂世界的時候，講得天花亂墜，整個生命眞的就一直認爲，他死了之後就一定要去那裡，所以現在就一定要怎麼樣修行。我想這作爲一個方便法門也可以，但是它不是究竟的，究竟的是離色離相的，所以莊嚴佛淨土是誰去莊嚴呢？是我去莊嚴它；怎麼樣莊嚴？你的心去莊嚴它，你的心怎麼去莊嚴它？以不莊嚴的方式去莊嚴。不刻意的去莊嚴，你眞正的放下，放下就是眞正的莊嚴，讓開就是眞正的莊嚴，能放下能讓開，那麼那個莊嚴自然顯現。我們的總統很莊嚴，很莊嚴是因爲他走進來我們每個人都讓開，讓開他才有莊嚴，他走進來每個人都靠過去，然後拉拉扯扯的，你說他還會莊嚴嗎？

這無所謂莊嚴，莊嚴是有放下、有讓開才能呈現，讓它自己顯現他，他就莊嚴了，像這些道理我們可以從相對的理解，提高到絕對的觀想。

> 須菩提，於意云何？如來可以具足諸相見不？不也，世尊，如來不應以具足諸相見。何以故？如來說諸相具足，即非具足，是名諸相具足。

因爲如來是無相法身，不是我們肉眼所能看到的，所以他這裡問：「如來可以具足諸相見不？」順著前面的說法，「不也，世尊，如來不應以具足色身見。」他可能可以顯現成各種相，圓滿的各種相，但是你不能說我要通過這樣來理解如來，把握如來。如來不是一個「人」，如來是一個「狀態」，一種無執著的狀態，無煩惱的狀態，也就是「淨土的狀態」。如何成爲淨土的狀態？你放開了，它就是個淨土的狀態。他要你徹底去了解這個，不是要你去依靠一個偶像或是一個什麼，所以它一再的重複，「如來說諸相具足，即非諸相具足，是名諸相具足。」各個相它是圓滿具足的，你一旦如此「把握」它，執取它，那麼它就不是了，所以說「執取爲非」，「非非之」，非而非之，自爲是也，你執取它，所以它是「非」，「非而非之」，因爲它已成爲「非」，所以你「非之」，所以那個事才能如其爲是，此之謂如，如是，所以「諸相具足即非具足」，是名諸相具足。

佛是個「無體論」的，無體無相，以用爲體，以用爲相，用就是無住，沒有停在那裡，沒有執著在那裡，佛就是「無住」，進一步說，以無住本立一切法，換另外一句話來講就是「緣起」、「性空」，無住爲本，本性是空。那麼怎麼樣來立一切法呢？通過緣起法來立，也通過緣起法來破，緣起性空，也就是我們讀到過的「應無所住而生其心」，這種生就是無生之生。所以佛法是個無生法，我們以前講過一副對聯講「生生還至無生」，它是無生法，而這種無生法可以成爲你生命的資具，內化於你的生命裡頭了，就是這樣子如如而開顯，無所執著了，這叫「無生法忍」。忍者持義也，持守謂之忍，內化成爲你生命的一個持守的目標，成爲你生命原來所具有的，這叫無生法忍。

其實我們這幾個月上下來，佛法就是這些了，以後再講也還是這些，我們可以感受到，這個經文好像在帶引著我們磨一面鏡子，慢慢磨慢慢磨，磨亮磨光，只是這樣而已。其實這一面鏡子它本來就是這個樣子，我們之所以能夠把它磨亮磨光是因爲它本來就是亮的。這是兩層，強調它本來就是亮的，就是光的，發展成爲頓教，強調那個漸磨漸修的過程才能夠使得它原來的亮光顯現出來，就成了後來漸教的傳統。其實漸教跟頓教並不一定是相互違背的，一個就其根源說，一個是就其如何進到那根源而說，是兩個層次。

「離色離相」，因其爲離色離相，所以色相俱全，因爲一旦執著著一色一相的話，一旦有執著，這個色相就毀了，一有執著色相俱毀，放開則色相俱全，這也就是眞空妙有的道理。我們今天就上到這兒，謝謝大家！

三　A與非A——語言的限制與自我瓦解

我們這幾個月講下來，大家都很熟悉這樣的一個句法：「如來說具足色身，即非具足色身，是名具足色身」這種「A，非A，而A」的句法。大概慢慢的更能了解它內在的底蘊。

我們曾經做過很多比喻，譬如說「座標」的比喻。當我們說「A」是什麼的時候，我們之能夠說明這個「A」是什麼，是因爲我們「-A」之後，A點能夠回到座標的原點，而這樣子才能使得我們將「A」說清楚。

以x=4, y=3的一個點來講，當我們說出這個點的時候，其實它的涵意是：當你通過這點往後數（x-3，y-4），你可以回頭找到那個座標的原點。因爲如此，你恰當的說明那個A是什麼。

換言之，當我們要表達一樣東西，如果這個表達是恰如其分的，在我們將這個表達消去之後，恰巧可以回到未表達前的那個混沌狀態。而這個未表達前的混沌狀態，也就是「空無」的狀態。對於「般若非般若，是之謂般若」這個句法結構，我們可以用這樣的一個方式來理解。

這裡我們可以發現，佛陀警覺到了人類凡是使用語言來表達一件事物之時，這個語言本身，必然會有一些限制。而語言最嚴重的限制有兩種：

一是執定於對象物；另一個是一往而不復。

《金剛般若波羅蜜經》深深地發覺到了這些限定，而致力於破除這種限定。對於一個A，它隨即通過一個非A來回溯，這樣才能夠恰當的說定了A。當你說了A的時候，你一定要隨說隨掃，將語言執定於對象物的這種可能性取消掉，而經過隨說隨掃而表達出來的事物才是恰當的眞實的事物本身。從這個語言表達的句法我們可以看出《金剛般若波羅蜜經》整個的內在思維。

這樣的表達和句法結構其實是要說明：如果我們要通過言語去表達眞理的話，唯有這個表達的結構裡面隱含了自我摧破、自我瓦解的能力，這樣子才能眞正的表達出所謂的眞理，否則不可能。所以《金剛般若波羅蜜經》很突顯地點出了這一點。人類的語言凡是要表達個東西，它都會進入一個死胡同裡面，除非它隱含一個自我摧破和自我瓦解的能力，才可能讓眞理顯現。眞理之爲眞理，是自身顯現其自己的，而語言則是一種限定，它雖然也有傳達的作用，但是它嚴重的有一種限定的現象，這個限定的現象如何突破，必須它本身能「隨說隨掃」，用比較學術性的說法則說一個語言的表達，它本身就隱含了一個摧破它自己瓦解它自己那個表達方式，這樣的表達方式才能夠使眞理呈現，《金剛般若波羅蜜經》可說是最典型的將這種表達方式顯現得非常清楚。

如來說具足色身，即非具足色身，是名具足色身。

如果要眞正了解什麼叫「具足色身」，要懂得去除了這個「具足色身」的表象才能夠眞正洞察那個「具足色身」的內容是什麼。換言之，具足色身並不是三十二相，而是三十二種淨行，「相」只是表現出來的，而眞正的內裡則是「淨行」，這樣子才叫做「具足色身」，所以講「如來說具足色身，即非具足色身，是名具足色身。」

四　開權顯實——存在優先於話語

在這裡我們可以進一步了解，什麼叫做「實」？我們常說佛法在「開權顯實」：

「開」是開解、去除的意思，

「權」是暫時性的就叫權，譬如說語言是暫時性的，

「實」是恒常的，譬如說智慧，般若智。

「開權顯實」意即開革除去語言的限制而顯現智慧。所以在某一個意義上它有這樣的一個傾向——破相顯性，破除「相」而顯現「性」。而這個「性」有兩層意思：一個就「空」來講：空是講眞空，眞空是就存在說，眞空這邊關聯著智慧；一個是就有來講：有是講妙有；妙有是就淨行說，就實踐說妙有，這面關聯著淨行，關聯著慈悲；而佛法是悲智雙運的。

須菩提，於意云何？如來可以具足諸相見不？不也，世尊，如來不應以具足諸相見。何以故？如來說諸相具足，即非具足，是名諸相具足。

這一段落和上一段落非常接近，上一段強調「如來說具足色身，即非具足色身，是名具足色身」而這一段說「諸相具足，即非具足，是名諸相具足。」前面講「具足色身」，這裡講「諸相具足」。「諸相具足」如何具足這是關聯著我們之所見，所以說須菩提你說

說看。

「如來可以具足諸相見不？」如來是不是可以通過他所顯現出來的圓滿的爲你所見的相來見到呢？「不也」，不行的。「世尊，如來不應以具足諸相見。」世尊，如來不可以通過他所顯的圓滿相而見。如來應該以什麼方式見呢？以不見見。你不能夠以一般的見，凡「見」一定涉及到「目」，「目」涉及到「機」。什麼叫「機」呢——我們的官能所含帶的機栝。而這個「機」跟「機」相應，而成爲一個定執的存在，或者說定執的對象。

我們看這個東西（粉筆）叫做什麼的時候，我們的感官這個「機」經由這樣的途徑，跟外在的事物「機」與「機」相合，而使得這枝粉筆成爲定執的對象，成爲定執的存在。定執的對象、定執的存在就不是源頭活水，運轉無方，是有所定執，是個定向，是個定在。而我們稱爲「如來」的佛陀，如來之爲如來，是無所來去，他本身是如其來，如其去，來去自如，他是源頭活水，運轉無方，所以如來是不可能通過這裡所說的「具足諸相」而見。

何以故？如來說諸相具足，即非諸相具足。

當你說「如來諸相具足」的時候，是用這個「諸相具足」來形容如來；換言之，你是通過一個言說來表達如來。而如來是在言說之前，你現在不能認定言說來替代那個在言說之前的如來。

「諸相具足」是當作整個「如來」的表達，但是不能夠以這個「諸相具足」的表達來替代「如來」本身。更簡單的說，如來是「在」，具足諸相是「說」是「知」是「思」。

說知思
｜｜｜｜
在

「在」和「言、說、知、思」不一樣，這一點佛經裡面很清楚的告訴我們，你不能夠——以說代知，以知代思，以思代在，而應該——在如其爲在，思如其爲思，知如其爲知，說如其爲說。

當說「般若非般若，是之謂般若」，「諸相具足，即非具足，是名諸相具足」，其實就是要表示這個「如」。你不能夠「以說代知，以知代思，以思代在」，「以說代知，以知代思，以思代在」這樣的思考方式叫做「表象式的思考方式」，這種表象性的思維會產生一種很嚴重的反控的情形。

「以說代知，以知代思，以思代在」就是用言說來「說定」存在是怎麼樣的一個存在。這是整個西方文化傳統宗教傳統最重要的精神所在，也是二十世紀以來整個西方人比較先覺的知識分子對他們傳統的反省，而提出這裡所謂「表象性的思維」。這種表象性的思維沒有辦法眞正發覺我們的眞正的內在是什麼，而這一點在佛陀的《金剛般若波羅蜜經》裡面很清楚的告訴我們。所以人的存在是優先於思考，優先於知識，優先於言說，所以在這裡他就是要你眞正要懂得「諸相具足，即非具足。」因爲你用言說再怎麼樣去說盡了，它是說不盡的，它永遠說不盡，因爲言說只能夠「說其所說」，其實「說」最後是要呈現那個未說，未說之前的那就是「在」。

「諸相具足，即非具足」遮撥掉了，進一步再說「是名諸相具足」，而在經過了遮撥的歷程之後的諸相具足，已不再是停留在言說層次的諸相具足，而是回到了那個「在」，存在。這點是很重要的。所以整個來講的話，那就要在如其爲在——那麼存在是空無的，思如其爲思——意識是透明的。知跟說都是關聯著存在而有的。

所以他現在要你能夠正視這個東西，所以它並不是你就不要知、不要思、不要說了，要知如其爲知，說如其爲說。這個「如」的智慧很難了解，譬如說你現在強調佛法的「無」，要「無得」，強調無得，你的心又執著在「無得」上，所以佛教內部曾經討論過這個「無得」的問題，而其實它最後就是要你懂得「如」。我記得《金剛般若波羅蜜經》剛開頭的時候，「應如是降伏其心」，「如是」，我們怎麼樣去降伏我們那個心呢，是把惡念砍掉嗎？不是，念如其爲念，它本身那個惡，自然消去，無所謂惡。所以念如其爲念，其念自息。

惡之所以爲「惡」是怎麼形成的呢？念如果不能如其爲念，再經壓抑牽扯，左右擺盪，水漲船高。

念念相執而成勢，勢一有崎嶇，滋生險惡。
所以念不可執而治之，可淡而化之。

不可執念而對治。打魔生魔，打鬼生鬼，道高一尺，魔高一丈，到最後反會被那個勢吞沒掉。淡而化之，根本不在乎它，你就讓它來，它自然就過去了。因爲念是無根的，念以意爲根，意是本然，意的本然狀態是善的，是一個本然的善的定向。不過佛法在這邊是不提的，不論說意的本然善向。它認爲這個地方不用講，「如是」就是了。所以佛告訴你，你怎麼樣處理這個「念」就好了，「意」這個地方自然而然，讓它回到那個本然狀態就好。

五　念、識、心、志的不同工夫向度

現在順便講一下什麼叫「念、識、心、志」：

心，就其總體而說，整個意識活動的總體。

意，本然定向謂之意。

念，趨於物而成執之傾向者，念趨向於物而且有執著的傾向。

識，趨於物而執以了別者。

志，意之定向謂之志，「意」「志」兩字常常連在一起講。

所以用工夫在哪裡？在意、念、識和志，用工夫分兩方面：一個是就本體上用工夫，就本體上用工夫強調的是涵養。一個是就作用上用工夫，作用上用工夫強調的是察識。這一套在中國的宋明理學講得很清楚，其實它是受到整個佛教思想的衝擊以後，整個重新的反省，而開展出來的。宋明理學雖然反佛老，基本上，在方法上受到兩者的影響很深。如果偏重在涵養的工夫來作的話，工夫是在意上做的，涵養本然之定向。涵養在「意」上做的，它著重的工夫是比較實的，是比較紮實地做。

另外，有的是就那總體之虛空上做，在心上做，其實這個做法不是很恰當，應該在「意」上做。所以又另起一個字：「性」，就其本體而說，合稱「心性」。在「性」上做的比較著重虛的工夫，是比較虛涵的工夫。在「志」上用工夫，是擴充的工夫；在「念」上和在「識」上做工夫，就是所謂察識的工夫，而這兩個工夫也不太一樣：在識上做察識的層次，比較是從定執的存在上做工夫；在念上做工夫是趨於物而成執的傾向上做工夫。察識是可以通過這個察識而回到涵養的工夫上，這兩個工夫並不是截然分開的，是一體而互動的。這是儒家幾個不同的工夫。

佛教的工夫，就《金剛般若波羅蜜經》而言，我認爲它是在「志」和「意」上做的，不過在「志」上它做的不是擴充的工夫；擴充的工夫是儒家的工夫，它的工夫其實就是一個「如是」。所以「菩薩摩訶薩應『如是』降伏其心」，把每一個眾生提到菩薩摩訶薩，立一個志向，發一個願，然後用工夫。而用工夫在那裡呢？在「意」。化念歸意，再如其意。

在儒學來講各家著重點不同，譬如說朱熹，是從「識」上用工夫，「性」上得收穫。格物窮理，格物致知，通過察識的工夫希望在性上得收穫；那麼孟子的工夫最重要就在擴充，而存養在「意」上；陸象山的工夫是整個打成一片，但是仍然以「志」上者爲多；陽明呢？陽明在意。總而言之，都是在「心」上，不過「心」只是個籠統的詞，「意」、「志」、「識」則是它不同的各面，工夫也有不同的著力點。

佛教傳到中國以後，使得中國的儒學起了很大的變化，才多了那麼多豐富的概念來使用，或者說原來這些字眼的意涵並沒那麼豐富，佛教傳入以後的衝擊使得它們更豐富，儒者對這些概念的把握也更爲恰當了，所以思想的發展都是相互的。現在我們看二十一分。

非說所說分第二十一

「須菩提！汝勿謂如來作是念：我當有所說法。莫作是念！何以故？若人言如來有所說法，即為謗佛，不能解我所說故。須菩提！說法者，無法可說，是名說法。」爾時慧命須菩提白佛言：「世尊！頗有眾生，於未來世聞說是法，生信心不？」佛言須菩提：「彼非眾生，非不眾生。何以故？須菩提！眾生眾生者，如來說非眾生，是名眾生。」

若有人言，如來有所說法，即為謗佛，此是不解佛之所說為何如；蓋說法者，無法可說，此方是真說法也；佛亦知，凡一切教難免有教相可言，但教相非教也，教言只是言也，不可真執定而不化也；疏決淘汰，無有定執，當下隨說隨掃，佛法、非佛法，真佛法也；衆生、非衆生真衆生也；此是「去除說之對象性，回歸表達之自身，方顯般若智慧也」。

一 讀經如磨鏡

經典的道理不是單線的，不是今天發展到這裡，明天後天發展到那裡。讀經典好像磨鏡一樣，今天磨是整塊鏡，明天磨還是整塊鏡。當你把它摩挲到非常清澈，還是那塊鏡，所以讀經典的時候，你會覺得，咿！好像跟第一篇差不多嘛，它就是在那兒磨鏡，就是在這個磨的過程中慢慢的進去。

其實我們可以想一想，我們的人生也不是單線一直往前的，人生也是像磨鏡一樣，每天都周而復始，周而復始的往前走，不過這個往前走還是個大圓圈。整個人存在的實況是個什麼樣的實況，時間的實況怎麼樣，時間的眞實呈現應該是怎麼樣，大家有沒有想過。時間之爲時間，其實不是一直線的，一直去的。中國的道家之於時間有深刻的體會，對整個存在的事物的開展講得非常好，這是中國人的智慧。它講：「獨立而不改，周行而不殆。」、「大日逝，逝日遠，遠日反。」（《道德經・第二十五章》）

「非說所說」，六祖禪師的註解說：「終日談空，不談一字。若云有說，即謗如來，故受之以非說所說分。」這是無所說，最高境界啊。佛的弟子大迦葉拈花微笑，傳為佳話，其實在更高的境界，連拈花也不必了，微笑也不必了，當下默然，當下默然，心靈相契，用現在常用的話叫「默契」。默契道妙，默契整個道之妙，經由「默」而「契」。非說所說，所說非說，佛之所說，非說也。《金剛般若波羅蜜經》從頭至尾，其實都無所說。

這個非說有幾層意思，第一層，無所說也，非一般之說也，那就非常說，非凡俗之說。

須菩提！汝勿謂如來作是念。我當有所說法。

須菩提，你不要說我如來是有這個念頭的，說我應當是有所說法。釋迦牟尼佛在世說法四十餘年，他現在要告訴須菩提說，不要以為我真的說法說了四十餘年。這個意思是，我這四十餘年所說的其實是隨緣說，甚至更放輕鬆一點，其實這四十餘年來都是胡說嘛，並沒有真正說定了。就是這個樣子，凡所說皆不能定，它都要圓轉無方的，如天女散花一樣。今天說了，明天說了，後天說了，隨說隨過，隨說隨掃，所以說了以後，重新再來，還是新的，那是整個生命的重新進入，還是無所說的。所以，你不要以為釋迦牟尼佛如來是有所說法的。

「莫作是念」，不要有這個念頭，為什麼呢？

「若人言，如來有所說法，即爲謗佛。」這個很有意思。你們如果去看禪宗的大德，可以跟他打打禪機，鬥鬥機鋒，請師父開示，開示完了說：師父開示無開示，你跟他鬥鬥機鋒，看看這個師父的功力如何，無妨。鬥機鋒不難，不過小心玩火自焚，如果你自己定力不足的話，鬥機鋒常會引起一種心神的悚動，爲什麼心神會悚動呢？因爲你是——

隨機而執，因執而用其勢，遇其勢而欲有所主，勢力入乎胸，壘壘然而不可灑落。好像有個東西在那裡，想再鬥下去，變成玩機弄術，玩久了就陷進去了。所以最好能隨機而化，不要隨機而執。什麼是恰當的方式？對比一下我們就可以了解：

化而無，無將迎，無內外，而無所主，無所主而自主。

這個是恰當的方式，不過我們都很難用這個方式，因爲我們是隨機而執，因執而用其勢，執其勢，隨其勢而欲有所主。鬥起機鋒來會有種快感，那種快樂其實是假的，那會衝擊到整個內心裡面。

我記憶中有過這個經驗，我之前在「尋根文化中心」講《道德經》的時候，有一位先生偶爾來，上課時喜歡打岔，他打岔就是跟你鬥機鋒。在鬥機鋒的時候我就感受到這一點，平常這個東西我是不太懂得，但是就順著那個下去了，胸中悚動而不可自已。不可自已就是因爲用的工夫不夠，隨機而執，因執而用其勢；執勢隨勢而欲有所主，所以因機成勢，勢力入乎胸，累累然而不可灑落。沒辦法灑落的話，你會喜歡那個東西，然後一而再、再而三的跟別人鬥機鋒。我覺得我剛剛講到的那位先生，就有這個傾向，喜歡鬥機鋒，鬥成了一個習慣，後來聽說他是每一堂課都去那個樣子。很顯然他也滿聰明的，但是他是玩機，這個千萬要記得，機不可玩，玩機弄術會亂心喪身，後果一定是這樣的。這是聰明人最應該警惕，聰明人最喜歡這個樣子，自陷於玩機弄術。

二 解釋是讓意義釋放出來

這裡說「若人言如來有所說法即爲謗佛」的佛是怎麼樣的一個佛？「覺者」謂之佛，這個覺是怎麼覺？佛的覺跟俗人講的「我覺醒了」不大一樣。覺跟覺醒不一樣，覺是以「體覺」，而體是無體，所以這個覺是寂而覺，所以佛的解釋之一就是「能寂能仁」，能夠歸於寂滅，歸於涅槃，而具有慈悲心。歸於涅槃是他有智慧，具有慈悲是他的菩薩心腸。佛能寂能仁，所以佛他不在言說，佛說法四十餘年，是不得已，不得已是「權」，權就是暫時的方便的，所以說「若人言如來有所說法，即爲謗佛。」佛不落在言說層次，你落在言說層次來看佛，那是謗佛。

不能解我所說故。

留意這個「解」，中國文字裡面這些字眼非常有意思。你「了解」了沒有？「了解」了。你看這幾個字眼，你「把握」到了嗎？我們中國人很少用「把握」兩字來說。你了解了沒有，這個了解就是說你是否完全把那個言說、把那文字全部瓦解掉了，了解，「了」，全部。全部都把它瓦解了，那就了解了，因爲言說這個限定，你現在把那個言說全部瓦解掉了，才能夠使眞理呈現，所以「了解」是一個很有意思的字眼。

你「解釋」一下給我聽聽，解釋當然用話講啦，用話講什麼呢？其實是把那個話瓦解掉，你用一個話把原來那個話瓦解掉，讓那個意義放出來。「釋」是釋放出來，這裡我們可以了解，意義不是從字面上去把握的，意義是在你的生活世界釋放出來的，釋放的另外一個意思就是顯現出來。有句成語講「靈光爆破」，我有靈感，其實這個都深深的告訴我們，文字它只是個表徵，這個表徵好像一個藩籬一樣，你一定要進到這裡面，破除了這些，你才能夠眞正的讓那個內容讓那個意義釋放出來。這裡講「了解」、「解釋」也就是這裡所說的如來他本身是無所說法的。

若人言如來有所說法即爲謗佛，不能解我所說故。

如來說了那麼多就是要去瓦解大家心裡原來所說的那套東西，每個人活在世界上都要使用語言，都要說一套，釋迦牟尼佛說法四十餘年卻在瓦解這一套，他其實「無所立」，他不要建立什麼，他只是要瓦解而已。你要去「理解」，所謂理解就是你不要又把他說的那些話又堆放在那裡。

舉個例子好了，有個房間不是很乾淨，於是你用很多的掃把、拖把、很多個水桶來清掃，掃完了之後這些工具統統擺在房間裡面，請問他有沒有掃乾淨？掃乾淨了沒錯，是掃乾淨了，但是這些清掃的工具又形成了另一次染汙。

這是個很有意思的問題，現在常常強調人跟人之間要注重語言的溝通，溝通之後一時效果還不錯，但是你溝通時講的那些話又變成沉積了，它又造成了另外一層溝通的障礙。就好像我們吃藥一樣，生病吃藥，病好了，但是因爲吃了藥，那個藥本身就是另外一種病。佛很清楚的告訴你語言文字本身的限制是什麼，所以「如來無所說法」。

須菩提，說法者，無法可說，是名說法。

說法者無法可說，如果眞有一個法在我內心安排著我要怎麼說，那就不是法了。一切法隨機說，隨緣說，隨緣說有其不變者，不變隨緣、隨緣不變。《金剛般若波羅蜜經》可以說對人類語言現象的省察可以說非常、非常深。這個語言現象的省察，關聯到我們整個心靈意識的狀態，所以我們剛剛才會談到這許多問題。玩機弄術、亂心喪身，社會習慣於玩機弄術，社會的心會毀壞，譬如說我們現在的臺灣，社會的機和術太多了，社會的心跟身都出問題。

三　從根源處來思考問題

爾時，慧命須菩提白佛言：「世尊！頗有眾生，於未來世，聞說是法，生信心不？」佛告須菩提：「彼非眾生，非不眾生。何以故？須菩提！眾生眾生者，如來說非眾生，是名眾生。」

這個時候須菩提又向釋迦牟尼佛稟告說，頗有眾生，在未來世聞說如來所說的法，生信心不？釋迦牟尼佛就告訴須菩提說，在這裡你可以發覺這個回答很奇怪，佛的回答不是從「生信心不」這裡來回答，而是回到「眾生」這裡回答。於是我們可以發現到什麼叫做根源性的理解，根源性的回答。在這裡，我們可以獲得一個很大的啓發，別人問你問題的時候，「問題」常常是一個定執的陷阱，問的人可能不是有意的，不過問題的本身就有那個可能性，所以在談話的時候要懂得回到根源的問題，你順著這個定執的陷阱再下去，就越離越遠。

這個時候我們要讓我們的思考跳出那個單線的（lineal）、縱面的vertical思考方式。人家問你，你就這樣回答，沒辦法跳出來。從這裡我們可以學習一個circular，圓弧式的，橫面展開的（horizontal）思考方式：你看釋迦牟尼佛回答這個問題，問題的範圍本來很窄，他把問題拉回去打開了。其實，比較有智慧的回答問題都是這樣回答，我們都有這個智慧，只是我們忘了，擺著不用。在這裡我常舉一個很有趣的例子，發生在小孩子身上，小孩子思考問題的時候就不會限制在這裡，只有大人才這麼「愚蠢」。記得我小孩還很小的時候，媽媽帶著他一起到學校去，那位校長很年輕，問他說：「你爸爸比較老，還是我比較老？」他的回答很有意思，想了一下說：「我阿公比較老。」這個回答是可以的，不是不可以，誰規定不能這樣回答？所以須菩提在問問題之後，釋迦牟尼佛跳到另一邊去回答，一樣的。須菩提問：「於未來世聞說是法，生信心不？」釋迦牟尼佛把它拉回到一個更根源性的問題。須菩提問眾生「生信心不」，佛要回到須菩提問的那個「眾生」那裡去說。我們常常會把別人的問題認爲是恆定而不變的預設，其實我們應該回到根源來。

語言的問題相當有趣，我再講一個笑話：記得我高中的時候有一個歷史老師跟我們講過一個故事，他一直跟我們說這是個眞實的故事，這是一個從來不說謊的老太婆告訴他的。故事是這樣的：在民國某一年天津街上的一個下午，雷雨交加，有條龍從天上躍飛下來，街上的每一個人都看到了。眞的！這老太婆從來就不會騙人。每一個同學都目瞪口呆，聽得正津津有味。這時老師問我們想不想再繼續聽，當然大家就回答說：「很有意思，很想再聽，因爲故事是眞的！」那老師說。「是啊，這老婦人從來都不會騙人。」老師笑了一笑：「你們有沒有考慮過，我會不會騙你們？」

這是個很有意思的故事，聽起來很有啓發性。想一想，對啊，當他一直強調的不是他自己不會騙人，而是那個老太婆不會騙人，他很相信那個老太婆不會騙人，於是我們都跟著他一樣，所以我們常常在針對問題點思考的時候，常常會忽略了更根源性的問題。我們認爲那是當然的，其實它不是很當然。他那天講了之後，我們一眞想：對呀！我們一群人怎麼都沒有想到這個問題。

四　一切所說皆是權說

彼非眾生，非不眾生。

你說的那個人不是一般所說的眾生，一念覺即非眾生，彼非眾生，每一個人都具有這個「一念覺」的能力，所以每一個人都具有非眾生，也就是他不是「凡」，而是「聖」，他具有佛性，「非不眾生」這不是說他就不再是眾生，他其實還是眾生，一念不覺即是眾生。覺即佛，佛即眾生，關鍵點是我們如何的去覺，關聯著這個覺而來說眾生本身之爲「非眾生」和「非不眾生」，他的關鍵點在能切入內裡。

何以故？須菩提，眾生眾生者，如來說非眾生，是名眾生。

這芸芸眾生，如來法眼一看，他們都不是我們所以爲的世俗眾生而已，他們都具有佛性，所以我們才叫他們做眾生，眾生皆是一個一個的佛，眾生皆有佛性，佛性顯現了是佛，還沒顯現的是眾生。

這一分的「須菩提」之前還特別加了「慧命」兩個字：「爾時慧命須菩提白佛言」。我們說命有「生命」、「慧命」，生命是有窮的，慧命是無限的。慧命之所以爲無限，在「慧」不在「命」。「慧」之無限，以其無執也，因爲它不是一個執定的存在，所以能夠生生不已。「慧命須菩提」就是帶有慧命的須菩提，這個意思就是說，承續了佛的慧命的須菩提，爲什麼這個時候點出了承續了佛之慧命的須菩提呢？須菩提這時候依釋迦牟尼佛所說的非說所說分，解其慧，釋其命，所以說「慧命」須菩提。

我覺得這一分「非說所說」，給了我們很大的啓發：

一切所說皆是權說，既是權說，本無所說。

我們今天都到華山講堂來參與這個課，一切所來皆是權來，暫時性的來，既是權來，本無所來，不是嗎？如果你們來都不走，那不是出了問題了嗎，那就只有來而不能去了，那就不是如來了。一切所說皆是權說，這個地方就是個空無的智慧，空無的智慧用一個很通俗的話來講就是「永保清新」、「永保可能」，佛教的智慧就是這個智慧。有的夫妻結婚了二十年還像新婚一樣，永保清新，能如此那不容易啊！而爲什麼能如此呢？因爲它一切都是方便，都沒有執著，沒有執著的話，它都沒有成爲一種積累，沒有成爲一種負擔。佛教強調你回到那個根源性，把一切放下，灑脫而自在，這是佛教的方式。

儒家不同，佛家放下，儒家要挑起來。道家呢？道家是挑挑停停、停停挑挑，用比喻來講的話是這樣的。不過比喻一定要恰當，比喻下雪是「灑鹽空中」不高明，謝道蘊就說「未若柳絮因風起」，其實用柳絮因風起來說下雪，更不倫不類，但是大家爲什麼會說好呢，因爲大家想到柳絮像下雪的那個飄飄然的感覺，鹽一灑就掉地了，就沒有那種飄雪的意味。所以凡是比喻都是取一部分，世界上沒有完全恰當的比喻，只有你恰當的想，才會有好的。

人生有積累有負擔，佛教要你去其積累，放下負擔，讓一切灑落，這個是佛教的方式。所以它讓你隨時永保一個可能，所以在他內心裡面，沒有什麼擔心。心無罣礙，這叫「如」的智慧。儒家不是這樣，儒家是開物成務，該怎麼做就怎麼做，處處皆眞，人間世到處是實事實理。往前做，開拓這個世界，還要爲萬世開太平！儒家也沒有執著，不斷地實踐，所以它強調的是存養擴充。它的工夫在擴充，不在回歸，佛教是要回到那個空無的狀態，兩個不一樣。休息一會兒。

大家慢慢把握到《金剛般若波羅蜜經》的思路以後，如果大家願意對佛教的教理做進一步的探討的話，「中觀論」，一般講的「中論」可以參看。「論」是根據經而講的，比較富有哲理性，可以作進一步的閱讀。

無法可得分第二十二

須菩提白佛言：「世尊！佛得阿耨多羅三藐三菩提，為無所得耶？」佛言：「如是！如是！須菩提！我於阿耨多羅三藐三菩提，乃至無有少法可得，是名阿耨多羅三藐三菩提。」

佛之說「我於阿耨多羅三藐三菩提，乃至無有少法可得，是名阿耨多羅三藐三菩提」，原來所謂之「無上正等正覺」亦非有一特殊外於吾人之法也，而只是當下具足，稱理之法而已；此法只是無法，故說其無法可得；此是說「般若空智只是空智，是一透明而無礙的智慧而已」。

一 覺性本在所以無所得

須菩提也了不起呀，也眞能了解。在各個宗教裡面有很多類似，眞正的道理並不在於你對那些枝節的東西怎麼樣的去記誦它，怎麼樣的去把握它，而是你能夠回到這一切表達的根源，整體的把握到了這個生活世界，因爲一切的表達都在生活世界中顯現。這個地方不是你去所謂博學多聞，而是你能夠眞正進入到這個整體，跟這個整體融合通貫爲一。這叫做一以貫之。

孔老夫子曾經考問過他的學生子貢端木賜：「汝以予爲多聞而識之者與？」你以爲我是一個博學多聞而能強記在心的人嗎？子貢就回答說：「然！非歟？」是啊，難道不是嗎？孔子聽了就說：「非也，吾道一以貫之。」（《論語・衛靈公》）子貢非常聰明，但是他的聰明是使用語言的聰明，子貢是言語科的高徒。同樣的，在釋迦牟尼佛弟子裡面也有一些近於子貢，而須菩提他就能夠進一步理會佛的本懷。

須菩提白佛言：「世尊！佛得阿耨多羅三藐三菩提，爲無所得耶？」

須菩提向釋迦牟尼佛稟告說：世尊，您所得的所謂阿耨多羅三藐三菩提，無上正等正覺，絕對的中正而不倚的普遍到整個世界上，這樣的一種覺性，你得這種覺性其實是無所得。換言之，這個覺性自有、本在、不假他求，所以他說：「爲無所得耶？」佛說：正如你所說的，因爲不假他求，覺性本在，所以無所得。而一般所謂的「得」，常常是取得，取而得；但是現在這個得，無所得，無所得得，以無所得而得。那麼到底得了什麼？得其無所得。因爲你得其有所得就要負擔，得到無所得，得到的是一種如意，一種愉快，無所罣礙、灑落的愉快。得了這個，回到空無。

如是如是，須菩提。

是的就是這個樣子。

我於阿耨多羅三藐三菩提，乃至無有少法可得，是名阿耨多羅三藐三菩提。

佛又說：不要說阿耨多羅三藐三菩提，乃至其他的即使稀少的法，我還是無所得。其實阿耨多羅三藐三菩提就是個覺性本在而已，眾生皆有佛性，既是皆有佛性，就不是從外面來的。這裡頭充分的顯現了東方的宗教就是一個自力的宗教。東方的宗教大部分屬於這種，肉身成道的宗教。這跟西方的基督宗教不一樣，基督教是個他力的宗教，強調的是道成肉身，incarnation。

東方：肉身成道——自力宗教。強調非言說的。

西方：道成肉身——他力宗教。強調言說的。

他力宗教再往前一步就變成預定論，基督教有所謂預選說。佛教呢？你回想一下燃燈佛受記那一段，「受記無所受記」，它就不是個預定論的，也不是預選說。受記而無所受記，其實就說明了人人皆有佛性。因爲他不是有所受記，有所受記就有所選了，有所預定。他力宗教強調的是言說，佛教的一套強調的是非言說，這是很大的不一樣，不同的兩套系統。所以佛陀說法四十年實無所說，佛得阿耨多羅三藐三菩提實無所得。佛來人間世走了一遭得了什麼，沒有所得，無得而得。

二 儒、道、佛三家表達覺性的方式

其實在中國的道家隱約的也說出了這個道理，只是它的表達方式不太一樣，它講：「道生之，德畜之，物形之，勢成之。」（《道德經．第五十一章》）德之爲德——「上德不德是以有德，下德不失德是以無德。」（《道德經．第三十八章》）基本上，德者得也，自然無爲而得也。不過道家的「德」基本上只是一個寬廣的心態；在佛教的智慧來講，得是無得，是要回到根源性，歸到根源性的灑落，佛教跟道家還是有一些不同。寬廣的心態蘊含著可能性，用這個可能性來蓄養靈明；而佛教回到根源性的灑落是證得菩提，證得涅槃，回到寂滅；儒家更進一步要做出一個渾厚而寬廣的天地。所以儒家注重在「實」；道家注重在「虛」；佛教注重在「空」。儒家的工夫在「誠」；道家的工夫在「靜」、虛靜；佛教的工夫在「寂」、寂靜。相對來講宇宙萬有，佛教講「緣起性空」；道家講「任化自然」；儒家這個地方講「生生之仁」。

儒家：實——生生之仁。

道家：靜——任化自然。

佛教：寂——緣起性空。

在這裡我們可以看到一個宗教的宇宙觀、人生觀、工夫論都有密切的關聯性。儒、釋、道有可以會通的地方，但是你不能光談那個會通，要先別同異，再說會通。別同異是第一關，然後會通是第二關。我們在對各個宗教做理解的時候，這是一個基本的通識，通識如果不足的話，有時候會礙事的。不求甚解的會通就成了比附，讀了這一段說，就比附成道家的什麼，儒家的什麼，其實差很遠的，不一樣的，你穿的是長袍，人家穿的是西裝。所以講佛教「無法可得」，道家就一定不這麼說。道家所注意的是一個任化的自我。

現在我們來講這個概論的時候，慢慢可以區分清楚了。記得我們剛剛開始講《金剛般若波羅蜜經》的時候稍微提了一下它們的區別，大家那個時候大概不是很了解，現在來看應該是清楚多了。

淨心行善分第二十三

「復次，須菩提！是法平等，無有高下，是名阿耨多羅三藐三菩提。以無我、無人、無眾生、無壽者，修一切善法，則得阿耨多羅三藐三菩提。須菩提！所言善法者，如來說即非善法，是名善法。」

依般若空智所照見，法本平等，無有高下；平是無凸起相，等是無拘礙相，無凸起、無拘礙，只是如如開顯，只是回到本身，因此「所言善法，如來說即非善法，是名善法」；這是說「一切的善原只是回到事物自身而已」，不是立一個善之準則以為批判也。

一　存在的空無性

記得我們曾經說過，佛教雖然生長於印度，其實它是反印度的傳統宗教的，反印度教、反婆羅門教。就其社會的實踐理念來講，反種姓制度，強調眾生平等，徹底的眾生平等。所以這裡提到「是法平等，無有高下」，這個宗教特別的地方，就是它最強調平等和自由的精神。現代政治講求的「自由」、「平等」、「博愛」佛教都有，它眞的是強調自由、平等、又博愛。但是它的博愛不是用熱血，它的自由不是去爭人權，它對於自由、平等和博愛精神的領會，最後歸結在它對於存在之空無性的了解上。

爲何能了解存在是空無的？因爲他洞察意識本來是透明的，因爲意識和存在是一體起現的，所以凡是講到存在的時候，必然相對意識而言。所以所謂「存在是空無的」，並不是空無一物，而是說意識的本然狀態是透明的，所以它對於存在的事物沒有任何的執著。「空無」是「不取法」之意，心無取法則空無，心沒有執著於外在的事物。這樣談平等、談自由、博愛，回到了根源，一切灑落，既然一切灑落，所以平等。

是法平等。

什麼叫「平」？什麼叫「等」？這兩個字實在是非常好：

平——如如無礙。

等——無所不含。無所不自在。

佛法是如如無礙之法，佛的法是無所不自在的，所以我們以前講「佛法即是一切法」。

無有高下。

它無所不自在，當然無有高下，如如無礙，所以不分高下，凡是分高下，必有定執，不分高下。

是名阿耨多羅三藐三菩提。

這種平等無有高下就是阿耨多羅三藐三菩提，就是無上正等正覺。大家回想一下什麼叫「無上」，什麼叫「正」，什麼叫「等」，什麼叫「覺」？強調能夠無我無人無眾生無壽者的修一切善法，這樣才叫做「阿耨多羅三藐三菩提」。

因為時間已經到了，我們這一分就先講到這裡。

福智無比分第二十四

「須菩提！若三千大千世界中，所有諸須彌山王，如是等七寶聚，有人持用布施；若人以此般若波羅經，乃至四句偈等，受持讀誦，為他人說，於前福德，百分不及一，百千萬億分，乃至算數譬喻所不能及。」

真福德是能知福德之空無性才是真福德，故能以此般若波羅蜜經，乃至四句偈等，受持讀誦，為他人說，其功德遠勝一般之布施功德也；蓋布施是去我執，而般若波羅蜜經乃是去我執之最上義，能以此而含一去我執，其去最為勝義也；此是說「般若空智之福是為智福」。

一 至福在能了解真諦之我

這一分講「福智無比」。般若福智無比，般若智福智無比，般若這樣的福是無比的，般若這樣的智是無比的。「有比」則是相對，而「無比」才破除相對，相對是有一個我，然後有我之外的世界。相對是怎麼造成的？我執造成了相對，而般若智是要破我執，所以說它福智無比。像這樣的章節以前也出現過，用一個對比說明財布施不如法布施，所以說——

須菩提，若三千大千世界中，

須菩提，假使三千大千的世界裡頭，也就是無量無數的世界裡面。

所有諸須彌山王，

在佛經裡面，比喻大的，叫須彌山王；形容無量數的話，叫恆河沙數，形容時間很長的話叫阿僧祇劫，這些都是個象徵。在這樣多又這樣大的無量數的世界裡頭——

有人持用布施。

有人拿了七寶來布施，然後形成比較——

若人以此《般若般羅蜜經》，乃至四句偈等，受持讀誦，爲他人說，於前福德，百分不及一，百千萬億分，乃至算數譬喻所不能及。

就字面說，如果有一個人拿了這一部《波若波羅蜜經》，或者四句偈，受持讀誦並且爲別人解說，作法的布施，前者的功德還不能及得上它的無數分之一。

這裡講的四句偈也就是二十六分裡面提到的：

「若以色見我，以音聲求我；是人行邪道，不能見如來。」

和《金剛經》最後的：

「一切有爲法，如夢幻泡影；如露亦如電，應作如是觀！」

這些偈語的內容等到我們以後講到的時候再詳細說明，不過我們要先說明這裡所說的

「般若波羅密」和「四句偈」指的是什麼：

「般若波羅蜜」：般若——智慧，波羅蜜——到彼岸，到彼岸的智慧是無分彼此，心無取法則無彼此，心沒有一個執著的對象的話就沒有彼此，不分彼此自然就可以到彼岸。這裡所說的彼岸不是分個彼此的彼岸，而是一個清靜的境界，一個無執的境界。財布施的意義是要鍛鍊無執，從有執的我而學習一種無執的我，一般所說的我都是通過執而來說的，是通過我所擁有的來說明這個我，而佛教強調要通過一種無執的方式來說明我。原來的那個我是俗諦的我，是一個煩惱我執著的我，而眞諦的我是個清靜我，是一個沒有執著的我。

那麼這裡要談「福智」：你了解什麼是眞諦的我，而不停留在俗諦的我，能夠破除煩惱的我，進到清靜的我，你有這個智慧就能夠獲得眞正的福，而這個福是超越其他之上的，所謂「福智無上」。

二 心無取法則無煩惱

進一步的來想這個問題，佛教如何運用在我們人身上的修行，以及如何面對我們的煩惱。克服煩惱有很多種方式，在佛教來講，它是告訴你這裡面無所謂克服，所以它以一種無克服的方式來克服，是一種無克服的克服。它是這樣的：你先了解一下你現在所煩惱的事情，到底是個什麼樣的事情，它是否是個眞正的相，有眞正的體，有眞正的用，結果你會發現到煩惱其實是空無的，但如何會煩惱呢？究竟來講是因爲「心有取法」，由於心有取法，所以煩惱，如果心無取法，就不會煩惱。我們的心（我們一般所說的意識），就其本然狀態的話，它是無所執著，無所罣礙的，心本來是無所取法的，而心有取法，心就不是處在本然狀態，成爲他然的狀態。一旦處在他然狀態的話，你就有煩惱了。佛教在這裡告訴你，不是要去克服它，你要眞正了解你的心，叫「知心」。

人們常說，你有沒有知心的朋友，這個知心很重要的。如何知心，知「心」之空無，知「心」之透明，佛教就是要你徹底的了解這一點。人眞正的「福智」並不是你的外在擁有了一些什麼東西，而是我眞正能夠一無所有，洞察人的一無所有。

這麼說並不是說佛教就墮入了虛無主義，虛無主義所說的虛無，跟佛教所說的空無是不一樣的。虛無主義乃是面對存在的壓力，另一個對立面的瓦解，換言之，一般說的虛無主義是徹底的消極性的思維，不是積極性的。換言之，其實它是人家的陰影，是別人樹立的竹竿的陰影而已。一般所說的虛無主義只具有瓦解的力量，而不具有建構的力量。佛教所說的空無就不是這樣的，佛教所說的空無不是面對存在的壓力另一個對立面的瓦解，佛教所說的空無是個本然狀態。這是我們一直在強調的，但經過這一段時間的講習，這裡我們可以更深入的把它講出來：

本然狀態是從哪裡去說本然狀態，從外在的客觀的世界嗎？從內在的主觀的世界嗎？不是，通通不是的。你一旦認爲有一個外在的客觀的世界的時候，你就已經拿一個內在的主觀世界跟它對立起來了，你一旦有了一個內在的主觀世界，你就已經有一個外在的客觀世界與你對立起來了。所以佛陀談這些問題的時候，他不談宇宙是怎麼起源的，佛教的問題不落在宇宙論上說，它是直接落在人生論上說。而佛教談到宇宙的問題時，用另一個方式，從一個根源的起點開始談。我們一般談問題馬上會陷入主客對立、能所分立，分個能，分個所，分個主，分個客，一定在二元對立。那麼他從哪裡穿進去？從這個地方開始：

境識俱起而不俱泯，亦即境識一體。

「境」是我們方便的說在我們心之所對有個外境，而「識」是我們對外在的「所」而立的「能」，是一個「主」，其實「主、客」「能、所」「境、識」都是一體的。這個世界之爲一個世界是因爲我們進到這個世界，而山河大地跟我同時一起顯現。我們思考一切問題的起點是以這個爲起點，這是釋迦牟尼佛把所有問題推到這兒。以這個爲起點的時候，最先會面臨到的問題是什麼呢？是人們的生老病死。那麼怎麼樣去解決這個生老病死呢？怎麼去解釋呢？通過因緣法，通過緣起法，而來解決我們這個存在是無自性的，所謂緣起性空。這麼一來的話，他就要我們回到那個本然狀態，所謂本然狀態就是一個空的狀態，既是空的狀態，那麼這個時候就是本來無一物了，那就什麼東西都不會掛搭到你身上來，所以有人說《金剛般若般羅蜜經》：「持守此經也，則百邪不侵。」

爲什麼一切都在空無的智慧的照亮之下，什麼都不見了？這一點是很厲害的，點出這一點。所以相形之下，整部經最重要的就是要我們得空無的智慧，要洞察存在的空無，要了解意識的本然狀態是透明的，唯有這個樣子，從內心裡面才能湧現一個四無依傍的信念，眞正的信念是四無依傍的，這是佛陀給人間世最重要的教誨。

三　四無依傍的信念

我們一般所說的信仰信念都有所依傍，而佛教裡沒有造物主的觀念，沒有至上神的觀念，不立權威，不立主宰，通通不立的。即使有任何有所立，都是暫時性的——權，權宜之計，而徹底的來講，究竟都是要「開權顯實」，通通拉掉，通通不要，在這種四無依傍的情境下會湧現一個信念，而這個信念是怎麼樣的一個信念，是大慈悲，這個大慈悲就是渡濟眾生的菩提心。

而「眾生實無一渡濟者」，渡濟眾生的信念是個慈悲心，有了慈悲還要有一個放下的智慧，你不要以爲你已經渡濟了那些人，其實沒有一個被你渡的，因爲他們都是自渡的，而且徹底的來講，根本無所謂眾生可言，因爲一切皆歸本於空。

所以佛教的一切修行，基本上都是要見得空無，持戒、忍辱、布施、禪定、智慧都是，都以此爲究竟，而布施是我們最常用的最簡單的一個方法，布施最重要的道理就是要調整我們內在的我的結構，調整我們自己。「我」的調整怎麼調整呢？是佛陀來調整嗎？不是的，是「你」來調整它，自己調整，那你說我怎麼會自己調整呢，會的，因爲所謂的自己調整也是無須調整，爲什麼呢？因爲當你徹底的放下的時候，它自然而然的會歸返本位。

舉個例子，它就像睡覺一樣，難道我們連睡覺都要有一個力量來教我們怎麼樣睡覺嗎？「我努力的睡覺！」大概沒有人會說我努力的睡覺吧！睡覺最簡單了，就是放鬆而已，而且這個放鬆到最徹底的時候叫「至人」，所謂「至人無夢」。[12]

佛教的最重要的一個工夫就是放鬆。徹徹底底的鬆弛你心裡面的緊張，放開你心裡面一些不相干的事情，那些東西都是虛幻的，就是因爲你把它當成有，它才變成了所謂的有，如果你不把它當成有，你就放鬆了，而徹底的放下，也就徹底的擔起。如果覺得「哇！生活的擔子好重哪，挑起來好累。」因爲你沒有洞察生活的本質，所以你就擔不起來，因爲生活的本質徹底地說仍然是空無的，這空無的意思是，當你的心放鬆而不去執著它，任何一個事物是如其爲那個事物本身，這種情形一切都是自由的，每一個事物只是擺在它自己的位置而已。

佛教非常強調徹底的自由，包括它整個修行，都是一個最自由的方式。要成爲一個修行的比丘或比丘尼要經過好幾層的考驗，但是要還俗很簡單，只要你要還俗，當下就可以還俗。爲什麼呢？它是自由的，它是徹底自由的，它就是要你保持著這一點點，假使人連這麼一點點的自由都沒有的話，那個宗教本身來講，就不是徹底的，就不是一個可以使我們精神可以解脫的宗教。

所以釋迦牟尼佛是不是自認爲他是老師呢？沒有。是不是自認爲他是救世主呢？沒有的。他圓寂之前告訴學生們應該「以戒爲師」，所謂以戒爲師是通過生活的戒律，通過一個實踐的方式，而把我們整個心靈意識的那種攀緣，那些牽扯在其他事物的執著都取消掉。他說法四十餘年也自稱未說一法，這個話的意思是說，那些凡是表達出來的語言文字，都是暫時的，都不是眞理本身，而眞理本身它是隨時在顯露出來，這個地方是心靈的徹底自由。

如果以各個宗教來講，佛教在這邊的確有它很了不起的地方，它有絕對的自由與平等的精神，徹底能夠放開，所以這一段所強調的就是你如何把你內在的「我」解開，而內在的我解開以後，使得你內在的我不再是成爲一束的這個狀態。什麼樣的一束？一束意念的狀態的纂結。我們常常把心就誤認爲是這個樣子，念頭整個加起來，好像是一個實體一樣，心它那裡是個實體，心它只是個名而已。所謂心行如瀑流，它是無所住的，不能夠停在那兒，你不能夠把它視爲一束意念的轉結之所承。心不是這樣子的，那麼心是什麼？心是個場域，心本身就是個生活世界。用釋迦牟尼佛原來講的話就是個三千大千世界。我們如果能夠有這個了解，其中是一個非常寬廣的空間，三千大千世界。這種情形之下，你自然無所不容了嘛！心能夠無所不容，心就能夠無所礙。

四　有無不是程度的差別而是類的不同

若人以此《般若波羅蜜經》，乃至四句偈等，受持、讀誦、爲他人說——

你接受它、執守它、爲人解說。法必須要受持、讀誦、爲他人說，這樣的爲他人說，是關聯著受持、讀誦而來的，也就是說你眞的能夠悟入般若法門，而且能夠傳般若法門，這個般若法門就是空的法門。

12 《莊子・大宗師》：「古之眞人，其寢不夢，其覺無憂，其食不甘，其息深深。」郭慶藩 編：《莊子集釋》，頁228。

於前福德，百分不及一，百千萬億乃至算數譬喻所不能及。

跟前面所說的福德相比，前面的百分不及一。意思是如果你真的能夠洞察了存在的空無，意識的透明，這是一種悟，這種悟是可以悟到所謂的無，而前面的布施仍然只是在調整你內在的自我結構，仍然是有。一個是有，一個是無，這是一個根本上，在質上的不同。換言之，有跟無不是一個程度的差別概念，而是類別的不同。我們一般講程度跟類別不一樣的，譬如說，一個人爲什麼能夠比得上那麼許多許多的豬？因爲人是絕對比豬高貴的。（這是在我們一般人文主義的觀點來講，在佛教的觀點不是如此，佛教主張眾生平等，這邊只是借這個比喻來表示程度和類別之不同。）

「有」和我們剛剛講的「無」是兩個不同的範疇，是兩個不同的類，而不是不同的程度，所以一二三四五六七，這些數字的發明容易多了，這是自然數。人類對「零」這個數字的概念的發現是一件了不起的事，因爲它告訴我們，你不只能夠向外數，而且你能夠回到那個起點；所以當人們發現了零的時候，很快的就發現了負數，因爲零的意思是一負一，零的意思是二負二，零的意思是三負三，零的意思是四負四，也就是說他有了多少，他又消去了多少，這叫零，這叫根源。而佛經的智慧告訴我們，你擁有了多少，你眞能夠擁有，是因爲你能夠回到起點，那麼你才叫眞的擁有那些東西。如果你沒有辦法那樣的話，你就不算眞的擁有，譬如說你擁有了很多東西，而你內在裡頭，你沒有辦法把那些東西擺掉，你就等於沒有擁有那些東西，爲什麼呢？因爲相反的是你被那些東西擁有。

舉一個最簡單的例子好了，譬如說你買了一部進口車，你擁有了它。我眞想問是你擁有了它？還是那輛車擁有了你？是你在用那輛車，還是你大部分在被那輛車用？我看常常是你被那輛車擁有，而且被那輛車用。怎麼說呢？譬如說你家沒車棚，車擺在外面，睡覺都不安哪，雖然你已經裝了防盜器，但是現在裝防盜器的太多了，常常這裡有聲響，那裡又有聲響，只要有聲響，你就趕快跑出去看，是你佔有了它？佛教的智慧告訴我們，你一旦佔有了它，它同時就佔有你，這個道理很簡單，這個叫「共業」，佛教是要破除這個業障。什麼叫業？業就是一個累世以來的力量，「業」簡單的說就是一股力量，一種取法的力量，執取外物之力，這叫「業力」。你擁有什麼其實是你從你腦子裡發出一個念波，這個念波投向外界，我擁有它，我鉗制了它，其實整個宇宙是充滿著念波的，而它會回過頭來，你是用那個方式鉗制了它，它也一樣用這個方式鉗制了你，而那鉗制本身就造成了一種不安跟痛苦，那就是煩惱。我們想一想，人間世裡頭是不是常常這個樣子，是互相鉗制的。

就我所知有很多的年輕人談戀愛，談得苦不堪言，因爲彼此都不化，心懸念著對方，但是那種懸念是一種如執取外物的懸念方式，本來一個人滿瀟灑的，談了戀愛以後開始惶惶不安，結了婚以後那更難過了，本來一個人可以做一件事情，現在非要兩個人合起來才可以做一件事，而且個人合作的時候又要擔心對方，又把力量取消了一半，這都是這個問題。

釋迦牟尼佛有一個最大的智慧對我們現世的人生有很大的作用，就是要我們歸到我們自身，破這個業障。破業障有沒有一些比較簡單的途徑呢？有的。不然如何「放下屠刀立地成佛」，當然有。破業障不是慢慢一點一點消，如果是這樣你還是落在業習裡面，只是你以前惡的多，你現在積一些善的，破一些惡的，更進一步，究竟的，那就是要破除。業習之產生一定要通過感，業感緣起，通過感才會產生力量，不然業還其爲業，而這個感通過什麼而來，通過念而來，無念則而感，無感則業不生。這就好像你生命裡積欠了很多債，積壓在底層裡面，生命有新的東西，舊的它可慢慢的化掉，如果積而不化，在那裡你現在不去挑起它，就不會出問題，一挑起它，它就出問題了，而且因念生感，因感而業力起，這個業力又會加在你的念上成爲業念，形成一股很強大的力量，驅策著你，你就被它控制了，讓你不可自已。

所以重要的是你不要因念而生感，如何能不如此，一般最簡單的方式就是持念，持咒，或持佛號。持念而破其念，進到那個念的根源，念的頭，到最後瓦解它，回到一個空無的境地，一般來講修行常常應用這個辦法，不管它是怎麼樣的，我就破它，然後回到生命的原點。而這種方式當然不是用計算的方式可以比的，它是通通掃除。要從那裡瓦解起呢？從存有論，從存在的境域，存在的事物，從這裡開始徹底的瓦解掉。

再舉個例子：張三和李四一起在下圍棋，張三一時心慌，所以棋下得不好，算一算自己的地盤，這裡輸了一塊，那裡又輸了一塊，現在怎麼辦呢，再怎麼扳都扳不回來了。只有一個可能：就是那些統統不算，沒有發生過那個事，或者說現在那個格局統統被打算掉了，這個叫拔本塞源。假使來個大地震棋盤就翻了，統統不能算了，或者是根本沒有那個棋盤嘛，根本是個幻象，把它從腦子裡面放下來。

釋迦牟尼佛要你了解到這個存在本身是空無的，當你洞察這個的時候，你的生命會有一個新的可能性，一個新的動源，無可畏，這樣的一股力量，是無與倫比的，這個力量叫

「大雄」，佛殿叫大雄寶殿，這是眞正的力量，這一股力量是無以倫比的，它眞正在打散一切業障，我們用平常思議的方式沒有辦法想像的。記得小學的時候曾經讀過類似這樣的一個故事，叫做「拿蘋果的故事」——

一個父親和一群孩子在一起玩，父親出了一道題目，在地毯上放了一個蘋果說：你們現在去拿這個蘋果，誰拿到了就可以吃，不過腳不准踩進地毯裡面。五個兄弟想盡辦法，有的用撥的，撥不到，伸手探，也探不到，又不能夠踩進去，想了好久，就有個弟弟走到地毯旁邊，把地毯捲起來，很簡單的就把這個蘋果拿了。這個故事可以用來類比的說，佛教智慧如此之高深，這個叫做「究竟」，我們一般世俗的智慧就是想著怎麼樣去拿那個蘋果，一直是往拿蘋果的方法想，這個問題的破解方式，就是從那個基礎破解的，因爲父親的規定他們腳不能夠踏進地毯裡面，他可沒有規定你不能夠捲地毯。

一樣的，人間世裡面的種種煩惱，你爲什麼不能掃掉它們呢，因爲根據人間世的規則好像有一個地毯裝著這個煩惱，煩惱放在中間，你的手又搆不著。只有一個辦法，就是捲起地毯。意思是，你把這個地毯捲起以後，所有業力就變成空的了嘛，能夠遮撥掉，能夠去除掉，這是徹底的智慧，在佛教裡頭最強調的智慧其實就是這個，通過緣起法見得一切物無自性，物本身是空無的，這是很重要的一點，大家要去了解。

五　斷滅的生命觀與延續的生命觀

眞正的佛教徒具有「大雄無畏」的精神。我們這個肉身的生命都是有限的，在這個肉身的生命裡頭有一個一直都在往前走的東西，而那個生命它可以聚合也可以離散。所以人間世裡面世俗的生命都是暫時的，而在此之上有一個長遠的生命，而那個長遠的生命不是世俗的人所能夠瓦解它的。那個長遠的生命是什麼呢？我們一般把它叫做靈魂，就佛教來講就是「識」，而這個識都帶有業，我們都會繼續往生。我們在往生的過程裡面，如何能夠藉這世俗的生命，這因緣和合假，而修得一個眞實，而所謂的眞實其實就是空無，眞正能夠如此的話，這時候才能眞正解脫。不然你就一直在這裡面。所以我們想一想，佛教談到時間的時候往往就會講是多少阿僧祇劫，是多久多久要歷劫幾次。而現代人來講：「唉呀！這些東西都不可見嘛，不可思議嘛。」請問不可思議的它就是假的嗎？可見可思議的他一定就是眞的嗎？佛教的觀點來看，它正是要告訴你，其實可見可思議的都一定是假的，不可見不可思議的一樣是假，不過這種假並不是就眞的沒有，並不是我一般以爲的沒有，它還是有。

我們想，如果人就只有這麼一輩子的話，人要不要活，那可以不要活了。人的生命其實是延續的，他在我們的軀殼之上軀殼之先就已經存在了。而當然那種存在不是我們心靈意識執著所能夠把握的一種存在，但是它是如此的存在，所以我們不要輕忽了，這因果不可不信。但是你說因果是看不見的嘛？那你相信不相信，知道不知道，那就看你自己內在有沒有這個覺察，因果可畏，我們說聖賢君子是畏因，而一般俗子凡夫是畏果，畏果是很擔心我現在會遭到什麼後果，畏因是擔心我現在的作爲是不是又造了業障，這個問題的關鍵點在於你能不能在一個時間的延續裡面，去了解人的生命。

其實這可以做一個選擇，當人類對很多事情不能了解的時候，其實就是個選擇。就好像你怎麼知道跟張三結婚一定是好的，跟李四結婚就不好呢？張三、李四、王五到底跟誰結婚好呢，你到底知道不知道呢？你再怎麼算，都不可能算得準確的，但是你可以選擇。選擇的意義在於，你可以在不明確的情況下我認爲這個樣子是對的。

那我們可以想，我們要來了解我們生命的時候，到底你把它當成只有一世，還是多個世代相沿，有過去、有今生、有來世。你寧可選擇哪一個，我想不會有人願意選擇一種斷滅的生命觀，誰願意選擇一個斷滅的生命觀呢？想一下，你要選擇斷滅的生命觀，還是延續的生命觀，這是一個選擇，我們覺得現代人選擇斷滅的生命觀居多，這是現代人的特質。而現代人所謂的「理性」，現代人所謂的「什麼」都是在這個斷滅的生命觀底下，只有一輩子作爲他的生命單位。誰規定一定要這樣來看待人，沒有人規定的！這樣來看待人生代表了人類精神、心靈的一種萎縮，它不一定代表著一種進步，它剛好是一種萎縮，掉入斷滅。這一點在我們對佛教《金剛經》了解之後要有一點體會，所以《金剛經》所說的眞空不是斷滅，眞空是不要執著，一執著就會掉入斷滅，放開才可以避免斷滅，這個地方要用心去體會理解。我們先休息一下，待會兒繼續。

六 《金剛經》蘊含深刻的治療學理念

前一陣子在一個會議裡我問了一下，目前有沒有人把這佛教這一套思想用在心理輔導。只有一小部分。而目前由佛教所支持的一個輔導專線，它運用的輔導思想資源不是佛教的，仍然是由輔導諮商的專業人員來，並沒有運用佛教的思想來進行諮商，只是由佛教團體來資助經費而已。其實就以《金剛般若波羅蜜經》，我本身認爲其中有非常深的治療學的理念，而這個治療學的理念對於目前來講談諮商談輔導談治療可以有一個新的可能性。一般來講，談到治療這個觀念，一定要先知道「我」，先從「我」，不管這心理治療是建立在佛洛依德建立在佛洛姆建立在完形心理學的，或弗蘭克的意義治療上，但是它總是從「有我」開始，但是佛教是從「無我」開始，我認爲這倒是很特別的。所以從我們研讀《金剛經》之中，你可以想，我們怎麼樣來把它運用出去。而且「業」這個觀念普遍的在我們中國人心裡面幾乎百分之八九十都接受了，如果以這樣的情境來講，我們仍然能夠接續著這個傳統而發展出一套輔導和諮商的理論，我相信它的力量一定不下於現在從西方所援引來的那一套，而且會更具有說服力。

佛教傳到中國，加上中國的儒家和道家已經形成了一個非常豐富的文化土壤，而我們的生活世界就建立在這個文化土壤上面。我有一兩位朋友是學諮商和輔導的，我想跟他們來談談這個，可以一起來開發這個資源。我以前曾嘗試用儒家的觀點，最近嘗試從道家的觀點，道家的觀點記得師大有一位先生嘗試寫過，不過，我覺得那還是一個起步，佛教譬如說從《金剛般若波羅蜜經》所可能導生出來的輔導和諮商的理論，這可以談的。因爲人跟其他動物是不一樣的，人是長在一個文化土壤裡頭，你現在忽視了這個文化土壤，硬是把人用一種機械的方式把人視爲一個自然的光禿禿的人，那你要怎麼去治療他呢？那很難有效果，甚至有的時候他不但沒有效果，而且會產生反效果，我覺得目前來講我們國內的心理學界，這幾年來比以前好很多，就是因爲他們開始意會到必須要中國化，必須要眞正本土化，要跟自己的文化土壤相合。這裡本土化的意義是寬廣的，不是狹隘的，是整個中國。

我個人一直覺得這個講習經典的最重要意義，讓生長在現代的我們，尙友古人，跟古人做朋友，讓古人的思想能夠眞正跟我們產生一個交融、浸潤的作用。讓我們重新去思考這個問題的時候能夠有一個新的資源。在座的朋友是不是有從事於諮商輔導這一類工作的，並不一定指專業的輔導。其實我們每個人多多少少都會在日常生活中碰到這一類的問題，人多多少少都要從事到這樣的工作，勸人爲善那不是輔導的工作嗎；你的朋友婚姻出了點問題來找你談，找你訴苦，那你也正是從事輔導的工作；孩子這一次考試考不好悶悶不樂，你要跟他說話，這不是輔導的工作嗎？輔導的工作並不是哪幾個專業的人去做而已，是每一個人都要做，我認爲像《金剛般若波羅蜜經》就可以提供很好的輔導理念。什麼叫做「放下」？什麼叫「挑起」？什麼叫做「負責」？這些地方都可以談。他的負責的理念是什麼？什麼叫做害怕？人爲什麼會害怕？如何克服害怕？這裡頭都可以講。什麼叫不自在？如何克服不自在？這個地方也可以。我是覺得中國這個資源非常豐富，我們太多心理學者、社會學者、人文學者常常是視而不見的。現在我們就繼續看化無所化分。

化無所化分第二十五

須菩提，於意云何！汝等勿謂如來作是念：我當度眾生。須菩提！莫作是念！何以故？實無眾生如來度者；若有眾生如來度者，如來即有我、人、眾生、壽者。須菩提！如來說有我者，即非有我，而凡夫之人，以為有我。須菩提！凡夫者，如來說即非凡夫，是名凡夫。

因念而起執，故莫作是念，不當以為自己能如何渡濟眾生，而當任眾生之為眾生，而自渡渡他；這是一種放開、灑落的精神，是一無我的精神，以其為無我，所以有我；能如此，才能知凡夫即非凡夫，是名凡夫也；化無所化，還歸於虛，還歸於無，正因如此，所以無所化而化也此是說「真正的渡化只是還到般若空智而已」。

一 化念歸虛才能得其自在

「化無所化」，是佛教裡頭一個很高的境界。一旦你以爲「有所化」的話，就成了「對治」的方式，佛教不是用對治的方式，佛教是用「化無所化」的方式，而化的方式只是統統放開。對治就不是放開，大家現在應該先想的一個問題是——念，念之爲念是因爲你心執意而成念，念必然掛搭在物之上而成執，於是就從「主」過渡成「客」，你要「治」這個念要怎麼辦呢？所謂「化念還虛」，要回到那個寬廣的天地裡面，回去、放開，放開才能回去，窮追猛打可不得了，水漲船高啊，道高一尺，魔高一丈。所以這個治念一定要化的，而化念要還虛，歸回到那個虛空無我。這個思想後來在整個中國影響很深，通過道家影響到整個中國，後來宋明理學家都受到這個影響。明末劉戢山雖然排斥佛老，但是他還是受佛教思想的影響，他說「化念還虛」，要回到這個虛的境界裡面，化而無所化，就是一切放開。所以做起什麼事情來是非常瀟灑自如的，當下即是，過者不留，來者不迎。已經過去的，你不必緊抓不放，還沒來的，你不必手一直攀援著它，當下即是，非常自在，非常自由。你看這「自在」兩字用得多好：自，本來的自性；在，眞正的在那裡。我們常常不自在，好像我們那個自己不知道跑到哪裡去了。不在自己就是不自在，在自己就是自在。

二 為己為願，為人為欲

所以這裡釋迦牟尼佛要再提醒須菩提：

須菩提，於意云何？

須菩提，您的意思是怎麼樣，說說看哪！

汝等勿謂如來作是念。

你們不要以爲釋迦牟尼佛如來會有這樣的念頭，會興起這樣的想法——

我當度眾生。

我應當度眾生的想法。

這不是說釋迦牟尼佛放棄對人間世的愛了，釋迦牟尼佛在說，其實你一直強調我現在對人間世充滿著愛，那個愛是有目的的，那個愛不是眞正純潔的，那個愛本身不是能夠回到本然狀態的。所以「願」和「欲」是不一樣的，你如果一直強調你對人間世有大愛，那恐怕不是眞正的「願」，而那只是個「欲」而已。

什麼叫「願」，什麼叫「欲」？孔老夫子說「我欲仁斯仁至矣。」（《論語・述而》）這個欲仁的「欲」字其實是「願」。兩者的分別在於捫心自問，你是「爲己的」還是「爲人的」？爲己爲願，爲人爲欲。

眞正儒、釋、道的學問都是爲己之學。爲己之學就是說，我不是做給別人看的。爲人之學是做給別人看的，然後要達到什麼目的，或者說欲是爲他而不爲己。「願」是爲己自爲，而不是他爲，我自己之自願如此做也；而「欲」則不然，欲是因爲外在有一個更好的目的，使得我要這麼做，譬如說你認爲唸阿彌陀佛多少遍就可以往生西方了，西方極樂世界多麼好，我在那個地方可以享樂，心裡就一直想著，我爲了要那樣，所以我現在要怎麼樣，這個是欲啊！不是願。

念佛的人，我猜有一半以上對這個道理不清楚，尤其臺灣有一些宗派比較屬於這個類型。執著著一個西方極樂世界，他不知道西方極樂世界就在你的心裡面，他以爲有一個眞正超越於你的心之外的世界，他一直在追求那個。以爲捐了多少錢、唸了多少經，就立了多少德了，所以應該有些什麼功，他以爲他已經立德了，所以要以德邀功，錯了，這裡所謂行了多少功、立了多少德是自己的內在的結構重新調整了多少，他不了解這個。所以這裡說：

汝等勿謂如來作是念，我當度眾生。

三 「和」的智慧肯定心靈徹底的自由與平等

釋迦牟尼佛眞的是有意思啊，對於那些動不動就以天下國家爲己任的人應該叫他把《金剛經》讀一讀，非常好用的，動不動就以國家爲己任是很危險的事，這個世界爲什麼會那麼亂——太多人以天下國家爲己任，太多的國家都以天下爲他們國家的己任。所以這個國家要攻伐那個國家，像利比亞，自以爲自己這一套辦法一定是最好的，別人一定是不好的，那不得了；只有信基督是得永生的，信其他的都不行，那就起衝突了。這是因爲他們沒有一個眞正「和」的智慧。

「和」的智慧簡單講，這個意思就是不同的能夠擺在一塊兒，從和到合，從兩個彼此不相同的東西能夠不排斥的擺在一起，到兩者能夠相輔相成的構成一個整體。對中國人來講，整個宇宙最不同的兩個東西，根源的不同——陰跟陽，都可以擺在一塊兒的，究竟的來講可以擺在一塊兒，那種和的狀態叫「太和」，而這個「太和」它最後構成一種和，而我們要「保任太和」，要「保合太和」。《易經》裡面的話：「保合太和，乃利貞」。（《易・乾彖》）「利」通也，「貞」定也。無所不通而且無所不定，這是中國人最高的智慧。爲什麼可以擺在一塊兒？用佛教的智慧也可以理解，心無所執，所以能夠擺在一塊兒。依照原來《易經》的講法，並不是心無所執所以能夠擺在一起，而是它本來就是一個互補共生結構，所以中國人最擅長把不同的東西擺在一塊兒，整個叫「太和」，太和就是道。這個和的道理是東方的，和的道理另外一個說法就是天人合一，內在的同一性，既然如此，那到最後每一個人都可以成就他自己。那就是不必一個外在的力量加在他身上使得他成就他，所以，他不信權威，不需要權威，這種想法到最後就是心靈上徹底的自由和平等。

這種徹底的自由與平等，後來竟然沒有能夠展現出來，這在中國是受到了法家以及它所卵翼的帝皇專制的影響。中國思想的主流：儒家、道家，以及後來傳到中國的佛教，它骨子裡頭都非常強調自由，而且那個自由是毫無權威的。

譬如儒家講「人人皆有士君子之行」（《春秋繁露》），然後達到「群龍無首」（《易．乾卦》），這「群龍無首」原來的意思是大同盛世，現在它的意思已經變成一個負面的沒有人領導的意思，其實這不應該叫群龍無首，這叫群蛇亂舞。「群龍無首」的原意是儒家的政治最終理想，社會的每一個人都是有士君子之行的人。

道家也講「生而不有，爲而不恃，長而不宰，是謂玄德」（《道德經．第十章》）；講「天長地久，天地之所以能長且久者，以其不自生，故能長生。」（《道德經．第七章》）強調那個無的智慧，「太上下知有之。」（《道德經．第十七章》）最好的政府是百姓連有個政府也不知道的最高境界。

四　如來與凡夫之別，在於有我與無我

佛教一樣，最高的智慧空，強調自力，既強調自力就是沒有人會去渡你，沒有人會去命令你怎麼樣，到頭都是自渡，所以釋迦牟尼佛說願意渡濟一切蒼生而實無渡濟，「我當渡濟一切蒼生而蒼生實無渡濟者」。

須菩提，莫作是念。何以故？實無有眾生如來度者。

如我們剛剛所說的，據實而言，並沒有所謂眾生是爲我釋迦牟尼佛如來所渡濟，爲什麼呢？是眾生自渡，所以照這麼說釋迦牟尼佛的精神是廓然大公，完全放開，一點執著都沒有。

若有眾生如來度者，如來即有我、人、眾生、壽者。

如果釋迦牟尼佛心裡想著他度了誰，度了眾生的哪些人，那麼這樣的如來佛就是具有我相、人相、眾生相、壽者相的。執著有個「我」，我應該爲眾生怎麼樣，執著著壽者，認爲我這麼做是爲了天地性命，都不是的，他統統沒有，統統放開，做了一切而沒有任何一切。其實道家也有這個精神——功成身退，這個智慧是了不起的智慧，釋迦牟尼佛是眞正能夠懂得這個智慧的人。

須菩提，如來說有我者，則非有我。

如來說「有我」，它不是我們一般說的有我，所以他不是眞正有一個我，因爲我實無我，故我非有我。因爲這個「我」，就其根本的眞實來講是「無我」，因此，「我」就不是那個「有我」，我不是通過我所擁有的來說明那個「我」，「我」是無形相的——能覺而無體，故寂（此即爲般若智），能覺故能成佛。

「我」無體而有覺性，每一個人都有覺性，而這個「覺」代表的是一個可能性，要去開發這個可能性，一旦開發這個可能性落實而爲自然。眾生皆有佛性，無有例外，等著我們去開發而已。

而凡夫之人，以爲有我。

凡夫之人認爲是有我的，什麼是凡夫——執相爲眞。假的當成是眞，凡夫以爲的我只是名片上的頭銜，那個相就是眞的，某某某哪個地方的總經理、顧問，這個就是「我」，這個叫凡夫。

釋迦牟尼佛的名片是空白的，釋迦牟尼佛是沒有名片的，所以他沒有掏名片這個動作。而我們凡夫有，凡夫是通過名片來說明他的，釋迦牟尼佛是不用名片的，他用他自己來說明他自己。人活在世俗裡面就很麻煩，他一定要有世俗諦，他一定要通過名片來說明他自己，但是你至少不要忘了，你用名片來說明你自己不是唯一的方式，用名片來說明的那個「你」還是假的你，那個「我」還是假我不是眞我，眞我是什麼？本來無一物嘛！是不是？本來無一物，那心無掛搭，無負擔，沒有名片的負擔，到三四十歲如果你願意在名片上列出一些條目的話那一定可以列出不少，你也不必擔心負擔太多，其實那只是介紹作用，叫別人通過這個假的你來認識你，這個不要執著，放開就可以了。所以接下去就講這個道理：

須菩提，凡夫者，如來說即非凡夫，是名凡夫。

如果執著著認爲釋迦牟尼佛的名片是空白的，釋迦牟尼佛是沒有名片的，而那些名片上有很多頭銜的人只能做凡夫不可能成爲釋迦牟尼佛，這又成執著。因爲「凡夫者，如來說即非凡夫」。

凡夫你不要以爲他就是凡夫，凡夫裡頭都有佛性的，因爲那名片還沒印上去以前不就是空白的，它還沒印上去以前，他的名片是跟釋迦牟尼佛一樣的，所以他現在用消除法，一個一個讓你消除，「是名凡夫」，這你才可以眞正了解什麼叫做凡夫。凡夫的意思就，凡夫就是潛在的佛，佛呢？佛一念不覺就是凡夫。凡夫一念覺就是佛，一念不覺就是凡夫。所以佛之爲佛是「念念皆覺」，「不退轉者」念念皆覺，一念不覺就退轉了退墮了，所以我現在問釋迦牟尼佛會不會墮落，他一念不覺就墮落了。覺與不覺一念之間而已。

五 覺是徹底放下而產生力量

如何覺？提起意氣嗎？釋迦牟尼佛認為「提起意氣」不叫「覺」，徹底放下才叫覺，這裡頭隱含一個新的思考方式，新的生活方式，新的生命的修煉方式。我們現在一般談的心理治療談的輔導，談的其他方面，都是要你提起意志鼓起勇氣，人生要有目標之類，你的人生要有什麼，人生都沒有意義了，還有什麼目標，你要找尋一個意義，那些都是暫時性的，如果一個徹底的方向沒有辦法了那怎麼辦，他是不是無可救藥了？釋迦牟尼佛說，哦！那樣很好嘛！「都沒有」代表一個新的可能，即覺即寂，念念皆覺，當下歸本於空無於是當下整個信念顯發。

大家應該有這個經驗，冬天很冷的時候去游泳是什麼滋味，抵抗寒冷，抵抗不了的，你不能夠用抵抗的，你只最好的方式是讓它過去，你讓那寒冷過去，好像寒冷就從你的每一個毛細孔進去。所以冬天在涼水裡游泳是很過癮的，前天還去游了，在中影文化城，那眞的是很不錯，當然我們這個境界還沒那麼高，剛開始還是要先在溫水池先泡一下，再到室外露天的深水池，哇！眞的好涼啊！不是好涼，是好冷啊！我就在想，用什麼工夫。慢慢學習以後，從這裡面我體會到不能用抗拒的，用抗拒的會很難受，反而更覺得冷。最好的方式就是你觀想著那個冷好像從你的身體穿透過去，沁涼的感覺，過去以後，你慢慢地動，慢慢的有一股熱，它會從內在裡頭出來，不過不是你製造出一種熱，它自然而然的，加上室外泳池比較清爽，你會感覺到那整個空氣非常清新，很舒服，感覺非常好，溫水池我就感覺不舒服，因爲那溫水池整個讓我感覺空氣不清新。從游泳裡我體會到很多道理，在水裡學到了放鬆。

我相信放鬆是可以有力量的，我們常常以爲我們要抓緊才會有力量，其實抓緊的另外一面就是放鬆，你們有沒有潛水的經驗，不是深海的潛水，游泳的時候憋一口氣潛下水去，然後看自己能游多遠，你根本一點不急儘量放鬆的話可以游得很遠，利用觀想的方式來放鬆。當然，你剛開始的時候可能要強迫，強迫的方式就是心裡想著：快到了！快到了！這是一種強迫的方式，強迫的方式有時候對身體有傷害，一般來講治療的方式是運用一種外在的方式把你拉出來，那是沒有辦法，一時的權宜之計。

想起自己小時候在鄉下，以前有挑擔子的經驗，我用的方法就有一點強迫，挑擔子走田埂是很辛苦的，尤其是下雨天，擔子裡裝著稻穀，你一定不能停，一停下來就沒有勇氣走了，一定要鼓勵自己提起勇氣。那怎麼鼓勵呢，「我一定要走到一半」，「沒關係，一半再一半，很快就到了」，過了一半，心裡就想著「已經過了一半了嘛，我再走這個一半」；又走了一半「已經剩下一半的一半了」，從內在裡頭一再的鼓勵自己，最後才能走到，走到的時候那個成就感很大。我通常寧可多挑一點，少走幾趟。但是這個方式它有時候會戕害，我們現在可以想像，你在這裡頭如何才能忍受，其實你是一直變換你的意念，你才有辦法忍受，就是把挑擔這回事不放在心上，你才能忍受，你如果放在心上，你會覺得「好重哦！」然後你想著克服那個重，反而越來越重了。擔壓著肩膀是會痛的，你要把那個痛想到別的地方去，你要想別的，因爲你沒有辦法不想，所以想別的來替代這個想，其實那個想別的那個道理是「不要執著」的道理，因爲你的念頭不執著在這裡，這個地方是放鬆的，這個地方是沒有抗拒的，放鬆的話，力量就比較大，道理在這個地方。這個放鬆的智慧我覺得現代人應該多學，眞正的放鬆其實是眞正的力量，像這一分的「化無所化」的道理也是的。

六 讀書要進到結構裡去

我們在學習任何一個道理的時候，先注意它的結構，不是學習那個道理已經表達出來的語言，而是學習這個道理它的內在結構，而這個道理運用在事情上，就能相應。像《金剛般若波羅蜜經》它最後的道理，一言以蔽之就是在講一個字——「空」。「般若非般若，是之謂般若」，整部《金剛般若波羅蜜經》都在鍛鍊這樣的一個思維結構，而這個思維結構它可以應用在很多地方。你可以這麼想：再好的籃球選手，他其實只是幾個基本動作；再高的一套道理，它其實就只有一個基本的結構，一切的言說的過程就是要你去熟悉那個結構，熟悉到那個結構好像是你的，讀書是要這樣讀，這很重要啊。

我今天在報紙開卷版上讀到有一位張先生，他舉了幾個例子，在經濟學裡面有幾本書非常的重要，他每天去讀它，每天去想它，其他的都暫且不讀，讀通了以後，懂了！他統統都懂了，讀通了以後就熟悉了那個結構了。我覺得這個人是相當有腦筋的，有智慧的人，他寫的一些東西都不錯。

《金剛般若波羅蜜經》我們從頭講到現在，我們講了好幾個月了，最重要的用意是我們去熟悉，它就好像我們跟一個人相處似的，你如果要把這些話總括而以一言蔽之，佛教只有一個字——空。道家一個字「無」就可以了，兩個字就講「自然」，或講「無爲」。佛教講「般若、涅槃」。道家兩個字，講「慈悲」，或講「悲智」。儒家一個字就講「仁」，或者孟子講的「怵惕惻隱」，或講「內聖外王」，道理是一樣的。人間世的道理其實是這樣的，我們要進到那個生活的當下，而去熟悉那裡隱含了的生命的結構，你眞正了解了它，那就是你的智慧，或者說你的智慧已經開啓；你沒有眞正實際的進到那裡不行。所以有的人書讀很多，他不懂，他眞正面臨到一個問題他沒有辦法解決，關鍵點在這個地方。時間超過了，我們今天就到這兒，謝謝大家！

法身非相分第二十六

「須菩提！於意云何？可以三十二相觀如來不？」須菩提言：「如是！如是！以三十二相觀如來。」佛言：「須菩提！若以三十二相觀如來者，轉輪聖王即是如來。」須菩提白佛言：「世尊！如我解佛所說義，不應以三十二相觀如來。」爾時世尊而說偈言：「若以色見我，以音聲求我；是人行邪道，不能見如來。」

著名的《金剛經》四句偈「若以色見我，以音聲求我是人行邪道，不能見如來」，此是說法身非相，若執於相則非法身，蕩相遣執，方見如來；如此之見，非執著性之見，而是如其自身的顯現也；此是由「般若空智之即寂即照也」。

一 培養觀的能力，成為自己的讀者

我想這《金剛經》講習完了之後，諸位先生女士每天誦讀《金剛經》的時候可以自由一點，不一定每天從頭到尾，其實你可以比較隨機的讀，隨機參悟。或者說你現在蹦到什麼問題，覺得哪一分比較切，進一步的時候，你覺得讀了哪一分有什麼感受，開始下筆。我一直覺得每一個人應該培養自己下筆，每一個人都成爲作家，這個「作家」的最重要意義在於，那個作者是自己，而讀者也是自己，然後再進一步擴大到自己的家人，甚至擴大到社會，作品自己作，而當然最欣賞它的是你自己。你說我寫完了作品然後我自己很不喜歡，那麼這個作品一定是不好的作品，作品一定要自己能欣賞，先成爲一個「一個讀者的作家」，因爲你自己成爲你自己的讀者以後，它本身很有意思的。作爲你自己的讀者，回過頭來看自己作品的時候，你自己會形成一種「觀」的能力，佛教很強調「觀」，觀的能力，其實沒有什麼玄妙的，就是推出去，擺在那兒，可以讓它這樣過去，就其刹那生滅，如如而過。這裡頭自有一個依止處，觀而止之，止而觀之，這是一種互動。我一直覺得我們整個社會的風氣裡，就是太缺乏鼓勵每一個人成爲作家，鼓勵大家成爲作家最簡單的方式就是寫日記嘛！寫日記是讓自己成爲自己觀照的對象，日記是絕對一人讀的，是不是？除非你給自己的密友或先生、妻子看，於是你通過那樣來觀你自己，並且通過那樣來體察，然後教化自己。

「觀」的另外一個意思就是儒家講的「省察」，相對於「省察」另外一個重要的工夫就是「涵養」。省察是就那個事來點出那個問題，但是點出了問題，你不能停在那裡，必須回到那個未發之前的狀態，本體的心的涵養。王陽明講得很好，「省察是有事時涵養」就一個事情省察，但是回到那個心的本體涵養，「涵養是無事時省察」（《傳習錄‧卷上》），回到未發之前，但是你現在要把它指向事情來省察，相互爲用。中國人講「法」的時候，也常常是相互爲用，他一定不會說，喔！這個就是這樣了，就是這個意思了！他不會的，這個歷程能夠再回來，譬如說，你「到」臺中的意思是什麼？這是說，你現在在什麼地方？在華山講堂。我從華山講堂到了臺中，等於在說這裡「到」臺中的距離，等於臺中到華山講堂的距離。你會說這不是在說廢話嗎，其實這裡是說，你不要以爲事情眞的就是那麼定的，它之所以會那麼定是因爲那裡頭是一個眞實的活動，它才可能會那麼定，這個距離和那個距離你如何說它是一樣的，它處處皆實，故如如等觀，不要以爲那往返一定是一樣的。你說一個座標（3, 4）它一定是對，它減掉了3，減掉了4，一定可以回到原點。有一個人告訴你一個座標叫做5和6，你如何說它是對的，很簡單嘛，我-5，-6以後，它會歸返到（0, 0）才是對的，對不對？如果座標的表示是錯的，扣掉座標數，那就回不到原點了，我們去百貨公司折扣戰的時候你就可以了解了，他告訴打幾折的時候，那是虛的嘛，假的嘛，什麼是假？假就是回不到原點的叫假，回得到原點的叫眞。

法身非相，這關聯到我們剛剛講的，法身之爲法身，他就不是表現出來在外表的，法身之爲法身，就是要歸返到那個原點，而爲法身，歸返到原點，那是無相，他非相，他不是像這一點所講的5和6。

二 心靈意識的污染使人看不清真相

「若以色見我，以音聲求我；是人行邪道，不能見如來。」很直接的，在整部《金剛經》裡面，這裡是說得最究竟的，歸返到存在的空無，意識的透明，回到那個本身。目前依據人類學做出的研究，人類的思考傳統至少可以分爲兩個形態，一個是天人物我合而爲一的形態，另一個是天人物我分離分隔的形態，就前者來講，表現得最好，而且保存得最完整的就是中國文化。中國文化的滅亡或衰頽，絕不只是中國人的損失而已，那對全人類都會造成莫大的遺憾，是整個人類精神的衰頽。到底全人類未來往何處去，這一點是很值得我們去深思的，所以我想華山講堂所以默默的在這裡做，這是我參與過的所有民間講堂裡面環境最好的，就設備來講，比大學講堂，我想還好上幾十倍，在這裡服務的幾位都非常的熱心。可是到目前爲止，我們還沒有看到有報章注意到這裡而有所報導，我們的報紙大都報導一些不但不重要，而且汙染我們心靈的消息，等我們力量比較大的時候，我們來呼籲我們的報紙，多來維護我們心靈的環境。

心靈的環境非常非常重要的，我們的心靈環境已經被汙染得一塌糊塗了，心靈環境的汙染也就是意識的汙染，意識被汙染了我們就很難把事情看清楚，很難做正確的判斷，這很可怕。我曾經呼籲我們新聞局最應該做的事情就是，報紙的標題要留意。各位不要小看那個標題，雖然它就只是兩三句，它就可以影響人心深遠，文字言說都有業力，譬如說一個兇殺事件，在標題上表現出一份非常不恰當的悲憫，那麼它整個來講會造成非常大的負面的影響。我不知道是否大家還記得，臺灣最早的一樁銀行搶案，李師科案，這個案代表了相當多的意義，人的習氣薰染你看有多大，他搶銀行戴著口罩，之後搶銀行的就都戴口罩，連續好幾起。後來還抓錯人，抓了王迎先，造成了王迎先自殺的事件。他的死，經過報紙的渲染之後，警察的權威馬上動搖，這就是報紙報業，執筆政的人沒有了解這個事情的重要性，你要怎麼批評警察，恰當的批評是要回到原點，才不會產生流弊，不恰當的抨擊使得警察的權威受到挑戰，接著我們的治安就亮起了紅燈。在王迎先命案以前的臺灣治安還算好，十一、二點大家在街上逛，心還是很安的，所以你看它影響有多大，李師科後來抓到了，由於李師科的身分特殊，他是一個老兵，基本上他是有愛心，因爲受到某方面的壓抑，而搶了銀行，而報紙的報導給人的感覺，四個字可說——其情可憫，而沒有說其罪可誅。應該是其情雖可憫，然其罪當誅，這個「當」就很重要，社會公義的判斷要出現，結果我們的報紙沒有出現這個，所以以後敢搶銀行的變成一個英雄的形象出現了，這麼一來，我們臺灣的盜賊之風就出來了，人的生命之氣就會受這樣挑起來，一挑起來，那就難以收拾，不可不慎在這兒。

這個問題的重要性，我覺得在新聞系、大眾傳播學系，一定要有課程談到這一方面的問題，不然的話，一個初出茅廬的小伙子他什麼都不懂，但是他影響到整個社會的意識狀態的構成，影響到整個社會的心靈環境，而那一影響，非常深刻，這問題眞的是不可不愼。你看王迎先命案造成警察權威的動搖，李師科搶案造就了一個錯誤的英雄形象，其實我們自己可以捫心自問分析一下，我們自己的腦袋裡面對於「搶」這件事情是罪的成分重，還是英雄的成分重？這個我們都不清楚，爲什麼不清楚，因爲我們都被汙染了。就好像我們長期處在噪音下我們的聽力都會受損，我們臺灣現在新聞傳播的現況就是如此，所不可不愼在這裡，我們再回到這個法身非相分來闡述。

三　即寂即覺，無來無去

「須菩提！於意云何？可以三十二相觀如來不？」須菩提言：「如是！如是！以三十二相觀如來。」佛言：「須菩提！若以三十二相觀如來者，轉輪聖王即是如來。」

須菩提白佛言：「世尊！如我解佛所說義，不應以三十二觀如來。」法身是非相，釋迦牟尼佛就問須菩提，說：你來說說看嘛，是不是可以三十二相見得如來呢？須菩提就說了：「如是，如是」，是的。須菩提仍然有所執著，還以爲窮盡了一切相就可以見如來，三十二相其實是如來所顯現的具足之相，所以他以爲經由這三十二相可以見得如來，所以說如是如是。是的啊！佛言，釋迦牟尼佛就告訴他：「若以三十二相觀如來者，轉輪法王即是如來。」如果你說可以通過三十二相觀得如來的話，那麼轉輪聖王就是如來了。轉輪聖王是當時印度現實上的一個聖王，跟如來是不一樣的，一般說他就是四大天王，管四大部洲的善惡，這是人間最好的一個聖王，說他是依照東西南北四方，好像輪的轉動，這是轉輪聖王。轉輪聖王就是如來，如果這麼說的話，這個意思就是，轉輪聖王仍然不是如來，所以如來之爲王，不是轉輪聖王，轉輪聖王仍然在有形界，而如來是在無形界。這仍然是有形的，有形但是他是運轉的，有形他是運轉而有方，而如來呢，他是無形的，他是運轉而無方，所以他是無所來去，所以說他是如來。證得這一點的話，就是所謂的涅槃寂滅了，而即其寂滅，就是一切正覺的起點，所以說，即寂即覺，寂覺不二，無來無去，其實就是來去自如。

大家都稱讚廣欽老和尚他圓寂前講的兩句話，他用閩南話講：「無來無去，無啥麼事情」。這個意思是要到達這個地步了，他不是我們一般講的，唉呀！你不要一天到晚，一下去那裡，一下去那裡，彼此不要有什麼來往，就不會有什麼事情，不是那個意思，這樣就把它的意思看低了，這個是講「寂覺不二」，也是這樣，所以，不可以通過三十二相見如來，如來可顯爲三十二相，而不是通過三十二相來見如來，如來是那三十二相的根源，你不能夠就根源所顯現的回過頭來就我要這樣見如來，你唯有回到如來那個根源才能見到三十二相那個具足相，因爲如來是憑依，是根據根源，而三十二相是由那個憑依那個根據根源所顯現的。

四 由生命根源顯露的確定性

「須菩提白佛言，世尊！如我解佛所説義，不應以三十二相觀如來。」

如我現在所了解，釋迦牟尼佛現在你所說的，不應以三十二相觀如來，不應執著。釋迦牟尼佛在這裡是徹底的自由，在宗教上來講，他是個徹底的自由主義者，他的主張是徹底的自由。有沒有搞個人偶像崇拜，沒有。他本身來講是爲法身，而可以化身爲三十二具足相，但是三十二具足相都不可以見得如來，因爲如來本來是沒有的，無來無去。如來本來的意思是即寂即覺，寂覺不二，也就是你歸返到那個生命的原點，就其爲一個一無依傍下的情形之下開啓一個可能性，而那樣的一個可能性會有一個確定，你要怎麼走，就是我們以前常常講的，你歸返到意識的透明性，見得存在的空無性，這時候你從你心裡面湧現一個信仰的確定性，而才能夠談實踐的如是性，如如展開，那是因爲你信仰上有一個定，而信仰上的確定是怎麼來的，是在四無依傍的情形下，你湧現了一個確定性。

喔！對的，就是這個樣子，大家有過這樣的經驗吧！其實很像儒家講的「允執厥中」（《尚書．大禹謨》）、「擇乎中庸」（《中庸．第八章》）的意思，中是未發之謂中，回到那個未發的沒有分別的根源性的整體，從那裡取得一個確定——就那個樣子。確定了當然就能「擇善固執」，這個「庸」開啓，是就其流行而講，「大用流行」，所以「庸者用也」，講開啓，決定了之後怎麼做呢，人生有時候面臨的抉擇是很難的，譬如說：你要不要去參與選舉，你企業很順利，想爲這個世界多貢獻一份心力，你想，到底要不要投入這個。另外就是你可能去做那些事，這樣也可以，那樣也可以，這樣也不可以，那樣也不可以的時候，你要怎麼辦。那個時候就是要這麼辦，歸返到一切言說之前的狀態，回到一切開展的起點，開展的起點就是未開展，那時候所做的決定。

大家想一想，有時候我們到廟裡面去燒香拜拜，我們心裡有所疑惑，不知道怎麼辦，疑而不能決，甚至我們執筊杯，而當下；就那個情境底下，是不是我們暫時統統把一切事情都忘記了，然後回到一個要去選擇的狀態。那就是回到一個還沒有開展的未言說的狀態裡頭，取得了決定，所以爲什麼有靈驗沒有靈驗，那就是你的心誠不誠而已。「誠」是什麼，誠就是那個整體的根源性所顯發的動力叫做誠，所以「誠者，天之道也」（《中庸·第二十章》）。中國的道理這都是通的，這是眞的那個時候的一個狀態之下，回到這兒，一無依傍的回到生命的整體，由那個生命根源性的整體所顯露的一個確定，就是這個樣子了！沒有錯！如果我們懂得這些的話，在生命遇到重要抉擇的時候那個抉擇不會錯，你眞能回到那個生命的原點來做抉擇的話，那個抉擇不會錯。

「無名天地之始，有名萬物之母」（《道德經·第一章》）那個未開展而具有開展可能的狀態，即使是基督教徒在做祈禱的時候，祈禱上帝的靈給他一個力量然後做決定，那個情境到最後所達到的狀態，那是類似的。一切的宗教都起於誠敬，敬的另外一面就是畏，畏是把一切不相干的剝除掉，敬是碰到那個絕對，讓它透到那個唯一，絕對的相干，那過程是這樣的：通過敬把一切不相干的剝除掉，而通過畏把那唯一相干的和合成一個整體，那就是誠，由畏而敬而誠，再用那個誠展開，那叫「誠之」，「誠之者，人之道也」（《中庸·第二十章》）。

五　因果錯置產生的誤謬

道家一樣的，「致虛極」是畏的工夫，「守靜篤」是敬的工夫，「察識」、「省察」是畏的工夫，「涵養」是敬的工夫，一樣的。基督教「敬畏耶和華是智慧的開端」，這裡是宗教之爲宗教的起點，我們在談這個道理的時候要把它整個拉開來、擺進來，所以我們在研習經典的時候，最重要的就是要讓我們生命回復其根源性，主體自覺。不能「通過三十二相見如來」，如來之爲如來，是展開而爲三十二相，你不能夠倒果爲因嘛。把三十二相認爲是如來，現代人常常是倒果爲因的，因跟果搞不清楚的。因跟果的問題其實是一個很難的問題，在純粹哲學裡面，什麼叫「因」，什麼叫「果」，這是很難的問題。我現在舉一個我一直在疑惑的問題：平常我開車的時候有聽收音機廣播的習慣，多半收聽新聞網，新聞網最近有一個很有趣的公益廣告，就是一個小孩子問他父親說，「爸爸，爲什麼他們綠燈還沒亮車子就往前開走了呢？」爸爸就回答說，「因爲他們不守交通規則啊！」我就一直在想「因爲」這兩個字，是否用得很恰當？我一直覺得它不恰當，這樣做是不守交通規則，因爲他不守交通規則才這樣做。到底是怎麼樣，我眞的是還沒想清楚。

這是一個日常可以討論的問題，也可以是一個提到很高層次的科學、哲學所討論的causation因果的問題。我想著那天可以問一下以前教過我們這方面的先生，「因爲他們不守交通規則才闖紅燈」？還是「他們闖紅燈是不守交通規則的」？那個「因爲」用得不怎麼恰當，我們現在可以回過頭來想一下，其實人間世裡面，我們日常所遇到的一些問題都是我們人生思考裡頭最重要的東西，眞的！不要忽略了，像現在我們談到這個問題的時候，我們剛剛會想到這個問題是因爲「因」跟「果」，三十二相是如來之所顯現，如來是因，三十二相是果，你不能說我要通過果去把握因，只能說我要通過果去追溯因，通過果去追溯因是你要把果擺一邊去，才能夠追溯因，它是回到前頭的去把握，不是往下的去把握，因爲果不能生因，果只能夠往前推因，所以我才會想到我剛剛提到的那個公益廣告，這個問題留給大家回去以後閒來無事的時候想一想。

六　執定而不返乃偏邪之道

爾時世尊而說偈言：「若以色見我，以音聲求我；是人行邪道，不能見如來。」點出了，人間世的道，不是正道。這裡「邪」就是偏，倚，不正，人行之道是邪道。這個邪不要把它想得那麼嚴重，這裡不一定有那麼嚴重的價値判斷的意義。它指的是這不是根源性的道。根源性之道是要回到根源的，回到本然，而像一般人行道，它是往而不返，執而不化，一直往前走回不來，執而不化，不能化掉的。正道就是往而能復，不執而化。這裡說「若以色見我，以音聲求我」，以色見我，如來可不可以見，可以見，但是不能以色見，以色見是眼根眼識之見，這個見是定見，執見，執定之見。若以音聲求我，音聲是耳根耳識所聽的，那種聲音是執定之聲音。那就是一個定相性的東西，經由識的執著產生一個定向性的執定作用，而這個作用形成一個定在。執著性對象性的存在，這是定在定有，那麼釋迦牟尼佛不是那個定在定有，釋迦牟尼佛是那個定在和定有之所以可能的憑依。你不能夠說那個兒女能夠生父母親哪，是父母親生兒子嘛，你能夠通過那個兒子往前去追溯他的父母親是誰，但是你不能往後去想他的父母親是誰。

禪宗公案最常參的一個問題是，父母生前是何面目？它又喜歡參什麼？——念佛的是誰。誰念佛，你念佛，是你念佛嗎，你念佛而無念，所以它更進一步，是佛使得你能念佛嘛，佛爲何是佛呢，因爲你本身就是佛啊，這個過程一步一步的，就像我們剛剛講過的道生一，一生二，二生三，三生萬物，第一步念佛是誰，念佛有沒有被佛念了，禪宗的語錄裡面會有類似這樣的話，你念佛不要被佛念了。你念佛，執著於那個念是不行的，還有你要問，你如何能念；是因爲佛使得你能念。那什麼是佛呢，佛就是你內在的一個覺性嘛。到最後還是回到那裡，參公案是參這個，所以其實就是去執而已。上班的時候，如果沒有事做，可以參一參想一想，跟同事們討論討論，我想這比談論別人的是非或談論一些社會上無聊的事情好得太多了。若以色見我，以音聲求我，是人行邪道，因爲它是往而不復，執而不化，若它往而能復，不執而能化，它就不是人行邪道，它就成了所謂的一念覺即是佛，雖然是人行，但是因爲你能夠歸返到意識本身，能夠化掉那個對待，本身你就是佛了，那就證道了。

如果以色見我，以音聲求我，你見不著如來，如來可見乎，不可，不可見乎，可。你會發現到，很多公案是這樣的，它是方遮方顯，非有非非有，非無非非無。這是要你透到那個覺，就好像剝開香蕉樹，你說它到底有沒有樹幹，一層一層的剝，剝了一層又是一層，剝到最後沒有了，它就告訴你這個世界本來就是空的，爲什麼爲有呢？是執而有嘛！執就是意識的他然狀態而爲有，意識產生一個執定的作用，這個執定作用也就是我們剛剛說到言說的那個「說」的作用，整個修行的過程，其實是要化解掉這個東西，回到意識的本然狀態，本然狀態就是自由，自由的意思就是不受限，就是由自的意思，順著自己本然的方式開顯，意識一旦不涉境而起那個識的作用，那就自由了。識的作用就是了別，識就其本然來講是空無，它和境一起起現的時候，本是如如無礙的，然後它執於境，起了別作用，識執境起了別作用，起了別作用就是有了執。空，才能如如是中。

七 涵養省察不是忸怩作態

佛陀之教是自由之教。佛教是自由教，中國的道家是自然教。自然的意思，就是本然，自就是本的意思，自原來這個字眼是鼻子的意思，因爲我們講到自己的時候指自己的鼻子，而人能夠活下去就是因爲一口氣嘛，所以後來就用鼻（自）的這個象形字來說我自己。後來的這個鼻字是連鼻孔人中都畫上去的象形，中國字實在很有意思。自然的意思就是如其本然，然是樣子，自然就是，它就是那個樣子。講到這個自然我就想到，什麼叫自然，小孩哭那是自然，小孩哭你又捨不得他哭，這小孩子的胸腔擴張不夠，胸腔的運動不夠，當然小孩哭得太過胸腔會受傷，不過還是要讓他運動。我教的一個學生，他剛當爸爸，前幾天跟我說爸爸很苦，小孩哭就要抱他，日夜都要抱著，我說你這樣太過分了嘛！不讓那個小孩子胸腔運動一下。哭，其實他是在運動嘛！人間世裡面很多東西它是應該要有的，人生的喜怒哀樂，一個人修養到沒有喜怒哀樂，這是錯的啊！恰當的喜怒哀樂不是沒有喜怒哀樂。我非常反對一個人修養變成喜也不會怒也不會，就那麼陰森森的。

喜怒哀樂，天之情也。社會上有人常常誤解了這個。哦，你不是常常在念佛書嗎？又是講儒家道家的道理，不能生氣啊。哪有這回事！文王一怒而安天下，不怒就不能安天下了。喜怒哀樂總是要有的，你要求的是社會的公義，你不能說什麼都回來，社會公義就不講了，社會公義本身是個道，你這時候是應該察，所謂涵養省察並不是要你完全退居到那個意識的本然狀態，停在這裡。它的意思是說，你要回到這個本然狀態，取得了一個一切價值可能性的恰當憑依，而指向一個人間世的事物裡去做決定。我看很多修道、修佛、修儒的都忘了，回到這裡就停在這裡了。這是內修，階段性的過程是需要的，停留在這裡，然後變成另外一種要求，要求別人要這樣子，譬如說那個人受了委屈了，他找你談，談了之後，你說你為什麼要受委屈嘛，你要自己化掉。這是第一步哇，你不能夠說停留在化掉，你要幫他解決，那個委屈是否有道理，有道理的話，要恰當的處理那個委屈。

儒學到戴東原戴震的時候，批評程朱，說他們叫「以理殺人」，那意思就是說，那在高位在尊位的人，長者要求後輩，尊位者要求在下位的人一切要回到這裡面。須知：儒學是來要求自己，不是要求別人內省啊！你搞錯了嘛！被不合理的罵一頓之後還要被要求內省，不能發怨言，世界上如果修養是這樣子的話，那誰願意啊！這是不合理，對於不合理，佛教會通過業來說它有什麼前因後果，但是到最後基本上它還是要尋求一個合理的，因為有的時候我會感覺到這個問題的危機，好像自己修的是聖賢之道是君子之道，所以很多事情不能怪，後來我想，恰當的如分的怪還是要的，不然人間世的公義在哪裡？所以這個很有意思的，這裡如果談到正宗的佛陀那時候的佛學，為什麼叫大雄寶殿？他是歸返到意識的本然狀態，所以他如如無礙，該怎麼辦就怎麼辦，毫無所畏懼，作獅子吼，他不是忸怩作態，不是這樣的。以儒家來講，孔孟之道的時候，哪是這樣的？他們是一個非常偉大的宏偉精神，不是忸怩作態的，什麼事情都返回自身。到了清代的時候，有人就會反省，如顏習齋等人，他們說程朱和孔孟不同，假使畫兩幅圖來表示，畫孔孟的時候，孔子坐在那兒是佩著劍的，講話的時候是怎麼樣的，然後四處有農具有用具，有各種的彈奏樂器，弟子之間相互攻錯，爭得面紅耳赤；另外一幅描述宋明理學程朱的情形，程子高坐在上位，綁個頭巾，打扮得很漂亮，溫文儒雅的樣子，目不斜視，不敢做怒目金剛樣，一副低眉菩薩的樣子，其實又不是低眉菩薩，文謅謅的，四面看不到農具，別無長物，只看到一堆書擺在書櫃上，學生談問題的時候也是溫文儒雅的。其實現在臺灣的宗教也有這個傾向，這問題是個很麻煩的問題，民間講學有時候也是如此，它就變成是心靈的避風港，最後就什麼事都算了，這方向不對的，生命是要生長，這個社會才會進步，那才是原始的儒家、原始的道家、原始的佛教。

八　了解古典要能回到原點

西方有個哲學家雅斯培（Karl Jaspers）說，那是全人類的軸心時代（Axial Age）。[13] 眞的很有孔孟老莊，印度有釋迦牟尼佛，西方有蘇格拉底，這些人大約都在同一個時代。

13 此由德國哲學家卡爾・雅斯培（Karl Jaspers）在《歷史的起源與目標》（*The Origin and Goal of History*）中提出的說法。他認爲世上主要宗教背後的哲學，都在西元前一千年的六百年間發展起來，大約從西元前八世紀到前二世紀之間。在這期間，不論是中國、印度及西方，都有革命性的思潮湧現。

奇怪，人類，眞的如陸象山所說的：「東方有聖人出，此心同此理同。西方有聖人出，此心同此理同。」[14]人類文明的發展雖然在不同的區域，卻有類似的起點。所以我一直想什麼是根源性？不論你修道修，習什麼宗教，我絕對反對一個人修到最後溫溫蘊蘊的，連喜怒哀樂都沒有，那眞的非人哪！這一點我一直這麼認爲，或許我沒有悟道，原來生命可以做很多事的。修道以後反而整個人只求自了，其實他已經不能了了，求自了就不能了，更糟的是變得沒有社會公義，他面臨到一些事情該爭的時候他放棄了，然後他又勸人不要爭，該爭就爭嘛，爲什麼不爭呢？爭，有道嘛。「君子無所爭，必也射乎。」（《論語・八佾》）無所爭是不以其他不合理的方式爭。必也射乎，爭是爭什麼？要合於自己生命的確定性來爭嘛！射禮最重要的意義就是鍛鍊生命的確定性嘛，射就中的了。

中國人很懂得生活，他們的生活裡充著象徵性的意義，連洗臉本身都有象徵的意義，湯之盤銘曰：「苟日新，日日新，又日新。」（《大學》）朱熹的解釋是對的：「苟，誠也。」（《大學章句》）中國人在三千年前就說出了洗臉的意義了，這我們可以回去告訴我們的子女、弟妹、朋友，洗臉的意思就是「苟日新，日日新，又日新」。這叫「文」，叫象徵性的意義，這個意義叫做文，這種象徵性的意義能夠進到我們的生命裡頭，把我們的生命更溫潤而能化解掉其他的東西，這叫文化。中國字非常有文化的意義，所以我們在了解古典的時候要回到怎麼樣的原點，回原點的意思怎麼理解。佛教不能耽空，它有眞空，也談妙有，不能耽溺那個空，強調一個境界。佛教也是很注重實踐的，這叫悲智雙運。智是能夠洞察一切的空無，悲是要渡天下蒼生，那是由信仰的確定性落實的實踐，智是回到意識的本然狀態，見到意識本然的空無。道家也是一樣的，它講無爲而無不爲。儒家講「知其不可而爲之」（《論語．憲問》）。爲什麼知其不可而爲？它是不願依著世俗往下流，因爲世俗不可，你要爲就要依理想而爲。

孔老夫子難道沒有那個頭腦嗎？他當然有那個頭腦在人間世裡面怎麼樣才可以得到重用，他其實不屑爲之嘛。有的人就常常不知分際、不知輕重、不知本末就批評起來了，說孔老夫子跟獃子一樣，愚笨的堅持自己的理想。當時就只有法家是成功的，社會就是需要法家，講成那麼一套。孔老夫子難道不知道嗎？不忍爲之而已嘛。在人間世裡面有些小聰明的人他最喜歡教訓你啦，你懂得什麼叫人生嗎！你懂得什麼叫歷練嗎！要怎麼樣變得柔弱而有術，跟你講一套。我一直覺得這些民間的次級文化眞的，其實你可以告訴他這些根本不登大雅之堂，人人知之，而有的是不忍言之，不屑爲之，你竟堪以言之，而又信之甚篤，這問題很嚴重嘛！但是有的人就專門拿這個來教人，什麼什麼成功術，那果眞是術，術而無道，其術危矣。所以我們應該把書市裡面那些講「術」的書統統改成道，要求交友之道，不是交友之術。什麼是術？術是「因其機」，是爲術。道不是，道是「定其常」，這是「術」跟「道」最大不同的地方。術是暫時性的，道是恆久的，所以我們應該鼓勵大家重道不重術，所以要慢慢讓社會大眾了解到什麼是世風，了解到這個的重要性。華山講堂提供這樣的一個場地是有識於此的，每個禮拜我都覺得從大家的參與讓我獲得了很多，

14 陸九淵：「四方上下曰宇，往古來今曰宙。宇宙便是吾心，吾心便是宇宙。千萬世之前有聖人出焉，同此心同此理也。千萬世之後有聖人出焉，同此心同此理也。東南西北海有聖人出焉，同此心同此理也。」陸九淵：《象山全集》卷二十二〈雜說〉（臺北市：臺灣中華書局，1979年7月），頁5。

在這個《金剛經》開講的過程裡面使我體會了很多東西，在這裡表示我個人的感激，謝謝大家！

無斷無念分第二十七

「須菩提！汝若作是念：如來不以具足相故，得阿耨多羅三藐三菩提。須菩提！莫作是念：如來不以具足相故，得阿耨多羅三藐三菩提。須菩提！汝若作是念：發阿耨多羅三藐三菩提心者，說諸法斷滅相；莫作是念！何以故？發阿耨多羅三藐三菩提心者，於法不說斷滅相。」

心之所發為意，意之執於物為念，一作是念，便有常、有斷，唯去此念才能去此常斷，歸返事物自身，此蓋般若智照之功也。般若智照是即寂即照，故不說其為斷滅相，執其斷滅相，一以為常，則違失般若空智之本義矣！此是說「般若空智於法不說斷滅相」。

一　圓滿是正視限制與缺憾的智慧

第二十七分是講無斷無滅，六祖惠能的口訣裡頭說：「相而無相，空且不空，亙古亙今，孰云斷滅？故受之以無斷無滅分。」是說它有斷滅的時候，是因爲我們執它爲有，才有所謂斷跟滅。斷滅之爲斷滅，因爲有相、有情，才成斷滅。如果是無相無情的話，就無所謂斷滅。無相無執，一切剎那生滅、即生即滅，所以生生還至無生。生滅它本來就是無常的，或說它本來就是空無的，它既是空無的，就無所謂斷滅。

> 須菩提！汝若作是念：如來不以具足相故，得阿耨多羅三藐三菩提。須菩提！莫作是念：如來不以具足相故，得阿耨多羅三藐三菩提。

前面先說作是念，後又說莫作是念，底下句子一樣的。作一個簡單的理解，可以說是隨說隨掃。進一步來說，「念」這個字，我們說念有念力；心之發而爲意，意之所在或意之所往或意之所住爲念。所以作是念：如來並不是以圓滿具足的完滿的相顯，如來所顯，是當機而顯，凡所顯必有所限，因爲這個顯一定要具體化，具體化以後就馬上有所限了，所以就不具足相。正因爲它不具足相而得阿耨多羅三藐三菩提，這也就是說那個無上正等正覺落實下來時候，一談落實它一定是有所限的。人生裡頭我們要有這樣的智慧，一旦落實必有限制，這裡要讓還其爲限制，限制歸給了限制。有限制，更進一步講就有缺憾，這叫做限制和缺憾的智慧。佛就是要你正視這個，因爲他深深知道，因爲唯有我們能夠限制還其限制，缺憾還其缺憾，這種情形之下才叫做圓滿。圓滿之爲圓滿，其實就是說能夠包容限制，能夠包容缺憾。如果一種圓滿不能夠容許限制，不能夠容許缺憾，這個圓滿就不圓滿了。如果我現在要求完美，我不容許有任何缺憾，你這個心本身就不夠完美。這裡頭有一個很弔詭的情形，所謂眞正的完美圓滿是能夠統統都包括進去，能夠容許限制和缺憾，那才是完美跟圓滿，也就是限制還其限制，缺憾還其缺憾。不能容許限制和缺憾的話，那你這個心就不圓滿。這個智慧很重要的啊！

其實中國的道家也有這個智慧：「善者吾善之，不善者吾亦善之，德善。」（《道德經・第四十七章》）對於那不善仍以善待之，就叫做德善。老子說：「抱怨以德」（《道德經・第六十三章》），眞正的善德是能夠容許不善的，眞正的完美是能夠容許缺憾的。一種不能夠容許缺憾的完美是很可怕的，這種完美是非常表象的，所謂表象的就是它其實不夠眞實。所以當一個人說：「我非常追求完美。」你可以問他：「你追求的完美是什麼樣的一個完美？是不許有缺憾的完美，還是怎麼樣的一個完美？兩者有很大的差別。」如來說不以具足相故得見如來，但是要進一步：「須菩提！莫作是念：如來不以具足相故，得阿耨多羅三藐三菩提。」

開千古得未曾有之奇，洪荒留此山川，作遺民世界；
極一生無可如何之遇，缺憾還諸天地，是創格完人。

這是沈葆楨爲延平郡王祠題的一幅對聯，寫鄭成功的一生際遇。其實這幅對聯很可以表現出臺灣在整個中國歷史上的地位是什麼。鄭成功能夠正視缺憾而成就在臺的事業，這是了不起的地方。佛法是能夠正視這個部分的，所以前面說「汝作是念」，又說「莫作是念」，其實這裡說的只是平平放開罷了。平平放開的意思就是說：「無念無著，無牽無掛」，所以它不必執著釋迦牟尼佛一定是怎麼樣的。

二　無常是剎那生滅而非斷滅

須菩提！汝若作是念：發阿耨多羅三藐三菩提心者，說諸法斷滅相；莫作是念！何以故？發阿耨多羅三藐三菩提心者，於法不說斷滅相。

佛更進一步說明：須菩提，不要認爲諸法是斷滅的。不要把無常理解爲斷滅。一般講的「無常」是跟「定常」相對的，但是在佛法所說的「無常」其實是「常」，是「常而無常」。所以你說剎那生滅到底是生否，到底是滅否，其實剎那生滅是既生還滅，生生還是無生。這裡在於眞正了解那個刹那意，眞正能夠了解到整個存在的實況，它是刹那生起的，刹那是說這個中間根本是沒有空隙的，無間隙的，刹那是極微極微之間，極微到怎麼去說呢，唯識家就說刹那是心之異名，有的說是念之異名。這刹那不是能夠執著相而論的，但是我們一般論一件事情的時候都是以執著相來論的。換言之，刹那是我們執著著什麼而使它成爲什麼之前的狀態，而那個狀態是既生還滅，即有即無，所以它即是斷滅，即是無斷滅，見刹那生滅義是佛法談到要見到一切存在是空無的時候的關鍵點。這一般來講，是要通過所謂修行的過程才能見到所謂刹那生滅，得見刹那生滅就是你已經破解了心中的執相，破這個遍計執性，然後見依他起性。

唯識家講三性說：遍計所執性、依他起性、圓成實性。破遍計執性，而見依他起性，然後進一步才能見圓成實性。遍計所執性就是我們一般所說的「知」，依他起性就是你能夠見刹那意，而入圓成實性是即使刹那生滅就是圓，就是如如無礙的。

這個過程是不太容易的，我們一般認識任何一個事物的時候，都是要經過遍計執，才能認識事物，通過我們認識的執著，把一個事物對象化，推出去擺定在那個地方，所以我們可以把它叫做執著性對象化的一個活動。這個活動使得外在的對象，也就是客體成爲一個客體，對象成爲對象。譬如這叫粉筆，是通過我們認知的執著，然後我們把它推出去，作爲我們認識主體所對的那個對象，我們說它是粉筆。你破除了這個執，你才能見依他起性，但是它起的時候你知道它是依什麼而起的，是在整個緣起的系列裡面，而你見它是刹那生滅，這時候你就破解掉了這個執著性對象化的對象，一切在刹那生滅。刹那生滅是個「流」，這個流是既是相續，又是間斷的。記得曾經有一位學員跟我問起一個問題，所謂：「橋流水不流？」你說這個水是相續不已的嗎？是啊，但是它又是間斷的，你能夠洞察它，如此就能通達無礙，所以你見刹那的話，你才能見得空。而當其空即爲有，空有是圓融的，這時候就入圓成實性，如如無礙。這一章要表達的就是這個。所以說：

汝若作是念，發阿耨多羅三藐三菩提心者，說諸法斷滅。

是其爲斷滅而無斷滅，如果你看到的是它的斷滅，你就墮入了所謂斷滅空。佛教最高的智慧不是空，而是空有一如，如是無礙。就佛教來講，它看到世俗上的無常、苦，而說這一切都不是眞正的我，一切是在染汙中，但是就眞諦來講，即淨即染，即我而即無我，即樂而即苦，煩惱即菩提，無常就是常，「即」的意思就是不二，不二就是說它們是一體的，它們是如何一體，那個關鍵何在，關鍵在「覺」，一念覺即是佛，一念不覺即是凡夫，就差那麼一點點。

三　洞察存在的空無，歸返生命的原點

如何洞察存在的空無？是你的意識要歸返到本然的狀態，意識不涉及於外在的對象，所謂不涉及就是你根本不從事一個執著性對象化的活動。意識不處在他然狀態，而是回到本然狀態。遍計執性就是處在他然狀態，破解掉這個他然狀態，然後回到本然狀態，這個時候你了解到所有事物是依他起的，你知道依他起時你的意識就回到本然，那時候境識俱

泯。先是境識俱起而未分，進一步，言其俱起即是俱寂、俱泯，這時候講圓成實性，如如無礙，而這個如如不礙既是起又是泯，又是顯又是隱，隱顯不二。

這個思想後來對中國人影響很深。包括宋明理學家談儒學的時候，也談這個問題，整個論法也受它的影響，只不過背後的世界觀不太一樣而已。譬如說他們談到「顯微無間」、「體用一源」，這些語詞的出現，是儒家發展到宋明理學受到佛教的影響而發展出來。當然，我們說它整個的思想，整個的終極點跟佛教有很大的不同。但是會用這些語詞用得這麼熟練，甚至整個論式，都非常相近，甚至你說它結構根本是一樣的。結構一樣但不一定它裡面的內容一樣，就好像瓶子可以裝不同內容的酒。儒家跟佛教這個地方必定是有分別的。這一分最重要的就是要我們了解什麼叫做「斷」、什麼叫「滅」、什麼叫「無斷無滅」。無斷無滅是斷而不斷，滅而不滅，畢竟有一個「覺」在，而「覺」是什麼——眞我。佛告訴我們每一個人都有這個眞我——意識回到我們自己的時候，那就是眞我。這個眞我不必人家來給你肯定，不必人家來給你衡量，不必人家來給你秤，秤秤看你有幾斤幾兩。不必的，因爲它是自由的，它可以自己是獨立的，無所偏倚的，它就存在在那兒。這就是你回到自己的時候，毫無依傍的時候所做出的，從內在所湧現的我，那就是眞我。因此，當人類做終極性的思考的時候，已經回到這一點了，當人類面臨到四無依傍的時候，從內心所湧現的選擇就是這個。請問哥倫布航行大海的時候，他能夠看到那一邊有一個土地嗎？四顧茫茫無所依憑的，從內在裡頭所湧現的一個定，定向，一個覺。憑著一個羅盤針，他怎麼知道這樣一直去一定會有土地？一定即覺，定即覺即智，歸返到原點，是的舵就是這麼掌。一定不會徬徨，那時候內在裡頭一定不能徬徨，他只能這樣子做。

孔子說：「吾有知乎哉？無知也。」（《論語．子罕》）我真是一個有智慧的人、有知識的人嗎？其實我是一無所知的。這個一無所知的意思就是，我的意識常常是歸返到我自己的本然狀態、意識的本然狀態，所以他當下即是，因材施教。而蘇格拉底說他確知他是無知的，是一無所知的。其實那個確實一無所知的意思，很像歸返到一個真正生命的原點，而原點就是展現整個世界的起點，這裡頭充滿了可能性。從表象看起來，他是非常不定的，但是內在裡面，他是非常穩定的，非常確定的。裡頭有一個生命的確定性在裡面，非如此不可，就是如此。生命裡頭所要覺醒的東西就是這個，把一切他然的執著全部剝除掉，回到本然，就是道家講的損之又損的那個工夫。把不相干的東西除掉，回到意識的本然狀態而顯現的一個確定──就是這個子嘛！

你想人間事如果都通過量的計算，很多事情是計算不完的，而且很多事不能計算的，而且越計算心越煩，怎麼樣才能不煩呢？在世俗諦上的算，你能夠把那個算撇開了，真正能夠開門見山、當下即是、一針見血，從內在裡頭湧現了確定性，就是這個樣子了！而那樣的選擇是真正的選擇啊。那是真正的選擇，這個真正的選擇是從自己生命的底處所湧現出來的，如果我們的生命在面臨一個重要的關卡的時候，能夠回到這一點的話，那麼所做的選擇才能夠無悔無怨。人生的歷程裡頭都會遇到幾次大的抉擇，這個抉擇的智慧是很重要的，抉擇剛開始的時候，一定處在徬徨狀態，不知道是這樣好還是那樣好，心頭亂紛紛的，這時候就要有辦法抽絲剝繭把它剝掉，回到一個透明而空無的狀態，當機立斷，這樣所做的選擇才能無怨無悔。我覺得我們都應該將這個智慧告訴我們的兄弟、朋友、家人。譬如人生第一件很重要的事情，上了大學以後交女朋友、男朋友，準備選擇另一半，如果他懂得這個選擇的智慧，這個選擇會更恰當一點。選擇其實是生命自由的一個具體的顯現，而生命能夠自由，就是剛開始你要把那些不相干的去除掉，而所呈現的一個透明的空蕩蕩的那個狀態，那很自由，而這時候是不定的，充滿著各種可能性的。而眞的是這樣子的話，才能夠歸返到那個定，從生命裡面湧現一個生命的確定性，這時候才做選擇，這個選擇你才能夠無怨無悔。

四　無怨無悔的生命

爲什麼孔老夫子能知其不可而爲之？如果通過量的算計，很簡單，他根本知道的：這是不可行的。但是生命爲什麼還要選擇呢？因爲這種選擇是回到生命的本然狀態而做的，從內心湧現的一種確定，就是這個樣子了！你想如果當時哥倫布一直航行下去都沒有遇到陸地會怎麼樣呢？他能夠有所怨有所悔嗎？如果他有所怨有所悔的話，就表示這個生命是不行的。大家可以回想一下，孔老夫子的學生子貢問孔老夫子說：伯夷、叔齊怎麼樣呢，會不會怨呢？孔子說：「求仁而得仁，又何怨。」（《論語・述而》）「又何怨」，是因爲整個生命回到生命的原點得到了確定，這種確定是任何人不能替代的，任何東西都不能動搖他。爲什麼文天祥能夠鼎鑊甘如飴，就是回到那個地方啊！平常小事那不打緊，面臨到緊要的時刻，生命沒有這些資源他就不知道怎麼辦怎麼選擇。在人生的重要關卡，這怎麼選擇的心路歷程是很重要的。

我覺得儒、釋、道在這裡提供了我們相當豐富的資源。儒家比較會把自己放在一個歷史的脈絡，你的生命是一直在延續著，你有你的祖先，有你的後代，歷史的過去現在未來，人在歷史的過程繼續不斷的延展著，像接力賽一樣交接著，你有沒有負起責任來，所以中國人很注重歷史。錢穆先生是眞正偉大的史學家，從他的一句話可以見得，他說歷史是他的宗教。的確中國人是以歷史作爲一生的評斷，不爭一時爭千秋，是不是。不要遺臭萬年要流芳百世，中國人整個生命是這樣延續的、任重道遠的，儒家這樣看待他所做的決定。所謂通古今之變，通過通古今之變回過頭來究天人之際，這是儒家的方式。

道家的方式就是要你回到生命的原點去看：「無名天地之始，有名萬物之母。」（《道德經．第一章》）、「道生一，一生二，二生三，三生萬物」（《道德經．第四十二章》）。道之爲道爲何？那個未言說的狀態，那個生命的原點，回到這兒，是要你了解天地之竟爲何物。道家充滿著這個天地的精神，天地長養萬物：「天地所以長且久者，以其不自生，故能長生」（《道德經．第七章》），注重天地的觀念。佛教注重的是你能不能洞察意識自身，回到自身。意識回到自身，那麼一切就是空無的。存在的空無跟意識的透明，這叫境識俱泯，而在這種情形之下，你找到信仰的確定。它們各有資源，我一直覺得這個資源相當相當的重要。

基督教傳統它也有另外的資源，它的資源是讓那個超越於這個世界之上的那人格神，在中國祂被翻譯成中國古書上的「上帝」。以祂在你的心靈作功，他們談那個超越的他力的優越性，你只要通過一個虔誠的祈禱，那超越的上帝就進到你的心靈裡頭作功，而做的決定，所以他們常常說上帝做了決定。李登輝先生是一個虔誠的基督徒，我想他大部分不是儒、釋、道這個傳統，當他面臨重大決定的時候，大概是靠基督教的力量，他還是有個生命之源，當時為大家所垢病，其實這也沒什麼好垢病的，這是他的信仰嘛。所以面臨重大問題的時候他要做祈禱。你說這未免有一點不可靠，其實這是真的，當人面臨到一個關卡點的時候，這不是你的知識或其他的能力能夠計較清楚的，越計較，越想是越亂。基督教它基本上是靠這個的，一個超越的唯一的人格神，把其他通通剝落掉，完全靠這個超越的唯一的人格神，你跟祂有一個內在的冥契關係，而使得他在你的內心裡面作功，祂幫你做出決定。那到底祂降臨不降臨呢？那就看你的虔敬夠不夠，因為我不是基督徒，這個工夫我沒做過，這裡我不得而知。

儒家、道家、佛教面臨到這個問題的時候如何自處？中國人自然而然的會用到，甚至自然而然地結合三種方式。就一般大家最容易了解的是儒家的方式，你要對得列祖列宗，這麼一問就是把你的生命從現世延展到過去，開展向未來。我們現代人的生命就不是如此，現代人的生命就很短，每個人的生命就只有現在，他沒有過去，沒有未來，沒有過去沒有未來人就是飄在空中的嘛。是飄在這地球之上，所以他什麼事情都可以，所謂「日安於逸樂」，就是因為生命沒有札根的感覺，拆掉了。拆掉了，但是生命還是要求穩定，那怎麼辦呢，他又定不下來，所以他尋求安慰，以道家佛教為安慰劑。他這樣並不必回到生命的原點，所以在這個時代佛教和道家特別發達，談道家、談佛教，大家都想聽。談儒家他覺得太累了，總是覺得負擔。其實道家和佛教，不是大家所想像的，唉啊！可以用來安慰安慰我們，其實它最重要的還是要歸返到生命的原點。從生命湧現那個生命的確定性，所以佛教由戒而生定，由定而生慧，如果沒有戒沒有定來講這個慧，那麼會變成一種玩弄光影。而道家講有無，也講：「我有三寶，一曰慈，二曰儉，三曰不為天下先。」（《道德經・第六十七章》）慈擺在第一，慈就是對於自己自然生命的延展開啓的一種維護，爲什麼會這樣呢？因爲我們開發了生命的資源，那個生命資源是你本有的，自然而然顯露出來，不必費力氣。大家要能夠慢慢進到這個層次，我一直覺得民間講學談到佛教，談到老莊一樣要談到這一點，要不然的話很可能大家心靈安慰一下就過去了。這個時代爲什麼佛老那麼盛行，其實是有時代因素的，那你如果沒有辦法找到源頭的話，用處還是用不著的，這一點是我要再特別提的。

不受不貪分第二十八

「須菩提！若菩薩以滿恆河沙等世界七寶持用布施；若復有人，知一切法無我，得成於忍；此菩薩勝前菩薩所得功德。何以故？須菩提！以諸菩薩不受福德故。」須菩提白佛言：「世尊！云何菩薩不受福德？」「須菩提！菩薩所作福德，不應貪著，是故說不受福德。」

「知一切法無我，得成於忍」，如此就比布施所成之功德要勝，其所勝者何？只因不受福德，不貪福德是也；法為無我，唯人心有執，執而成病，故去執而治病，此是除病，非除法也；忍是持守義、是不間斷義，是實踐義，是成就義；法無我，當以無我行之，方可顯此無我也；此說「般若空智必須經由實踐的努力而開啓」。

一　布施的智慧要能行功立德

不受不貪，六祖惠能的口訣說，「大心成忍，本自無貪，是福甚多，云何有受，故受之以不受不貪分。」那麼什麼叫做忍呢？六祖惠能說：「通達一切法，無能所心，是名爲忍。」忍這個字用得非常好——

依住義：依住於此成忍。

持守義：持守於此成忍。

忍持義：特別有一個經由生命的努力的意思，堅持著它。

須菩提！若菩薩以滿恆河沙等世界七寶持用布施；若復有人，知一切法無我，得成於忍；此菩薩勝前菩薩所得功德。

如果有一個人能夠見一切法無我，眞正了解無我，眞正依附此無我義，持守此無我義，忍持此無我義，你所得的功德，比前面所說布施的功德還大還多。

前面的菩薩以滿恆河沙等世界七寶，以無量無數無邊那麼多的七寶拿來布施，無量無邊，再怎麼樣無量無邊它還是量的，布施最重要的就是要由量轉質，由量的脫落轉成質的無我。

我們以前講過布施的智慧，最重要是要行功立德，而得其無德。布施是行功，由行功而立德，立什麼德呢？立無德之德，由無德而能無我。一般人是通過我擁有什麼來說明我，譬如說，你是某某公司的董事長，你是某某協會的理事，某個職務，這是你所擁有的，我們通過我擁有的東西，我有樓房三棟，汽車五輛，田產幾百甲，幾千甲，馬匹千萬匹，通過這些來說明「我」。現在布施的最重要活動就是把這些拿出去，將我擁有的拿出去，以前我們是通過我擁有的來建立那個我的結構，現在他通過把我擁有的拿出去來重新調整那個內在的我的結構。布施最重要的智慧在這裡，布施、忍辱、持戒、禪定、智慧，都是要調整「我」，而建立一個無我之我。

現在「若復有人，知一切無我，得成於忍。」當然這個功德勝過前面的功德，因爲它不是通過量的剝落而達到質的無我，是直接進到這個層次，這是很不容易的事情。

布施是個方便，布施是最方便的一種修行法。譬如說諸位從老遠的跑到這個地方來，參與這個《金剛般若般羅蜜經》的講習，是大布施啊，你們布施你們的時間，你們布施你們的耳朵。如果不是你們的布施，光是華山講堂布施了這些燈光、桌椅和電視，還有錄影，《金剛經》還是沒有辦法在這個講堂開講。現在我們講到二十八分了，要感謝大家的付出，使得《金剛般若般羅蜜經》才能開講。所以其實現在大家在做的就是法布施，因爲你們的參與使這個法能夠開顯，是你們把你們的時間布施給法，把你們的耳朵布施給法，這個布施比你拿錢來布施更是親切的，而且更是內在的。

二 讀經要有生命的臨在感

佛法是不能夠代替別人聽的，好像祭祀這件事情也是不能找個人代替就可以的。儒家談到祭祀說「祭如在」，整個生命好像有一個臨在的感覺，祭祀這個活動是提升我們內在的生命。祭禮和喪禮不同，喪禮是安頓死者，祭禮是提升生者。祭禮是對於生者生命根源的一個疏通，喪禮是對死者生命的一個安頓，而安頓死同時也是對生者生命的一個開啓。兩種禮重要的地方在這兒。「祭如在，……吾不與祭，如不祭」（《論語・八佾》），你如果沒有眞正參與到那個祭祀，好像你沒有參與一樣。你不要以爲你派遣了誰去就算數了，那不算數的。

在這裡我們要重視到整個生命的參與、臨在感，你要調整「我」，那最重要的是生命的臨在感，那你才能調整那個我，才可能從量的剝落進到質的無我，不然的話你永遠在量的剝落。量是無盡的，你剝落不完的。你說某個人不容易呀，發了大願，蓋了好多廟，花了相當多的錢，把家裡的產業都花光了，請人家來講經，人家也都參與了這個法，聞法跟道了，大家都有所得。不過準備這個場地的可能什麼也沒有，爲什麼呢？因爲他沒有參與嘛，他以爲這樣就有功德了，其實那個功德等於沒有。

達摩東來的時候，梁武帝就問達摩，我蓋了那麼多座的佛寺，我這個功德滿多的嘛，達摩的回答是「實無功德」，一點功德都沒有。這個「實無功德」可以有幾層意思，其一你如果執著這樣就有功德的話，那麼這根本不是功德。其次，功德之爲功根本就是因爲無功德才能成爲功德。也就是我們要了解所謂功德是「行功立德」，不是以爲你已經積了德要邀功，我們常常以爲自己已經積了功德，行了功德，要邀功，然後就在等待，怎麼沒有福報呢？那樣宗教的信仰變成一種利益的交換，臺灣很多宗教就停留在這個層次，這是不行的。宗教講功德是「行功立德」，立德是立內在的德，是立那個內在的我，內在的我的擴大，這個擴大就是你把原來的「我」擺掉了，能夠建立一個無我之我。這個無我之我就能夠容納眾多，無我之我能夠建立起來，就能夠無所不容，能無所不容，你的福分就更多。像這個道理其實不是很難懂，不過很多人都搞錯了。

因緣是很奇特的，我最熟悉的學問是儒家，較早以前我對佛家、道家是採取以前宋明理學家排佛老的立場。由於民間講學的關係（這也是一個偶然的機緣），當時是用閩南語講，講《道德經》、講《論語》、講《金剛經》，講了《道德經》和《金剛經》之後，以前讀過的經典在講的時候才眞正讀進去。讀進去以後就覺得，如果站在儒的立場來排斥它們的話就太可惜了。我有一些朋友以前也有跟我類似的心路歷程。道的體驗雖然類似，畢竟如人飲水，冷暖自知，有時候不是說能夠說中的，不是用心想就可以想出來的，而應該回到一個更自然而更空無的狀態，讓道從一個整體的根源性裡頭顯現。

三　氣習業力的感通相連

我們繼續二十八分，「若復有人，知一切法無我，得成於忍（這句話非常好）；此菩薩，勝前菩薩所得功德。」菩薩要利他，如何利他——無我。「有我」這個觀念也是很好的，其實每個人都「有我」，只是說你有沒有一個「無我」的存在，不能無我的生命是很苦的。有牽掛就是有我，自己可以衡量一下，自己到底是有我還是無我。捫心自問，牽掛多的人，其實是我們業障深哪！才會一直「有我」。關於「業」，業有天生下來的，有後天招惹的。業感在念，業感而緣起。業就是在人生命和肉身裡頭天生下來的一些沉積。通過修持的工夫，業也可以消去。如果沒有修持，業流過之後，會再招惹其他的，業業相感，業就越來越多。

中國人講氣習相感，由氣而成習，這和業類似。由於我們跟外在的事物，跟其他的人都是一個感通相連。任何一個存在的事物，它有氣習，也有業，氣習相感，業業也相感，就會形成一個趨勢，造成了所謂的「運」，由運而造成了「命」。說「命」操在我們手裡，其實就是操在我們的「念」裡，這裡佛教最大的智慧就是無我，能夠無我就無所罣礙，能夠無所罣礙就自在了。如何能自在，自如其如的自在，這個地方根本不用通過任何言說，當下就放下。

須菩提，菩薩所作福德，不應貪著，是故說不受福德。

菩薩之為菩薩，最主要的就是利他，以渡人為渡己，渡人而渡己，這是一個很重要的方式。就佛法而言，大乘佛法最可貴的就是菩薩道。菩薩道是整個生命進到世界整體，而為這個整體努力，由於為整體的努力，所以使得個體提升。阿羅漢道是先回到自己來，修持到這個自我能如如不動。

小乘佛法是以小我為修持，大乘佛法是為整個大我修持，以利他渡人而渡己，這個大乘佛法影響了整個東亞。中國人一般來講是以儒為本，佛教滲入了整個民間，跟中國的儒教、道教合而為一，甚至後來有人說三教同源，而這個「源」是說都可以回到生命的原點。三教同源哪裡是歷史的源頭！歷史上三者明顯是不同源的，水之原謂之源，同源就是回到同樣的生命根源，到真正的起點，真的起點不是一，而是零。零的意思是什麼，零的意思就是邁向一，在中國這個觀點一直到佛教思想進入中國以後才有表現。《太極圖說》有「無極而太極」，以前《易經》裡面沒有無極這個觀念，這是佛教「空」的觀念傳入後，經過道定「無」的觀念進到整個中國文化傳統裡面，使得中國人再去重新理解整個宇宙造化。當我們講一的時候，跟講零是一樣的，因為零是要邁向一的，所以「無極而太極，太極動而生陽，靜而生陰。」（《太極圖說》）這並不是有個無極去生太極，無極即是太極。零之為零，是零邁向一；一之為一，是因為它是由零邁向的。當你講零的時候，實講的是無名，講一的時候已經是天地之母了，母就是誕生之源，它提供可能性。道家在這裡非常清楚，「無名天地之始，有名萬物之母」（《道德經‧第一章》）、「天地萬物生於有，有生於無。」（《道德經‧第四十章》）其實是「天地萬物生於有，有生於天地。」道理是一樣的。整個宇宙的開展是從可說、可說、說其可說，而說，一步一步開展出去的，缺一不可。「道生一，一生二，二生三」（《道德經・第四十二章》），眞正生命落實到人間世，是到三的時候。而佛教不是從內到外開展出去的，它是回返的，「有，非有，非非有；無，非無，非非無」，歸返於無。

這一段講菩薩，講得很深。菩薩基本上是個無我利他的精神。要能無我並不容易，利他稍微容易一點，通過利他來無我，通過渡人來渡己，菩薩道是如此，所以可以帶業修行。帶著業一樣可以立身，就某一個意義來講，大乘佛教就是原來佛教的外王精神，通過外王而可以內聖。現在我們繼續看二十九分。

威儀寂靜分第二十九

「須菩提！若有人言：如來若來若去、若坐若臥，是人不解我所說義。何以故？如來者，無所從來，亦無所去，故名如來。」

如來依字面解之，當是若來若去、若坐若臥，但執於此則不解如來所說義，蓋如來所說義原無所說，如來者亦無所從來，亦無所去；去來坐臥，無不如如；威儀寂靜，是以寂靜為威儀，當此威儀即還歸於寂靜也；如來之為一圓滿之修行人格，實只是歸本於般若空智之即寂即照而已此是說「般若空智即寂即照即是如來」。

一　威儀與寂靜一齊俱顯

「威儀」、「寂靜」，這分的名稱起得很好，即其威儀，即其寂靜也。眞正的威儀是在我們內在湧現的那個寂靜之感。「大丈夫當如此也！」（《史記・高祖本紀》）、「彼可取而代也！」（《史記・項羽本紀》）的威儀就不是這個威儀，那個威儀就不寂靜。眞正的威儀內在是寂靜的。眞正的怒目金剛是可以看出低眉菩薩的，從怒目金剛的眼神中可以看到他的慈悲爲懷，一個怒目金剛的雕像如果沒有表現出金剛羅漢慈悲的心懷，那個雕像就不是成功的；一樣的，低眉菩薩的身上如果一點沒有怒目金剛的陽剛，這尊菩薩豈不一臉睏相。所以雕刻佛像的難處在這裡，那不在形，而在神，不在於形象，而在於神態。畫一個人畫得跟眞人一模一樣那叫形象；畫一個人根本不「像」他，可是他那神態你一看，哦！那就是卡特，這個就是李登輝先生。漫畫家就不取形象而取其神態，並刻意要突顯神態，繪其神而非畫其形。

眞正的威儀背後是寂靜的精神。釋迦牟尼佛的寶殿叫「大雄寶殿」，眞正的果敢剛毅，無所畏懼謂之「大雄」，是整個佛的相貌所顯示出來的。中國的佛像基本上和中國人一樣，特別顯示出中國人所說的那個圓滿。現在法國博物館還有一張釋迦牟尼佛的畫相，在臺灣現在也已經有人印出來了，那尊佛相和中國人所畫的佛相完全不一樣，一言以蔽之，那個佛像有艱苦氣、有苦澀氣，也有莊嚴氣；讓人感覺到他的生命是很艱苦的、刻苦的，刻畫在臉上，不像中國的佛像讓人感覺很舒坦。中國佛像的線條有個很獨特的地方——渾圓而化，空無而妙。很獨特，非常符合中國人的圓滿思想。線條、弧形、流動，最後構成一個整體。中國人談美的時候很強調這個，要能符合一個根源性整體性的自足圓滿原則。就寫字來說，欣賞書法看行氣，看行氣有沒有流動。你不能說草書怎麼歪歪扭扭的，草書的流暢，它跟你整個身體經絡是相通的，形成自然氣蘊。所以只要你懂得其中的一個道理，就可以通貫起來。如果刻意要表現什麼那就不好了，所以中國人寫字的時候是中鋒用筆，藏其鋒，然後渾圓而化，道理是一樣的。

二 「現代化」造成現代人精神的異化

日本人就不是了，日本人一定要走偏鋒，用力、字形都偏重一邊，特別顯示那一邊很有力量的樣子，另外一邊就很虛弱。這是日本人的性格，「菊花與劍」的性格，其實應該說「櫻花與劍」的性格。日本人這種性格，一面嚴肅得不得了，一面又放縱得不得了。我的朋友到去留學回來告訴我一些見聞，日本學生平時對老師是恭謹得不得了，但是他們酒醉以後那種爛醉的樣子實在令人不能想像，比臺灣人喝酒的樣子還要可怕。一旦那老師板起臉孔來，又都警醒過來。這裡可以看出日本人的性格，日本的精神陽剛太過，陰柔這面也太過。諸位也許會覺得很奇怪，其實就是這點符合所謂現代化的精神。現代化的精神其實是一種非常不健康的精神，大家不要以爲現代化多了不起，就是所謂的「現代化」造成了現代人精神的異化、痛苦與失落。西方後現代主義的思想家們在檢討西方現代文明時已經很明顯指出這一點了。現在他們漸漸發覺到中國的禪宗、道家可貴的地方。

中國雖然有這麼樣可貴的東西，中國依然是很糟糕的中國。而且問題很嚴重，最大的問題是中國的人口太多了，中國原來的那個結構方式要改變。依我的判斷，用原來的那個結構的方式，中國人口最多不能超過四億，再多就出問題了。而中國眞正開始注意到這個問題、點出這個問題的是戴東原，他說程朱「以理殺人」。那個時候中國的人口是四億。中國這塊土地生養的人口數，最恰當的數目應該在兩億或三億。而現在中國人口有十一億五千萬，這不得了，這麼大的一塊土地其實她的耕地很有限，這問題很嚴重。你說禪宗那思想很美的時候，是預取了在某一個人口數之下的，超過那個人口的數目以上就不行了。就這一點來講，我是贊成一胎化政策的。上一回我在上海遇到一個社科院的研究員，談了這個問題，這個問題其實是毛澤東搞壞了，你看幾年之內多了多少人，不得已採取一胎化政策。一胎化又有很多問題，變成人口的一種反淘汰。中共這個政權糟糕的地方就是太有爲、太執著，執著著一個空不可及的理想，把鄱陽湖、洞庭湖、滇池、洱海都塡土種田，他們認爲這些不必那麼大嘛！森林砍伐了也來種田，增加食糧，結果都出了很嚴重的問題，鬧水災。

三 生態與人文的相互符應

很奇怪的，生態遭破壞，人文就被破壞。自然生態和人文生態有一個很奇特的相互符應的現象，文化的衰頹和自然環境有絕對密切的關係，自然生態的破壞代表了整個人文精神的衰頹。文化（culture）這個詞在西方來講，原來就和耕作有關，它和civilization不一樣，文明是從市民社會中形成，從語根來講，它是從civil而來，所以，culture和泥土是有密切關係的，農業絕對不可以缺，任何民族都必須要有農業，不能說我這個民族不要農業。記得好久以前寫過一篇小文章，〈從農業文化到文化農業〉，以前我們是農業文化，我們現在在臺灣要保留農業其實是一個文化的農業，所以本來維護農業是必要的。請大家注意一下，農業是具有生長性、生產性的。而文化就是一種生長、一種創造。你的生長環境，生命的生養和你擁有的東西如果都不是這一種的話，你的生命可能就比較偏枯。中國人以前爲什麼把士擺在四民之首？讀書人從事的其實是一種生產工作，一種精神的生產工作。農是我們生命保存所需要的生產工作，工是我們生活所用器具的生產工作。而商，搬有運無，那是一個交換的工作，所以中國古時重農抑商，基本上是建立在這樣的基礎上。但是現在不是這樣，整個世界完全不同，不能再用這套思想，是你要留意這一套思想可貴的地方，哪一些是要維護的。日本的農業它根本在每一年都需要花政府很多的支出來維護，維護農業做什麼呢？從實用的觀點，一點都不划算。

我們可以從自然景觀來了解人文狀況，你一到那個地方，就可以知道那個地方的文化怎麼樣。臺北的文化比香港高，這是肯定的，我去過那裡幾次，第一次我就感覺到了。但是香港比臺北文明。文化跟文明不一樣，文明最重要的就是rational，合理的、理性的，非常合理、有次序，安排得很妥當。文化的觀念是有一股創造力，躍動的活力。你看一看臺北市，她還是有樹的，還是有一些泥土，泥土裡會長出一些東西來。你到香港去，都是柏油、都是水泥，到處都覆蓋著，這代表不讓那土地長出什麼。這個地方就是不能長什麼東西，只能拿別人的來交換，落在這裡的一群人心靈的思維方式，就是要拿什麼來交換什麼的方式，這個叫一種關係性的思考。而在臺灣有一些人是這種思考方式，另一些人並非如此。眞正文化的締造者不可以單能這樣的思考。文化的締造是由無到有，好像農夫讓地上長出作物來。所以臺北是比香港有文化，卻不如香港文明，不如他們合理。從火車站就可以看出來，他們的地下鐵，車門非常寬，門一打開，乘客統統一起出來，不用經過階梯。很直接的，月臺的高度和火車地板的高度是一樣的。臺灣的火車出口是有階梯的，那階梯跟月臺又不完全吻合，所以出車門又得跨一步，非常不合理，這是很簡單很容易克服的事嘛，但是我們忽略了，爲什麼呢？因爲我們不會留意這個問題，我們的官僚已經成問題了。這當然是不合理的，你說生長居住在這塊土地上的人的心靈狀態會比生長在香港的人的心靈狀態更強調秩序強調合理嗎？不會的，不可能，因爲它一直都不太合理。不過還不錯，我們還有一些土地，仁愛路，中山北路還有一些樹木，香港幾乎都沒樹木，香港那個地方是不可能出現思想家，不可能出現偉大的藝術家，不可能出現偉大的文化創造者，但是它可能出現偉大的買辦，這手進來，那一手出去，那裡有很多很好的商人。一樣的，如果你能夠了解，大概就是這樣子。我們應該有一個文化符號的解讀，文化的理解。我相信我到一個地方走兩趟，回來以後可以談那個地方，比在那個地方住了一、二十年的人多談出一點點。

四 文化符號象徵的奧祕

一說竟然把它說寬出去了，回不來，回不來我們只好把它放了。在這裡我總是在覺得，我們可以學習到佛教的眞正的回到意識的本然狀態來理解這個世界，你會覺得這個世界比較容易理解，因爲一看就懂了，它不是很難的。很多事情不是很難的，有時候我們會看不懂，人間世裡面有很多奧秘，這奧秘實在是很有趣，有趣了到極點，但是那些奧秘你說它沒有道理它卻又隱含一些道理。

包括我們的名字都是很奇怪的，昨天我買到一卷錄影帶叫統獨大論戰，跟我小孩一起在家裡看。辯論雙方的名字就很有趣，一邊叫新民、念祖，一邊叫逸洋、濁水。他們的名字就已經標出來一個是統，一個是獨，非常有意思。爲什麼那麼湊巧我不知道，他們也不是故意去選的，但是這裡頭你就可以看到人間世的奧秘隱含著。爲什麼這樣的解釋還是可以合理呢？其實沒什麼，是因爲你在思考這個問題的時候，你不是單線的在想，你要放到一個存在的境域之中，然後它出現了符號，由於你處在這個情境裡面，喚起了你的問題感，使得這個符號浮現出它的意義來。念祖、新民，承先啓後，是血緣性的思考。林濁水和林逸洋是地緣式的思考。其實，很簡單的說，統獨的問題就是上面兩個不同的思考方式，一個是橫面的地緣式的思考；一個是血緣性縱面的思考方式。那爲什麼又跟辯論者的名字那麼巧，人間世本來就是有那麼多東西那麼巧，又譬如太平天國，名字本來就取得不好，「太平天國」，在天的國度在地上，當然是曇花一現。開個玩笑說，世界上最委屈的人叫屈原。屈原，屈之原也。其實人的名字眞的是很奧秘的，非常奧秘，大陸上紅十字會的會長叫屈折，我們叫長文，長文就是公文長途往返哪，長文對屈折，那不是很有意思，實在是很有意思。人間世爲什麼會那麼妙，實在也說不上來。

所以今天我在學校上課跟學生說，中國以前漢朝的那個符讖之學是可以拿來好好研究的。符讖之學我不認爲它完全沒道理，雖然它不一定有道理。而它到目前爲止都一直影響我們中國人，它那個道理何在可以把它講出來。西方現在興起一個新的學問，叫文化符號學，這裡有很多類似的地方，文化符號學就是你可以經過這些文化符號的象徵意義看到些什麼東西，這是一種洞察力。中國人以前也有望氣之術，都有一點關係的，這種學問其實不是一種科學性的學問，但是它是一種學問，另外的一種學問。眞的是放就收不回來了，其實要放的時候應該隱含著收，否則一放就不可收拾，我們今天就到這兒吧，謝謝大家！

一合理相分第三十

「須菩提！若善男子、善女人，以三千大千世界，碎為微塵，於意云何？是微塵眾，寧為多不？」須菩提言：「甚多，世尊！何以故？若是微塵眾實有者，佛則不說是微塵眾；所以者何？佛說微塵眾，即非微塵眾，是名微塵眾。世尊！如來所說三千大千世界，則非世界，是名世界。何以故？若世界實有者，即是一合相，如來說一合相，則非一合相，是名一合相。」「須菩提！一合相者，則是不可說；但凡夫之人，貪著其事！」

一是整體，而此整體固然涵具萬有一切，但其涵具萬有一切的方式只是虛含，而非實攝。如何為虛含，此必須先了解一切皆無自性可言，須知三千大千世界之為三千大千世界，以其非世界，此非世界乃般若空智蕩相遣執之所顯，以其非世界所以名為世界也。如此說來，一合相原是不可說，不可說者，越出言說之外，邁出言說之上，在言說之前，亦在言說之中，以其言說亦非言說也。般若空智所照，當下空無，虛以含實，是為一合相也。此是說：「般若空智，蕩滌萬有一切，而成就一空無之整體。」

一　「一合理相」是境識俱泯、如如不二的狀態

一合理相分——

一：「整體」之意。什麼樣的整體呢？絕對之一，不是相對的一，而這個絕對的整體不是相對於部分而說的整體，對這個「一」我們可以把它理解爲一個根源性的整體。

合：佛教講「境識俱泯」，境識如如不二叫「合」，所謂的「一合相」是境識如如不二的一個根源性的整體，這樣所構成的一個相。其理何在？

其實這是順著《金剛經》這樣一步一步的講，講到非常究竟的地方了，我們看六祖惠能的口訣：「信心不斷，斯即微塵。信寶充遍，是名世界。界塵一合，法爾如然，故受之以一合理相分。」

「信心不斷，斯即微塵。」是從很究竟的方式來講，此信心之不斷，能夠化如微塵一般，也就是化於無；就心念講，心念就是剎那，剎那生滅如微塵一般，那是不斷亦不常，這叫信心不斷。

「信寶遍充，是名世界。」由於你信心不斷，眞正能夠見到什麼叫剎那生滅，見到剎那生滅也就能見到「不斷亦不常」。我們要了解一個存在的事實要怎麼去了解，六祖惠能這個時候是從很究竟的角度，一切拉到信心上來說。我們曾說《金剛經》確立了「信仰的確定性」，而在信仰的確定性之前我們曾舉出「意識的透明性，存在的空無性」，之後才是信仰的確定性。存在的空無講「境」，意識的透明講的是「識」，境跟識合在一起空無而透明，簡單說即是剎那生滅。但這個剎那生滅是很不容易理解的，我們平常看東西的時候，都是我們的心識難免有所取著、有所執著，剎那生滅是心識如如而無所執著，無所執著就是回到了境跟識的當下狀態，境跟識的當下狀態是當下生滅的，這不是恆常的，故謂之無常，但是它也不是斷滅的，不斷亦不常。

我們了解心識到究竟的時候，能夠了解到心識無所取著，了解到剎那生滅意，了解到存在的空無，歸返意識本然的透明的狀態，而這時候信心才會湧現。信心的湧現，就個別來講就是「微塵」，是具體而當下的微塵。如果就整體來講是「合一」，是那具體而當下構成的整體，是具體當下的整體。所以「見道」即是體會到所謂的剎那生滅，了解到存在本來的空無，意識的本然狀態是透明的、無所取著的、是無所執著的，完全是放開的，這叫「如」。佛教最重要的智慧就是放下，放下什麼呢？放下意識的負擔，我們的意識都有所擔負，放下意識的擔負，意識無所擔負，最後了解到意識本來就是透明的，我們以前都用意識去擔負存在，用以前的老話來講，我們都是「心有所取法」，用意識擔負存在，佛法告訴你，唯有你放棄了意識的擔負，把有所取法的心放下，使心無所取法，無所取法的心坦然明白，心不往外執著而歸返到本然的狀態、無的狀態。佛教的智慧是空無的智慧，而這個空無的智慧梵語叫般若，般若智使得你可以把這些不相干的東西統統擺下，這時也就是你登了彼岸，登彼岸是梵語「波羅蜜」的意譯，像這種般若的智慧是像金剛一樣堅固而且銳利的，合起來叫「金剛般若波羅蜜經」，它的每一分都扣緊著「金剛般若波羅蜜」幾個字。

二 「微塵」是指境識俱顯而未分的狀態

現在談到一合理相分，我們分講了一、合、一合相，就信心不斷講其爲微塵，而信寶充遍，是整個世界，而這個塵跟界能夠合而爲一。界、塵合一，其實究極的來講就是那存在的空無、意識的透明，所以它們根本就是「境識俱泯」的，剎那生滅、滅生，當下如如不二，沒有分別相，沒有分別相就是自在，也就是「法爾」，法爾如然就是自然而然，自在而在。

須菩提，若善男子、善女人，以三千大千世界碎爲微塵，於意云何？是微塵衆，寧爲多不。

釋迦牟尼佛問須菩提：假使現在有修行很好的善男子善女人，以三千大千世界碎爲微塵，那麼你說說這是什麼意思呢，而這樣的微塵眾「寧爲多不」，是不是有無數眾多的微塵？須菩提就回答：

甚多！世尊。何以故？若是微塵眾實有者，佛則不說是微塵眾。所以者何？

很多啊！老師。他回過頭來問：爲什麼呢？假使眾多的微塵都是實有的話，老師您就不說是微塵眾。這到底是什麼原因呢？

佛說微塵眾，則非微塵眾，是名微塵眾。

短短幾行，環繞在三個字上：微塵眾。以三千大千世界碎爲微塵，這個碎，就是瓦解的意思，瓦解我們原來對三千大千世界原來整個結構性的理解，我們對三千大千世界本來用的是一種結構性的理解，結構性的掌握，現在我們把它碎爲微塵，整個瓦解了，瓦解爲微塵。微塵，我們剛剛說了，也就是「刹那」，微塵，簡單的理解就是積無而有，它幾近無，但是它是有，然後言有實無，你說它是有嘛，其實它是無。這微塵到底是什麼？這微塵不是原來我們講的什麼原子啊，中子啊，什麼子的，其實都不是的，它其實就是一個介乎有跟無的東西，不是無也不是有。所以這個微塵就是心念通到外在的事物當下的那一刻，境跟識是滑動不停的，境本來是俱泯的，但是現在它要俱顯，俱顯而未分，未分而分的這個狀態就是微塵，三千大千世界碎爲微塵就是把我們平常結構性的理解瓦解了，結構性的理解瓦解了之後，又回到它的本然狀態，回到那個本然就是個微塵的狀態，微塵狀態就是積無而有、言有實無的狀態。換言之，眞空而妙有，中國人講積無而有、言有實無的時候，大家不要落在原來那個有無相對的情況下來想，從這裡快要變成有而不是有的那個樣子，其實它就是一個眞空而妙有的狀態，也就是剎那生滅滅生的狀態。它既不是恆定也不是斷滅的狀態，不斷亦不常，像八不中道講「不一不異，不來不去，不常亦不斷」是講剎那生滅，眞空妙有，積無而有，言有實無這樣的微塵。

三　「微塵眾」的瓦解是質的轉變——心念之轉

於意云何？是微塵眾，寧爲多不。

你說說看這麼多的微塵，是不是非常非常多呢？須菩提說「甚多！世尊。」爲什麼說「多」？多，充遍而無餘，謂之多。充滿了整個整體，沒有空隙的，沒有留下來的，它多到這麼多。

世尊。何以故？若是微塵眾是實有者，佛則不說是微塵眾。

如果那麼多的微塵是實有的話，那麼釋迦牟尼佛就不說是微塵了。眾多微塵無所染著，所以這個瓦解是很有意思在裡面的，我們對於原來世界的結構性的理解瓦解掉，它被瓦解了並不是說它就變爲一個一個分散的細小的存在，這個瓦解不是量的打散，而是質的轉變。什麼叫量的打散？譬說一個整體是八，用量的打散變成一，這叫量的打散。什麼叫質的變異呢？眾微塵，這一個一個微塵跟這個的關係已經不是原來的量的關係了，所以這是一個質的轉變？質如何可能轉變？心識之轉，歸返到根源性的轉，這個地方非常關鍵，講見道不見道就在這個地方了。見道又有很多的層次，佛教最強調的是你的體證，憑良心來講我還不能體證到這一層，在理上來了解的話就是這麼了解的，也就是你不能把它理解爲一個量的打散，而是質的轉變。所以——

若是微塵眾實有者，則佛不說是微塵眾。

眾多的微塵並不是實有，微塵是空無，眾多的空無加起來怎麼會成爲有？如果用數來加，零加零再加零最後怎麼會成爲有，這是一個很有趣的奧秘，你們有沒有考慮過這個問題，這眞的是個質的轉變。沒有辦法直說，只能比喻地說：它不是就內容的加，它轉變成次序的總和，於是開始有了。從內容的無，轉成次序的有。內容是無，你怎麼把它轉成次序的有呢？因爲你的心靈把它執著著這是第幾個次序，因爲你執著在它是第幾個次序上，它就不再是停留在它原來的質而就轉成爲量了。這是作個比喻，那個有和無如何轉變的奧秘在這裡，不然的話怎麼可能的呢？這個再繼續深入下去可以是一個很深的數學的問題。

再舉一個例子，我自己是對數學非常有興趣的。在數學上，當你說這裡是幾個數字的時候，其實它有兩層意思：一個是一共有幾個，這是從集合上來講；一個是說它是第幾個，這是從次序的觀點來講。小孩子剛開始的時候對集合比較容易了解，一共是幾個，量的。他不太懂得數第幾個，他學會了數數以後，仍然執著在數第幾個時，那個集合成了第幾個。

我們知道在數學上1=0.9循環，其實應該要加上0.0……1才會等於1，這時加與不加都等於1。那麼這個0.0……1就等於是0了，請問這個數是有還是無？如果等於0的話那不是無嗎？這是很有意思的一個問題，所以有跟無它們的連接點在什麼地方，數學可以逼出這個問題來。

一樣的，剎那生滅，你如何能轉成？它叫做什麼？這就是我們剛剛說的，從質的無，轉成量的有，你如果瓦解它，從量的有轉成質的無，非常類似於這個例子，從量上講微塵，從質上講眞空。微塵是妙有，妙有不是實有，妙有是眞空，這個道理我們通過數學極限的觀念去理解的話，好像可以彷彿得之。其實那個怎麼轉，那個奧秘，轉換點是在心念。無窮之後的0之後的一個1，只要你的心念停留在其中一點上，它就不可能等於0了，是不是？也就是說0.000……等於0的時候你的心念不能停留在這裡，當你在經過不斷不斷的捨去許多的0之後，你的1下下去了，請問它是0嗎？它不是了，因爲它已經是有了？所以從無到有是執而爲有，化則爲無，這是一個心念之轉。

四　眞正的根源是回到了原點

借用這個比喻來把這個最關鍵的一點講出來，因爲它是很難講到清楚的，我們已經聽多了妙有即是眞空，眞空即是妙有，色即是空、空即是色，色空如如。這個話頭隱含的道理就被忽略了，其實它的關鍵點在這個地方，在這個地方來了解。

印度人的了不起，能夠發現到什麼叫做眞正的根源，那個眞正的根源性就是說它眞正的回到了原點，這還是「有」啊，把有徹底的消除才是「無」，從這個有轉到無的時候，它是一個質的轉變，通過量的削減達到質的轉變，但即使是量的無窮削減還是沒有辦法達到質的轉變的，而之所以能夠轉變因爲它能夠通一個關卡，這眞的是一個無窮的境界，這是一個很有意思、很有意思的問題。

若是微塵眾實有者，佛則不說是微塵眾。所以者何？佛說微塵眾，即非微塵眾，是名微塵眾。

前面說了，如果是微塵眾實有者，佛則不說是微塵眾，眾微塵空無，不是實有的。如果是實有的就不是眾微塵，所以者何呢？佛回答說：「佛說微塵眾。即非微塵眾。是名微塵眾。」這個眾多微塵眾，並不是眞的有一個眾多的微塵（或者說，所謂眾多的微塵並不是眞的有一個、一個可以數的微塵而構成的），這樣你才能夠講眾多的微塵。這個意思就是說它眞的從量轉成質，而這樣的一個變遷它已經不是程度的，從有轉成無，它已經不是一個程度的問題，它是整個類型上的轉換，類型上的轉換的關鍵點在心念覺與不覺。我們現在把這個微塵眾、眾微塵講清楚了，繼續看：

世尊。如來所說三千大千世界，則非世界，是名世界。

世尊！您所說的這個三千大千世界，不是一個執著性，不是我們眼、耳、鼻、舌、身、意，心有所取法的，通過我們的理解性所理解的那個結構，那個結構性的世界，或者說，那個世界的結構性沒有了，沒有這樣的世界，這樣我們才說它眞正是世界。世界非世界是名世界，剛剛微塵，現在講世界，微塵是就個別的事件上一一的破去，世界是一個就總相的破除。

其實在人類智慧的歷史上，智慧發展的歷史上，就是兩條路在走，一個就是統統把它放在一起的「合一」；另一個是統統把它打散掉，打散掉成爲一個一個的「微塵」，不出這兩個方式。

佛教也不出這兩個方式。打散的方式從微塵而進一步作質的轉變，世界回到心靈上說，回到心靈上再檢查這個心靈的意識的狀態，也是空無的，也瓦解了，這個洞察成就爲「空宗」。

但是一般講它也可以停在這個識上說，把外界一切的存在歸結到心靈的意識上去說，如果就停在那個識上而說的時候，那我們說它是有宗，譬如阿賴耶緣起，阿賴耶識，阿賴耶識是染，是虛妄，那麼這裡頭可以講虛妄緣起，而再往上超升談阿摩羅識，則是智，轉識成智，這可以逼出眞常緣起。這是從微塵上說可以接到整體這邊來，然後再把這個識的了別意破除掉，講空，空的時候這些統統不存在了，不存在的意思就是還是歸返於那個整體。

當你要了解那個空到底是什麼樣的一個東西，有幾條路，一般來說微塵往這邊走，另外一邊我們講是爲一個整體的說，佛教基本上是從整體這邊說多，說般若，通過因緣所生法，而破除一切的執著性，這因緣所生法，我說即是空。

佛教以前的印度原來的那個傳統——婆羅門教，它是採取這個整體的方式的，然後把它歸到一個原初的母體上，它講梵天大我，說一切都從這個梵天大我流出來了，所以最重要的是要回到這個梵天大我的整體裡頭，這是另一個方式。

在中國傳統的道家裡頭，它也是這樣看一個整體，但它不設立梵天大我來講，它是把這個整體視爲一個天地，然後說「天地之所以能長且久者，以其不自生，故能長生。」（《道德經．第七章》）講「無名天地之始，有名萬物之母。」（《道德經．第一章》）萬物在天地間並作，它講的是這樣平鋪的開顯這樣一套。

儒家也是走這個路，把世界視爲一個整體，然後說整個宇宙生生之源——生生之謂易，這個生生之源講太極，這個太極在儒家的經典裡面又詮釋成仁，詮釋爲誠，「誠者，天之道也。」（《中庸．第二十章》）就是一個實踐的動力，從這裡展現。

這是古今中外的智慧談到一個究極的問題時，不是就一個整體來說，要不就是打散它，而到最後進到「無」的境界，佛教剛開始傳到中國，就是這個，打散的，徹底的打散了，而進到空，成就爲「空宗」。空宗就是不停留在那個微塵之量上說，而就微塵之質而說其爲空，但是中國人的腦子裡很難有這樣的觀念，中國人的觀念是這個的整體的。

其實佛教空宗的這個傳統，就對整個東方來講，都是一個很特殊的傳統。因爲它是一個爲了反婆羅門教而開出的傳統，就中國當時來講，是通過道家的「無」，無名天地之始的無，中國人講的無是一個平平坦坦在那裡開顯的那個狀態。通過這個無去了解空，自然而然就把佛教這個東西納進它的內容裡，那麼當然不會停留在原來空宗的那個思想，然後因爲中國人的思考方式是整體的，儒家的「生生之謂易」（《周易・繫辭上》）、太極的思想也在這裡作用了，這個地方它轉成一個新的系統而出現了，叫做眞常心系統。而這個眞常心系統，跟佛教在印度本土所發展出來的眞常心系統很類似，但是骨子裡頭不大一樣，如果依照原來佛教原來所講的眞常心系統，那個眞常心不是一個實有之體，但是在中國來講它所理解的眞常心很容易把它理解爲一個實有之體，這裡有很細微的差別。

我常認爲我們在深入的時候可以在很細小的地方掌握到整個結構上的不同，它是不出這個範圍的，很多的差異到最後你可以找到這裡，從整個魏晉南北朝的佛學一直到隋唐很多東西都不脫我們剛剛所說的，它的結構就是如此而已，那麼在中國來講最有名的就是華嚴宗，華嚴宗的眞常心系大概就接近於有宗，而天臺宗爲主的眞常心系統比較接近以空宗爲主的方式，而禪宗呢？禪宗有很多的宗派，它其實就在這兩邊之間擺盪。

那麼《金剛般若波羅蜜經》呢，它很徹底的是空宗的，能夠見到那個微塵的空無，所以我認爲《金剛般若波羅蜜經》是最能夠把佛教的精神把握住的一部經典，其他的都沒有能像它把握的那麼準，你看它裡面毫不說神通的，幾乎其他的經典都會出現神通，而神通其實只是個權變，是個方便而已，《金剛般若波羅蜜經》不談這個，它很清楚的要你去了解什麼叫做「空」。空無的智慧非常難，慢慢的講到這邊可以把它說清楚來。

五 東西文明方思考「有無問題」的差異

人類的思考方式要不就是整個把它統統包括進來，然後我來處理它；要不就是我統統瓦解掉了來處理，這樣才能夠究竟。這兩條路一直在調整，調整出一個恰當的方式，分出一個一個不同的結構。西方的方式也一樣，西方的原子論者，屬微塵類型的，古希臘的德膜克里圖斯（*Democritus*），但是它就停留在那個微塵上，認爲微塵是有，那個原子是實有的。

因爲西方的這些思想裡頭有一個很重要的地方——無就是無，有就是有，他們沒有找到那個轉換點，西方人的一個最大的限制在這裡。目前來講，二十世紀現在已到末葉，整個西方後現代思想家開始注目這一個問題，「無」跟「有」不能夠轉？西方的思想認爲兩者不能通，判然二分，不能夠合在一塊兒。亞里斯多德（Aristotélēs）的矛盾律（Law of Contradiction）就認爲A就一定不能夠是非A。在東方的傳統裡頭，無跟有我們找尋到了一個轉換點，這是一個很奧妙的地方。

在東方的傳統裡頭，A跟非A它剛好是構成爲一個整體的，他們是這樣想問題的，這整個都不一樣，所以西方人在想碎爲微塵的時候一定停留在原子論，停留在一個一個的之上，要不就是把它放在一塊兒，古希臘的西諾（Zeno）跟巴門尼德斯（Parmenides），把整個世界放在一個整體裡面，而且都不能分開來。你可以發覺到這其實不符合於我們日常生活的經驗，因爲他們是通過理智的執著去說有就是有、無就是無，開展出來的整套是不一樣的，它思考的方式大體來說可以類比，經驗論者注重於微塵，理性論者著重於整體，不出這兩個類型。

我們學習的大要在能學習到它整個的思考方式，而能夠把它結構起來，以後我們就有能力去思考它，面對這個問題的時候，一想，對了，是這個樣子的。屬於空宗規模的《金剛經》當然要說：「世尊。如來所說三千大千世界，則非世界，是名世界。」

何以故？若世界實有者，則是一合相。如來說一合相，則非一合相，是名一合相。

如果世界是實有的話，那麼這個世界應該就是一合相了，如果是實有的，一個一個加起來就是它的樣子了，但是如來所說的那個一合相，不是這樣的一合相，不是這一種，特別指的不是婆羅門教那個梵我一如下的一合相。依照佛來講，那是外道了，它不是這樣的，它是瓦解這個東西的，所以說如來說一合相，則非一合相，這樣才叫做眞正的一合相。換言之，不是在一個我們內心所執著的一個整體裡，是徹底的打散跟放開，心靈徹底的開放和自由。佛教在這裡是很了不起的，所以這個時候的一合相是沒有界限的，梵我一如下的那個一合相，相對於佛教所講的一合相來講，它是一種無窮的界限，不是沒有界限，它還是有的，這個界限是，推到外面的，而就佛教來講是沒有這一條線的，這叫做一合相。所以你看——

須菩提，一合相者則是不可說。

不可說了，超乎一切的言說，落在言說還是有嘛，不可說超乎言說的才是無，你從有轉到無，那一轉是很難的。

但凡夫之人，貪著其事。

但是凡夫就是貪著其事，沒有辦法了解這個，很難的。我們現在是用我們的理智往上去推想，逆反地去了解，不然的話很難理解得來，要體會談何容易，所以在這個方面我一直認爲人類的思辨能力，有助於我們對於道的追尋，思辨能力一個很重要的用處就是，規定了思辨的能力所及的這個世界的範圍，當你作了這個規定的時候有兩層意思——一個是重建了這個世界，這個執著性對象化的世界，另外一層意思是，因爲它是被你所規定的，你就能夠越出那個規定，是這兩層。

這個叫做「說其可說，盡其可說，而超其說；說盡其可說而越出其說，既越其說，便是無所說。」它是這樣的，也就是說思辨於悟道如果有用處的話，在於說盡其可說，而越出其說，既越出其說，便是無所說。

其實在西方的傳統裡，有一個人在這個地方是很重要的，這個人是康德（Immanuel Kant），他就說了我們的知識我們的言說所能夠碰到的，就是我們的認識能力所能夠見到的，那個執著性的對象而已，那個執著的對象再怎麼說，都只是現象，而不是事物自身，而事物自身不是我們人類所能了解的，因爲它不是我們能夠用說去說它的。借用他的理論來說明這裡所講的，是有一點類似，但是又不能執著在康德系統來看，它還是整個不一樣的。

舉出這一點是要說其實人類語言的最大功能有限，不要只是思考我們現在語言所圍住的那個東西，而是要摧毀了那個東西而讓語言眞正的意義顯現出來，使它背後的意義顯現出來。因此，必須用說的時候是不得已，最根本的還是默，所以講默契道妙，心無所取著那就默了，虛的靜的，這是很重要的關鍵點。但是「凡夫之人，貪著其事！」不了解一合相是不可說的。

所以我們談一合相談到最後的那個「一」跟「合」，是「境識俱泯」的狀態，才是一合相，泯就是沒有分別了，無分別，沒有界線、沒有分別了，「境」跟「識」沒有界線、沒有分別的狀態，交融一體，自己瓦解掉了它，所以你如果把這個一相理解爲黑格爾（Georg Wilhelm Friedrich Hegel）的絕對精神就錯了，黑格爾的絕對精神就是像梵天大我的那個境界，跟中國儒家講的太極有一點接近，但是也都不一樣。這幾個類型背後是幾個不同的宗教，黑格爾背後是基督教的傳統，儒家背後的是儒教，梵天大我是婆羅門教的，人類的宗教、哲學類型源頭不出這些，談的範圍最終不外是人、世界、一切的存有這幾個問題，談這幾個之間的關係，哲學問題其實就是參這個問題，悟道不悟道也是參這個的問題，參透了就悟了道，沒參透就沒悟道，那麼參有很多的方式，像我們現在在這裡講習這個經典也是一種參，而這個參不見得就會比較容易，它其實有時候可以講到很難的東西。

知見不生分第三十一

「須菩提！若人言：佛說我見、人見、眾生見、壽者見。須菩提！於意云何？是人解我所說義不？」「不也，世尊！是人不解如來所說義；何以故？世尊說我見、人見、眾生見、壽者見，即非我見、人見、眾生見、壽者見。須菩提！發阿耨多羅三藐三菩提心者，於一切法，應如是知、如是見、如是信解，不生法相。須菩提！所言法相者，如來說即非法相，是名法相。」

知見不生，還歸「如是」，此「還歸」之所以可能乃因般若空智所照故也。於般若空智所照，則一切法只是如是知，如是見，如是解，如是信解，此如是乃歸本於空無透明，是不生法相，蓋所言法相即非法相，是名法相。此是說「依般若空智而啓導一實踐的如是性」。

一 習慣的思維模式很難放棄

這一分它根本的結構和我們提過的還是一樣。「知見不生」——知見不生，所以如是見而生。知見跟如是見不同，知見有所執，執著性對象化之知是爲知見，而眞正見整體之見就如是，如是是無所執著的。人習慣上的思維模式其實很難放棄，非常難，如果你就是有所執，你就沒有辦法眞正回到如是。如是就是放下嘛，人就是放不下，佛教針對了這一個非常有趣的問題：如何學習放下？從一個很具體的方式來講，第一個——不要擔心嘛，心靈不要有所擔負。什麼叫不要擔心，其實我們民間有很多智慧都是有這個的，譬如說我們民間有句俗語「暗！暗清在，天光沒忒快！」既都已經晚了，不必急嘛，我們就是怕急，急就是不從容。中國人這個詞講得很好：「從容。」什麼叫從容？「容」指的就是樣子。它是什麼樣子，就讓它是什麼樣子，這樣叫做從容。慢了就只好慢了，因爲你一點辦法沒有嘛，急也沒用啊，放下來。

禪宗語錄裡有：你放不下就挑起來走啦，挑不起來就放下嘛。人間世的苦就是挑不起來又放不下，你挑得起來就挑起來走就是了，那也沒關係。其實道理很簡單，你的手是抓緊的，就永遠不可能再重新抓東西。「如」就像我現在手上拿著東西，等一下我一定要鬆開的，鬆開了我才能重新再拿東西，然後再鬆開再拿，再鬆再拿。世界上就是有人拿著就不鬆開了，這很麻煩，這個地方就要學習，學習這個我們就從布施開始學。

其實布施不是一件那麼難的事情，布施就是放下，錢財的布施容易，時間的布施比較難一點，大家來這裡參與是大家布施了你們的時間，時間也是個奧秘，你說這個時間它本來就是有的，它本來是沒有的，你們不布施，它就不構成爲一個時間，時間它原來就那樣過去了，你現在參與了它，才構成了它，是你瓦解了你原來的時間，然後來到這裡，才構成了這裡的一段時間。

二 世界的奧秘就在不斷地瓦解與構成中

世界的奧秘就一直在瓦解跟構成之中，我們在這裡的《金剛般若波羅蜜經》已經講到第三十一分了，第二十一講，不容易啊，你想一想，這不是容易的事啊，不是諸位的參與它能夠構構成嗎？你們的參與就是你們把你們原來所擁有的東西瓦解掉，放下了你們原來的時間，把它放到了這個地方來，放下了那裡，就在這裡釋放出來了，釋就是放開了，釋也就是放的意思，然後在這個地方就自然構成了這個時間。假使你不願意放棄你原來的那一段時間，譬如說這段時間，這個晚上你原來都做什麼事的，或是有時這時間有人請客，其他什麼事情讓你放不下來，於是你的時間就不可能有新的構成，這不是很有意思嗎。其實學習放下，這就是一個方式，時間的最大奧秘就是你把它擺進去它就有了，而你要把它擺進去也就是你必須要拿掉一些東西，才能夠擺進去，或者你把它擺進去了，其他的東西就很自然拿掉了，看你從哪一面說。

佛教的智慧裡面就告訴我們如是，能夠如是見，則能夠知見不生，心裡想著：「不一定要有我。」先從這裡想。其實這個是人類的通理，不是佛教能此而已，佛教只是把佛教的通理講了出來，陸象山的學生跟象山說：老師啊，你實在了不起，天下要是少了你，或是少了朱子，世界就不成其爲世界了，學術界也成不了學術界了。象山說：這個世界不多我一個也不少我一個，當然也不多一個陸象山，也不少一個陸象山，都一樣的，它本來是這個樣子的嘛！15

人最該警惕的一件事情就是作主，每個人都要作主，其實應該要無主。最近我在反省這個問題，中國自秦朝的統一以後，（我的分別方式就是把秦之前的中國的格局叫做一統，秦以後的就是統一跟分裂的格局。一統跟統一的概念不一樣，我上個禮拜作的一個演講裡面提到這個問題。）帝皇專制對於中國文化的傷害很大，這個傷害使我們非常寬廣的心靈，抓成一個宰制的心態。上古原來的中國的社會結構是一個寬鬆的自然血緣構成，它後來變成一種帶有宰制性的血緣構成，而一切的道德，一切的宗教，學術種種文化的活動，常常也落在這樣的格局上，包括現在的中國人在做事的時候仍然是在這個格局之下，所以往往是一個人做事，其他人就是聽命於這個人，才能夠好像構成一個整體，這樣的方式它的限制非常非常地大。

我覺得道家的智慧跟佛家的智慧很能夠提供我們實行一種「萬物並作，吾以觀復。」

（《道德經·第十六章》）、「微塵眾而無微塵」、「三千大千世界，非世界，是名爲世界。」這裡就是能眞正的了解到，一個眞正的構成其實是不斷的在瓦解中的，它不是以環繞著哪一個核心然後開啓的，它是在一個寬廣的天地裡頭而構成的。這些的智慧我覺得道家跟佛家所提供的比儒家要多，這是很可貴的，很值得留意的，我在想我們能不能尋求到一個很恰當的方式，用這個方式來呈現，而不再是用抓的方式，抓的方式，到最後常常就是有問題，有所取執，有所執著嘛，這個地方佛教的跟道家的智慧是需要的，道家講：「致虛極，守靜篤。」（《道德經·第十六章》）佛教則是以修行的工夫，歸本於空。

三　佛教發現了語言真正的限制

現在我們來看經文：我見、人見、眾生見、壽者見，這都是知見，有所執的見。執著於我，執著於人，執著於眾生，執著於生命的延伸。須菩提，你說說看，如果有人說我所說的是我見、人見、眾生見、壽者見，你說這個人了解了如來的意思了嗎。世尊這個人沒有眞正了解如來所說的意思，爲什麼呢？世尊回答：因爲我見、人見、眾生見、壽者見，就不是眞正的我見、人見、眾生見、壽者見，這個「知見非知見是名爲知見」，也可以進

15 《象山語錄》載：「一夕步月，喟然而嘆。包敏道侍問曰：先生何嘆？曰：朱元晦泰山喬嶽，可惜學不見道，枉費精神，遂自擔閣奈何。包曰：勢既如此，莫若各自著書，以待天下後世之自擇。忽正色厲聲曰：敏道敏道，恁地沒長進，乃作這般見解。且道天地間有個朱元晦、陸子靜，便添得些子，無了後便減得些子。」陸九淵：《象山全集》卷三十四，語錄（臺北市：臺灣中華書局，1979年7月），頁14。

一步說，是名爲「如是之知見」。這個知見，你眞能夠洞察它的話，你現在所說的知見，並不是如是知、如是見，因爲它是有所執的知、有所執的見，陷溺在知見中則不可。釋迦牟尼佛所說的知見不是陷溺在這裡，他所說的是如是知、如是見。但是當我們要去說如是知、如是見的時候，我們要留意一下，我們要去說出「眞實」，或說出「如是」，說本身就「非如是」，我們要用話去說「眞實」，其實是不可能的，除非你的話裡頭就隱含了一個摧毀限制的可能性時它才可能，凡是「說」皆非「眞實」，現在你要表現出眞實，除非能瓦解掉那個「非眞實」的，這樣你才能夠眞正說出眞實，佛教最深奧，而且最可貴的地方，是它發現了語言眞正的限制。

言說必有所限，有所執。

說一定會是定說，說而欲越出那個定說，唯一的一個辦法就是你摧毀了它，我們常常以爲語言就是表達了我們所要表達的東西，但是現在釋迦牟尼佛在《金剛般若波羅蜜經》裡面要告訴我們，如果我們說我們的表達是表達了東西的時候，這種的表達是執著性的，對象化的，指向於一個事物的。譬如說：這是一枝粉筆，其實是你用粉筆這個名稱去把握它，通過了這麼一個語詞而掐住了它，說它「是」什麼，但是你現在如果一直是這個方式的話，這個方式是「心有所取法」的方式，或「心有所染執」的方式。佛告訴我們，這樣的方式是不可能說眞理的，因爲眞正的眞理在言說之前，那你現在如何去說眞理呢，除非你的說已經包含了非說的可能，包含了瓦解那個說，這樣你才能說那個原來的眞實的如是的。這個是很難很難的一個奧秘，佛教是眞正看到了這個問題。

世尊說我見、人見、眾生見、壽者見，即非我見、人見、眾生見、壽者見，是名我見、人見、眾生見、壽者見。

那個我見不是染執的我見時，必須瓦解掉那個染執的我見，才能夠回到一個純淨的如是的我見。它的論式是——

見，不見，是見。

般若，非般若，是之謂般若。

十年前見山是山，見水是水，十年後見山非山、見水非水（不見山不見水），再十年後見山又是山、見水又是水。

這裡頭有一個很重要的意思，你如果眞正要說出這個「見」，你必須通過你對原來這個見的瓦解，才能夠看到「見」。眞正智慧的構成是通過瓦解你原來的執著而構成的，而那種構成是一種不是構成的構成，它已經不是一種構成。爲免執著，我們可以說它不再是一種「構成」，而佛教發現了這個。這個是發現0的民族才能夠發現的。再用我們以前舉過的座標的例子，一個平面座標點（3, 2），你要確實說出這個位置是三跟二的時候，你要怎麼說？它的意思其實是，當你削去了X又削去了Y的時候，它回到了（0, 0），如果你只削去了1削去了1，則回不了這個座標系的原點，回不到原點的意思就是說它是錯的，不是確定的、確實的。削去了X和Y的值，能夠回原點，那麼這一點才能夠被你確定，用這個比喻大家可以了解我所提出的「意識的透明性，存在的空無性，信仰的確定性，實踐的如是性。」是你削去了你所「知」的所「有」的，而能夠回到原點，所以那個確定不是你惘然恍惚，不知所以，不知道怎麼辦，而是當下的那件事情，本身就是確定的，而當下的那件事情就是這樣的確定了，你就這樣的去行開來，而達到實踐的如是性。所以你眞正的信仰確定了，砍柴挑水亦是道，譬如儒家講：「素富貴，行乎富貴；素貧賤，行乎貧賤；素夷狄，行乎夷狄。」（《中庸・第十四章》）那個「素」也就是「如是」的意思。

四　信仰的確定性如何生起

而這個「信仰的確定性」如何生起，原來生命的確定，是要消去一切言語的限制，才能生起，而回到了根源，這樣才能夠眞正的確定，語言所表達的是眞實的，所以「說」的準確性不是在「說」上確定的，是在未說確定的，根源在未說之時。

因此，「我見、人見、眾生見、壽者見，即非我見、人見、眾生見、壽者見，是名我見、人見、眾生見、壽者見。」從這裡看下一段，就很容易可以了解。

> 須菩提！發阿耨多羅三藐三菩提心者，於一切法，應如是知、如是見、如是信解，不生法相。須菩提！所言法相者，如來說即非法相，是名法相。

阿耨多羅三藐三菩提心就是無上正等正覺的心，阿耨多羅三藐三菩提是梵語的音譯，意譯是「無上正等正覺」。分而言之：

阿：無。耨多羅：上。三：正。藐：等。三：正。菩提：覺。

無上就是絕對的、平正不倚的，等就是普遍普照四方的，這樣平正不倚的一個覺性，能夠發起這個阿耨多羅三藐三菩提心：「於一切法，應如是知，如是見，如是信解。」就是如是而已，因爲「覺」了，這個「覺」平正不倚普照四方至高無上，你找到了信仰的確定性的時候，就是覺性的呈現，一切歸本於寂，所以是「寂覺不二」、「即寂即覺」，所以「阿耨多羅三藐三菩提心者，於一切法。」之於所有的存在，應該要——

如是知。如是見。如是信。如是解。

知是知其當下，見是見其本然，信是信其確定，解是解其空無，不生法相，法相不生，歸本於寂，那也就是空無、透明。

須菩提，所言法相者，如來說即非法相，是名法相。

從不生法相而進一步講如何生一個眞實的法相。我們所說那眞實的法相，就不是我們心靈的執著，那個知見的法相。眞正的法相，歸本於寂、即寂即道，即寂即覺，寂照不二，寂覺不二。佛家如是的智慧不是叫我們不要知、不要見、不要信、不要解，而是知其當下，就其剎那，見其本然，一合相，信其確定，解者歸回空無，而這一切就是如是。這些道理一言以蔽之，還是「放下」。但是——

放下，非放下，是之謂放下。

所謂的放下並不是眞正的放下什麼東西，所以信佛並不是說自此以後人間事就不要多管，而是知其當下，該管便管，見其本然。就人類來講，他們的幸福的目標是什麼，去實踐，這是一個永不休止的歷程，所謂成的一個整體，而這個歷程裡頭有一個確定在，一切都灑落自然而空無，如如不礙，沒有什麼好罣礙的。所以有人把佛教講成是消極的，我覺得有點奇怪，道家也不是消極的，不然爲什麼佛寺的正殿何必叫做「大雄」寶殿，能作「獅子吼」，如果有人把佛教解釋爲消極的，你可以問他爲什麼有「大雄」寶殿，大雄者並非一決雌雄之雄，是超乎於這種相對的對抗的那種雄偉，這是眞正的雄偉，可稱「世尊」，是「世界之尊」，眞正的雄偉是無所罣礙的來去自如的「如來」，當下即寂即覺的，這叫「牟尼」，能仁能寂，具慈悲心而能歸本於空無，釋迦是一個族一個族姓，牟尼則描述如來佛他的整個修行程度，「大雄獅子吼」有的時候是必要的。

所以像禪宗，參時有時要當頭棒喝，這個「棒喝」提示了它剛性的精神，哪會是消極的鄉愿的，「我已經信佛了，這個不要計較」，其實它教你以不計較之心計較之，這叫如是計較。如是計較，就其應該計較的而計較，落實的行止，簡單講，應該計較的就去計較，不是和稀泥，不要把佛教跟道家講成是和稀泥，「差不多，反正都可以，算了吧！」不要擔心嘛，放下吧，一切退讓的即可，眞的這樣，人間的的正義如何存。

佛教跟道家不是不要人間的正義，而是說人間的正義基本上是要歸返到一個原點，歸返到原來的天地裡，所以它一再的通過一種語言的摧破，瓦解，而造成一種質的轉換，而不只是量的程度的減低。這裡可以關聯著上一分而說，語言的摧破與瓦解其實就是一心念的覺醒；沒有心念的覺醒，如何有語言的摧破與瓦解，所以它要說「般若非般若，是之謂般若。」「見，不見，是之謂見。」通過語言的自我摧破與瓦解，通過這個活動造成質的轉換，而這個是一個心念的覺醒，因爲語言之所以是語言，是因爲我們心念對象化之後把它說出來是什麼，佛教很精要的地方在這裡。我們今天就講到這裡吧，下一次見面的時候就已經是明年了。

應化非眞分第三十二

「須菩提！若有人以滿無量阿僧祇世界七寶，持用布施；若有善男子、善女人，發菩提心者，持於此經，乃至四句偈等，受持讀誦，為人演說，其福勝彼。云何為人演說？不取於相，如如不動。何以故？一切有為法，如夢幻泡影，如露亦如電，應作如是觀！」佛說是經已，長老須菩提及諸比丘、比丘尼，優婆塞、優婆夷，一切世間天、人、阿修羅，聞佛所說，皆大歡喜，信受奉行。

即應而化，非有定相也，以此言非真。以般若智觀照之，故能不取於相，如如不動。因般若智觀照之，則「一切有為法，如夢幻泡影，如露亦如電，應作如是觀」。此是說一切存在是空無的，是剎那生滅的；意識是透明的，是無有罣礙的；境識俱泯，還歸於空，通透圓明，此自顯現一定向，即此定向而說有一信仰之確定性，順此信仰之確定性，而開啓一實踐的如是性。「由般若空智而開啓一如是觀的哲學」。

一 佛教的三大系統

三十二講應化非眞，「應化非眞」是當下而應，即應即化，無所罣礙，因爲無所罣礙所以非眞。從這裡我們可以看出一個般若的系統到最後是要歸於空，所以它講非眞。這跟眞常的系統不太一樣，佛教依照印順法師分爲三大系：

性空唯名——般若學系統，說萬法無自性，萬法之自性爲空，萬法之爲萬法只是吾人通過「名」而稱之，名亦是空的。心無取法即是空，心有取法則成執。

虛妄唯識——虛妄唯識是要安排一切的假，通過識的了別安立一切假，心靈意識起了別作用，通過這種了別作用而安立了一切假象，而這種安立是虛妄的，這種了別本身是虛妄的，所以唯識宗之極在「轉識成智」，從虛妄之識轉至眞智般若智，而般若智即是空智；不過另有一講法把這個轉識成智的「智」講爲「性智」，就佛性佛智而強調眞常唯心一面。

眞常唯心——此爲佛學較晚期的發展，認爲在虛妄的假立的唯識之背後有一更爲根本恆常的心，這個「心」超乎阿賴耶識而爲第九識，稱之阿摩羅識。

佛教之精神應以「性空唯名」一系爲主，虛妄唯識究竟亦是要逼顯性空，就佛教講的悲智雙運來講的話，性空學偏重在智上說，從智上之證立以談般若；眞常一系從悲上入而進一步談成佛之依據，是爲佛性。所以佛教裡最重要的兩個觀念一個是「佛性」，一個是「般若」。

從這裡《金剛經》的最後一分我們可以看到它是個般若學的系統，歸於空。而禪宗的發展，我覺得一開始是接著般若學的系統而開啓，六祖惠能聽人誦《金剛經》至「應無所住而生其心」而言下大悟，這是爲人熟知的一個典故。《六祖壇經·行由品》這個應無所住而生其心其實講的就是般若，不過禪宗後起的宗派很多，也有偏向眞常唯心一系的，佛家講「明心見性」之時，此性應爲「性空」之性，但是也有轉成「佛性」之性的，就成爲眞常心系統，其實佛性與空性原是不二的，所以我們不能截然判分它屬哪一系而不屬哪一系，只說它偏重於哪一面，倚輕倚重，這是佛學史的問題，我們只概略說到這裡。

二　真我是從「有」轉為「是」

須菩提！若有人以滿無量阿僧祇世界七寶，持用布施；若有善男子、善女人，發菩提心者，持於此經，乃至四句偈等，受持讀誦，爲人演說，其福勝彼。云何爲人演說？不取於相，如如不動。

這裡仍然作一個對比，這種句法在《金剛般若波羅蜜經》裡頭已經出現過好多次。如果現在有人用非常多、非常多的七寶，那麼多的世界上的所有的七寶，持用它來布施也就是無量數的布施，如我們已經說過的布施最重要的一個效用是促使假我的瓦解，眞我的確立，從有我轉成無我，從假我轉爲眞我。我們生活在世界上一般都是通過我們所擁有的來說明我，我們常常忽略了什麼才是我們的眞正的「我」，我們是通過一個我們所擁有的包裹的我來說明「我」，大概人類生命的發展也是這樣，必須經由「我的」來說明「我」；之後再進一步的從把我所擁有的拿出去以後再來說明我，這是一個很重要的歷程。從我們開始懂事以前到開始去把握一些什麼，而慢慢的開始有「我」，慢慢的這個我成立了，但是這個我仍然是個執我，執著的我，我執的我，去除我之執而從有我轉爲無我，而這個時候那個執我是假我，如此一來才是從假我轉成眞我。

人的安身立命其實是要這樣的一個過程，從我都還沒有，到我有，到我將我所擁有的拿出去。這一回我到香港去開一個國際會議，名爲「安身立命國際會議」，一般國際會議都會加上英文名稱，它的英文名稱翻譯非常好，把「安身立命」四個字翻譯成「From Having to Being」，這是從法國的一個哲學家馬賽爾（Gabriel Marcel）的哲學中提出來的，他的哲學區分了「是」與「有」，從有到是，當我們說有的時候是我們所擁有的，但是這個有還不是成爲一個眞正的存在，不是眞正成爲你自己，所以要從這裡再轉成你自己，其實從你擁有的轉成你自己的，那個過程是要把你擁有的消化掉。消化這兩個字眼用得很好，消跟化，消：原來有的消失掉了，化：原來有的化除了。某一個意義下，布施也是一種消化，所以布施的道理在這裡，布施跟安身立命有什麼關聯，其實布施就是一個生命的從有到無的消化的過程，從你擁有的你不去擁有而使得它眞正成爲擁有，是這樣的一個過程。

三 布施是外功，讀經是內功

但是布施有很多層次，布施的目的是調整自己安身立命，而我們誦讀《金剛經》的目的也在此，而誦經是直接的面對我們內在的心靈結構作一番調整，整個「我」的調整，而布施一樣的，我們可以說「布施」是一種外功，誦讀《金剛經》這是內力，其實它是相輔相成的，但是比較起來誦經是更爲直接的方式，所以一經比較，佛告訴你——

若有人以滿無量阿僧祇世界七寶，持用布施。若有善男子、善女人發菩提心者。

特別標舉出來是善男子、善女人，什麼是善男子、善女人呢？發了菩提心的男子和女人。發心是很重要的，發心是「我願意」，這個「我願意」是很重要的，當有人說我願意的時候，那個整個人他整個內在的感覺就不一樣，我們可以說一個人原來是處於我有的狀態，而當他說「我願意」的時候是成爲「我是」什麼的存在狀態，整個人頂起來了，內在裡頭有一股力量，它有個突破，瓦解，同時隱含了一個創造。這個「願」很重要：「我願意」。用《易經》裡的一句話很能表達出這個境況：「首出庶物，萬國咸寧。」（《易・乾彖》）我們內在裡發起一個意願，在萬國之上，而整天下萬物呈現清寧，眞的如果你從內在裡發出一個意願來，整個人會有一個天清地寧的感覺，佛教的願力也有類似的作用，要發這個願，一旦發了願就有魄力。

發菩提心者，持於此經。

那發了菩提心的善男子、善女人，依持著這部經——

乃至四句偈等，受持讀誦。

從這部經到經中的四句偈，接受它持守著它，誦讀它，爲人演述它——

其福勝彼。

這些人所得的福德會超過前者，爲何呢？因爲你受持讀誦而爲人演說，這是法布施，前者世界七寶的布施是財物的布施，法布施更進一層，所以著重這一層，而且這裡說的「其福勝彼」，其福何在，我們說布施會得福德，布施的福是福德之福，這個福是以德爲福，以布施而立德，立福德之德，立無所得之德，立無得之德。你現在受持讀誦爲人演說《金剛般若波羅蜜經》，一樣是布施，而布施本身是布施了無得之德，所以它說「其福勝彼」。

云何為人演說？不取於相。

要如何為人演說呢？不取於相——因機而顯相，因什麼機而顯什麼相，即相而即滅，即顯相而即寂滅。當下就寂滅了，這也就是「不住」之意，不停在那裡，所以無所取、無所住。在誦讀《金剛經》的時候，那個誦讀的本身融入其中，但並不沉迷。什麼叫做沉迷呢？迷就是住，而迷住了叫迷；沉是沉溺，溺而迷住。不沉迷於其中的話就無所住、無所取，演說的人該如此，聽的人也應該如此——

如如不動。

如如不動是眞不動嗎？是動而不動，以不動動，不動而動，此之謂如如不動。它是動的，但是動而無動相，它的動不是相對的動，是絕對的動，絕對的動是恆動，但是這個恆動，等於恆靜，但不動本身它是動，而它動人的方式是以不動而動。簡言之，以不動心而動之。那麼怎麼可能不動心呢？動心而不執，就叫做不動心了，因為一動一定動了心，譬如你看到旗幡搖動，不是幡動也不是風動，而是心動，但其實是「如如不動」的，此時心有沒有有動呢，心有動但是你不執著著你的心所動的，所以它「如如不動」。其實幡動、風動、而心亦有所動，所以說幡動風動而仁者心動都是對的，講幡動是就顯出的事相而言；講風動是就那個事相而追究其原因，這是外因；但是講心動，說到了你認識的一個起點。在那個地方，三者皆動，最後你了解到其實你的心並沒有一個體，所以心根本不動，所以也都不動。

四 境識俱泯與我法二空

佛教並不像西方哲學要去探究什麼宇宙起源的問題，不去探索什麼存有根據的問題，它所探討的是人跟整個世界的關係的問題，它認爲探討宇宙起源存在的根據都是假問題，你再怎麼追都追不到盡頭，人活在這個世界上，是人跟世界以及所有萬物的關係的問題，所以它將宇宙起源的問題轉成了人跟世界的關係的問題，以這個問題來涵蓋它。一旦轉成這樣，它處理的主要在境跟識的問題，而境跟識原來是合而爲一的，未分的，經由我們心靈意識所起的了別作用，而去執著了外在的事物，使得外在的事物成爲了一個對象，而之後產生的種種問題，點出了這一點。既然點出了這一點，那麼這個問題就應該在這個地方來破解，讓你來了解我們的意識本身本來就是透明的，是無所執著的，而這個外境指的存在是空無的，這個叫我法二空，這是究竟。

在這種究竟的狀況下，在人的內在裡頭湧現一個眞實的我，眞實的我是一個無我之我，那個我其實就是一個願，就是一個信，我們在這裡說它是一個信仰的確定性，而再由這個確定性進到一個境識一體而未分的狀況下，而開啓整個人間的菩薩事業，去實踐，而這個實踐是當下無所罣礙的，叫做實踐的如是性。而至於宇宙的起源，存在的根據如何，它以緣起說破解了這個執著，所以佛教的緣起說不是要來說明宇宙的起源的，不是要來說明存在的根據的，而是破解這個問題，說明這個問題是不必提出來的，因爲眞正的問題不是那個問題，而且那個問題不是人所能處理的，人應該面對的是眞的問題，所以佛有一些問題他是不回答的，他也沒有辦法去回答，他覺得那是個假的問題。

所以講如如不動的時候，那要深入到了解境識俱泯的那個狀況，是一體未分的狀況，它是不動的，它之動是因爲你的心動了，你心動了，整個天地皆動，但是若你的心無所執，那個動就是剎那生滅，無所執著無所定住的，它就是這樣子，這個叫如如不動。其實要了解那個如如不動，就很下乘的理解，比如我們坐火車的那個情況，可以體會如如不動，其實你一直在動，而你以爲自己不動。我說它只是下乘的說只是說它是個比喻，不可以從這裡來體會，比喻就是有幾分相似，但往往差別很遠，其實整個地球也在動，但是我們不覺得它動，因爲地球的動就其本身來講是一個永不停住的往前運轉。

這個世界就是因爲人心的停住而生出了這個世界，不然這個世界是寂滅的是沒有的，但是這人心的停住它也代表了一個歷程，人心的歷程叫緣，而當下的停住那叫分。譬說我們大家在這邊一起來誦讀這部《金剛般若波羅蜜經》，這幾個月來我們有這個緣，爲什麼會有這個緣大家能碰在一起呢，我們跟其他萬有的事物不太一樣的是因爲人有個心靈，人有這個心靈，人有願力，人的這個願力跟一般的萬物不太一樣，人的這願力本身來講還可能具含了攝持法力的可能性，簡單的說，人具有選擇的可能性，具有自由的可能性，而我們從內在裡頭發出的一股願力，夾雜著本來最主要的一個自由選擇的可能性，使得偶然形成某種定然，這個叫緣——分，偶然是緣，分是某種定然，一定會這樣，必然的。

當然這個緣分有盡的時候，因爲它畢竟是人經由他的心識的執著而成的，但是這個地方，因爲來自心識的執著所以它必然要毀壞，所以這個緣分它是會消的，而消了以後，它的內在裡頭還會有個力量再繼續往前，所以這個業力是從無始以來一直下去的，善業惡業，一直累積下去，但是這個業本身它會因爲你的念而牽引，相互的牽引，所以善知識牽引善知識，惡業會牽引惡知識，一牽引它就不一樣，所以佛教這個業的觀念很複雜，很奧秘，但是只要我們用心體會一下可以體會到業的力量之重之大。

五 《金剛經》四句偈

這裡經文裡說，受持讀誦爲人演說《金剛經》的人，要不取於相，如如不動，我們剛剛對這個如如不動作了一番解釋，如何可能如如不動，是因爲你必須要了解這些，而如如不動的最簡單的一個做法就是你要放下，要放下而能挑起來，就好像我們在跳高，我們在跳遠的時候。眞正起跳的那一刹那就是我們全副的生命完全放下的時候，佛教最重要的智慧就是在這裡告訴你這個起步前的那一段，而不是起步後的，是起步前的，當下的放下而承擔，一樣的，我們在研讀《金剛般若波羅蜜經》也是這樣的。

何以故？

爲什麼呢？其實我們剛剛已經講出了它的緣由，底下的四句偈就可以作一個印證。

一切有爲法，如夢幻泡影，如露亦如電，應作如是觀。

一切人間有爲的一切的存在，萬有的存在，在佛教裡面用「法」字來說，法這個字眼用得非常得廣，不是法律的法，其實它指的就是「存在」。

有爲法，相對來說當然有所謂的無爲法，有爲法：心有所執而成之法，而無爲法是心無所執而成之法，用現在的學術上的語詞來講有爲法就是執著性、對象化的存在，無爲法是無執著性、未對象化或者非對象化的存在，有爲法只是僵固而定執的一個存在，無爲法指的是一個圓頓而通透的存在自身，而這個自身本身就是沒有一個體的，所以這裡講的一切有爲法就是我們的眼耳鼻舌身意，我們的六根六識所接的六塵，而成的一個一個存在的對象物，一個一個的存在的事物，它好像夢幻一樣，好像幻影一般，它像夢境一樣，像幻影一般，像水泡一樣，像浮在水面上的水泡一樣，像虛的影子一般，好像朝露一樣，很快它就乾了，好像電光一樣，一閃就沒了，所以「一切有爲法，如夢幻泡影，如露亦如電，應作如是觀。」你應當將那一切有爲法看待成夢幻泡影一般，像朝露、像閃電一樣，也就是你要眞正懂得它是刹那生滅。

刹那生滅，當下即空，無有實在。

如何能懂得這個，佛陀現在要你至少先對這個四句偈要記得，通過一種形相的方式去把握，通過意相，像夢、幻、泡、影一般，露、電，如夢幻泡影，如露亦如電，我們通過這些形相去把握，其實都刹那生滅，我們應該作「如是觀」，作如是觀有兩個說法——一個是你們應該懂得它們就是這個樣子，另外是：就是這個樣子而如其爲這個樣子，如是如是就是這個樣子，人間一切萬有就是這個樣子。

整部《金剛經》都在宣說，一切都是空的啊，我們講了這麼多，有沒有講呢，其實講的都空了，白講了，空講了。

釋迦牟尼佛說法四十餘年而自謂無一法可說，一切法皆空，怎麼有一法可說呢，無一法可說。釋迦牟尼佛臨終之時弟子們問他將來要追隨誰呢，以誰爲師，他告訴弟子們：以戒爲師。爲什麼說以戒爲師呢？「戒」的意思是什麼——儀式（就廣義而說）。六度波羅蜜都可以說都是一種儀式，「戒」就是日常生活的實踐。什麼樣的日常生活實踐呢？一種以無我爲指針的日常生活實踐。佛法就是這樣而已，佛法就是慈悲心，也就是我們一般所說的菩薩心腸，以這個慈悲心渡濟眾生？如何渡濟眾生呢？要破邪顯正，離此到彼。到彼岸，破人行邪道，突顯眞正佛的正道，整部《金剛般若波羅蜜經》其實就在說這個。

六　一切放下而一切起航

佛說是經已，長老須菩提及諸比丘、比丘尼，優婆塞、優婆夷，一切世間天、人、阿修羅，聞佛所說，皆大歡喜，信受奉行。

釋迦牟尼佛說這部經到這兒告一段落了，佛所說的《金剛般若波羅蜜經》其實就在說這幾個字而已，「金剛般若波羅蜜經」，至於裡面的內容是些什麼，也就是這些字而已，這些字其實說的只是「一切皆空」，那個非常堅固而銳利的般若智，這個般若智是波羅蜜的般若智，那個到彼岸的般若智，這個堅固的可以破除人間一切障敝的智慧，此爲「金剛般若波羅蜜」。「經」者，這樣的一個方式是人間的經常之道。《金剛般若波羅蜜經》整個講的過程就是他的弟子須菩提發問，然後他來回答，就在這個問跟答的過程裡面，整部經就在這個過程裡頭呈現出來，而這個問法是在他們的生活世界中展開的。生活——問答——呈現，這是佛經特有的特色，佛經就是用這個方式呈現的，其實經典大部分都是以這個方式呈現，第一個，它一定不離生活世界，它通過問答的過程，讓那個道理眞正的呈現。

佛說這部經到這兒告一個段落了，長老須菩提和其他的比丘、比丘尼，優婆塞，我們一般說的居士，優婆夷是我們一般稱的女居士。以及天、人、阿修羅：這是六凡的前三道。天龍八部——天，人——人間，阿修羅——一般講的鬼神。

聞佛所說，皆大歡喜。

爲何歡喜，全生命放下當然歡喜。什麼時候最歡喜？你失去了一件東西找了半天到最後發現那件東西根本還在，沒有丟掉，爲什麼那樣會歡喜，因爲那樣你的心就放下了。聽到飛機失事了非常擔心，自己的親人或朋友下午要回來，是不是就搭著那一班飛機呢？很擔心哪！後來發現不是那一班，整個心放下來了，從內在裡頭湧現出歡喜。眞正的大歡喜就是眞正的放下！所以能放下的人永遠歡喜，笑呵呵的彌勒佛，他爲什麼那麼歡喜呢，就是放下嘛，反正都能放得進來，所以都能放得下，都能放得下，所以他不必擔心，擔心的人不歡喜，擔心是很難過的，皆大歡喜就是統統能放下，所以皆大歡喜。而這時候「信」、「受」、奉持金剛般若波羅蜜，信般若波羅蜜如金剛一般，接受它、奉持它。

這部經就是通過這種生活的過程，一個問答跟對話的方式來呈現，而呈現了教我們如何放下，因爲你放下，放下才能起航，航向彼岸，到彼岸就是波羅蜜了。般若是智慧，所以般若波羅蜜就是到彼岸的智慧，而到彼岸的智慧就是放下的智慧，因爲你放下了才能起航，才能到彼岸，才能往前走，如何往前，你放下才能往前。而其實那個放下也是一個退的意思，所以禪宗裡有用插秧爲例，插秧不是一步一步往後退嗎，當下的放下一步一步的，看起來好像是退步，其實是向前，整個是一個完成的過程，所以佛現在告訴你，我們唯有回到生命的根源，才是生命的完成，所以人生是把我們所擁有的拿出去，而回到了原點。

這個回到原點的智慧就不是一般人所以爲的那麼消極，回到原點那是一個生命的究竟的智慧，一般人講到佛教就會以爲佛教很消極，消極的人生觀，道家也是，儒家積極一點，應該要有功利心才是積極的。佛教告訴你，人生有一個究竟的目的到底是要做什麼，我們自己先問自己問清楚，是什麼？人身難得，人身何以難得，因爲人可以聞佛法，而佛法難聞。在這種情形之下，我們要思量「究竟」是什麼，只有人具有這個能力，人具有思量究竟的能力，人具有如何回到原點的能力，所以人在這裡應該好好的去思量這個問題。所謂回到原點並不意謂著就一定消極，其實它隱含了另一種積極，因爲我們的生命能夠放下，能夠了解存在是空無的，意識是透明的，一切如如，一切不動，而在這種情形之下一切無所畏，無所畏懼，這叫大雄無畏。佛寺有大雄寶殿，眞正的放下眞正的挑起，眞正的摧毀而眞正的建立，佛教的精神在這裡是很徹底的。眞正受佛法的薰陶內在化的成爲他生命的一部分的人，那個力量是非常大的，因爲他當下把所有不相干的力量統統擺落了，所以他的生命可以頂起很多，我們的生命之所以沒有力量是因爲我們用了很多力量去做去擔負一些不必要的東西，我們如果懂得將那些不必要的東西消去了以後，我們的生命才會有力，人的生命其實力量滿大的，我們之所以變得沒有力量，是因爲我們被很多不相干的東西拉住。

我們可以想一想，我們家裡頭眞的需要那麼多東西嗎？讀書人眞的需要那麼多書嗎？這個對我來講現在是一個很大的考驗，我最近整理書房才發現到十個組合櫃還不夠擺，那些書，我看再十個櫃子也沒辦法把它整理好，以前就已經相當多了。但沒有辦法，這個應該反省反省，讀書人讀那麼多書幹什麼，讀書的目的到底是什麼，讀書的目的是要懂道理，讀書不是要來誇耀自己懂得什麼。有的人懂了好多，但是他什麼都不懂，他知道誰怎麼說誰怎麼說，輪到自己時他統統都不懂了，因爲他懂的不是自己的，他懂的都是別人的。我們平常也是，在人間世裡面，佛教最重要的精神就是要我們回到自己，眞正能夠回到自己把其他擺落了，從生命裡頭顯現的那個力量無與倫比，譬如我們看到一些高僧大德，他的生命那麼地專注，什麼都去掉了，而眞正能夠繼續往前做，而做出了一番大事業，菩薩的事業爲什麼可能，因爲具有大雄無畏的精神，爲什麼有大雄無畏的精神，因爲他具有般若波羅蜜，因爲他具有到彼岸的智慧，因爲他能夠一切放下，而一切起航，這是了不起的，我們《金剛般若波羅蜜經》就講到這裡。

哲學研究叢書・宗教研究叢刊 0702005

金剛般若與生命療癒——《金剛經》華山九一講記

作　　者　林安梧
責任編輯　游依玲
特約校稿　林秋芬

發 行 人　林慶彰
總 經 理　梁錦興
總 編 輯　張晏瑞
編 輯 所　萬卷樓圖書股份有限公司
　臺北市羅斯福路二段 41 號 6 樓之 3
　電話 (02)23216565
　傳真 (02)23218698

發　　行　萬卷樓圖書股份有限公司
　臺北市羅斯福路二段 41 號 6 樓之 3
　電話 (02)23216565
　傳真 (02)23218698
　電郵 SERVICE@WANJUAN.COM.TW
香港經銷　香港聯合書刊物流有限公司
　電話 (852)21502100
　傳真 (852)23560735

ISBN 978-957-739-875-8
2024 年 4 月初版四刷
2014 年 8 月初版一刷
定價：新臺幣 680 元

如何購買本書：
1. 劃撥購書，請透過以下郵政劃撥帳號：
　帳號：15624015
　戶名：萬卷樓圖書股份有限公司
2. 轉帳購書，請透過以下帳戶
　合作金庫銀行　古亭分行
　戶名：萬卷樓圖書股份有限公司
　帳號：0877717092596
3. 網路購書，請透過萬卷樓網站
　網址 WWW.WANJUAN.COM.TW
大量購書，請直接聯繫我們，將有專人為您服務。客服：(02)23216565　分機 610

國家圖書館出版品預行編目資料

「金剛般若」與「生命療癒」：<<金剛經>>華山九一講記 / 林安梧著. -- 初版. -- 臺北市：萬卷樓, 2014.08
　面；　公分. -- (哲學研究叢書.宗教研究叢刊；0702005)
ISBN 978-957-739-875-8(平裝)

1.般若部

221.44　　103012018